LA COMMISSION FÉDÉRALE AMÉRICAINE DES COMMUNICATIONS À L'HEURE DE LA RÉGULATION DES AUTOROUTES DE L'INFORMATION

Collection Logiques Juridiques
dirigée par Gérard MARCOU

Le droit n'est pas seulement un savoir, il est d'abord un ensemble de rapports et pratiques que l'on rencontre dans presque toutes les formes de sociétés. C'est pourquoi il a toujours donné lieu à la fois à une littérature de juristes professionnels, produisant le savoir juridique, et à une littérature sur le droit, produite par des philosophes, des sociologues ou des économistes notamment.
Parce que le domaine du droit s'étend sans cesse et rend de plus en plus souvent nécessaire le recours au savoir juridique spécialisé, même dans des matières où il n'avait jadis qu'une importance secondaire, les ouvrages juridiques à caractère professionnel ou pédagogique dominent l'édition, et ils tendent à réduire la recherche en droit à sa seule dimension positive. A l'inverse de cette tendance, la collection « Logiques juridiques » des Éditions L'Harmattan est ouverte à toutes les approches du droit. Tout en publiant aussi des ouvrages à vocation professionnelle ou pédagogique, elle se fixe avant tout pour but de contribuer à la publication et à la diffusion des recherches en droit, ainsi qu'au dialogue scientifique sur le droit. Comme son nom l'indique, elle se veut plurielle.

Dernières parutions

BEURDELEY Laurent, *Politique agricole commune et fraudes aux dépenses agricoles de l'union européenne*, 1998.
DUBOURG-LAVROFF S. et DUPRAT J.P. (eds.), *Droits et libertés en Grande-Bretagne et en France*, 1999.
SAISON Johanne, *Le risque médical*, 1999.
DECRETON Séverine (éd.), *Service public et lien social*, 1999.
HUNOUT Patrick, *Droit du travail et culture sociale, l'exemple allemand*, 1999.
JEANNIN L., MENEGHINI M., PAUTI C., POUPET R., *Le droit d'asile en Europe*, 1999.
MBONGO Pascal, *La gauche au pouvoir et les libertés publiques (1981-1995)*, 1999.
DJUIDJE Brigitte, *Pluralisme législatif camerounais et droit international*, 1999.

Dominique Custos

LA COMMISSION FÉDÉRALE AMÉRICAINE DES COMMUNICATIONS À L'HEURE DE LA RÉGULATION DES AUTOROUTES DE L'INFORMATION

Éditions L'Harmattan
5-7, rue de l'École-Polytechnique
75005 Paris - FRANCE

L'Harmattan Inc.
55, rue Saint-Jacques
Montréal (Qc) – CANADA H2Y 1K9

ISBN : 2-7384-8099-3

A Toi Maman, Poteau-mitan

Remerciements

Le présent ouvrage a évidemment une histoire dont l'auteur n'est que l'une des actrices.

En tant que projet, Mmes Nicole de Montricher et Françoise Dreyfus, MM. George Bermann, Alain Claisse, Gérard Conac, Georges Dupuis, Jean-Pierre Lassale, Franck Moderne, Didier Truchet et Jacques Ziller ont bien voulu lui accorder leur soutien tandis que la Commission Fulbright et la Fondation Lurcy décidèrent de l'honorer d'une bourse de recherche postdoctorale.

Lorsqu'il est entré dans sa phase de réalisation à l'Ecole de Droit de l'Université de Columbia, à New York, MM. Eben Moglen, Monroe Price (Ecole de Droit de Cardozo, New York), Peter Strauss, Kendall Thomas, ont bien voulu prêter leur concours à de judicieux éclaircissements préliminaires tandis que Mme Amanda Maurer et M. Peter Lindseth ont fait de leur mieux pour faciliter mon insertion en tant que chercheuse visitante.

Lorsqu'il approchait de la fin de sa gestation, Mme Françoise Dreyfus, MM. Jacques Chevallier et Didier Truchet ont accepté d'en être les lecteurs critiques.

A toutes ces personnes, j'adresse mes remerciements les plus chaleureux ainsi qu'à celles et ceux qui, à la Commission Fédérale des Communications, ont bien voulu répondre à mes questions et satisfaire mes demandes de documentation et qui d'ailleurs, ont contribué, de mille manières, à la terminaison de ce travail.

Sommaire

Introduction 9

Chapitre 1 : Les leçons de l'histoire 19

Section 1 : L'héritage de l'*Interstate Commerce Commission* 19

1 : L'apport de l'arrêt Munn 20
2 : La création de la catégorie des agences ou commissions indépendantes de régulation 21

Section 2 : L'avènement de la régulation de la communication 23
1 : La régulation séparée 23
2 : La régulation unifiée : la naissance de la *Federal Communications Commission* 26

Section 3 : La justification de la régulation 28
1 : Les raisons générales de création des agences ou commissions 29
2 : Les raisons propres au domaine de la communication 33

Chapitre 2 : Le contexte institutionnel et juridique de la FCC 49

Section 1 : Les caractéristiques institutionnelles de la FCC 49
1 : La FCC face aux autres agences 49
2 : L'organisation de la FCC 54
3 : Le fonctionnement de la FCC 65

Section 2 : Les sources générales du droit administratif applicable à la FCC 71
1 : Les sources constitutionnelles 71
2 : Les sources jurisprudentielles 79
3 : Les sources législatives 80

4 : Les sources administratives 97

Section 3 : Les sources spécifiques du droit administratif applicable à la FCC 100
1 : Les sources législatives 100
2 : Les sources administratives 111

Chapitre 3 : L'étendue de la compétence et de l'indépendance de la FCC 153

Section 1 : La FCC, autorité régulatrice centrale de la communication 153
1 : Le contenu de la compétence 153
2 : Les limites de la compétence 180
3 : Le contrôle juridictionnel de l'exercice de la compétence 193

Section 2 : La FCC, agence à l'indépendance malmenée 201
1 : L'influence des autorités politiques 204
2 : L'influence des entreprises régulées 215

Chapitre 4 : L'activité régulatrice de la FCC 255

Section 1 : Les types de régulation 255
1 : Le modèle du *common carrier* 255
2 : Le modèle du *public trustee* 280
3 : La viabilité de la dichotomie des régimes régulatoires 302

Section 2 : Les politiques de régulation 314
1 : Les politiques de régulation avant 1996 316
2 : Les politiques de régulation depuis 1996 333

Conclusion 377

Bibliographie 385

Annexe 403

INTRODUCTION

Etudier la *Federal Communications Commission* ou FCC, c'est-à-dire la Commission Fédérale des Communications des Etats-Unis, revient à évoquer l'organisme qui, dans ce pays, à l'orée du 21ème siècle, supervise le marché des autoroutes de l'information. En cela, la FCC occupe une place stratégique tant la révolution de l'information bouleverse tout à la fois nos manières de commercer et de créer, nos façons d'enseigner et de communiquer. En égrenant quotidiennement ses décisions au nom de l'intérêt public, elle opère des choix déterminants qui fixent le théâtre d'intervention d'une foule d'acteurs. Ainsi, qu'elle refuse une autorisation de fusion ou d'exploitation, qu'elle accorde une exemption à l'obligation de contribution au service universel aux fournisseurs d'accès et de services sur la toile, qu'elle attribue automatiquement une fréquence aux propriétaires de chaînes hertziennes en vue de l'exploitation de la télévision numérique, qu'elle veuille interdire la publicité pour les alcools à la télévision, elle conforte la situation commerciale de certaines catégories d'opérateurs et simultanément compromet celle d'autres. Que soucieuse de réduire le rôle de l'argent dans les élections, elle pense à instaurer une campagne électorale gratuite sur les chaînes télévisées, elle menace de troubler un délicat équilibre clientéliste entre politiques et opérateurs de la communication audiovisuelle et provoque une pernicieuse résistance. Qu'elle impose des limites à la longueur et à la fréquence de diffusion des spots publicitaires dans les programmes télévisés ou qu'elle exige un minimum d'émissions éducatives, qu'elle semble vouloir céder à certaines pressions visant à contrôler la pornographie sur le réseau Internet, elle est taxée ou risque d'être taxée d'atteinte à la liberté d'expression par les responsables de chaînes commerciales et autres défenseurs de la libre communication de l'internaute tandis que les associations de défense des enfants l'applaudiront ou s'apprêteront à le faire. Qu'elle veillle au pluralisme dans l'attribution des fréquences et qu'elle incite les responsables de l'audiovisuel à pratiquer l'action positive dans le recrutement, elle prend position sur les questions controversées de la démocratie, de l'égalité et de la justice. Qu'elle contrôle le coût d'abonnement au câble ou qu'elle assiste passivement à sa flamblée, elle contente ou mécontente les consommateurs et corrélativement suscite l'approbation ou la colère des câblo-opérateurs.

Ce faisant, la FCC contribue à structurer le marché de la communication audiovisuelle et des télécommunications. Elle intervient à un moment on ne peut plus crucial. En effet, la présente période donne lieu à des manoeuvres stratégiques de la part d'acteurs économiques soucieux de bien se positionner dans un secteur qui est d'ores et déjà considéré comme la principale source de création des richesses des décennies à venir. En outre, elle mène des actions qui soulèvent des questions fondamentales ayant trait à l'organisation des pouvoirs publics, à la défense des libertés, ou à la définition de politiques publiques. Bref, la FCC parle d'un voix qui résonne.

Pour peu qu'on veuille bien l'appréhender à sa juste valeur, pareille résonance ne saurait surprendre. La FCC apparaît en 1934, à une époque où la politique du *New Deal* vient consolider l'armature de l'administration économique fédérale des Etats-Unis née en 1887 avec l'*Interstate Commerce Commission* ou Commission du Commerce Interétatique. Elle se classe parmi les grandes commissions ou agences indépendantes qui non seulement sont considérées comme "un des traits les plus originaux et les plus attachants de la vie politique américaine"[1] mais encore constituent l'instrument privilégié de l'inverventionnisme américain. Si l'on replace la FCC dans son cadre politico-administratif on ne saurait, par conséquent, faire l'économie d'une prise en compte de la construction étatique qui lui est sous-jacente. Car telle est bien une des vérités qu'assènent l'étude de la FCC : l'Etat américain, dès la fin du siècle dernier, devient fort présent dans l'économie[2] et la politique de *deregulation* ou dérégulation affichée vers la fin des années 1970, si elle tend à réduire l'intensité de sa présence, tout en en renouvelant les formes, ne parvient pas à l'anéantir.

L'*administrative law* ou Droit administratif s'est développé pour en rendre compte et dégager les notions essentielles de cette action économique. Au nombre de celles-ci figure celle d'*independent regulatory commissions* ou *agencies*, c'est-à-dire les commissions ou agences indépendantes de régulation, à côté de celles de *regulation* ou régulation, de *regulated industries* ou industries régulées, de *regulated monopoly* ou monopole régulé, de *public utilities* ou services publics[3], de *common carrier* ou transporteur public[4], de *public trustee* ou fiduciaire public, de *universal service* ou service universel.

En l'occurrence, l'interventionnisme américain ne s'exprime pas tant à travers l'action de départements ministériels, la prise en charge directe de services publics ou la gestion d'entreprises publiques qu'à travers un procédé indirect, celui de commissions régulatrices indépendantes contrôlant des opérateurs privés. Certaines de ces commissions, comme la *Federal Trade Commission*[5] ou la *Securities and Exchange Commission*[6] ont une vocation horizontale et jouent le rôle de garant de la concurrence pour l'ensemble de l'économie. D'autres ont une vocation sectorielle et s'adressent à une catégorie d'opérateurs déterminés, qualifiés en général de *public utilities* et, dans le cas particulier de la communication, de *common carriers* (en ce qui concerne les télécommunications) et de *public trustees* (en ce qui concerne la communication audiovisuelle).

Corrélativement, le concept américain de *regulation* s'entend de deux manières : soit que l'on se réfère à une fonction, soit que l'on se réfère à un acte juridique. La régulation-fonction peut elle-même recevoir deux acceptions. Dans son acception large[7], la régulation-fonction exprime ainsi cette idée d'interventionnisme public et s'applique à telle action sur le fonctionnement du marché, tel contrôle ou à telle politique publique instituée par le législateur[8] ou par l'exécutif ou par le juge[9]. Il évoque bel et bien l'emprise de l'Etat fédéral américain sur la société civile en contradiction avec le mythe de l'Etat faible. Dans son acception stricte, la régulation-fonction s'applique au travail de la commission régulatrice et recouvre une pluralité de compétences se rapportant à l'activité économique dans un secteur déterminé. Plus précisément, l'activité régulatrice se caractérise par le cumul des trois grandes fonctions des pouvoirs publics et fait de la commission de régulation, d'une part, un législateur en puissance en raison de l'ampleur de son pouvoir réglementaire et de sa capacité à définir des politiques publiques, d'autre part, un exécutif qui quotidiennement réglemente et prend des décisions individuelles, enfin, une instance juridictionnelle qui manie habilement la recommandation insistante et la sanction effective. C'est dans ce cadre qui prend le contrepied du principe de la séparation tripartite que s'inscrit la régulation-acte juridique dans la mesure où elle correspond à une des modalités d'exercice de la régulation-fonction, considérée dans son sens strict. Celle-ci constitue le produit de l'activité réglementaire de la commission, le règlement , ainsi que le procédé infra-législatif de création du droit qui s'y attache. La régulation s'énonce alors clairement comme synomyme de réglementation[10]. Elle constitue un maillage juridique des activités économiques et sociales autoproduit par l'administration. Elle s'ajoute à la législation issue du Congrès et est susceptible de devenir la cible d'une politique de *deregulation* ou déréglementation[10bis].

Paradoxalement, en dépit du caractère indirect de l'interventionnisme américain, l'étroitesse des relations entre le monopole régulé qu'était ATT et la FCC n'était pas, à certains égards, sans évoquer, pour l'esprit juridique français, les relations du concessionnaire avec le concédant, la tutelle de l'Etat sur les établissements publics ou et le contrôle de ce dernier sur les entreprises publiques. Le maintien formel de la propriété privée, l'attachement déclaré aux vertus du libéralisme et le martèlement du credo de la libre concurrence ne sauraient occulter cette face de l'Etat-providence américain soucieux d'assurer le service universel, c'est-à-dire un service minimal à tous dans les domaines essentiels de la vie[11]. Même la loi sur les télécommunications du 8 Février 1996 n'y a pas renoncé. Malgré ses prétentions dérégulationnistes affichées et, singulièrement malgré son souci de laisser les activités sur le réseau Internet librement prospérer, elle a conservé à la FCC la tâche de promouvoir le service universel[12]. En outre, en chargeant celle-ci de défendre la concurrence, si elle la dépouille de certaines compétences typiques de la protection du monopole désormais banni, elle n'en institue pas moins des nouvelles qui se traduisent par une activité réglementaire fournie, par une surveillance attentive des concentrations et par un pilotage sourcilleux de l'entrée des sociétés locales de télécommunications sur le marché de la longue distance. A l'époque des autoroutes de l'information, les modalités de la régulation ont donc évolué. Dans le cadre de la "réinvention de l'administration"[13], la régulation de la concurrence a succédé à la régulation-susbstitut de la concurrence propre à l'ère monopolistique. Mais la régulation est toujours une donnée incontournable. En clair, on savait déjà que la déréglementation comportait une irréductible part de re-réglementation compensatrice et qu'elle signifiait plus de nouvelles formes d'intervention que la disparition de l'intervention proprement dite[14], l'opportunité doit être maintenant saisie pour souligner comment cette vérité est valable pour l'Etat américain qui continue, dès lors, de révéler ses ressorts interventionnistes. A travers l'appréhension de la FCC, est dévoilée l'originalité de l'interventionnisme américain, c'est-à-dire la manière dont l'Etat fédéral américain régule le marché à partir d'un polycentrisme d'agences jalouses de leur autonomie par rapport au Président. Pareilles précisions sur la notion américaine de régulation sont indispensables à la confrontation judicieuse de celle-ci avec ses demi-soeurs françaises (CSA et ART) et européenne (future).

Outre le fait que l'étude de la FCC s'inscrit dans le cadre de la théorie de l'Etat et du droit public économique américain, elle instruit sur le droit administratif des Etats-Unis très peu abordé dans la littérature juridique française alors que son existence et sa vigueur dans un pays de *Common Law* sont des indicateurs d'intérêt scientifique. Si pendant la première décennie de son existence la FCC travaille sans autre encadrement normatif que le *Communications Act* de 1934, le texte qui l'a créée, elle est soumise, à partir de 1946, à l'instar de toutes les autres agences américaines, indépendantes ou non, à l'*Administrative Procedure Act* ou Loi sur la Procédure Administrative qui lui fournit les formes et les modalités procédurales de ses actes. Cette loi, plusieurs fois amendée, enserre l'action administrative dans un corset qui fait de la prise de la décision administrative un acte aux étapes extrèmement balisées. L'occasion existe par conséquent de montrer comment la volonté de prévention de l'arbitraire administratif se traduit par une lourdeur certaine dans la prise de la décision. De surcroît, la large place faite à la consultation et à la participation dans le processus décisionnel interpelle l'observatrice sur l'éventuel lien à établir entre la perméabilité organisée par la procédure et la réalité de la capture par le milieu régulé habituellement reprochée à la FCC. En d'autres termes, il s'agit de savoir si certains aspects de la procédure administrative américaine n'offriraient pas un terrain propice au fonctionnement captif de l'autorité régulatrice. En étudiant la FCC, il est également judicieux d'aborder deux autres thèmes d'importance croissante dans la doctrine des deux côtés de l'Atlantique : la réglementation négociée et le règlement alternatif des litiges qui, avant d'être codifiés par le Congrès en 1990, trouvaient des illustrations dans les pratiques de l'agence. Ici aussi, l'interrogation surgit dans la mesure où la tendance contemporaine à l'encouragement au marchandage entre intérêt public et intérêt privé ainsi qu'à la substitution d'un arbitre privé à l'agence débouche sur un schéma théorique radicalement nouveau. L'agence se trouve dépouillée de ses habits de prescriptrice, elle est ravalée au rang de partie ou de partenaire. Le consensualisme fait reculer l'unilatéralité de la parole administrative. Il reste à savoir si cet état des choses n'accentue pas lui aussi la propension à la capture.

La question de la constitutionnalité des agences indépendantes en général et celle de la FCC en particulier présente également des accents familiers pour les chercheurs français s'intéressant aux autorités administratives indépendantes. Elle mérite cependant d'être abordée avec une nécessaire clarification : en réalité, elle se démultiplie et touche à deux égards l'ensemble de l'administration américaine qui se subdivise en deux catégories. La partition fondamentale entre, d'une part, les agences exécutives, rattachées au président et soumises à sa direction et, d'autre part, les agences indépendantes, extérieures à l'exécutif et non-subordonnées, doit, en l'occurrence, servir de référence. Les questions de la délégation de pouvoir législatif et du cumul des trois fonctions[15] au regard de la règle de non-délégation et du principe de la séparation des pouvoirs se posent pour les deux catégories. Seule celle de l'indépendance au regard de l'impératif de l'unité de l'exécutif singularise les agences précisément dites indépendantes, et en particulier la FCC. Outre l'intérêt du rappel des débats nourris que suscitent les trois interrogations chez les constitutionnalistes d'outre-atlantique, l'éclaircissement vaut pour la nouvelle appréciation de l'administration américaine à laquelle il contraint la doctrine française. Le cumul des fonctions se retrouve aussi bien dans les agences exécutives que dans les agences indépendantes. Là ne se situe donc pas la singularité de celles-ci[16]. En outre, la contestabilité de l'ensemble de la *bureaucracy* par rapport à la séparation des pouvoirs suggère la relativité de ce principe constitutionnel ainsi que la prégnance et la subtilité des *checks and balances* ou des freins et contrepoids de la construction politico-administrative américaine.

Le traitement du thème de l'indépendance de la FCC est fort instructif en la matière. On y découvre une FCC objet d'une pluralité de stratégies d'instrumentalisation. Celles-ci proviennent aussi bien du Président et du Congrès que du milieu régulé. Il reste à savoir si, par delà les multiples tiraillements et sollicitations contradictoires qui l'assaillent, la FCC est à même de faire résonner sa propre voix ou si elle ne peut que prêter sa bouche à d'autres. L'indépendance de principe s'en trouve relativisée et loin d'être une donnée statique elle se révèle une tension permanente et donne lieu à des luttes incessantes.

En raison de la richesse que recèle l'agence étudiée, la lecture à laquelle on se trouve convié n'est, par conséquent, pas tant celle du droit de la communication américain que celle, plus vaste, du droit administratif de ce pays complétée par quelques développements touchant au droit constitutionnel et à la science politique.

Pour ce faire, on commencera par replacer la FCC, et, avec elle, la régulation de la communication dans le contexte historique de naissance d'une administration économique aux Etats-Unis. On la situera, ensuite, dans son contexte institutionnel et juridique pour évaluer sa singularité au sein du monde des agences et les caractéristiques de son encadrement normatif qui lui laisse le choix entre l'unilatéralité et la négociation pour créer du droit. On enchaînera avec les questions de sa compétence et son indépendance afin d'apprécier l'étendue de ses tâches et de la marge de manoeuvre dont elle dispose pour les accomplir. On insistera, dans un quatrième temps, sur son activité régulatrice proprement dite, ce qui permettra de vérifier comment l'avènement des autoroutes de l'information et la réforme de l'Etat affectent les types et les politiques de régulation. Il sera alors temps de conclure dans une perspective comparatiste pour tirer quelques leçons relativement aux équivalents français de la FCC, c'est-à-dire le Conseil Supérieur de l'Audiovisuel et l'Agence de Régulation des Télécommunications, ainsi que relativement au projet d'agence européenne de la communication.

Notes

1 TUNC (A) : "*Les Etats-Unis*", LGDJ, 1959, p. 229.

2 BELLON (B) : "*L'interventionnisme libéral. La politique industrielle de l'Etat fédéral américain*", Economica 1986. LASSALE (J-P), préface à JULIAN (P) : "*Les Commissions Admnistratives Indépendantes des Etats-Unis, I, La Commission*

de l'Aviation Civile", Institut de Droit Comparé de Lyon, 1965. N.B. Un tome II, consacré à la FCC et paru en 1970, existe en principe, mais en dépit de l'aide précieuse de l'Institut précité il n'a pas été possible de le retrouver. TOINET (M-F) : *"L'Etat en Amérique"*, Presses de la FNSP, 1989.

3 Le terme est à prendre alternativement au sens organique ou au sens matériel.

4 Il faut comprendre l'opérateur chargé du transport universel de communications privées, c'est-à-dire ouvert à tous les usagers.

5 L'équivalent du Conseil de la Concurrence.

6 L'équivalent de la Commission des Opérations de Bourse.

7 "Toute tentative gouvernementale pour diriger la conduite des citoyens, des entreprises, et des gouvernements locaux. En un sens, la *regulation* n'est rien d'autre que l'action entreprise par le gouvernement pour limiter les choix offerts par la société aux individus", MEIER (K.J.) : *"Regulation_ Politics, Bureaucracy and Economics"*, NY, St Martin's Press, 1985, p. 1. Cité par ROUBAN (L) : *" La Politique de Déréglementation aux Etats-Unis"*, p.113, note 1 in IFSA : *"Les Déréglementations. Etude Comparative"* Economica, 1988, 387p.

8 Les tableaux 5-1 (Evolution des contrôles publics aux Etats-Unis, résumé analytique) et 5-2 (Lois et programmes fédéraux de régulation promulgués depuis 1970) présentés par T. Lowi sont à considérer à cet égard. LOWI (T) : *"La Deuxième République des Etats-Unis. La fin du libéralisme"* PUF, 1987, édition française, 444 p. Ici p. 153 et 174.

9 La supervision du démantèlement du monopole d'ATT par le juge Greene constitue un bon exemple de la qualité de régulateur du juge. Il ne s'agissait que d'une substitution momentanée (quoiqu'elle ait duré 14 ans) du juge à la FCC. D'aucuns proposent maintenant de la rendre permanente en l'accompagnant d'une suppression de la FCC.

HUBER (P) : "*Law and Disorder in Cyberspace : Abolish the FCC and Let Common Law Rule the Telecoms*" Oxford University Press, 1997, 265 p.

10 MITNICK (B) : "*The Political Economy of Regulation*" Columbia University Press, 1980. La regulation est "l'intervention intentionnelle au moyen de 'règles' d'une autorité extérieure pour restreindre l'espace de choix d'agents privés". Cité par CHEVALLIER (J) : "Les Enjeux de la Déréglementation", *RDP*, 1987, p. 281-319. Ici p. 286 note 11.

10 bis A l'instar du terme "*regulation*" le terme "*deregulation*" s'entend à la fois de la réduction de la régulation-fonction (page 9) et de celle de la régulation-acte juridique.

11 Les *public utilities* sont parfois qualifiés d'*essential* : eau, énergie, téléphone.

12 CUSTOS (D) : "Le Service Universel des Télécommunications Américain, d'Hier à Demain", *Juris PTT*, 1998, n. 52, p. 3-25 et *Droit de l'Informatique et des Télécommunications* , 1998, n. 3 et 4.

13 BERNIER (L) et Mac LEMORE (L) : "'Reinventing Government'. Une Réforme de l'Etat à la Mode Américaine", *Sciences de la Société*, n. 43, février 1998, p. 111-130.

14 CHEVALLIER (J) : "Les Enjeux de la Déréglementation", *RDP*, 1987, p. 281-319. Ici p. 282-286. En ce qui concerne le cas américain : BERNIER (L) et Mac LEMORE (L), Op. Cit., p. 124. Le constat vaut aussi pour l'exemple britannique : HOLMES (P) et Mac GOWAN (F) : "La Réforme des Services Publics au Royaume Uni. Privatisation, Réglementation et Libéralisation", *Sciences de la Société*, n. 43, février 1998, p. 92- 109.

15 Législative, exécutive, et juridictionnelle.

16 A la différence des autorités administratives indépendantes pour qui il constitue un des traits principaux d'originalité avec l'indépendance.

Chapitre 1

Les leçons de l'histoire

La création de la *Federal Communications Commission* en 1934, ne marque pas tant le début de la régulation du secteur de la communication aux Etats-Unis que l'affinement d'un processus de régulation initié quatre décennies plus tôt. Dès 1910, en effet, la radiophonie entre dans la sphère d'intervention gouvernementale. Le régime d'autorégulation cède la place à un régime d'autorisation au profit du Ministre de la Marine. Et en 1927, l'apparition de la Federal *Radio Commission* associée à l'autorité ministérielle s'analyse comme un intermède avant la dévolution du secteur tout entier à la FCC. Dès lors, l'avènement d'une régulation indépendante s'inscrit dans un mouvement plus large qui s'est, en réalité, déclenché en 1887, année de naissance de l'*Interstate Commerce Commission* qui prend en charge en 1910 le contrôle des compagnies de télégraphe et de téléphone. Par conséquent, avant de déterminer les raisons avancées pour la régulation du secteur de la communication (Section 2), il convient d'examiner comment celle-ci s'inscrit dans l'héritage laissé par l'ICC (Section 1).

Section 1 : L'héritage de l'Interstate Commerce Commission

La mise en place de l'ICC[1] en 1887 ouvre une première vague dans l'établissement d'un corpus d'autorités indépendantes de régulation au niveau fédéral. Celle de la FCC se rattache à la seconde vague qui correspond à la période consécutive à la Grande Dépression. Une troisième vague est lancée dans les années 60, tandis que la décennie 80 ouvre une période de reflux[2].

La création progressive de telles instances témoigne de l'épanouissement depuis la fin du 19ème siècle d'une administration fédérale qui affadit le principe initial du laissez-faire. Les états[3] se sont en la matière illustrés avant la Fédération proprement dite puisque c'est à leur niveau que sont apparus les précurseurs du prototype que deviendra l'ICC. Il est ainsi significatif que les faits qui donnent lieu à l'arrêt de principe (arrêt *Munn*) consacrant l'interventionnisme gouvernemental et ouvrant la voie à la création des agences indépendantes de régulation se déroulent précisément dans l'état de l'Illinois.

&1 : L'apport de l'arrêt Munn

L'essor économique de la deuxième moitié du 19ème siècle n'est pas, en effet, dépourvu de désagréments pour les opérateurs les plus faibles et singulièrement pour les agriculteurs (les *grangers*)[4] à la recherche de conditions acceptables de commercialisation dans leurs relations avec les transporteurs. Les premiers se retournent vers leurs législatures pour obtenir protection, c'est-à-dire une régulation du marché. Des législations infra-nationales réglementant les prix sont alors adoptées et il revient à des commissions spécialement désignées à cet effet de les mettre en oeuvre. Interrogée sur la constitutionnalité d'un pareil interventionnisme, la Cour Suprême promeut la notion d'intérêt public dans l'affaire *Munn*[5] de 1877. Elle doit plus précisément répondre à la question de savoir si la fixation par voie législative de la valeur maximale de l'usage d'une propriété privée n'équivaut pas à une dépossession irrégulière au regard de la clause du *due process of law*. Elle cherche alors à établir le fondement du pouvoir de régulation et se réfère aux propos tenus par Lord Chief Justice Hale[6] deux siècles plus tôt : quand la propriété privée est "*affectée d'un intérêt public elle cesse d'être strictement juris privati"*. Elle note que *"la propriété privée revêt effectivement un intérêt public quand elle est utilisée de telle sorte qu'elle présente une importance publique, et qu'elle affecte la communauté dans son ensemble"*[7]. Et elle en conclut que *lorsqu'un propriétaire voue l'objet de sa propriété à un usage qui présente un intérêt public, il est considéré comme ayant accordé un intérêt au public dans cet usage, et doit par conséquent subir un contrôle de la part de ce dernier au nom du bien commun, du moins dans les limites de l'interêt ainsi créé"*[8]. Elle valide ainsi pour la première fois[9] la réglementation des prix d'une activité privée et se départit de façon significative de la vision traditionnelle en *Common Law* selon laquelle le propriétaire peut fixer librement le prix des prestations attachées à l'usage de la chose possédée[10]. Ce faisant, elle inscrit une date-phare dans l'histoire de l'interventionnisme public aux Etats-Unis. Au terme d'une construction qui associe propriété privée et intérêt public, celui-ci reçoit la consécration juridique suprême. Plutôt que de promouvoir directement une idée de service public géré par des personnes publiques, elle maintient formellement la propriété privée et en réoriente le régime juridique au nom de l'intérêt public qui s'y attache. En outre, en admettant le principe du contrôle par l'autorité publique sur le fondement de l'intérêt public, la Cour Suprême pose une première pierre dans le cadre de l'avènement de la catégorie des commissions indépendantes dans la mesure où celles-ci constituent la modalité privilégiée d'exercice du contrôle par l'autorité publique sur les activités privées présentant un intérêt public. L'originalité des Etats-Unis consiste précisément à avoir préféré la régulation gouvernementale à travers des commissions indépendantes par opposition à l'institution d'entreprises publiques dans la recherche du contrôle de l'économie capitaliste[11].

&2 : La création de la catégorie des agences ou commissions indépendantes de régulation

Lorsque la question de la constitutionnalité porte sur la régulation des prix dans le cadre du commerce interétatique[12], la Cour Suprême s'appuie sur les règles de partage des compétences entre les Etats et la Fédération[13] pour disqualifier les états à ce propos et en appeler à la responsabilité du Congrès fédéral dans l'affaire *Wabash*.[14]. La Cour se réfère à la *Commerce Clause* pour affirmer la compétence de l'Etat fédéral. Lequel s'exécute par le texte du 4 Février 1887 portant création de l'*Interstate Commerce Commission* ou *ICC* qui désormais sera en mesure d'insuffler une vue globale à la régulation du transport ferroviaire, là où les commissions respectives[15] des états pratiquaient une regrettable cacophonie. A cette date, l'ICC, dont les traits ont été dessinés sur le modèle de la *British Railway Commission* apparue en 1873[16], n'est qu'une agence exécutive[17] rattachée au Ministère de l'Intérieur, et, en dernière analyse, au Président. Le problème de son indépendance ne surgit que deux ans plus tard lorsque le juriste Ben Harrison , spécialiste du chemin de fer, est élu à la Présidence et que sa spécialité fait craindre au représentant démocrate du Texas, Reagan, qu'elle ne soit propice à l'exercice d'une influence présidentielle excessive[18]. Le Congrès désamorce les craintes en votant, en 1889, une loi rendant ladite commission indépendante[19] de l'administration présidentielle. Il confère en même temps à la catégorie des commissions ou agences indépendantes de régulation sa date de naissance[20].

Entre l'arrêt *Munn*, l'arrêt *Wabash* et le texte de 1887 révisé en 1889 la chaîne s'établit donc de la manière suivante : le principe du droit de regard de l'autorité publique (fédérale ou infra-nationale) sur les activités privées d'intérêt public étant posé, l'exclusivité de la compétence fédérale étant rappelée en matière de commerce interétatique, il devient possible de mettre en place une commission de régulation indépendante en tant que modalité d'exercice du contrôle autorisé. La commission de regulation indépendante s'offre aisni comme la forme symbolique du contrôle du fonctionnement du marché.

La voie est ouverte à des soeurs jumelles de l'ICC dans d'autres domaines. La *Federal Trade Commission* ou *FTC* prend place en 1914[21]. Au lendemain de la première conflagration mondiale la *Federal Power Commission* ou *FPC* apparaît avec la loi du 10 juin 1920. Une étape cruciale de l'affinement de l'appareil administratif américain est ainsi entamée[22]. Les rudiments d'une administration économique sont progressivement mis sur pied bien avant la Grande Dépression dans un pays pourtant très pénétré des vertus du libéralisme et si soucieux de se garder des risques de la *bureaucracy*. Corrélativement, le droit administratif fait son entrée[23] dans une terre de *Common Law* que A.V. Dicey[24] avait prédit imperméable à la pensée administrative. La lutte contre la Grande Dépression débouche sur un accroissement du phénomène dans la mesure où l'agence constitue le mode privilégié de mise en oeuvre de la politique du *New Deal*[25].

SECTION 2 : L'AVENEMENT DE LA RÉGULATION DE LA COMMUNICATION

Le secteur de la communication est précisément touché par ce mouvement de contrôle étatique en 1910. La transmission radiophonique et les télécommunications sont tour à tour saisies par la régulation qui procédant pour un temps à travers la séparation des structures préférera finalement leur unification.

& 1 : La régulation séparée

Le 14 Juin 1910 le *Wireless Ship Act* [26] est adopté qui concerne l'usage de la radio dans le secteur de la marine. Cette législation que l'on peut rattacher à la police des mers rend obligatoire l'équipement radiophonique pour tout bâtiment de transport maritime d'une capacité égale ou supérieure à 50 personnes; et charge le Ministre de la Marine et de l'Emploi de la mise en oeuvre de l'obligation. Le texte ne correspond cependant qu'à une intervention législative ponctuelle portant une prescription dans le domaine maritime. La même année, à l'occasion de l'adoption du *Mann-Elkins Act* du 18 Juin 1910[27], le Congrès place les compagnies de télégraphe et de téléphone assurant les communications interétatiques sous le contrôle de l'ICC. Pareille extension du champ d'activité de la première agence de régulation indépendante s'analyse comme une assimilation entre lesdites compagnies[28] et les opérateurs du transport ferroviaire ainsi qu'entre les ondes et les éléments du domaine public[29] dont l'usage privatif emporte un contrôle au nom de l'intérêt public.

La première tentative de réglementation générale du secteur intervient le 13 Août 1912[30] en application de la première convention internationale sur la radio. Il s'agit du *Radio Act* qui impose l'obtention d'une autorisation d'exploitation auprès du Ministre du Commerce à tout exploitant de radio et réserve certaines fréquences à l'usage gouvernemental. Cependant le texte n'organise nullement la régulation générale de l'industrie. Le choix des fréquences reste libre pour les opérateurs privés. Cette liberté ne pose pas de difficulté majeure avant la Première Guerre Mondiale tant que le procédé est employé pour la transmission de point à point[31]. Mais celle-ci aura un effet d'accélération sur le développement commercial de l'activité de sorte que les stations radiophoniques se multiplient de façon vertigineuse dans les années 20[32] et que leur nombre commence à se traduire par la cacophonie liée à l'interférence. L'ère de la communication radiophonique de masse s'ouvre alors. A l'instigation du Ministre du Commerce, des Conférences Nationales de la Radio[33] se reunissent à Washington en 1922, 1923 et 1924 pour définir une politique d'allocation de fréquences aux exploitants privés. Celle-ci est très rapidement balayée par la croissance continue[34] des stations dont le dynamisme entre en contradiction avec le caractère limité des fréquences disponibles. Pour pallier l'insuffisance de l'espace hertzien, le Ministre en vient à allouer une même fréquence à plusieurs opérateurs désormais limités à une certaine durée d'émission par jour. Ses efforts sont alors désavoués tant au niveau du contentieux qu'au niveau politique. En effet, d'une part la Cour d'appel du District de Columbia lui dénie, en Février 1923[35], le droit de refuser une licence d'exploitation sous prétexte que la nouvelle station parasiterait une station existante; et d'autre part le Ministre de la Justice publie le 8 juillet 1926 l'opinion selon laquelle la loi de 1912 ne le charge de réguler ni les pouvoirs, ni les fréquences ni les heures d'exploitation des stations de radio. La Conférence Nationale de la Radio s'en remet, dès 1925, au Congrès.

Compte tenu de la composition de la Conférence il convient de noter que de même que les grangers ont incité à la création de l'ICC, les professionnels de la radio poussent à la création d'une commission dans ce secteur. Une telle influence détermine de manière significative le choix de système de radiodiffusion aux Etats-Unis : celui d'un système commercial[36] à l'opposé d'un système public. Les professionnels sollicitent en tout et pour tout une intervention publique efficace pour remédier au désordre causé par l'interférence. Ils ne sont pas véritablement à la recherche d'une présence envahissante ou dominatrice de la puissance publique. Finalement, ils sont relayés par le Président Coolidge, alarmé par le chaos né du mépris réservé par les opérateurs aux décisions ministérielles. Celui-ci sollicite de façon très solennelle le Congrès dans son message du 7 Décembre 1926.

Le Congrès, qui s'est, en réalité, attelé à la tâche dès Juillet 1926, met quelques mois à élaborer sa réponse. Celle-ci tombe le 23 Février 1927[37]. Ce deuxième *Radio Act* entend promouvoir une régulation plus efficace du secteur. Il ne se réduit pas comme le texte de 1912 à élaborer une réponse aux problèmes liés à l'interférence mais il organise une régulation plus ambitieuse qui envisage globalement le traitement de la radio. Il met ainsi en place une *Federal Radio Commission* ou *FRC* [38]aux pouvoirs évolutifs. Pendant un an, celle-ci doit cumuler l'ensemble des tâches de régulation encore qu'elle n'exerce sa fonction juridictionnelle qu'en appel des décisions du Ministre du Commerce lequel partage par conséquent avec elle la régulation du secteur. Le texte prévoit qu'au bout d'un an elle changera de statut[39].

D'organe permanent bénéficiant d'une confusion de pouvoirs, elle doit se muer en organe intervenant, de façon ponctuelle, pour revoir en deuxième instance les actes ministériels. Complexe et peu praticable, le mécanisme est modifié, dès la fin de l'année 1929, par le Congrès qui rend la Commission de la Radio permanente jusqu'à nouvel ordre[40]. Au total, la formule nouvelle de l'agence indépendante est essayée mais elle est mâtinée de mode ancien de régulation. La Commission de 5 membres nommés, selon un principe d'équilibre bipartisan, par le Président avec l'accord du Sénat et exerçant leur expertise de façon indépendante cohabite avec un ministre placé sous influence présidentielle directe.

& 2 : La régulation unifiée : la naissance de la Federal Communications Commission

En 1933, le Président Roosevelt donne le signal de la révision quand il demande au Ministre du Commerce, Roper, de confier à un comité interministériel une étude de la régulation de la communication qui est remise au début de 1934. Le comité envisage différentes alternatives y compris celle de la nationalisation qui est finalement écartée[41]. La division du travail entre l'Interstate Commerce Commission contrôlant le télégraphe et le téléphone, d'une part, et le Ministre de Commerce et la Federal Radio Commission contrôlant la radio, d'autre part, est mise à nu et une unification des moyens de régulation est recommandée. La recommandation est transmise au Congrès en Février 1934 et est rapidement[42] entérinée par celui-ci : le *Communications Act* est adopté le 19 juin 1934[43]. La FCC commence à opérer le 11 juillet 1934.

La communication fait donc désormais l'objet d'un traitement d'ensemble et la régulation de la communication sans fil et avec fil est dévolue à un organe unique, la *Federal Communications Commission* ou *FCC*. Celle-ci qui compte alors 7 membres[44] hérite, d'une part, des pouvoirs de l'Interstate Commerce Commission en matière de télécommunications, d'autre part, de ceux du Ministre du Commerce et de la Federal Radio Commission en matière de radio. Conséquence de ce regroupement, le texte de 1934 reprend essentiellement les dispositions de la loi de 1910[45] et de la loi de 1927[46].

Au total, le changement de modalité de régulation est radical à un double titre. D'abord, en excluant l'action proprement ministérielle, la régulation de la communication dans son entier repose exclusivement sur un groupe d'experts indépendants. A cet égard, le nouveau modèle diffère du précédent par sa nature-même. Ensuite, la dévolution de l'ensemble du secteur à la FCC comporte une différence de degré qui fait de la Commission une énorme machine de l'interventionnisme économique.

A ce stade, il est important de noter que c'est à propos de la radio que l'idée d'une commission indépendante de régulation de la communication dans son entier vient à maturité. Auparavant, la régulation du télégraphe et du téléphone avait tout simplement été assimilée à celle des chemins de fer et confiée à l'ICC. En d'autres termes, les media de communication intellectuelle (télégraphe et téléphone) avaient été confondus avec les voies de communication matérielle ou physique (moyens de transport ferroviaire). Désormais, la communication intellectuelle, du moins sa forme non-écrite, est saisie globalement (télécommunications et radiodiffusion)[47] et isolée pour être finalement confiée à une seule et même entité. Se profilent ainsi deux formes de régulation et deux visages de la FCC. Une FCC qui fait office d'ICC à l'égard des compagnies de télécommunications appréhendées comme des transporteurs publics[48] ou "*common carriers*", une FCC qui se révélera originale à l'égard des compagnies de radio-télévision perçues commes inassimilables auxdits opérateurs. Une FCC qui, calquée sur l'ICC, contrôle et protège étroitement le monopole naturel[49] du téléphone pour garantir le service universel, une FCC qui, dépourvue de véritable modèle à l'intérieur de la catégorie des agences de régulation indépendante, gère l'utilisation d'une ressource publique rare[50] dans un contexte de pluralité réduite d'opérateurs. Dans un cas, son principal outil est la régulation des prix qu'elle veut justes et raisonnables, dans l'autre, c'est l'imposition d'obligations quant au contenu des programmes audiovisuels. Il s'agit de deux méthodes de défense de l'intérêt public.

Les termes employés par le législateur de 1934 sont d'ailleurs suffisamment larges pour que, à l'avènement de la télévision hertzienne, celle-ci entre dans le champ d'intervention de la FCC alors même qu'au moment de la rédaction du texte la technique télévisuelle n'était pas prise en considération. Cette intégration ne pose pas de difficulté au regard d'un texte qui confie précisément à la FCC le soin de réguler les communications entre états et avec l'étranger que celles-ci soient assurées sans fil ou avec fil[51].

SECTION 3 : LA JUSTIFICATION DE LA RÉGULATION

La création de la FCC s'intègre dans le premier grand mouvement de développement des commissions indépendantes de régulation depuis leur apparition à la fin du 19ème siècle et plus généralement de l'administration américaine qui s'affirme après la Grande Dépression. Avec le *New Deal* ouvert par F. Roosevelt[52], la FCC (1934) mise à part, la *Securities and Exchange Commission* ou *SEC* (1934), le *National Labor Relations Board* ou *NLRB* (1935), le *Civil Aeronautics Board* ou *CIB* (1938) sont successivement établis. L'avènement de la FCC s'intègre par conséquent dans le courant de déploiement des structures administratives que symbolise du *New Deal*.

Alors qu'au cours des décennies 60 et 70, avec l'avènement des politiques sociales associées au projet de "*Great Society*", le deuxième grand mouvement d'expansion de la *bureaucracy* américaine se produit, la FCC étend son champ d'intervention à la télévision par câble et à la télévision par satellite. En revanche, quand le jeu des découvertes techniques introduit le multimedia à partir des années 90 et appelle une nouvelle extension de son domaine d'action, elle baigne dans un environnement dérégulationniste.

Pur produit du *New Deal*, la FCC puise dans l'idéologie des promoteurs du mouvement les raisons générales et spécifiques de sa création.

&1 : Les raisons générales de création des commissions

A l'origine de la création des agences en général, et de celle de la FCC en particulier[53], se trouve une série de raisons avancées par les *Progressives* (1905-1920) et les *Legal Realists (1920-1930)*[54]. En fait, au cours du 19ème siècle se produit un changement dans les modalités de la régulation étatique qui perd ses caractéristiques législatives et juridictionnelles pour devenir administrative à travers les commissions[55]. La promotion de l'expertise de celles-ci vaut disqualification autant pour le Congrès que pour les tribunaux. Autrement dit, "*la fonction administrative constitue essentiellement la réponse apportée par la [nouvelle] génération au problème de l'inadaptation des fonctions juridictionnelles et législatives*"[56]. L'ancien modèle, illustré dans les chemins de fer, selon lequel le législateur accordait des chartes à des compagnies et définissait leur situation juridique avec quelques règles générales en laissant au juge le soin de préciser dans le cadre de litiges leurs conditions d'application, est alors écarté parce qu'inadapté.

A) L'expertise des commissions face au Congrès

L'expertise des commissions est bel et bien élevée au rang de valeur supérieure. En l'occurrence, des professionnels de la communication mettent leurs connaissances et leurs expériences à contribution pour superviser le développement de l'économie nationale. L'intervention de spécialistes tranche ainsi en premier lieu avec celle du Congrès qui ne saurait par l'adoption de lois assurer un travail quotidien de régulation. Historiquement, la promotion des commissions repose d'abord sur un certain dénigrement du législateur[57] dont on souligne l'inadaptation des procédures et l'incompétence pour l'accomplissement de ses tâches de régulation. La longueur et les lourdeurs de la confection de la loi, le jeu des sessions parlementaires rendant impossible un suivi au jour le jour du secteur régulé, les travers politiciens de l'affrontement politique et l'absence de connaissances techniques des parlementaires[58], sont autant d'éléments propices à la disqualification du Congrès.

Des progressistes aux réalistes, la défense de l'expertise des commissions présente des nuances . Les progressistes[59], s'inspirant des constructions de l'Europe continentale observent une distinction tranchée entre politique et administration dans le cadre d'une conception stricte de la séparation des pouvoirs. Le législateur est censé opérer les grands choix de politiques de régulation, en déléguer l'application à l'agence en lui indiquant clairement les objectifs à atteindre et les critères à appliquer. Dans une telle optique, l'intervention de l'agence se limiterait à une simple mise en rapport entre règles législatives générales et abstraites, d'une part, et situations concrètes, d'autre part. Il revient naturellement au juge, dans cette perspective, de veiller à ce que la commission reste dans les limites de sa délégation.

Pour les promoteurs du mouvement progressiste qui, singulièrement entre 1906 et 1917 cherchent à assainir les moeurs politiques, l'idéal d'expertise des commissions américaines a une vertu purificatrice en ce qu'il apporte une garantie contre la corruption du personnel politique. La mise en place de telles entités indépendantes doit garantir contre les salissures typiques du jeu partisan. Des commissions doivent émerger des hommes d'Etat exemplaires dans leur souci du bien public, leur formation scientifique et spécialisée étant synomyme de rationalité et de neutralité des décisions. La forme collégiale des commissions indépendantes est recherchée autant parce qu'elle semble offrir une carapace plus coriace aux tentatives de noyautage que parce qu'elle est plus propice à des décisions "*consensuelles, réfléchies et d'esprit pluraliste*"60. La nécessité de regrouper une majorité de voix pour l'adoption des actes entretient, du moins en théorie, la recherche du compromis et la réflexion.

Les scandales qui, entre autres, atteindront la FCC[61] et les études relatives à sa capture par le secteur régulé[62], les liens qu'elle entretient de fait avec le Président et le Congrès[63], s'ils ne balayeront pas complètement les rêves de nouvelle race d'administrateurs, les contrarieront néanmoins sérieusement, de même qu'ils désarticuleront l'illusion selon laquelle les commissions sont à l'abri des démons de la politique[64].

Comparativement, en mettant en exergue la notion d'expertise, les promoteurs réalistes des commissions provoquent un "*changement historique*"[65] par rapport à la théorie de la délégation législative en vigueur depuis 50 ans. La croyance wébérienne en la possibilité de contenir par des règles générales législatives l'action administrative, de lui interdire les jugements de valeur et de la ravaler à une technique de mise en adéquation de moyens bureaucratiques et de buts législatifs est remise en cause. L'expertise dont il est question se distingue de la rationalité de Max Weber prisonnière du cloisonnement prétendûment étanche entre l'activité législative et l'activité administrative. Elle naît d'une spécialisation dans le secteur industriel régulé et appelle une délégation généreuse, une sorte de chèque en blanc, qui balaie les sages distinctions traditionnelles.

La mise en place des agences indépendantes est historiquement associée à la croyance dans les vertus d'une certaine confusion fonctionnelle[66]. La dévolution de larges pouvoirs relevant des fonctions législatives, exécutives et juridictionnelles est conçue comme un facteur de responsabilisation elle-même censée prévenir les tentations d'abus[67] tandis que la séparation des pouvoirs, en divisant, brouillerait l'identification des responsables. Elle est considérée comme permettant d'éviter les blocages résultant de la distribution du pouvoir entre plusieurs titulaires. Elle est vue comme la forme adaptée aux tâches de régulation qualifiée de substitut du marché[68]. Landis dénonce ainsi avec dérision la futilité de toute entreprise visant à ramener l'expertise des agences, c'est à dire la fonction régulatrice, dans les limites de *"l'approche légaliste"*[69] de la séparation des pouvoirs. Précisément, le Congrès octroie une délégation de pouvoir législatif à la FCC ainsi chargée de réguler le monde de la communication dans le respect de *"l'intérêt public"*[70]. Cette délégation est exprimée dans des termes larges qui contrastent avec le souci du détail de la loi de 1887 définissant les pouvoirs de l'ICC[71] dont la mise en place est encore marquée par les catégories du 19ème siècle.

B) L'expertise des commissions face aux juridictions

La spécialisation des commissaires tranche également avec la formation des juges qui ne sont pas préparés à la régulation d'un secteur donné de l'économie et constituent ainsi la deuxième cible des promoteurs des commissions[72]. L'attaque contre les juges est multiple. Ils sont d'abord dépourvus d'une formation aux arcanes de l'administration économique qui les rend incompétents en la matière. Ensuite, leur méthode de travail fondée sur une approche du cas-par-cas ancrée dans le formalisme et le conceptualisme n'est susceptible d'affecter l'ordonnancement juridique que de manière lente et à la demande des justiciables. Or, le besoin se fait sentir d'une transformation rapide de la substance du droit, qui est en revanche, à la portée des agences détentrices de pouvoir réglementaire et habilitées à agir motu proprio. Celles-ci, avantagées par la maîtrise d'un domaine qui leur est spécialement assigné, sont plus aptes à percevoir dans leur globalité les tenants et aboutissants d'un problème à l'opposé des juges cantonnés aux litiges à eux soumis. Enfin, leur opposition au *New Deal* les fait taxer d'attitude réactionnaire et les place en position d'adversaires politiques[73]. Pour les promoteurs du

New Deal, l'agence indépendante est un moyen de court-circuiter les cours de *Common Law*[74]. L'avènement des commissions indépendantes de régulation équivaut par conséquent à un déclassement de la figure judiciaire[75], même si la fonction juridictionnelle retrouve théoriquement sa place avec le contrôle des décisions des premières. Ce déclassement s'opère non sans ironie de l'histoire puisque la Cour Suprême, en introduisant le critère de l'intérêt public dans l'affaire Munn, avait précisément fourni une justification constitutionnelle au développement des structures administratives. En pleine terre de *Common Law* la graine administrative se trouvait ainsi semée par la représentante symbolique du pouvoir judiciaire ! Il y a là un profond changement de rapport de forces dans un pays de *Common Law* puisque le juge à qui la tradition confie la tâche de faire évoluer le droit à travers l'art des précédents est bel et bien, en l'espèce, considéré comme inadapté à la tâche de régulation initiale[76]. Il est d'ailleurs judicieux de noter comment le juge déclassé, relayé par l'*American Bar Association*[77], par réflexe protectionniste, ne tarde pas à accuser les commissions de se draper dans leur expertise pour agir avec arbitraire et absolutisme. Il en résulte un développement du droit administratif[78] et une juridictionnalisation des règles de procédure observées par les commissions.

& 2 : Les raisons propres au domaine de la communication

Aux Etats-Unis comme en France, le fondement de la régulation de la communication, à l'origine, est soit d'ordre technique soit d'ordre économique selon que l'on considère l'audiovisuel ou le téléphone[79].

A) La référence à des critères d'ordre technique et économique

A propos de l'audiovisuel, la référence à la rareté des fréquences hertziennes sert de justificatif. En premier lieu, la nécessité de répartir les ondes au sein d'un nombre inévitablement limité fonde l'intervention publique qui revêt la forme d'une commission régulatrice indépendante. Outre la gestion de l'interférence et le conditionnement de l'entrée sur le marché qui s'y attache, le caractère fini de l'espace hertzien permet d'asseoir le régime juridique de "*public trustee*" appliqué à l'exploitant audiovisuel et singulièrement les obligations ayant trait à la programmation qui lui sont imposées[80].

A propos du téléphone, la référence au monopole naturel sert de justificatif. Mais tandis que la matière audiovisuelle donne lieu à l'invention d'un nouveau modèle régulatoire, le public trustee[81], celle du téléphone puise dans les traits existants de l'interventionnisme. En effet, le type de régulation appliqué aux services de réseau, le "*public utility*" est spécialement rebaptisé "*common carrier*" pour l'opérateur téléphonique[82] mais reste fidèle aux lignes maitresses de ce modèle préexistant.

En réalité, ces deux exemples de justification de l'intervention publique illustrent le caractère "pragmatique"[83] de l'avènement et du développement initial de l'administration économique aux Etats-Unis. A proprement parler, on ne décèle pas d'explication idéologique équivalente à celle du service public. Le gouvernement par commission se présente d'autant plus comme le résultat d'une nécessité pratique que son caractère contradictoire par rapport au credo du laissez-faire ne fait pas encore l'objet d'investissements théoriques semblables à ceux de la révolution conservatrice des années 80.

Par ailleurs, la demande de régulation de la part de l'industrie mérite d'être soulignée aussi bien dans le cas du Mann Elkins Act de 1910 que dans celui du Radio Act de 1927[84]. Au tournant du siècle, les entreprises du téléphone voient dans la régulation une manière de stabiliser l'industrie et de mettre fin à la guerre des prix engagée dans le cadre concurrentiel ouvert par l'expiration des brevets d'invention par la Compagnie Bell[85]. Singulièrement pour cette dernière, la promotion de la régulation cache une stratégie qui vise à rétablir son monopole[86]. Lorsqu'en 1910 son directeur, Théodore Vail, lance le credo , "Un Système, Une Politique, Un Service Universel" il ne sous-estime pas la protection que procure la régulation d'un monopole au titulaire de celui-ci[87]. Le secteur de la radio offre un tableau similaire. Les opérateurs sont favorables à la régulation parce qu'elle est perçue comme mode de résolution du problème de l'interférence qui empêche de tirer pleinement profit des fréquences. Les 3 conférences de la radio servent ainsi de banc d'essai à la rédaction du Radio Act de 1927.

Il reste que les raisons avancées sont centrales de par leurs implications.

B) Les implications de la référence

Le mode de justification renvoie à une distinction de types et de fonctions de régulation. A l'opérateur audiovisuel, du moins celui de l'audiovisuel traditionnel, correspond le public trustee; à l'opérateur téléphonique correspond le common carrier. Chaque type régulatoire confie des tâches propres à la FCC que celle-ci exerce séparément. La Commission acquiert, dès lors, un double visage. Certes, les deux figures régulatrices laissent apparaître des traits communs[88] mais elles présentent respectivement une irréductible originalité[89]. Ce dédoublement fonctionnel comporte d'importantes conséquences. D'abord, pour l'autorité régulatrice elle-même : son organisation, son fonctionnement interne et externe s'en trouvent affectés[90]. Pour le droit de la communication, ensuite : il repose ainsi, à l'origine, sur un dualisme juridique.

Le choix d'un critère technique et d'un critère organique semble déterminer la viabilité de ce dédoublement fonctionnel et de ce dualisme juridique[91]. Sur le terrain audiovisuel, il pose la question de l'applicabilité du modèle du public trustee aux opérateurs recourant à des techniques non-soumises à la rareté[92]. Sur le terrain du téléphone et des télécommunications, il soulève le problème de la question de la pertinence du modèle du common carrier eu égard au nouvel environnement concurrentiel. Sur les deux terrains, s'ajoute une troisième difficulté celle du maintien d'une séparation des régimes régulatoires au regard de la convergence des techniques et des marchés de la communication[93]. De fait, le dualisme originel est maintenant devenu un pluralisme avec l'apparition de régimes mixtes, tandis que la voie du monisme demeure inexploitée. Mais la nouvelle pluralité se nourrit de la dualité fondatrice tant les notions de public trustee et de common carrier soustendent la nouvelle construction. C'est inférer qu'une FCC plurielle est en formation quoiqu'elle ait du mal à se déprendre de son double visage d'antan.

NOTES

1 L'ICC a été supprimée le 29 décembre 1995 par l'*ICC Termination Law* , Pub. L 104-88. Elle a été remplacée par la *Surface Transportation Board, "agence indépendante au sein du Ministère des Transports"*. Cf SCHWARTZ (B) : "A Decade of Administrative Law: 1987-1996", 32 *Tulsa Law Review,* 1997, p. 493-581. Ici note de bas de page n. 806, p. 579.

2 Ce qui n'empêche pas totalement les nouvelles créations. Ainsi, la *Sentencing Commission,* nouvelle commission independante de régulation est créée en 1989.

3 Rhode Island et le New Hampshire établissent des commissions des chemins de fer dès 1839 et 1844, le Connecticut en 1853, New York et le Vermont en 1855, le Maine en 1858-59, l'Ohio en 1867, le Massachussetts en 1869. Ces commissions sont dépourvues de pouvoirs normatifs et n'ont que des pouvoirs d'enquête dont les résultats de la mise en oeuvre peuvent être utilisés dans le cadre d'un procès. Cf. KURTZ(J) : "*State Public Service Commissions*" in FREUND et allii : "*The Growth of American Administrative Law*", Thomas Law Book Company 1923, p. 136-174. Ici p. 140; PHILLIPS (C) : "*The Regulation of Public Utilities. Theorie and Practice*", Public Utilities Reports, Inc. Arlington, 3ème édition : 1993, 999 p. Ici p.131 et s.

L'apparition des commissions aux pouvoirs normatifs date du mouvement des Grangers : imposition de prix-plafond, prévention de la discrimination et interdiction des fusions dans l'industrie ferroviaire. Dans le Massachussetts, en 1869 une loi crée une commission des chemins de fer dont le pouvoir de décision initialement limité à la réglementation de la publicité des prix sera généralisé en 1913. Dans l'Illinois, une commission ferroviaire est créée par la loi du 2 Mai 1873 à l'effet de proposer des barêmes de prix relatifs au transport de voyageurs et de marchandises, lesquels devaient, au contentieux, être considérés par les tribunaux comme les prix raisonnables de référence. C'est précisément cette loi de 1873 qui est en cause dans l'affaire *Wabash* (infra). Cf. FREUND (E) : "*Historical Survey*" in FREUND et allii Op. Cit. p. 9-42, ici p. 26-30; PHILLIPS (C) Op. Cit.

Il est à noter que les Etats peuvent préférer le juge à la commission comme le Maryland qui par une loi de 1781 confie à l'autorité judiciaire (*County Courts*) le droit de délivrer des licences d'exploitation de ferries, de réglementer les prix du transport, ainsi que celui de prescrire l'équipement et le personnel nécessaires à l'exploitation de ferries. Ce qui revient en réalité à transformer le juge en administrateur. Cf W. GELLHORN : " *Federal Administrative Proceedings*", Baltimore, The John Hopkins Press, 1941. Ici p. 3.

Il est judicieux de noter que cette expérience d'interventionnisme économique que Bernstein date de 1790 montre que les relations entre le monde économique et la puissance publique aux Etats-Unis ont "*toujours été proches et etroites*" et incite à relativiser "*le mythe du laissez-faire*". BERNSTEIN (M) : "*Regulating Business by Independent Commission*", Princeton University Press, 1955 et 1966, 299 p. Ici p. 19-20.

4 Le mouvement dit des Grangers conduit par les agriculteurs et les petits entrepreneurs, né après la Guerre Civile, dénonce les monopoles et attaque spécialement les compagnies de chemin de fer qui tenaient alors une position particulièrement stratégique. BUCK (S) : "*The Granger*

Mouvement " Harvard University Press,1913, p. 205. Les compagnies ferroviaires elles-mêmes souhaitent l'intervention publique afin d'éliminer les effets pervers de la concurrence. KOLKO (G) : *"Railroads and Regulation, 1887-1916"*, 1965, p. 34-35.

5 *Munn v. Illinois* 94 US 113 (*1877*); 4 Otto 113, 24 L.Ed. 77. La loi contestée datait du 25 Avril 1871 et avait été adoptée en application de la Constitution de 1870 de l'état de l'Illinois. Elle réglementait l'emmagasinage et le transport des grains et en particulier fixait les prix maxima qu'étaient autorisés à pratiquer les propriétaires d'entrepôt et les compagnies ferroviaires.

6 Dans son traité '*De Portibus Maris*', 1 Harg. Law Tracts, 78. Notre traduction.

7 94 US 126 (*1877*). Notre traduction.

8 Notre traduction.

9 Aux dires du juge Field, auteur d'une opinion dissidente.

10 En l'occurrence , les entrepôts et les moyens de transport ferroviaire.

11 BERNSTEIN (M) *Op. Cit.*, p. 296.

12 La loi de l'état de l'Illinois en cause, adoptée le 7 Avril 1871 et modifiée le 2 Mai 1873 interdisait des discriminations tarifaires aussi bien pour les transports ferroviaires dont les points de départ et d'arrivée étaient situés dans les limites dudit état (commerce intraétatique) que pour ceux dont l'un de ces deux points au moins était situé en dehors de ses limites (commerce interétatique)

13 Cf art 1 &8 (3) de la Constitution.

14 *Wabash, St. L. &. P. RY. CO. v. State of Illinois* 118 U.S. 557 (1886), 7 S.Ct. 4.

15 La loi de l'Illinois en cause avait précisément créé une commission ferroviaire propre audit état. Voir note 1.

16 PHILLIPS (C) Op. Cit. p. 132.

17 L'administration fédérale présente une distribution binaire : d'un côté l'administration rattachée au Président, de l'autre, l'admistration indépendante de la sphère présidentielle. Cf LASSALE (J-P) : *"La Démocratie Américaine. Anatomie d'un Marché Politique"*, Armand Colin, 1991, 374 p. Ici p. 128 et s.

18 BERNSTEIN (M) , Op. Cit p. 23. En outre la loi du 29 juin 1906, *Hepburn Act*, affirme ses pouvoirs en lui reconnaissant le droit de fixer les prix des prestations de transport et en rendant ses décisions exécutoires.

19 Loi du 2 Mars 1889, 25 Stat. L. 855.

20 Du moins est-ce la date généralement retenue. Schwartz remarque cependant que la première commission indépendante de régulation date de 1822. Il s'agit de la *Florida Land Commission*. En 1851 la *California Land Commission* apparaît. Cf. SCHWARTZ (B) *"Adminisrative Law"*, Little, Brown and Company, 1976, p. 17.

21 Cf. Le Federal Trade Act du 26 Septembre 1914 intervient dans la lignée de la législation antitrust de 1890.

22 BERNSTEIN, Op. Cit p. 18, établit cinq périodes en ce qui concerne la chronologie des commissions fédérales indépendantes de régulation. 1ère période, 1837-1887 : expérience de régulation au niveau des états; 2ème période, 1887-1906: la réforme agraire et l'ICC; 3ème période, 1906-1917: le mouvement progressiste; 4ème période, 1920-1929: l'après-guerre; 5ème période, les années 30: la Grande Dépression et la reconstruction; 6ème période, depuis 1940 : mobilisation et défense.

23 E. ROOT : *"Presidential Address"* 41 A.B.A. Rep. 356, 368 (1916). Le droit administratif auquel on se réfère ne correspond pas à un corps de règles spéciales à l'administration et exorbitantes du droit commun qu'évoque la notion dans le contexte français. Le concept aux Etats-unis désigne principalement le corset procédural qui encadre l'action des

agences ainsi que le droit dérivé de l'action de ces dernières. V. développements relatifs au droit applicable.

24 A. V. DICEY: "*Law of the Constitution*", 1885, p. 180. Il convient d'indiquer que l'*administrative law* n'acquiert le statut de matière juridique aux Etats-Unis qu'en 1947 lorsqu' elle est incluse dans le *West Key Reporter System*.

25 B. SCHWARTZ : "*Administrative Law* ", Little, Brown and Company, 1976. p. 19.

26 S. 7021, 36 Stat. 609 (1911). L'affaire du Titanic incite à l'adoption du texte.

27 Pub. L. N. 61-218, 36 Stat. 539 (1910).

28 On parle précisément de "*common carriers*". Sect. 1 du *Mann-Elkins Act* du 18 Juin 1910. L'objet principal de la loi consiste cependant à augmenter les pouvoirs de régulation de l'ICC.

29 L'appartenance au domaine public sera expréssement posée par la loi du 23 Février 1927. Elle sera soulignée en 1929 par la FCC : In re Application of Great Lakes Broadcasting Company, 3, FRC, Rapport Annuel, 32, 1929. JUNG (D) : "*The Federal Communications Commission, the Broadcast Industry and the Fairness Doctrine, 1981-1987*" University Press of America, 1996. Ici p. 11.

30 Ch. 287, 27 Stat. 302.

31 La transmission de point à point se distingue de la communication de masse.

32 La première station radiophonique (KDKA) commence à émettre à Pittsburgh le 2 Novembre 1920.

33 Elles regroupent aussi bien les propriétaires de stations commerciales que les radio-amateurs, aussi bien les représentants de la Chambre des Représentants et du Sénat que ceux des diverses instances administratives traitant de la communication. Une bonne partie des règles qu'elles formulent est finalement reprise par la loi de 1927.

34 En Novembre 1925 on dénombre 600 stations et 175 demandes d'autorisation d'exploitation. Cf LIVELY (D) : "*Modern Communications Law*", Praeger, New York 1991, p. 204.

35 *Hoover v. Intercity Radio Co.* 52 App. D. C. 339, 286 F. 1003 (D.C. Cir. 1923). En Avril 1926, la Cour d'Appel du District Nord de l'Illinois rend une décision encore plus réductrice des pouvoirs du Ministre : non seulement il est dépourvu du droit de refuser une licence mais encore il ne peut assigner des longueurs d'onde et des tranches horaires : *United States v. Zenith Radio Corp.*, 12 F. 2d 614 (N.D. Ill. 1926).

36 JAFFE (L) : "The Illusion of the Ideal administration", *Harvard Law Review*, 1973, Vol. 86, p. 1184-1199. Ici p. 1192-1194.

37 Ch. 169, 44 Stat. 1162 (1927).

38 Bernstein qualifie une telle création d'"*évènement peut-être le plus intéressant de la décennie*". BERNSTEIN, Op. Cit p. 49.

39 Ce système bancal est le résultat d'un compromis entre le Sénat et la Chambre des Représentants : le premier exige une commission permanente, la deuxième une commission à temps partiel. L'accord se fait sur un mécanisme évolutif.

40 Entretemps, à deux reprises, le Congrès prolonge pour 1928 et 1929 son caractère permanent.

41 BROCK (G) : "*Telecommunication Policy for the Information Age : from Monopoly to Competition*", 1994, 317 p. Ici p. 49.

42 En tout et pour tout, la discussion au Sénat dure une journée, à la Chambre des Représentants deux heures. Cf B. SCHWARTZ : "*The Economic Regulation of Business and Industry. A Legislative History of U.S. Regulatory Agencies*" Chelsea House Publishers, New York, 1973. Vol 4. p. 2375-2376.

43 Pul. L. No. 73-416, & 1, 48 Stat. 1064 (1934), 47 U. S. C. & 151.

44 Le nombre sera, en 1983, réduit à 5.

45 Mann-Elkins Act prec.

46 Radio Act prec.

47 Du moins la communication intellectuelle non écrite, puisque la presse est exemptée au nom de la liberté d'expression de régulation par une commission indépendante.

48 L'essentiel des dispositions du Communications Act de 1934 relatives aux "common carriers" (Titre 2), c'est-à-dire initialement aux industries du téléphone et du télégraphe reprennent les dispositions portant sur les pouvoirs de l'ICC à l'égard des compagnies de chemin de fer. Transport de messages télégraphiques et téléphoniques et transport de marchandises et de voyageurs sont assimilés.

49 L'expression s'entend d'un monopole imposé par la raison économique : s'agissant d'un secteur organisé en réseau, l'intervention d'un opérateur unique est jugée d'une plus grande efficacité économique que celle d'une pluralité d'operateurs dans la mesure où celui-ci est capable de satisfaire la demande à des coûts plus avantageux que deux ou plusieurs opérateurs.

50 Les ondes radio-électriques.

51 Section 2 (a) du Communications Act de 1934 ou 47 USC Section 152.

52 Franklin Delano Roosevelt est élu à la Présidence en 1933 et réélu en 1936, 1940 et 1944, mais décède en 1945.

53 GELLHORN (W) : "*Federal Administrative Proceedings*", The John Hopkins Press, 1941, p. 6 et s.

54 Selon M. Horwitz, les uns et les autres participent du même courant de pensée critique de la conception classique du droit : "*Le Réalisme par dessus tout poursuit l'attaque*

Progressiste contre la prétention de la pensée juridique classique de la fin du XIXème siècle d'établir une distinction tranchée entre le droit et la politique et de présenter le droit comme neutre, naturel et a-politique". La pensée juridique progressiste est un mouvement d'avant-guerre qui commence à se cristalliser après la décision Lockner (1905). La pensée juridique réaliste est un mouvement d'après-guerre qui se développe dans les années 20 et 30. HORWITZ (M) : *"The Transformation of American Law, 1870-1960"* Oxford University Press, 1992, p. 169, Notre traduction. Dans le domaine administratif, GOODNOW (F) : *"The Principles of the Administrative Law of the United States"*, G. P. Putmam's Sons, 1905 est à classer parmi les Progressistes tandis que LANDIS (J) : *"The Administrative Process"*,Yale University Press, 1938, prend place parmi les tenants du réalisme juridique.

55 BERNSTEIN, Op. Cit p. 26.

56 LANDIS (J), Op. Cit p 46. Notre traduction.

57 HORWITZ, Op. Cit. p. 216-217.

58 Les travaux préparatoires du Communications Act confirment cette considération. SCHWARTZ (B) : *"The Economic Regulation of Business and Industry. A Legislative History of US Regulatory Agencies"*, Vol. 4, 1973, Chelsea House Publishers, p. 2374.

59 GOODNOW (F, Op. Cit.Ici p. 1-7; 66-68.

60 VERKHUIL (P) : "The Purposes and Limits of Independent Agencies", *Duke Law Journal*, 1988, p. 257-279. Ici p. 261. Notre traduction. Les développements relatifs aux sources du droit et spécialement aux effets pervers de la législation promotrice de la transparence inciteront à réviser une telle affirmation.

61 RAY (W) : *"The Ups and Downs of Radio-TV Regulation"*, Iowa State University Press, 1990, 193 p. ; SCHWARTZ (B) : *"The Professor and the Commissions"* Knopf, 1959 et 1978, p. 238 et s.

62 BERNSTEIN, Op. Cit. p. 126-164, 170-171, 294-296.

63 JAFFE, Op. Cit. p. 1194-1195.

64 JAFFE (L) : "The Illusion of the Ideal Administration", *Harvard Law Review*, 1973, Vol. 86, p. 1184-1199. V. développements relatifs aux politiques de régulation menées par la FCC; KRASNOW (E), LONGLEY (L), TERRY (H) : *"The Politics of Broadcast Regulation"*, 1982, 3ème édition, St Martin Press, 299 p.

65 HORWITZ, Op. Cit. p. 216.

66 A l'origine, celle-ci est, en effet, propre à cette catégorie alors qu'a l'époque contemporaine elle se retrouve aussi bien dans les agences exécutives que les agences indépendantes.

67 WILSON ( ) : "The Study of Administration", 2 *Political Science Quartely*, 1887 p. 197 et s., réédité in 56, *Political Science Quaterly*, 1941, p. 481 et s.

68 LANDIS (J) :" *The Administrative Process"*, Yale University Press, 1938.

69 LANDIS (J), Op. Cit. p. 75.

70 Section 303 du Communications Act de 1934 ou 47 USC Section 303.

71 Horwitz note que dès 1914, avec la Federal Trade Commission, les termes de la délégation deviennent plus vagues; la tendance s'établit à signer un chèque en blanc aux agences parce que la formule de la délégation détaillée s'est révélée inefficace. HORWITZ, Op. Cit. p. 216.

72 HORWITZ, Op. Cit. p. 221. Horwitz situe vers 1910 l'affirmation de la tendance anti-judiciaire des défenseurs de l'Etat administratif. On trouve chez LANDIS (J) : *"Administrative Process"*, Yale University Press, 1938 la presentation en des termes forts de l'argumentation disqualifiant les juges.

73 Il est à noter qu'entre 1934 et 1936 la Cour Suprême s'opppose systématiquement aux lois issues du New Deal. L'annonce en 1937 par le Président Roosevelt d'un plan de

réorganisation de la Cour, la pousse à se montrer plus conciliante et la même année elle commence à reconnaître la constitutionnalité des mesures d'application du New Deal.

74 SUNSTEIN (C) : "Constitutionalism after the New Deal", 101 *Harvard Law Review*, 1987, p. 421 et s.

75 SKOWRONEK (S) : "*Building a New American State The Expansion of National Administrative Capacities,*

1877-1920", Cambrigde University Press, 1982, p 287-288.

76 De nos jours, un retour à la tradition du *Common Law* et une restauration du juge dans sa fonction régulatrice exclusive de l'intervention des agences est prôné par ceux qui réclament la suppression de la FCC. La production du droit par le juge selon une procédure allant du bas vers le haut (*Top down edicts*) est alors opposée à la production du droit par les agences selon un procédure partant du sommet pour se diriger vers la base(*Bottom-up edicts*). HUBER (P) : "*Law and Disorder in Cyberspace : Abolish the FCC and Let Common Law Rule the Telecoms*" Oxford University Press, 1997, 265 p.

77 Les décennies 30 et 40 se présentent comme une période de réflexion critique sur les commissions indépendantes de régulation. L'American Bar Association, la Commission Hoover, le Groupe d'étude sur les commissions de régulation en particulier publient une série d'études dans lesquelles les problèmes (tendance à l'arbitraire, à la capture, lenteur d'exécution, difficultés de planification de l'action, changements de composition trop fréquents) sont évalués et des propositions (le renforcement des règles de procédure, la mise place d'une juridiction spéciale) sont émises.

78 L'adoption en 1946 de l'Administrative Procedure Act (ou APA) constitue un tournant dans l'histoire du droit administratif américain ainsi que dans celle des commissions indépendantes de régulation.

79 On traite ici des raisons déclarées. On abordera plus bas les motivations politiques de la régulation de la communication audiovisuelle.

80 V. développements relatifs aux types de régulation.

81 L'affirmation vaut non pas tant pour la notion de trust bien enracinée en Common Law que pour son utilisation dans le domaine de la régulation.

82 V. développements relatifs aux types de régulation.

83 BERNSTEIN (M), Op. Cit. p. 14.

84 Cette demande est à rapprocher de celle en provenance des grangers et des compagnies ferroviaires en ce qui concerne la défunte ICC.

85 BROCK (G) : *"The Telecommunications Industrie : The dynamics of Market Structure"*, 1981, p. 158-159. L'expiration intervient entre 1893 et 1894 et favorise l'entrée de nouveaux opérateurs.

86 MUELLER (M) : "Universal Service and the New Telecommunications Act : Mythologie Made Law", *Communications at the ACM,* 1997 Vol. 40 n.3, p. 39-47; Telecommunications Access in the Age of Electronic Commerce : Toward a Third Generation of Universal Service", 49 *Federal Communications Law Journal,* 1997, p. 665-673.

87 CUSTOS (D) : "Le Service Universel des Télécommunications Américain, d'Hier à Demain", *Juris PTT,* 1998, n. 52 p. 3-25 et*Droit de l'Informatique et des Télécommunications* , 1998, n. 3 et 4.

88 Comme on le verra dans les développements relatifs aux types de régulation, le contrôle de l'entrée du marché existe dans chaque type de régulation.

89 Contrôle des prix pour les prestations téléphoniques, contrôle de la programmation pour les prestations audiovisuelles.

90 Les questions des qualifications des commissaires et des agents, d'agencement des services, de relation avec les divers secteurs de la communication.

91 V. développements relatifs aux types de régulation.

92 La télévision par câble, par satellite, numérique, et par transmission en ligne (de type Internet).

93 La convergence des techniques s'entend de la capacité d'une technique (onde hertzienne, satellite, cassette, disque, fil de cuivre, fibre optique) de communication donnée de fournir des services de communication différents (radio, télévision, magnétoscope, ordinateur, télévision, fax). La convergence des marchés s'entend de l'intégration de marchés jusque-là compartimenté (entre services filaires et non-filaires, à l'intérieur des services filaires ou non-filaires).

Chapitre 2

Le contexte institutionnel et juridique de la FCC

La FCC est considérée comme agence régulatrice en ce que son activité de contrôle d'un secteur économique l'amène à empiéter sur les droits des individus. En cela, elle se distingue d'une agence non-régulatrice dont l'activité consiste à servir des prestations sociales aux individus[1]. Ce premier repérage doit être complété. L'appréhension de la FCC suppose tout à la fois de pouvoir la saisir comme membre de la famille des agences indépendantes de régulation et de la situer dans son environnement normatif. Le premier travail de mise en place permet de classer la FCC au sein du monde des agences en en détaillant l'organisation et le fonctionnement (section 1). La deuxième étude fondée sur le principe de la juridicité de l'action des agences concerne les sources du droit administratif applicable à la FCC (sections 2 et 3).

Section 1 : Les caractéristiques institutionnelles de la FCC

&1 : La FCC au regard des autres agences

L'observation de la FCC au sein de la famille des agences révèle sa singularité autant du point de vue strictement juridique, que du point de vue de son secteur d'intervention ou de son envergure.

A) La FCC, agence indépendante distincte de l'agence exécutive

Repérer la FCC comme agence de régulation indépendante revient en premier lieu à la distinguer des agences exécutives. La principale caractéristique de ces dernières qui est aussi le critère essentiel de distinction par rapport aux agences dites indépendantes tient précisément à ce qu'elles sont placées sous la dépendance directe du chef de l'Exécutif, le Président. En conséquence, alors que celui-ci peut mettre fin de manière discrétionnaire aux fonctions des agents des commissions exécutives[2], la cessation des fonctions des membres d'une commission indépendante ne peut intervenir que pour une cause légitime, que le texte de référence soit exprès[3] ou muet[4] à ce propos. Comme l'explique la Cour Suprême, le fait que par delà leurs fonctions quasi-législatives les agences indépendantes exercent des tâches quasi-juridictionnelles appelle une protection des pressions politiques. L'indépendance déclarée est par conséquent liée à la reconnaissance d'un pouvoir normalement dévolu au juge et elle se conçoit par rapport au Président.

Outre la limitation du pouvoir de révocation, la règle de l'équilibre bi-partisan ainsi que celle des mandats à durée fixe et échelonnée sont des garanties de l'indépendance de l'agence dite indépendante. Il y a là deux traits qui ne sauraient se trouver dans les agences exécutives puisque celles-ci ne présentent pas de forme collégiale dans la mesure où elles sont dirigées par un haut fonctionnaire subordonné au Président. La collégialité joue ainsi le rôle de second critère de différenciation.

Cette première distinction est cruciale puisqu'elle renvoie à une division fondamentale au sein de l'administration fonctionnelle américaine[5] entre structures placées dans la sphère présidentielle et structures non soumises au pouvoir de direction du Président. Elle présente cependant quelques incertitudes puisqu'il existe aussi des agences exécutives indépendantes. Cette catégorie intermédiaire est d'apparition récente. L'*Environmental Protection Agency* ou

EPA, créée en 1962, en est le prototype. Le législateur y recourt depuis avec constance, soit par création pure et simple soit par requalification de structures existantes[6]. A l'instar des agences exécutives traditionnelles elles sont dirigées par un administrateur unique soumis au pouvoir de révocation discrétionnaire du Président. Leur rapprochement avec les commissions indépendantes classiques tient à leur absence d'insertion au sein d'un département ministériel et en la jouissance d'une certaine autonomie[7]. En revanche, leur rattachement exprès à l'exécutif les en éloignent. Corrélativement, le fait que deux[8] au moins des agences indépendantes soient placées au sein d'un Secrétariat sans pour autant que cette insertion emporte allégeance complète par rapport à la Maison Blanche ne fait qu'ajouter à la confusion.

Les incertitudes tiennent par ailleurs et surtout à ce que la volonté d'accorder l'existence des commissions indépendantes avec le texte et l'esprit de la constitution[9] peut conduire une partie de la doctrine non seulement à souligner les points communs mais encore à relativiser l'originalité essentielle. L''indépendance est, dès lors, présentée non pas tant comme une différence de nature que comme une différence de degré. Au demeurant, l'analyse politique des relations des agences indépendantes avec le Président rejoint l'analyse juridique dans son constat d'une banalisation qui fait douter de la pertinence de la notion sous-jacente[10].

Il est vrai que par delà l'indépendance et la collégialité, du point de vue matériel comme du point de vue organique, les deux catégories d'agences présentent beaucoup de similitudes[11]. Certes, pendant un temps, on a pu tenter de distinguer les agences indépendantes des agences exécutives en caractérisant comme strictement régulatrices[12] les premières par opposition aux fonctions gestionnaires des secondes. Mais la distinction peu claire donc peu praticable[13] n'est plus à l'ordre du jour et la régulation c'est à dire le contrôle et la supervision d'une activité ou d'un secteur d'intérêt public est maintenant considéré comme pouvant être assurée aussi bien par des agences indépendantes que par des agences exécutives[14]. Ainsi, on trouve dans les unes et les autres la même confusion de fonctions législative[15], exécutive et juridictionnelle. La similitude matérielle contemporaine ne doit cependant pas occulter le fait que le mélange des trois fonctions est spécialement pratiqué, à l'origine, pour les agences indépendantes. Il y aurait donc eu un phénomène d'assimilation entre agences exécutives et agences indépendantes, en sorte que l'on ne saurait plus, de nos jours, soutenir que ce trait constituerait "*une de leurs particularités*"[16]. On y constate aussi le même agencement qui, grosso modo, répartit les services entre tâches administratives[17] et tâches plus proprement régulatrices[18] et isole les *administrative law judges* ou "juges administratifs"[19] du reste des agents. Corrélativement, ces similitudes renvoient aux mêmes problèmes de constitutionnalité au regard des principes de la séparation des pouvoirs[20] et du *due process*, c'est-à-dire du respect des garanties légales. Le droit applicable est globalement le même[21]. L'existence de ces dénominateurs communs suggère combien l'étude d'une commission régulatrice indépendante, en l'occurrence celle de la FCC, est susceptible d'instruire sur le droit administratif américain en général.

B) La FCC, une agence de régulation économique distincte de l'agence de régulation sociale

En deuxième lieu, en tant que produit du *New Deal*, la FCC s'inscrit dans la catégorie des agences de régulation économique distincte de celle des agences de régulation sociale[22]. Les unes, sur le modèle de l'ICC[23], sont chargées de la régulation d'un secteur économique précis au nom de l'intérêt public[24], les autres, sur le modèle de l'EPA, sont chargées de promouvoir des intérêts sociaux, tels la protection du citoyen (singulièrement contre la discrimination raciale), du consommateur, du salarié ou de l'environnement, dans toutes les branches de l'économie[25]. L'approche verticale correspond à une première génération de commissions qui nées au XIXème siècle fleurirent dans les années 30, l'approche horizontale correspond à une deuxième génération de commissions qui se sont développées à partir des années 60. Et si la régulation économique a été introduite à la demande des secteurs industriels concernés comme en témoignent le mouvement des grangers ou les conférences de la radio, la mise en place de la régulation sociale a rencontré, au moins dans sa phase originelle,[26] l'opposition des entreprises criant à l'augmentation des coûts de production consécutive au respect des nouvelles réglementations issues de l'exercice du pouvoir normatif par les commissions de la seconde génération. Dans un cas comme dans l'autre, elles alimentent un essor déterminant du droit admistratif américain et, en dernière analyse, de l'Etat américain lui-même, en fournissant à ce dernier les habits d'un interventionnisme distingué.

C) La FCC, une des grandes agences

En troisième lieu, qu'on l'observe à l'intérieur de la catégorie des agences de régulation économique ou qu'on la saisisse au regard des deux catégories confondues, la FCC fait figure de grande agence. Elle constitue un des piliers des structures de régulation aux Etats-Unis. Pour ce qui à trait à la régulation économique, la FCC se classe parmi les grandes commissions de régulation indépendantes fédérales. Au nombre de sept à l'origine, elle se réduisent désormais à 4 depuis la suppression de 3 d'entre elles et leur remplacement par des commissions exécutives[27]. Toutes les sept affectaient ou affectent encore de manière essentielle la vie économique. En effet, qu'il s'agisse du transport ou de l'énergie, de la bourse ou de la concurrence, des relations de travail ou de la communication, chacun des secteurs considérés est précisément fondamental. Par ailleurs, la FCC figure parmi les commissions fédérales régulant les *public utilities*, à côté de la FERC, la SEC et la *Nuclear Regulatory Commission* ou *NRC*[28].

Au demeurant, l'actuelle révolution de l'information avec ses promesses, d'ores et déjà palpables, de remodélisation des méthodes de commerce et d'enrichissement[29], projette la FCC au centre d'une prodigieuse reconversion. Désignée par le législateur du 8 février 1996[30] comme gardienne de la libre concurrence sur le marché porteur des télécommunications, elle doit ainsi faciliter l'entrée dans l'ère du multimédia et de la communication interactive. En cela, elle tient vaillamment la comparaison sur le terrain de la régulation sociale avec l'EPA, dont les exigences en matière de protection de l'environnement informent le plan de production et affectent le chiffre d'affaires de toutes les entreprises tous secteurs confondus.

En définitive, ce travail de mise en place générale permet de percevoir la FCC comme élément de choix du polycentrisme à partir duquel l'Etat fédéral américain discipline l'activité économique et sociale. Il reste évidemment insuffisant. Il convient maintenant de s'appesantir, d'une part, sur l'organisation et, d'autre part, sur le fonctionnement de la FCC.

& 2: L'organisation de la FCC

A) La composition de la FCC

A l'origine, la FCC compte 7 membres nommés par le Président après confirmation du Sénat. En 1983, le nombre de commissaires est ramené à 5[31] et la durée du mandat passe de sept ans à 5 ans, tandis que chaque année les fonctions d'un commissaire vient à expiration[32]. Le mandat est renouvelable sans limitation. Certains commissaires peuvent ainsi témoigner d'une impressionante et exceptionnelle longévité. Robert Lee a pu siéger à la FCC pendant 28 ans, de 1953 à 1981; plus récemment , James Quello a fait de même pendant 22 ans, de 1974 à 1996[33]. Le caractère politique du mode de désignation est indéniable quoiqu'un équilibre partisan soit assuré par le fait que le nombre de membres appartenant à un même parti (limité à 4 jusqu'en

1983) ne puisse dépasser 3[34]. La composition bi-partisane est associée à un échelonnement des mandats de façon à empêcher qu'un Président ne désigne la totalité des membres. Cependant, la réduction de la durée du mandat des commissaires couplée avec un double mandat présidentiel peut offrir un terrain favorable au phénomène comme dans la situation présente où les 5 membres de la FCC ont tous été choisis par Bill Clinton. En l'absence de toute exigence relative aux qualifications des personnes préssenties, la réalité révèle que le commissaire typique a une formation juridique, une connaissance de la communication, une expérience de la fonction publique fédérale ou locale[35]. Bien qu'en 1948, avec la nomination de Frieda Hennock (1948 - 1955), la FCC soit la seule des agences fédérales de régulation à compter un membre de sexe féminin, ce n'est véritablement qu'à partir de 1970 qu'une certaine diversité ethnique et sexuelle est observable dans la composition de la FCC. Charlotte Reid, devient ainsi la deuxième femme (1971-1976) à y siéger, Benjamin Hooks, le premier noir (1972-1977), Henry Rivera, le premier hispanique (1981-1985), Rachel Chong, la première asiatique, (1994-1997). Dans la présente Commission issue des nominations de 1997, on dénombre un noir, président de l'agence, William Kennard[36], deux femmes, Susan Ness et Gloria Tristani (cette dernière est née à Puerto-Rico).

Le *Communications Act* est muet relativement à la fin des fonctions. Cependant, s'agissant d'une agence juridiquement indépendante de l'exécutif, la révocation ad nutum est interdite. Seule la révocation pour motif légitime reste possible, en dehors de la démission volontaire. Dès 1935, dans l'affaire Humphrey[37], la Cour suprême a en effet expliqué que les cas de révocation sont limités dans le cadre de cette catégorie de commission, à l'inefficacité extrème, la négligence caractérisée ou la violation du droit dans l'exercice des fonctions. En revanche, du moins en théorie, l'occupant de la Maison Blanche serait libre de mettre fin aux fonctions de président de la FCC qui garde la qualité de commissaire jusqu'à l'expiration de son mandat[38].

Les traitements des commissaires sont équivalents à ceux perçus par les sous-secrétaires d'Etat. Ils sont soumis à certaines incompatibilités qui recouvrent l'interdiction de détenir un intérêt financier ou un emploi dans toute entreprise spécialisée dans l'équipement ou les services de communication. Ils ne peuvent avoir d'autres occupations professionnelles, ne sauraient recevoir d'honoraires pour la tenue de discours[39].

Le président de la FCC qui est choisi par le Chef de l'Etat parmi les membres de la Commission remplit les fonctions de chef de service. Il préside les réunions de la FCC. Il représente celle-ci devant le Congrès et les autres administrations. Il coordonne et organise le travail de la FCC. Il arrête l'ordre du jour de la Commission. Il sélectionne les hauts fonctionnaires qui sont nommés par le collège de commissaires. Il est habilité à prendre seul des décisions qui n'engagent pas des choix de politique régulatoire à condition d'en informer la Commission. Si la décision envisagée comporte un tel choix il peut seulement faire des propositions à celle-ci. Ce pouvoir d'orientation le met par conséquent en mesure d'exercer une certaine influence sur l'institution.

Chaque membre a le droit de nommer discrétionnairement trois assistants. Ceux-ci sont le plus souvent des juristes et accessoirement des ingénieurs[40] ou des économistes quand le commissaire est lui-même juriste. La présence de ce personnel politique est fort utile pour les membres de la Commission dans la mesure où les recommandations qui leur parviennent en provenance des personnels plus proprement administratifs sont filtrées et par le président et par les chefs de bureau[41] . Grâce à eux les commissaires disposent donc d'une source d'information et de conseil propre.

Mis à part le personnel choisi discrétionnairement par les commissaires, les agents de la FCC relèvent du *Civil Service* américain et sont donc nommés conformément aux règles qui lui sont applicables. La permanence de cette catégorie de personnel que l'on pourrait qualifier d'administratif et dont très souvent toute la carrière se déroule au sein de ladite autorité régulatrice tranche avec les changements qui affectent la catégorie du personnel politique constitué par les commissaires et leurs assistants.

Les 4 commissaires ainsi que le président forment la Commission au sens strict. L'acception large du terme Commission correspond à l'ensemble formé par la Commission, au sens strict, d'une part, et le personnel, d'autre part. Il faut, en réalité, concevoir l'agence comme une *"pyramide"* [42] dont la commission au sens strict correspond au sommet et la commission au sens large, à la base.

B) La structure de la FCC

En ce qui concerne son agencement, la FCC reçoit un large compétence d'auto-organisation. Pendant ses trois premières années d'existence, la Commission au sens strict, qui comptait alors 7 membres, était divisée en trois sections composées de deux commissaires auxquels venait s'ajouter le président et chargées respectivement de la radiodiffusion, de la téléphonie et de la télégraphie. La formation plénière gardait un rôle d'instance d'appel, intervenait dans les cas ou deux sections étaient concernées, et centralisait les demandes d'autorisation d'exploitation de radio. Cette spécialisation des commissaires n'était pas porteuse d'efficacité puisqu'elle les empêchait de développer, mis à part le président, une connaissance générale des industries régulées et contribuait à une inégalité du partage des tâches en raison des dissemblances de développement des secteurs régulés. Aussi, à compter du 13 Octobre 1937, la FCC abandonna-t-elle sa partition en sections spécialisées et commenca-t-elle à se prononcer en corps sur les matières de sa compétence[43].

S'agissant de la Commission au sens large, dès l'origine, elle a fondé sa structuration sur une division fondamentale entre services chargés de la régulation proprement dite et services chargés de tâches de gestion indispensables au fonctionnement d'une machine administrative. Les premiers étaient qualifiés d'"*Operating Departments*", les seconds des "*Staff Service Units*"[44]. La subdivision interne à la première catégorie s'établissait dans un premier temps à partir des spécialisations professionnelles de ses agents. Elle comptait alors trois grandes divisions composées respectivement de juristes, d'ingénieurs et de comptables[45]. Sur un sujet donné le collège de commissaires recevait par conséquent trois séries de recommandations distinctes. L'inefficacité d'un tel mécanisme qui ne facilitait pas l'appréhension globale des questions et tendait à favoriser l'esprit de corps chez les agents jaloux de leur spécialité se doublait d'une tendance à traiter de façon préférentielle le secteur de la radiodiffusion. Les commissaires ainsi que le Congrès accordaient, en effet, l'essentiel de leur intérêt à ce dernier secteur reléguant celui des télécommunications à une place accessoire.

Pour remédier à la perception compartimentée des problèmes et au sacrifice du secteur des télécommunications, une réforme fut entreprise, en 1950, par la Commission de son propre chef tandis que le Congrès l'inscrivit dans le texte (section 5) en 1952[46]. A cette date, une subdivision fonctionnelle vient se substituer à la spécialisation du personnel en ce qui concerne les services réalisant le coeur de la régulation. Deux services furent créés : le *Common Carrier Bureau* en 1950, et le *Broadcast Bureau* , en 1951. Par conséquent, l'approche globale était assurée. Désormais, le téléphone et le télégraphe avaient un personnel spécifique et ne devaient donc plus souffrir de sous-régulation. L'intérêt démesuré aussi bien des commissaires que du Congrès pour l'audiovisuel n'en fut pas pour autant démenti; il en résulta une liberté d'action plus grande pour le *Chief Bureau* des *Common Carriers* à l'opposé de son homologue de l'audiovisuel[47]. Un tournant fondamental fut ainsi pris qui continue, jusqu'à maintenant, de caractériser la structure de la FCC et qui reflète, en réalité, une approche inscrite dans le texte de 1934 : la partition entre *Common Carrier*

Bureau et *Broadcast Bureau* repose sur la distinction des techniques de communication.

1994 est une autre date saillante pour la FCC en ce qu'elle marque le début d'une réorganisation qui vise tout à la fois à intégrer les nouvelles technologies de communication dans le champ régulatoire de la FCC et à améliorer la productivité de sa structure. La FCC nomme à cet effet, un "*Special Counsel*" en Février 1994 qui propose un vaste programme de modernisation. De nouveaux services apparaissent, tandis que d'autres disparaissent. Leurs missions sont redéfinies de façon à éviter les doublons synomymes aussi bien de concurrence et d'inefficacité pour les bureaux que de complications et de perte de temps pour les clients[48].

La réorganisation de 1994, en dépit de son caractère innovant, ne fait pas table rase du passé puisqu'aujourd'hui, on retrouve dans l'organigramme de la FCC la division centrale initiale doublée de la subdivision issue de la réforme de 1949. La terminologie s'est fixée et range d'un côté, les"*offices*" assurant la gestion génerale et, de l'autre, les "*bureaus*" régulant chacun un des secteurs de la communication. Les services qualifiés d'offices interviennent, selon une distribution horizontale, auprès de chacun des services dénommés *bureaus*. L'organisation des services est arrêtée par le *Managing Director* ou directeur général des services avec l'approbation de la Commission. On dénombre 10 *offices* et 6 *bureaus* qui poursuivent tous, dans la bonne tradition du fonctionnement bureaucratique, une politique d'affirmation de fiefs administratifs.

1) Les "offices" de la gestion générale

L'"*Office of Managing Director*" supervise, sous un angle strictement administratif[49] et au nom du président, l'ensemble des activités de la FCC. Son directeur est nommé par le président (dont il est le délégataire) avec l'approbation de la Commission. Il abrite le service de"*Secretary*" qui garde le sceau de la FCC, l'appose sur tous les actes de la

Commission, et centralise les commentaires adressés à la FCC dans le cadre de la procédure réglementaire[50].

L'"*Office of General Counsel* " ou bureau du Conseiller Général est le conseiller juridique par excellence de la FCC. En son sein, l'"*Administrative Law Division*" ou Division du Droit Administratif apporte un éclairage juridique sur les actions en cours au regard des textes et de la jurisprudence applicables ; la "*Litigation Division*" ou Division du Contentieux représente la FCC en justice et travaille en coordination avec le Departement of Justice et tout spécialement le Solicitor General pour les affaires devant la Cour Suprême; la "*Competition Division*" ou Division de la Concurrence anciennenment située dans le bureau spécialisé dans le câble est révélatrice de l'accent nouvellement placé sur la régulation par le marché. Son intégration au sein de l'*Office of General Counsel*, en 1994, témoigne de la volonté d'inscrire le souci de promotion de la concurrence dans la préparation de tous les actes de la FCC puisque son analyse des projets d'actes qui lui sont soumis complète l'analyse juridique de l'*Administrative Law Division*. Des préoccupations similaires ont incité l'ancien président Hundt à mettre en place, en Juillet 1997, une "*Local Competition Enforcement Task Force*" chargé de suivre le dossier de la libéralisation de la téléphonie locale. Y siègent naturellement des représentants de la *Competition Division*. Les pressions du Congrès ont cependant poussé la Commission à annoncer la suppression de la Division de la Concurrence le 30 Juin 1998[51].

L'"*Office of Plans and Policy*", né en 1973, se distingue par son type d'intervention. Il ne pratique pas la mise en oeuvre. Il se consacre à la réflexion. Sa mission porte sur l'évaluation et l'étude prospective des politiques de régulation. Adressant directement ses recommandations aux commissaires sans passer par le canal des chefs de bureau, il acquiert un rôle de contrepoids dans la détermination des choix d'action par rapport à ces derniers. Précisément, sa composition qui fait la part belle aux économistes par rapport aux juristes est porteuse d'une orientation substantiellement différente.

L'"*Office of Legislative and Intergovernmental Affairs*", connu, jusqu'en 1994, sous le nom d'"*Office of Legislative Affairs*", gère non seulement les relations avec le Congrès, mais encore celles qui touchent les autres agences fédérales, les états et les collectivités locales. En ce qui concerne le Congrès, il rédige le rapport annuel remis à celui-ci, répond à ses demandes d'information, prépare les employés appelés à témoigner devant les commissions parlementaires.

L'"*Office of Administrative Law Judges*" ou "*ALJ*", intervient en matière d'*adjudication*, c'est-à-dire quasi-juridictionnelle. Depuis 1998, il ne compte que 4 *administrative law judge*s ou ALJ puisque le président de la FCC a décidé de ne pas remplacer deux des 6 agents partis à la retraite[52]. L'*administrative law judge* américain[53], dénommé "*hearing examiner*" par l'APA à l'origine[54], ne saurait être confondu avec le juge administratif français parce que non seulement il s'inscrit dans un monisme juridictionnel mais encore parce que du point de vue formel son statut d'agent public l'amène à exercer ses fonctions au sein même de l'agence[55], en l'occurrence la FCC et qu'en outre, loin d'être habilité à contrôler les actes de l'agence, il participe au processus de décision administrative soumis à l'appréciation des juges ordinaires[56]. En raison de la particularité de son intervention, c'est-à-dire du caractère juridictionnel de celle-ci, sa présence au sein de l'agence fait néanmoins l'objet d'une protection spécifique visant à garantir son indépendance[57]. Sa nomination par l'exécutif de l'agence doit donner lieu à la mise en concurrence de plusieurs candidats. Une fois nommé, l'ALJ intervient non en qualité de stagiaire mais en tant qu'agent titulaire. Il ne reçoit aucune directive des autres agents de l'agence quelque soit leur rang hiérarchique[58]. Ses communications avec eux relatives aux affaires en cours de traitement doivent être consignées dans le dossier. Les litiges d'ordre financier ou disciplinaire le concernant sont réglés en dehors de l'agence par le "*Merit*

Systems Protection Board"[59]. La révocation ne peut être prononcée que pour motif légitime et qu'après l'organisation d'une *formal adjudication* [60] devant l'organisme précité. Autant dire que l'isolement de l'ALJ du reste des fonctionnaires de l'agence est organisé à travers une séparation organique[61] des fonctions de réglementation, d'une part, et d'*adjudication*[62], d'autre part. On détecte la recherche d'une sorte de ressemblance fonctionnelle avec les juges relevant de l'art III de la Constitution. En ce qui concerne la portée de son action, formellement la décision de l'ALJ est susceptible de réformation par la FCC proprement dite[63].

L'"*Office of Engineering and Technology* " conseille tous les services en matière technique et scientifique, aussi bien au niveau national qu'au niveau international. Il promeut le développement des nouvelles technologies.

L'"*Office of Public Affairs* " est l'organe d'information aussi bien interne qu'extérieur. A ce deuxième titre, il publie les communications publiques, les bulletins d'information, les communiqués de presse ainsi que le rapport annuel. Il répond aussi aux appels des consommateurs.

L'"*Office of Communications Business Opportunities*" qui, jusqu'en 1994, était appelé "*Office of Small Business Activities*" et intégré dans le *Public Affairs Office* est érigé en service autonome chargé d'assister les petites et moyennes entreprises ainsi que celles détenues par les minorités.

L'"*Office of Workplace Diversity*", apparu en 1994, veille à garantir le respect de l'égalité des chances au sein de la FCC même au profit des femmes et des minorités.

L'"*Office of Inspector General*", créé en 1988, est une instance d'inspection interne compétente aussi bien pour mener des enquêtes disciplinaires sur les commissaires et les employés que pour conduire l'évaluation des activités des services. Il adresse ses rapports directement au président de la FCC.

2) Les "bureaux" régulateurs

A partir de la réforme de 1949-1951 et jusqu'à 1994, le *Common Carrier Bureau* et le *Broadcast Bureau*, rebaptisé "*Mass Media Bureau* " dans les années 80, restent les deux principaux piliers de la FCC en ce qui concerne la régulation proprement dite. A ces deux services s'ajoutent le "*Safety and Radio Service Bureau*", petit frère du *Broadcast Bureau* pour les services spéciaux[64] et de sécurité[65] et le "*Field Operations Bureau*" au travers duquel la FCC acquiert une implantation locale. La création du "*Cable Services Bureau*", à la fin des années 60, marque le début d'une diversification de la subdivision fonctionnelle. En 1994 le "*Field Operations Bureau*" est rebaptisé "*Compliance and Information Bureau*" tandis que le *Common Carrier Bureau* est réorganisé et que de ses flancs naissent, d'une part, le "*Wireless Telecommunications Bureau*" qui intègre les activités du *Safety and Radio Service Bureau* et, d'autre part, l'"*International Bureau*".

Le "*Common Carrier Bureau*" régule la téléphonie filaire de longue distance nationale[66] qu'il s'agisse de services de communication vocale ou de transmission de données. Il est en particulier responsable de la préparation de l'essentiel des textes d'application de la loi de 1996 en particulier les règles relatives à l'ouverture du marché de la téléphonie locale, à l'interconnexion, à la portabilité du numéro de téléphone et au service universel. Il travaille en relation avec les commissions des états.

Le "*Wireless Bureau*" a la responsabilité de la téléphonie non-filaire nationale, commerciale et non-commerciale. Il organise la mise aux enchères des licences d'exploitation, instituée en 1993, par le Congrès comme méthode de comblement du déficit budgétaire national[67].

Le "*Mass Media Bureau*"est en charge de la radiodiffusion et de la télévision hertzienne. Il autorise l'exploitation de 12 322 stations radiophoniques et 1 579 stations de télévision de puissance normale[68] et 2080 stations de télévision de faible puissance.

Le *"Cable Service Bureau"* s'occupe des services du câble au premier rang desquels la télévision par câble. Ravalé au rang de division non-autonome à la suite de la loi de dérégulation de 1984, il est réapparu en 1994 après le rétablissement du contrôle des tarifs en 1992. L'organisation de la dérégulation des prix par le législateur de 1996 n'a pas empêché son maintien, singulièrement en raison des promesses de développement de nouveaux services que comporte la technique du câble. Il est possible qu'avec la disparition du contrôle des prix à partir de Mars 1999 il puisse de nouveau disparaître en tant qu'unité indépendante et être absorbé. Le nombre de son personnel a d'ores et déjà été réduit.

L'*"International Bureau"* traite des communications internationales et satellitaires. Il représente et conseille la FCC en matière internationale. Il régule aussi bien les stations terrestres que spatiales des services par satellite. Il prend la suite de l'*"Office of International Communications"*, disparu en 1994.

Le *"Compliance and Information Bureau"* d'une part, veille au respect des règles de prévention de l'interférence et de signalisation des stations, d'autre part, répond aux demandes d'information locales. Il est précisément composé de services décentralisés installés sur tout le territoire et regroupés autour de directions régionales[69]. Ils complètent les bureaux de la FCC à Washington en lui donnant une implantation locale. Depuis Juin 1996, fonctionne un *National Call Center* à Gettysburg (Pennsylvanie) dont les 45 employés répondent aux appels gratuits (numéro vert) des abonnés venant de tout le territoire, y compris les personnes souffrant de difficultés auditives, afin de les informer sur les règles applicables ou en cours d'adoption ainsi que sur les politiques en vigueur.

En définitive, l'apparition de nouveaux bureaux et l'affinement de la définition des missions des services indiquent que l'organisation de la FCC a été adaptée à l'avènement de l'ère du multimedia. Il convient néanmoins de noter que si la restructuration de la FCC reflète la variété des technologies de l'information présentes sur le marché, elle en témoigne en fidélité au passé : c'est-à-dire dans la distinction des techniques typique de l'époque d'adoption du *Communications Act* et non dans leur convergence que symbolise le terme actuel d'autoroutes de l'information. Est significatif le fait que l'on ne trouve aucun service spécialement chargé de conduire la réflexion sur les implications de la convergence sur les principes de régulation[70]. Le constat soulève dès lors la question de la pertinence de la récente réorganisation. En réalité, celle-ci n'est pas encore terminée et la Commission a annoncé, pour le 21ème siècle, l'abandon de l'approche technologique et la mise en oeuvre d'une restructuration à base fonctionnelle. Le projet doit être présenté en juillet 1999.

&3 : Le fonctionnement de la FCC

En tout état de cause, la modernisation affecte également le fonctionnement de la FCC, singulièrement ses moyens financiers, son équipement et son personnel.

A) Le budget de la FCC

Le Congrès vote chaque année le budget de la FCC. Jusqu'en Mars 1964[71] y figurait le seul montant de la subvention versée par le Congrès. Depuis cette date, la Commission a été autorisée à percevoir des redevances pour le traitement des demandes d'autorisation. En 1989[72], le législateur a fixé le barême des redevances que la FCC révise tous les deux ans depuis le 1er Octobre 1991. Le montant de ses sommes récoltées revient au Trésor Public (Section 8 (e)) en remboursement des allocations budgétaires. En outre, le Congrès a créé, en 1993[73], une deuxième catégorie de redevances que la FCC ajuste chaque année: celles-ci doivent servir à couvrir le coût des autres activités de régulation de la Commission. La part de celle-ci est croissante dans la constitution des ressources de la FCC ce qui réduit d'autant la contribution versée directement par le Congrès[74].

L'augmentation du budget, contenue sous le Président Reagan[75], a commencé sensiblement en 1994[76]. Sa progression n'a pas été aussi marquée que la Commission l'eût souhaité entre 1996 et 1997 malgré la batterie de textes que la FCC doit préparer pour mettre en oeuvre la réforme[77].

B) L'équipement et le personnel de la FCC

L'effectif du personnel de la FCC en 1997 (2105 agents) est comparable à celui de 1979 (2232 agents). Cette fausse constance cache, en réalité, une baisse régulière entre 1979 et 1993 (1743 agents) conforme aux objectifs dérégulationnistes généraux et une reprise en 1994[78] (1964 agents) à mettre en rapport avec le lancement du slogan des autoroutes de l'information par le Vice-Président Gore et la volonté de moderniser la FCC.

L'informatisation de la FCC a commencé en 1965. Elle touche alors le traitement de certaines demandes et la tenue du Recueil de la FCC[79] dont elle contribue à accélérer le traitement. La réduction des dépenses publiques pratiquée à l'époque reaganiennne se traduit, dans les années 90, par un sous-équipement qui fait injure à la fonction de régulation de la FCC. L'intensification du recours à l'électronique constitue un des aspects de la réorganisation de 1994 et témoigne de ce que la FCC ne saurait demeurer en reste de l'ère du multimédia qu'elle est chargée de promouvoir.

Le personnel acquiert alors les outils modernes de la productivité : des ordinateurs performants pour quasiment chaque employé, des fax, le courrier électronique, des réseaux téléphonique et informatique sophistiqués, l'accès aux deux grandes bases de données Westlaw et Lexis-Nexis. La mise en place, en 1994, d'un site Internet constitue un saut considérable, à cet égard. L'accès à l'information en est grandement facilité puisqu'une foule de documents y sont disponibles : de la présentation de l'ordre du jour de la Commission à la retransmission en directe ou en différé de ses réunions, des annonces publiques de ses activités à la publication de ses actes et des discours de ses membres, de la présentation détaillée et expliquée de l'organigramme (qui plus est avec mention des coordonnées téléphoniques) à la tenue de dossiers spéciaux. La réalisation des tâches administratives en est transformée et ce qui était expérimental en 1994 commence à devenir routinier : depuis Janvier 1998, la participation du public au processus réglementaire par la soumission de commentaires[80] emprunte désormais la voie électronique, de même que le dépôt et le traitement des plaintes des abonnés du téléphone[81], la soumission de pièces diverses par les compagnies de téléphone à la FCC et la remise de rapports relatifs aux programmmes destinés aux enfants par les chaînes de télévision, les demandes d'attributions de fréquences des radio-amateurs ou des exploitants de téléphonie non-filaire et les dossiers d'attestation de conformité technique du matériel de télécommunication ou l'enregistrement des antennes. En ce qui concerne la communication interne, un Intranet a été mis en place qui rend bien plus fluides les contacts entre membres du personnel. Bref, la FCC pratique la dématérialisation des procédures administratives ou la téléprocédure, c'est-à-dire qu'elle est elle-même entrée dans l'ère nouvelle dont est porteuse la révolution de l'information pour l'administration.

Outre l'augmentation de ses effectifs et la mise à disposition d'un équipement performant, depuis 1994, le personnel de la FCC a été soumis à d'autres changements. Un tiers des directeurs de services a été réaffecté de façon à atteindre une diversité d'expériences, de statuts et de savoirs. Ainsi le personnel de direction des "*bureaus*" a été composé de manière à inclure un agent contractuel, un fonctionnaire de carrière, une personne expérimentée dans le secteur de régulation concerné et une personne spécialiste d'un autre secteur. Ce brassage est conçu comme un moyen de répondre à la convergence des marchés de la communication[82]. En d'autres termes, si l'adaptation à la convergence ne se fait pas à travers l'institution d'une structure ad hoc, elle tient au redéploiement du personnel et dans la collaboration quotidienne d'employés d'origines diverses.

En droit, la FCC doit se réunir au moins une fois par mois et ses réunions sont en principe publiques[83]. Dans les faits, une réunion est programmée tous les 10 jours et est la plupart du temps ouverte au public. C'est à la fois l'effet du *Communications Act* qui prévoit que la publicité doit être accordée à la demande de toute partie et surtout du *Sunshine Act* de 1976[84]. Certaines réunions ont cependant lieu à huis clos à la demande d'un commissaire, d'un membre du personnel ou d'une personne concernée et après vote à la majorité de l'ensemble de la Commission. La protection de la sécurité nationale et de la politique étrangère, celle du secret du commerce ou des finances, celle de la vie privée, celle de l'effectivité d'une enquête, l'exercice du pouvoir d'*adjudication* et du droit de citer en justice par la Commission, sa participation à une affaire devant les juridictions civiles ou étrangères fournissent des fondements aux exceptions. En tout état de cause la réunion non-soumise à publicité doit faire l'objet d'une transcription ou d'un enregistrement électronique.

Le quorum est atteint quand trois commissaires sont présents. Tout commissaire doit s'abstenir de participer à une réunion dans laquelle ses intérêts financiers seraient en cause. Les parties peuvent intervenir soit en personne soit par leur représentant. Le procédé de la "*circulation* " ou du vote sur proposition écrite permet cependant d'éviter les réunions publiques et de contourner les exigences du *Sunshine Act*[85], c'est-à-dire de la transparence de l'action administrative.

Quand elles ont lieu, les réunions se déroulent schématiquement comme suit. Une semaine avant la réunion proprement dite, les commissaires entendent leurs conseillers sur les questions à l'ordre du jour. Le jour de la réunion, un représentant du ou des services intéressés par la question ainsi que l'agent spécialement chargé du dossier font une présentation aux commissaires. Ces derniers ont alors le loisir de poser des questions, de discuter[86], avant de voter. Ils peuvent par ledit vote effectivement se prononcer sur la question ou renvoyer l'affaire pour étude complémentaire. Les décisions de la Commission qui sont rédigées par le personnel peuvent donner lieu à présentation de positions minoritaires de la part des commissaires en désaccord avec la majorité. La Commission peut recourir à la délégation au profit de certains de ses membres ou de ses agents. Dans le cadre d'une audition, les délégataires doivent avoir qualité d'*administrative law judge.*

En tout état de cause, au terme de la section 4 (j) *du Communications Act*, la FCC jouit d'une liberté procédurale s'agissant de l'organisation de son processus décisionnel, quoique le législateur pose des garde-fous : le quorum, la publicité, la périodicité, la prise d'intérêt, la présence des parties, comme cela vient d'être expliqué, ainsi que la durée de confection des décisions.

A propos de la longueur de la procédure d'adoption, la loi invite la FCC à lutter contre les retards qui lui ont valu d'acerbes critiques. La section 5 du *Communications Act* exhorte, en effet, la Commission à ne pas dépasser 3 mois (à compter du dépôt de la demande d'autorisation) pour se prononcer sur une demande d'autorisation ou de renouvellement ou de transfert ne donnant pas lieu à audition; 6 mois (à compter de la fin de l'audition) en cas d'audition. De façon ponctuelle, le législateur tente de discipliner la FCC en matière réglementaire en indiquant le délai dans lequel elle doit adopter un règlement. Ainsi, la loi de 1996 arrête un calendrier selon lequel celle-ci doit prendre des mesures d'exécution des dispositions relatives au service universel dans un délai de 15 mois suivant la promulgation du texte.

La Commission doit présenter un rapport annuel au Congrès. Elle y fait le point sur son activité, y inclut certaines statistiques, y présente des propositions de lois.

Cette première approche institutionnelle de la FCC doit être maintenant complétée par la présentation du contexte juridique qui permet au principe du règne du droit de déployer toute sa force en matière d'agences à travers l'*Administrative Law*.

La notion d'*Administrative Law* , ou Droit Administratif, émerge, dans la doctrine américaine, au début du 20ème siècle avec le développement de l'action administrative des Etats et de la Fédération[87]. Le corpus juridique correspondant s'applique exclusivement aux *agencies* ou agences qui s'entendent des autorités distinctes des assemblées législatives et des cours. Il comprend trois sous-catégories[88]. La première définit les procédures à suivre par les agences dans l'exercice de l'action administrative ou *agency action*. La seconde détermine principalement les règles du contrôle juridictionnel et accessoirement celles du contrôle politique de l'action administrative. La troisième organise le maniement et la mise à disposition de l'information administrative. Son étendue, à la mesure de l'interventionnisme des collectivités publiques, témoigne d'une conception fort extensive et englobe des portions qui, ailleurs constituent des branches autonomes du droit[89].

Pour ce qui a trait aux sources du droit administratif, une distinction entre sources externes aux agences et sources issues des agences peut être observée. Dans les sources externes on intègre celles d'origine constitutionnelle, celles d'origine jurisprudentielle, celles d'origine législative. Dans les sources proprement administratives, on inclut aussi bien celles déterminées par le Président que celles déterminées par les agences.

Dans une autre optique, si l'on se concentre sur une agence en particulier, on peut distinguer entre les sources générales applicables à l'action de cette dernière et celles qui lui sont exclusivement applicables. Ainsi à propos de la FCC, on peut repérer des sources générales et des sources spécifiques qui comprennent aussi bien des règles externes que des règles internes.

SECTION 2 : LES SOURCES GÉNÉRALES DU DROIT ADMINISTRATIF APPLICABLE À LA FCC

La constitution est la première à considérer non seulement parce qu'elle se situe au sommet de la hiérarchie juridique mais encore parce que le système diffus de contrôle de constitutionnalité ainsi que le problème originel de validité intrinsèque des agences ont contribué à une constitutionnalisation comparativement précoce du droit administratif américain. Les sources jurisprudentielles, s'agissant d'un pays de *Common law*, méritent une attention particulière, encore qu'il faille préciser que le juge qui les dégagent n'est autre, en l'absence de dualisme juridictionnel, que le juge ordinaire. Les sources législatives présentent un intérêt particulier tant le souci d'encadrement de l'action administrative se traduit par une minutie dans l'organisation des formes et des procédures qui ne manque de produire des effets pervers sur le fonctionnement de la FCC comme celle des autres agences. Les sources administratives générales doivent être abordées sous l'angle du problème de leur applicabilité à l'agence indépendante qu'est la FCC.

&1: Les sources constitutionnelles

La constitution irrigue en tant que texte suprême le droit administratif comme toute autre branche du droit. A quatre égards, elle informe singulièrement le droit administratif : en ce qui concerne la séparation des pouvoirs, tout d'abord, en ce qui concerne la délégation du pouvoir législatif, ensuite, en ce qui concerne les droits fondamentaux, par ailleurs, en ce qui concerne le caractère composé de l'Etat américain, enfin.

A) La séparation des pouvoirs

La question de la séparation des pouvoirs en raison des implications qu'elle comporte quant à l'existence de la catégorie des commissions régulatrices, revêt une importance particulière en droit administratif.

Certes, les rédacteurs de la constitution américaine manifestent leur souci de préservation de la démocratie à travers une division des pouvoirs entre trois branches législative (Art I), exécutive (Art II) et judiciaire (Art III). La combinaison des *checks and balances* , c'est-à-dire des freins et contrepoids, d'une part, et de l'absence de contrôle organique des uns sur les autres, d'autre part, coexiste cependant avec un relatif mutisme quant à l'administration proprement dite. Par delà le choix du monisme exécutif[90], les constituants laissent au Congrès la discrétion d'organiser le corps administratif *"nécessaire et approprié"* à l'exécution des lois. Très peu de précisions constitutionnelles sont fournies en ce qui concerne la relation de l'administration avec le Président. On sait seulement que ce dernier nomme les agents des rangs supérieurs des départements ministériels et qu'il peut recueillir des avis auprès d'eux. Par ailleurs, les travaux préparatoires indiquent que la préférence a été explicitement donnée à un exécutif unique.

Il reste cependant à déterminer l'étendue du pouvoir d'organisation politico-administrative du Congrès. La création des agences indépendantes de régulation semble contredire, de prime abord, le principe de la séparation des pouvoirs en niant la qualité de chef de l'exécutif du Président. L'indépendance organique qui leur est reconnue en brisant la chaîne exécutive équivaudrait à une construction en dehors du schéma traditionnel. Si cette première difficulté juridique est propre à la catégorie des seules agences indépendantes de régulation (et en leur sein, à la FCC) , la deuxième est partagée avec une bonne partie des agences exécutives proprement dites[91]. Elle est d'ordre matériel et a trait au cumul de trois types de fonctions gouvernementales. En étant dotée tout à la fois de pouvoirs législatif, exécutif et juridictionnel[92], la FCC s'inscrit en contradiction avec la distribution séparée de ceux-ci. La conjugaison de ces deux difficultés intensifie l'inconfort théorique.

Si la justification théorique de l'existence des autorités indépendantes de régulation comme la FCC est difficile à formuler pour la doctrine américaine, il est en revanche incontestable que la Cour Suprême reconnaît leur validité[93]. S'il lui arrive de rejeter des lois pour atteinte à la séparation des pouvoirs[94], elle a rejeté, sans faire preuve d'un excès de clarté sur ses raisons, la contestation des instances régulatrices sur ce fondement[95].

La question du pouvoir de révocation du Président[96] lui a fourni l'occasion d'établir sa position. Après avoir indiqué en 1926, dans l'affaire *Myers*[97], que le Congrès ne pouvait constitutionnellement obliger le Président à requérir le consentement du Sénat avant de mettre fin aux fonctions du *Postmater*, la Haute Juridiction valide, en 1935[98], dans l'affaire *Humphrey*, la disposition législative limitant le pouvoir de révocation du Président à l'égard des membres de la FTC à des motifs légitimes. Le sens véritable de l'arrêt *Humphrey* , qui initialement fut faussement analysé comme reconnaissant une quatrième branche du pouvoir[99] ne rendant compte à aucun des trois pouvoirs constitutionnels, devait s'éclaircir avec la jurisprudence suivante et singulièrement avec l'arrêt *Wiener* de 1958[100]. Dans celui-ci, la Cour Suprême dénie au Président le droit de révoquer sauf motif légitime un commissaire de la *War Claims Commission* en raison du pouvoir juridictionnel exercé par cette dernière. Dès lors, le fait que la FTC à l'époque de l'arrêt Humphrey n'exerçait que des pouvoirs juridictionnels et une compétence d'information à l'égard du Congrès, à l'exclusion de tout pouvoir réglementaire, devenait un facteur-clé dans le raisonnement de la Cour. Et certains auteurs n'hésitent pas à prédire que dès que la Cour Suprême en aura l'occasion, elle énoncera le critère fonctionnel de distinction des pouvoirs du Président sur les commissaires[101].

La mise en doute de la constitutionnalité des agences indépendantes reprend dans les années 80. La conjonction de critiques doctrinales[102] et politiques, qui plus est dans les rangs de l'éxécutif en place[103], n'ébranle pas cependant la fermeté de la Cour Suprême. S'ouvre, en effet, une deuxième période d'affirmation de la légitimité constitutionnelle des agences indépendantes. Ainsi alors que l'affaire *Bowsher*, en 1986[104], lui demandait de se prononcer sur une délégation de pouvoir législatif[105], la Cour Suprême prend soin de souligner que sa conclusion ne saurait avoir aucune conséquence sur l'existence de la catégorie de commissions régulatrices indépendantes[106]. Elle est amenée à réitérer la légitimation, en 1988, dans l'arrêt *Morrison*[107], à propos de l'institution des *Independent Counsels*[108], de même qu'en 1989, dans l'arrêt *Mistretta*[109], à propos de la *Sentencing Commission*[110].

Il reste, à savoir comment réconcilier la catégorie légitimée avec le principe de la séparation des pouvoirs. On peut, certes, considérer l'opportunité de l'analyse jurisprudentielle tant une déclaration d'inconstitutionnalité du concept même d'agence indépendante, compte tenu de ce qu'il soustend l'ossature de l'administration américaine, aurait les effets d'une lame de fond. On peut également, comme le Professeur Strauss, proposer une analyse fonctionnelle qui distingue séparation des pouvoirs, séparation des fonctions et *checks and balances* et réévalue la place de toutes les agences, indépendantes aussi bien qu'exécutives[111].

La notion de séparation des pouvoirs, soutient l'auteur, consiste en une structure de gouvernement selon laquelle, par souci de prévention de la tyrannie, les trois fonctions sont réparties entre trois organes distincts. Dans le texte constitutionnel, son champ d'application est limité aux trois pouvoirs constitutionnels. En effet, au niveau inférieur, l'organisation de l'administration[112] est laissée à la discrétion du Congrès à cette précision près que le Président est institué chef de l'exécutif; et à ce niveau, une confusion des pouvoirs législatif, exécutif et judiciaire est observable. Cette confusion est compensée par la mise en oeuvre de la notion de séparation des fonctions selon laquelle, au nom de la protection des droits des administrés, des garanties du *due process*[113] assurent l'objectivité et l'impartialité des procédures. Enfin, la notion de *checks and balances* est synomyme de moyens d'action réciproques attribués aux trois organes principaux et porteurs d'interdépendance compensatrice de la rigidité de la séparation des pouvoirs. A partir de ce constat, l'auteur propose d'abandonner l'appréhension de la question de la place des agences à travers la première notion et de se concentrer sur les deux autres. La légitimité des traits matériels et organiques des commissions régulatrices indépendantes est appréciée comme suit. D'une part, le cumul des pouvoirs au sein des autorités administratives n'est pas en lui-même inconstitutionnel en raison de la limitation du domaine de la séparation des pouvoirs dans la constitution même. D'autre part, l'indépendance des agences dites indépendantes par rapport à celles dites exécutives est plus une question de degré que de différence de fond car la qualité de chef de l'exécutif du Président fonde ce dernier à exercer un contrôle sur les agences toutes catégories confondues, même si conformément à la jurisprudence Humphrey, l'exercice de fonctions juridictionnelles par une agence indépendante ne peut déboucher que sur une révocation pour motif légitime. Ainsi banalisée l'indépendance de l'agence dite (exagérément) indépendante ne pose plus de casse-tête constitutionnel. Dès lors, l'existence de la FCC en particulier, de sa catégorie en général, ne menace ni l'autorité respective des trois pouvoirs constitutionnels, ni l'équilibre entre ceux-ci, dans la mesure où chacun d'eux détient des moyens de contrôle et d'action à l'égard de ladite catégorie et que ceux-ci sont conçus comme des formes de *checks and balances*[114].

Une autre approche, celle du professeur Shane[115] consiste tout d'abord à contrer la critique originaliste[116] des agences indépendantes selon laquelle, en effet, ces dernières rendraient impraticable le principe de responsabilité présidentielle en raison de leur séparation de l'administration exécutive. L'auteur détecte quant à lui une confusion entre la responsabilité politique et la responsabilité managériale[117]: le rôle du chef de l'exécutif envisagé par les rédacteurs de la Constitution est de l'ordre de la responsabilité managériale; en outre, il correspond à une obligation et non à une source de pouvoir qui pourrait motiver la coordination des activités des agences indépendantes par le débiteur . Ensuite, l'auteur note qu'à côté de la responsabilité et de la coordination, le texte constitutionnel contient deux autres principes celui de la diffusion du pouvoir et celui de la primauté du Congrès dans la détermination de la politique nationale. Au regard du premier, l'éparpillement de l'appareil administratif à travers des commissions indépendantes permet de mieux atteindre l'idéal de liberté et de stabilité politique en contribuant à refléter le pluralisme de l'électorat. Surtout sur le fondement du deuxième, le Congrès se trouve doté d'un pouvoir discrétionnaire qui peut se traduire par des délégations législatives à des instances indépendantes. En définitive, il entre dans l'habilitation constitutionnelle du Congrès d'instituer des agences indépendantes. En l'occurrence, la banalisation des commissions indépendantes n'est pas une condition de leur conformité à leur Constitution, l'existence des dites commissions est comprise comme le résultat de l'exercice de la discrétion reconnue par la Constitution à l'institution parlementaire.

B) La délégation du pouvoir législatif

La question de la délégation du pouvoir législatif à des agences par le Congrès est aussi controversée que celle de la séparation des pouvoirs. Son traitement jurisprudentiel et doctrinal marqué par l'incertitude et le désaccord n'a pas empêché la reconnaissance de la constitutionnalité de la large dévolution de compétences dont jouit la FCC à l'instar d'autres autorités administratives.

Formellement, la constitution ne traite pas d'un tel problème, elle se contente de déclarer que "*tout le pouvoir législatif est dévolu au Congrès des Etats-Unis*"[118]. De cette disposition la Cour Suprême a déduit, dès le 19ème siècle[119], un principe de non-délégation qui présente la particularité de n'avoir fondé une déclaration d'invalidation d'une loi , en tout et pour tout, que dans deux cas, en 1935[120]. Elle a en fait admis des exceptions dont le fondement a été successivement, l'existence de standards législatifs d'orientation de l'exercice du pouvoir délégué[121], la nature secondaire du pouvoir délégué[122], l'existence de standards législatifs intelligibles[123].

En dehors des deux décisions d'inconstitutionnalité relatives au *National Industrial Recovery Act* de 1934, la Cour Suprême, en mettant en oeuvre le critère des exceptions, a toujours entériné les délégations législatives alors même qu'elle s'est trouvée devant des délégations fort généreuses[124]. Singulièrement le *Communications Act* que certains[125] assimilent à une véritable abdication de son pouvoir législatif de la part du Congrès n'a pas échappé à cette lecture jurispudentielle favorable. C'est ainsi qu'en 1943[126], dans l'affaire *National Broadcasting Company*, traitant de la section 303 de la loi, laquelle reconnaît à la FCC un vaste pouvoir normatif, la Haute Juridiction n'y a vu aucunement matière à déclaration d'inconstitutionnalité. Le vague critère d'intervention, "l'intérêt public", inscrit dans le texte fondateur de la FCC, a été par conséquent validé.

Dans un tel contexte, l'existence de la FCC au regard de la large délégation de compétence législative dont elle bénéficie ne se trouve pas menacée. En fait, le principe de non-délégation paraît être tombé en désuétude au grand regret d'une partie de la doctrine[127], avec l'acquiescement d'une autre[128].

C) Les droits fondamentaux

D'une façon générale, c'est à l'occasion de la protection des droits fondamentaux que la Constitution est principalement invoquée en droit administratif.

Le *Bill of Rights* constitué par les dix premiers amendements et le Quatorzième amendement constituent les deux fondements possibles des actions pour violation de droits fondamentaux. A l'origine, le *Bill of Rights* s'appliquait seulement aux violations d'origine fédérale tandis que l'invocation du Quatorzième amendement visait les Etats. Cependant tout en n'abandonnant jamais explicitement la distinction, la Cour Suprême a incorporé l'essentiel du *Bill of Rights* dans le Quatorzième amendement en sorte que les deux fondements offrent pratiquement des protections similaires[129].

Dans le cadre du *Bill of Rights*, c'est probablement le Premier amendement (Liberté d'expression) qui est le plus invoqué sur le terrain de la communication. Il sert ainsi de fondement à la défense de la liberté éditoriale face à la volonté de protection des mineurs contre l'indécence ou de protection de la viabilité économique des exploitants de l'audiovisuel traditionnel contre les câblo-opérateurs ou inversement à l'argumentation de ces derniers à l'encontre de l'obligation de diffuser les chaînes hertziennes[130]. Ensuite, vient le Quatorzième amendement qui garantit une procédure légale et régulière et l'égalité devant les lois est spécialement invocable dans les affaires portant sur la politique d'action positive[131]. Enfin, le recours au Cinquième amendement (Droit de ne pas témoigner contre soi-même, Droit à une juste indemnisation en cas d'expropriation, Droit à une procédure légale régulière en cas de privation de vie, de liberté ou de biens) est susceptible de fonder des actions de défense de la propriété privée[132].

D) La structure fédérale

La structure fédérale de l'Etat qu'organise la Constitution se reflète dans celle du droit administratif lui même et affecte la FCC. A côté du droit administratif fédéral prend place celui des Etats puisque chacun d'eux est compétent pour organiser le droit administratif applicable à l'intérieur de ses limites territoriales. Potentiellement pareille structure débouche sur une diversité de règles de fond qui est en réalité atténuée par l'adoption de modèles proposés par la *National Conference of Commissioners on Uniform State Laws*"[133]. Les questions doivent dès lors être envisagées dans leur double dimension. Précisément, dans l'usage du domaine public terrestre et dans l'exercice du contrôle des prix des "*Public Utilities*", c'est-à-dire des services publics.

Concrètement ce sont les *"Public Utilities Commissions"* ou *"Public Service Commissions"* des Etats qui assurent outre la régulation de l'eau, de l'électricité, du gaz, celle du téléphone. C'est dire que la FCC ne saurait être pertinemment étudiée sans référence au rôle des commissions régulatrices des Etats.

&2 : Les sources jurisprudentielles

S'agissant d'un pays de *Common Law*, la place des sources jurisprudentielles est essentielle. Celles-ci s'expriment singulièrement dans le cadre du contrôle de constitutionnalité des actes administratifs pratiqué depuis 1803 par la Cour Suprême[134] et ouvert à toutes les cours fédérales. L'interprétation de la constitution retenue par les tribunaux s'impose à la FCC comme aux autres agences et elle ne peut être écartée qu'au prix d'une révision constitutionnelle.

Tout en gardant son rôle complémentaire par rapport au texte constitutionnel, le rôle de la jurisprudence dans la formation du droit administratif n'en a pas moins sérieusement évolué. L'adoption d'une sorte de code de procédure en 1946[135] apporte un changement de taille à son intervention. Jusque-là, en dehors de la loi d'habilitation de l'agence, le juge était pour celle-ci le seul indicateur potentiel du droit. Désormais, par delà l'interprétation constitutionnelle et le recours aux principes de *Common Law*, le juge doit compter avec un texte de loi organisant la procédure administrative. Il adjoint ainsi un rôle de serviteur de la loi à son rôle de serviteur de la Constitution et du *Common Law*[136]. En outre, dans les rapports avec l'agence, le développement des sources législatives est, pour lui, synomyme de concurrence normative de la part du Congrès, même si, en vertu d'une référence à la Constitution, il peut l'emporter au contentieux. Sur ce terrain du contrôle de l'administration, son rôle d'interprète de la loi peut, par ailleurs, se déployer et déjouer partiellement la concurrence en ce que l'interprétation des cours informe de façon déterminante l'action administrative et que les sources législatives n'acquirent que le poids que ces derniers veulent bien leur conférer.

&3 : Les sources législatives

Quand la FCC naît, par delà les sources constitutionnelles, le *Communications Act* constitue l'unique source législative du droit qui lui est applicable. Le Congrès n'a pas encore de texte général relatif à l'action administrative. Le vide ne sera pas comblé avant 12 ans pendant lesquels la FCC, comme les autres agences, jouït d'une relative liberté quant aux formes et aux procédures dans l'exercice de ses compétences, sauf pour le juge à s'appuyer sur la Constitution, le *Communications Act*, le *Common Law* pour la canaliser.

Le texte général est celui de l'*Administrative Procedure Act* ou *APA* qui, prenant ses distances avec la confiance naïve dans l'expertise administrative typique des années 30[137], encadre, à partir de 1946, le pouvoir discrétionnaire des agences en lui imposant des formes procédurales et en organisant son contrôle juridictionnel. Cette référence fondamentale de l'action administrative demeure intacte 20 années durant, avant qu'elle ne soit touchée par le vent de la transparence qui lui apporte ainsi son premier complément. Les deux mouvements législatifs, inspirés par les soucis de juridicité de l'action adminisrative et de démocratie administrative, empreignent le travail des agences, y compris celui de la FCC, d'un formalisme certain dont les effets pervers suscitent des stratégies de contournement diverses de la part des administrations. Quand, en 1990, le Congrès officialise la pratique de la négociation comme modalité de la décision administrative, ce deuxième complément s'inscrit dans une perspective opposée par rapport à celle des origines : le consensualisme se substitue à l'unilatéralisme et la FCC est légalement habilitée à préférer l'un à l'autre. Le revirement législatif cache en réalité un nouveau souci de réduction de l'action administrative qui s'exprime dès 1980 et se poursuit au cours des années 90, à travers différents textes de déréglementation constituant le troisième complément à l'APA.

A) L'Administrative Procedure Act (APA) de 1946

A proprement parler la question d'un code de procédure administrative émerge dans les années 30[138] au moment où la croissance prodigieuse d'un corps administratif muni de compétences discrétionnaires et à la constitutionnalité douteuse suscite des craintes[139] quant au sort de la démocratie et aux garanties des citoyens. La FCC prend donc naissance dans un courant de contestation du développement de la *bureaucracy*. Le Congrès se trouve alors soumis à des pressions diverses. Ainsi l'*American Bar Association* nomme en 1933 un comité chargé de présenter un rapport annuel sur l'état du Droit Administratif. Celui-ci se montre fort critique sur les méthodes de travail de l'administration dans la mesure où elle ne satisfont pas aux exigences habituellement observées par le juge. Singulièrement le rapport de 1938, rédigé sous la direction du Doyen Roscoe Pound, répertorie "*les dix maux*" des agences administratives[140]. Le *Committee on Administrative Management* au sein des structures présidentielles, dans son rapport de 1937, souligne l'irresponsabilité et le manque de coordination des commissions accusées de former "une quatrième branche du pouvoir". Le Président Roosevelt en arrive à provoquer, en 1939, la constitution d'un comité ad hoc, l'*Attorney General Committee,* auteur d'une série de recommandations. La nécessité d'encadrer l'exercice d'un pouvoir administratif perçu comme tentaculaire est donc diversement établie. Plusieurs propositions de lois sont déposées dès 1940. Ce n'est cependant qu'après la seconde conflagration, en 1946, que l'*Administrative Procedure Act* [141] est finalement adopté à l'unanimité par les deux chambres. A partir de cette date, l'administration américaine (et en son sein les commissions indépendantes de régulation) est dotée d'une "*charte fondamentale*" d'un "*statut quasi-constitutionnel*", si ce n'est d'une véritable "*constitution*"[142]. Même s'il n'est que d'application subsidiaire par rapport au texte créateur de la FCC, celui-ci sera amendé en fonction du modèle qui se dégage de ses dispositions. L'encadrement de l'action administrative s'effectue à travers l'institution de formes et de procédures.

1) Les formes de l'action administrative

L'APA organise l'action administrative autour de deux grandes notions : le "*rulemaking*"[143] et l'"*adjudication*"[144]. Le *rulemaking* est défini comme " *la procédure conduisant à la formulation, à la modification ou au retrait d'une rule ou règle*" et correspond grosso-modo à l'activité réglementaire du droit administratif français. L'*adjudication* est définie comme "*la procédure conduisant à la formulation d'un order ou décision*". S'il s'agit d'établir une correspondance avec le droit administratif français, on pense tout à la fois à une activité administrative quand elle est synomyme d'octroi ou de refus[145]et à une activité juridictionnelle quand elle vise à résoudre un litige ou à infliger une sanction[146]. En droit adminisratif américain, elle est synomyme de fonction juridictionnelle exercée par l'administration. Pour rester fidèle à cet esprit juridique d'outre-atlantique, il paraît préférable de la traduire adjudication[147] et de parler de fonction d'adjudication ou adjudicative.

L'APA distingue entre "*rules*" ou règles de caractère normatif en principe (à l'exception des *interpretive rules*) et "*policy statements*" qui consistent en "*des présentations des positions actuelles de la FCC sur une question de régulation déterminée*"[148] et sont dépourvus d'effet contraignant. En clair, les *policy statements* évoquent les directives du droit français. Une deuxième distinction concerne les "*legislative rules*" qui procèdent de la délégation du pouvoir normatif à l'agence par le législateur et les "*interpretative rules*", lesquelles sont d'effet non-contraignant. On pourrait la rapprocher de la différence entre acte administratif et circulaire interprétative. Une troisième distinction s'applique aux "*substantive rules*" qui ont un contenu substantiel et aux "*procedural rules*" qui touchent à l'organisation de l'agence, à la procédure et aux pratiques employées par celles-ci.

L'association du terme *legislative* à celui de *rule* est révélatrice d'un trait de l'esprit juridique américain. En effet, l'exercice de ce pouvoir délégué qui fonde l'adoption des règlements est, aux Etats-Unis, conçu comme étant intégré dans celui du pouvoir législatif en général[149]. En s'y référant, la doctrine américaine parle du pouvoir legislatif des agences. Elle est parfois suivie par des représentants de la doctrine française qui considèrent que les agences "*participent au législatif*"[150], bien que les expressions préférées par celle-ci soient pouvoir réglementaire ou quasi-législatif.

2) Les procédures de l'action administrative

La présentation des procédures que la FCC doit respecter pour prendre des actes juridiques, quoiqu'austère, est indispensable à la prise de conscience des exigences que la Commission doit satisfaire, des lourdeurs qui affectent son fonctionnement, des effets pervers qui frappent son action, et des tentations d'évitement qui la guettent dans l'exercice de son pouvoir normatif. L'observation du débat contradictoire et, d'une façon générale, des diverses protections juridiques est la rançon réclamée par le *Due Process* à l'exercice d'une fonction normative élevée au rang de modalité privilégiée de l'interventionnisme étatique. En l'occurrence, le formalisme et le procéduralisme déploient tout leur sens.

Les deux grandes formes de l'action administrative se pratiquent selon une procédure formelle ou informelle[151]. On parle par conséquent de "*formal rulemaking*" et d'"*informal rulemaking*" de "*formal adjudication*" et d'"*informal adjudication*". La distinction entre *formal* et *informal* ne correspond pas à l'existence ou l'inexistence de procédure. Dans les deux cas, l'agence doit respecter une procédure établie. De l'un à l'autre, le type de procédure diffère : qui dit *formal* dit *hearing* ou audition qui est considérée garantie ('*form*') suprême; qui dit *informal* dit absence d'audition mais respect d'autres garanties[152].

En ce qui concerne le *rulemaking*, l'*informal rulemaking* en constitue la forme par excellence. Il se déroule sur trois phases[153]. La première donne lieu à la publication dans le *Federal Register*[154] d'un "*notice of a proposal for rulemaking*" ou déclaration portant proposition de règlement qui informe que l'agence envisage d'adopter un règlement. La deuxième correspond à une période de 30 à 90 jours au cours de laquelle toute personne intéressée peut soumettre des "*comments*" ou commentaires sous forme de données, de points de vue ou d'arguments. Si l'agence le juge nécessaire elle peut répéter la première phase. La troisième phase est celle de l'édiction du règlement proprement dite. Celle-ci doit être accompagnée d'un "*concise and general statement of basis and purpose*", c'est-à-dire, en gros, de la motivation de la décision. L'*informal rulemaking* est autrement connu sous le nom de "*notice and comment rulemaking*". L'absence de formalité tient à ce qu'après avoir énoncé les trois phases, l'APA laisse l'agence libre de donner le contenu qu'elle veut à la déclaration[155], laquelle peut d'ailleurs intervenir à n'importe quel stade de maturation interne de la décision de réglementer.

Comparativement, le *formal rulemaking* semble bien porter son nom au regard des exigences procédurales dont l'APA l'entoure. Il est applicable chaque fois qu'une loi prévoit que des règles soient adoptées après audition devant l'agence. On y dénombre également trois phases. La deuxième phase de l'informal rulemaking est alors remplacée par une audition. Les garanties procédurales observables dans le *on-the-record adjudication*[156] sont mises en oeuvre avec un certain assouplissement. Par exemple la séparation des fonctions à l'intérieur de l'agence est moins stricte. Il n'empêche que la transposition de l'audition du cadre relativement délimité de l'*adjudication* à la procédure réglementaire qui engage des matières plus larges et un nombre de participants plus élevé est facteur de lourdeur. Aussi les juridictions retiennent-elles une interprétation étroite selon laquelle le texte de référence doit précisément mentionner le terme audition pour que cette procédure soit exigible en matière de *rulemaking*[157]. Ainsi l'octroi de licence d'exploitation aux opérateurs du téléphone[158] ne nécessite pas une procédure formelle d'audition. Néanmoins, compte tenu de la protection procédurale qu'il offre à l'entreprise contrôlée, le *formal rulemaking* est spécifiquement employé pour le contrôle des prix des "*common carriers*" et d'une façon générale pour celui des entreprises chargées de gérer des "*public utilities*".

A côté du *formal* et de l'*informal rulemaking*, prend place le *publication rulemaking*. Il affecte en gros tous les actes intérieurs, c'est-à-dire les *interprétatives* et *procedural rules* ainsi que les *general statements of policy*. Il consiste essentiellement en la publication obligatoire dans le *Federal Register* pour les actes les plus importants ou par un autre moyen pour les actes les moins importants, comme le *FCC Record*. En outre, il ouvre droit à la possibilité pour toute personne interessée de demander l'édiction, la modification ou le retrait d'un tel acte.

Pour ce qui a trait à l'*adjudication*, la différence essentielle entre *formal adjudication* et *informal adjudication* tient à ce que l'APA ne prescrit aucune procédure en ce qui concerne le deuxième cas sauf la nécessité de notifier rapidement le rejet d'une demande[159]. La disposition du paragraphe 5 du *United States Code* ne vise que le *formal adjudication*. On en déduit que le premier se distingue du second par l'obligation de suivre une procédure établie. Ce mutisme législatif ne doit cependant pas occulter le fait que 95% des décisions adjudicatives interviennent de façon informelle[160].

Le *formal adjudication* se subdivise en trois catégories. Le "*on-the record adjudication*" est la forme par excellence d'adjudication en ce qu'elle présente l'exigence procédurale la plus élevée dont la similitude avec la procédure juridictionnelle est indéniable[161]. Les deux autres, applicables en matière de licences ou d'allocations, dénotent un certain allègement. Le fait que l'*adjudication* intervienne "*on the record after opportunity for an agency hearing*" constitue le trait essentiel de la catégorie principale. En d'autres termes, une audition est organisée qui donne lieu à la consignation des éléments d'information dans un procès verbal. L'audition est présidée par un ou des membre(s) de l'agence ou par des "*administrative law judges* "[162] dont les communications avec une partie ou un membre de l'agence relativement au dossier doivent être dument consignées. La communication ex parte leur est par conséquent interdite. L'audition doit être notifiée à toutes les parties. Elle réunit les représentants de l'agence, les parties directement affectées et les tiers autorisés à intervenir en raison de leur intérêt dans l'affaire. Les parties qui peuvent recourir à des avocats sont présentes d'un bout à l'autre de la procédure avant comme pendant la tenue de l'audition. Dans le cadre de cette procédure orale, elles peuvent pratiquer l'interrogatoire contradictoire ou "*cross-examination*". La charge de la preuve, sauf disposition contraire de la loi spéciale, incombe à l'auteur de l'allégation. L'organisation de l'audition et la recommandation d'une décision, d'une part, et l'enquête ainsi que la poursuite d'autre part, mettent en jeu deux catégories de personnels distinctes. On parle de séparation des fonctions à l'intérieur de l'agence entre les *administratives law judges* et les membres ordinaires de l'agence. La décision finale doit se référer aux éléments d'information consignés.

La deuxième catégorie d'*adjudication* formelle concerne l'octroi de licences ou d'allocations. La procédure est alors écrite en principe sauf si le demandeur ou une tierce personne prouve que le refus d'audition lui serait préjudiciable. C'est-à-dire que l'examen de la demande se fait à partir du dossier constitué par le demandeur et soumis à l'agence. Toutes les garanties associées à l'exigence de l'audition disparaissent. En pratique, il convient d'observer que la demande d'audition est généralement accordée tant il est vrai que l'administration est pénétrée de sa nécessité[163]. L'APA reste donc lettre morte en raison de l'enracinement de l'audition dans les moeurs administratives.

La troisième catégorie d'*adjudication* formelle a trait au retrait et à la suspension d'une licence ou d'une allocation, bref à la sanction du titulaire de l'autorisation ou du bénéfice. Elle comporte deux éléments : la communication au titulaire des raisons de la sanction et la possibilité qui doit lui être laissée de se défendre.

Enfin, il ne faut pas perdre de vue que la *Due Process Clause* peut brouiller les divisions et subdivisions de l'APA en requérant des garanties procédurales supplémentaires.

Cette présentation suggère combien l'APA a pu bouleverser les pratiques administratives en enserrant dans un corset procédural l'action des agences en général, et celle de la FCC en particulier. Elle démontre combien , dans ce pays de *Common law*, au risque d'alourdir le processus décisionnel, les promoteurs de l'APA ont tablé sur la procédure pour protéger l'individu contre les intrusions de l'administration. L'exigence, dès 1946, de la prise en compte de commentaires et de l'organisation d'une audition révèle un souci originel d'inscrire la participation des destinataires dans la confection de l'acte administratif. Cette précocité met en relief le rôle de socle joué par l'APA à l'égard des autres textes qui complètent l'encadrement juridique de la FCC.

B) Les compléments de l'APA

A partir du milieu des années 60, c'est-à-dire au moment où les structures administratives connaissent une seconde phase d'explosion, le Congrès apporte une série d'affinements à la procédure administrative. En 1966, l'adoption du *Freedom of Information Act* ou *FOIA*[164] inaugure la série législative promotrice de la transparence administrative. Suivront successivement le *Federal Advisory Committee Act* ou *FACA*[165], le *Privacy Act* ou *PA*[166], et le *Government in the Sunshine Act* ou *GSA*[167]. La fin de la décennie 80 apporte la règlementation négociée. La reconnaissance de la possibilité pour l'administration d'adopter des règles dans le cadre d'une procédure de négociation est d'abord effectuée par voie jurisprudentielle avec l'arrrêt D.C. Circuit *NRDC v. EPA*[168]. Elle prend la forme législative avec le *Negotiated Rulemaking Act*[169] de 1990. Celui-ci s'accompagne de l'*Administrative Dispute Resolution Act*[170] de la même année qui introduit l'*adjudication* négociée. Cette deuxième série législative par ses implications théoriques (la fonction normative de la FCC) et son originalité est probablement l'élément législatif le plus attrayant pour l'oeil étranger des sources du droit applicable à la FCC. La troisième série législative, marquée par la volonté de déréglementation et ouverte par le *Paperwork Reduction Act* ou *PRA*[171] de 1980 est loin d'être dénuée d'intérêt.

1) La transparence administrative

Le FOIA et le GSA altèrent profondément la procédure administrative en amenant à la lumière une foule de documents qui jusque-là étaient soigneusement gardés par les agences lesquelles les confinaient à la circulation interne. Le FACA et le *Privacy Act* veillent à organiser la consultation et à protéger la vie privée.

Le FOIA[172] modifie la section 552 de l'APA. Adopté en 1966[173], son dispositif est sérieusement renforcé en 1974 après les réticences manifestées par les agences à son application. Des révisions mineures interviennent les années suivantes. Il impose une obligation d'information à toutes les agences fédérales. Celle-ci peut revêtir trois formes. En premier lieu, il leur fait obligation de publier des éléments d'information pratique et générale[174] facilitant l'accès aux documents et la maîtrise de l'organisation et du fonctionnement des administrations. En deuxième lieu, il leur fait obligation de tenir à disposition du public[175] les décisions d'adjudication[176], les déclarations interprétatives et les recueils d'instructions destinés au personnel. En troisième lieu, il leur fait obligation de satisfaire rapidement[177] aux demandes d'accès aux documents administratifs[178]. Ce dernier cas concerne essentiellement les documents relatifs au *rulemaking*. Une redevance peut être prélevée[179] qui varie en fonction du type de demande. Neuf exceptions sont prévues. Cinq d'entre elles visent à protéger l'intérêt public[180]. Les quatre autres cherchent à garantir la protection de la vie privée[181] ou le secret des affaires[182]. L'exception peut être contournée par l'effacement des portions non-diffusables du document.

L'effet d'une telle législation sur le *rulemaking* a été considérable. Elle a suscité de nouvelles pratiques chez les acteurs du processus réglementaire. Chez les acteurs non-administratifs, très vite l'habitude a été acquise, à l'ouverture d'un cycle réglementaire, de demander systématiquement à l'agence concernée tous les documents se rapportant à la réglementation envisagée. De leur côté, les agences ont pratiqué la mise à disposition préventive des données dont il y avait fort à parier qu'elles feraient ultérieurement l'objet d'une demande de diffusion. Des pages et des pages de statistiques et d'analyses techniques, à l'exception des recommandations des agents subordonnés à l'autorité de décision au stade pré-décisionnel, sont ainsi passées de l'ombre à la lumière. Sans totalement mettre à nu les méandres de la production collective des décisions au sein des agences, elles fournissent néanmoins des éclairages précieux sur les motifs et les réductions successives subies par les solutions alternatives initiales. Elles constituent dès lors des armes de choix pour les participants extérieurs à la machine règlementaire : soit que ces derniers s'en saisissent pour nourrir pertinemment leur commentaires et propositions au stade pré-contentieux, soit qu'ils s'en prévalent contre leurs auteurs au stade proprement contentieux. Le fait que le droit d'accès aux documents administratifs (le FOIA) se double d'un recueil des suggestions des participants extérieurs lors de la confection du règlement (l'APA) place l'exemple américain dans une perspective différente du cas français.

Alors que le bénéficiaire du droit d'accès aux documents administratifs est avant tout susceptible de l'utiliser pour contester a posteriori l'acte administratif en France, aux Etats-Unis, il permet d'influencer très activement le contenu de la réglementation au cours de son adoption même. En clair, placé dans un contexte américain, il procure aux groupes de pression un puissant moyen d'action[183].

Le *Government in the Sunshine Act,* adopté en 1976[184] a un champ d'application plus réduit que le FOIA. Il n'affecte que les commissions dirigées par un collège[185]. Il s'applique ainsi à la FCC alors qu'il ne touche ni l'EPA ni l'OSHA. A son origine, on trouve l'idée selon laquelle l'accès au processus de décision administrative était dans les faits réservé aux groupes de pression relayant les entreprises et qu'il y avait nécessité d'élargir ce dernier au public dans son ensemble. Pour mettre fin à ce privilège le législateur fédéral s'inspire de ses homologues dans les Etats[186] et décide que les réunions desdites commissions doivent être publiques et donner lieu à publication préalable dans le *Federal Register*[187]. Les réunions visées sont les délibérations d'un nombre de commissaires au moins égal à celui du quorum et donnant lieu à décision. La Cour Suprême a retenu une interprétation stricte des réunions relevant de la transparence : elle exclut les discussions préliminaires qui ne sauraient directement déboucher sur une décision[188]. La tenue de réunions à huis clos est soumise au contrôle des tribunaux et doit être compensée par une transcription ou un enregistrement électronique disponible a posteriori. Des exceptions semblables à celles invoquables dans le cadre du FOIA sont prévues à une différence près : les discussions intra et inter-agences ne sont pas exemptées de publicité.

La démocratisation de l'accès aux agences n'est pas cependant dépourvue d'effets pervers[189]. L'obligation de rendre publique la tenue de toute réunion rend illégale toute discussion non-annoncée et qui regrouperait plus de deux commissaires. Concrètement, le fonctionnement même d'un organe collégial se trouve sérieusement alourdi : les rencontres de couloir ou devant la machine à café ne sauraient, sans violer le GSA, déboucher spontanément sur des conversations relatives aux thèmes des décisions à venir. Il en résulte une tendance à limiter le nombre de réunions entre commissaires. Quand elles sont dûment organisées, leur phase proprement délibérative est escamotée tant la présence du public fausse l'échange et le dépouille partiellement de leur spontanéïté[190] et de leur qualité[191]. La collégialité est en recul à la FCC[192] comme dans les autres agences et corrélativement le processus décisionnel se cristallise autour d'individus isolés en relation avec leurs conseillers respectifs[193]. Les discussions se déroulent précisément au niveau du personnel,[194] témoignage d'une translation de fait du pouvoir au sein de l'agence. Des méthodes de contournement de la publicité des réunions se sont développées. Telle, par exemple, la pratique des conversations téléphoniques prolongées qui permettent d'éviter les rencontres directes visées par le texte[195]. La plus sophistiquée d'entre elles est le vote sur propositions écrites[196]. Chaque commissaire reçoit un calendrier de décisions à venir. Ou bien il y appose un vote écrit favorable ou défavorable ou bien il demande l'organisation d'une réunion. Les réponses sont collectées par le *Minutes Branch* et en fonction des résultats d'ensemble une réunion est organisée, l'acte est considéré adopté ou non adopté. La délibération avec les pairs commissaires que l'on doit à la fois écouter et convaincre et d'où devrait théoriquement naître un décision équilibrée devient, dès lors, l'exception.

Cette stratégie d'évitement permet de sauver ainsi les apparences puisque la publicité n'est imposée que s'il y a effectivement réunion. On n'est par conséquent pas surpris que la FCC n'ait pas souvent eu à répondre d'une allégation de violation du GSA[197]. Elle porte précisément sur le texte un jugement fort négatif. Son *General Counsel* ou Conseiller Général, s'exprimant à un colloque, en 1996, et devenu, en 1997, son nouveau Président, déclare, sans ambages, que le législateur bien intentionné a produit "*une loi qui ne marche pas*"[198]. En réalité, celle-ci provoque des difficultés de fonctionnement dont les tensions[199] au sein de la machine administrative nées du mutisme forcé des commissaires sont des manifestations préoccupantes.

Le *Federal Advisory Committee Act*, promulgué en 1972[200], est né de la volonté du Congrès de remédier aux critiques selon lesquelles la consultation organisée par les agences, au titre de l'aide à la décision, faisait, en réalité, la part belle aux groupes de pression accusés de manoeuvrer celles-là mêmes qui étaient chargées de les contrôler. Le FACA introduit des règles propres à atténuer sinon à supprimer le caractère captif de la consultation. Contre le poids excessif des groupes de pression il exige des compositions équilibrées propres à refléter l'ensemble des intérêts en jeu, s'agissant de constituer des organismes permanents de consultation[201]. Pour combattre le secret des pratiques il exige la transparence aussi bien quant à la tenue des réunions[202] que quant à l'accès aux documents[203] desdits organismes. Si on est loin de pouvoir dire que le phénomène de la capture[204] ait été sérieusement affaibli par l'introduction du FACA, une chose est sûre : le recours aux structures permanentes de consultation s'est réduit[205].

Le *Privacy Act*, introduit en 1974[206], cherche, comme son nom l'indique, à protéger la vie privée, singulièrement au regard des risques de la mise sous fichier informatique des individus. Il s'applique uniquement aux dossiers nominatifs[207]. Il limite le droit des agences à collecter et à garder sous forme de fichiers des informations d'ordre individuel[208]. Il dote les personnes privées d'un droit d'accès et de modification sauf quand l'information a été recueillie en vue d'un procès civil.

2) La réglementation et l'adjudication négociées

La réglementation et l'adjudication négociées sont consacrées en 1990 par le législateur américain comme moyens d'intervention normative pour les agences. Ce faisant, il ouvre la voie à une déstabilisation du schéma traditionnel de la décision administrative.

Une première appréhension de la réglementation négociée conduirait à l'inscrire en filiation avec la législation de promotion de la participation du public à l'activité réglementaire des agences. En effet, "*la regulatory negotiation* ou *reg neg* offre au public le rôle le plus direct et le plus substantiel dans le processus réglementaire qu'aucune réforme ne lui ait jamais reconnu"[209].

On peut en relever des signes précurseurs dans le *Fair*

Labor Standards Act de 1950 qui dispose que l'évolution du salaire minimal doit être négociée dans le cadre d'un comité composé de représentants des employeurs, des ouvriers et de l'administration du Travail. En 1975, le Ministre du Travail John Dunlop estime que le procédé de la négociation collective propre au relations entre partenaires sociaux peut être transféré à la confection de la réglementation. Dans les années 80, la littérature spécialisée commence à défendre l'idée. Philipp Harter en est l'une des figures de prou qui, dans un article paru en 1982, se fait l'apôtre de ce mode de règlementation[210]. L'*Administrative Conference of the United States* recommande l'usage de la notion de réglementation négociée en 1982 et 1985[211]. La jurisprudence reconnaît celle-ci en 1988[212]. En 1990, le législateur, qui avait dédaigné une proposition de loi en 1981[213], consacre la nouveauté[214] en adoptant le *Negotiated Rulemaking Act* ou *NRA*. En 1994, le Président Clinton dans son "*executive order*" 12866[215] encourage vivement les agences à la mettre en oeuvre.

Le législateur de 1990 endosse les critiques adressées par Harter à l'*informal rulemaking*. La dérive d'un système hydride[216] qui tourne à l'affrontement entre participants l'amène à pointer du doigt le coût et la longueur aussi bien de l'adoption des règlements que des procédures litigieuses qu'elles ne manquent pas de susciter. Puisque, grâce à la négociation, les participants sont à la recherche d'un compromis, la *reg neg* est dès lors conçue comme étant porteuse, d'une part, d'amélioration de la préparation et du contenu des règles et, d'autre part, de l'application de celles-ci.

Le gain acquis en termes de légitimation de la règle à travers la négociation ne saurait cependant occulter la transformation fondamentale du processus règlementaire qu'elle comporte[217]. L'agence est ravalée au rang de simple participante à la confection de la règle et est dépouillée de sa supériorité institutionnelle du moins au cours des négociations. L'intérêt public et les intérêts privés se mélangent sans hiérarchisation dans le cadre du marchandage. La participation directe au processus réglementaire en faisant concourir[218] à la production de la règle et non plus seulement alimenter sa production par l'apport d'information revient, en réalité, presqu[219] à instaurer un système de co-décision non pas interne à l'administration mais entre personnes publiques et personnes privées. La filiation entre les textes de la transparence administrative et le *Negotiated Rulemaking Act* n'est par conséquent qu'apparente. La législation de 1990 opère dans une direction autre : loin de la réglementation de type unilatéral et prescriptif classique vers la réglementation contractuelle et consensuelle, des intérêts privés négociés devenant "*la source d'un droit public putatif*"[220].

Elle n'impose cependant pas la réglementation négociée[221]. Elle la consacre[222] comme une option à la disposition des agences. En établissant la procédure à suivre par les agences qui choisissent d'utiliser l'option ouverte, il institutionnalise ce nouveau procédé de règlementation. Le recours audit procédé doit être motivé par l'intérêt public : l'agence doit décerner un véritable besoin. L'utilisation ne saurait être fantaisiste. Le recours doit faire l'objet d'une publication dans le *Federal Register* de façon à permettre aux groupes intéressés de poser leur candidature à la participation au comité de réglementation négociée. Celui-ci, composé[223] de représentants de l'administration et des participants privés qui interviennent sur un pied d'égalité, est présidé par un facilitateur. Le facilitateur, en toute impartialité, conduit les discussions et les oriente vers un consensus. Il est dépositaire des transcriptions des réunions. Si la négociation réussit, c'est-à-dire si un consensus[224] est atteint, le contenu de ce dernier est transmis à l'agence qui engage alors la procédure habituelle de l'*informal rulemaking* en publiant un *notice of proposed rulemaking*. Située à l'amont de la procédure issue de l'APA, la négociation ne remet donc pas formellement en cause la qualité d'auteur unique de l'acte de l'agence. Mais le jeu de la négociation veut que celle-ci s'en tienne ainsi que tous les autres négociateurs à la parole donnée à l'occasion du consensus. Entre l'obligation morale et l'obligation juridique il y a la subtilité d'une séparation entre la qualité de co-auteur et la qualité d'auteur unique.

L'insertion de la négociation en amont de la procédure classique de l'*informal rulemaking* joue comme une précaution qui permet de sauver les apparences. En tout état de cause les tribunaux ne sont susceptibles d'examiner que la règle finale[225]. La loi place, en effet, hors contrôle juridictionnel toute décision ayant trait à l'organisation de la négociation.

L'*Alternative Dispute Resolution Act* ou *ADRA* est institutionnalisée en matière administrative par la loi du 15 Novembre 1990. Si la *Reg Neg* ne constitue juridiquement qu'une phase préalable de la procédure classique de l'*informal rulemaking*, comparativement, l'ADR équivaut à une véritable solution alternative. A la différence de l'*adjudication* elle n'est pas passible de contrôle juridictionnel, mais comme celle-ci elle est une forme de résolution des litiges. A ce titre, on peut dire qu'elle porte un coup plus fort à l'autorité de l'agence et au schéma classique de la décision administrative dans la mesure où non seulement celle-ci, intervenant comme une partie, perd sa qualité juridique supérieure au cours de la procédure de règlement mais encore elle n'est pas habilitée à appliquer son imprimatur au règlement proprement dit. La résolution du litige appartient bel et bien à l'arbitre, certes choisi d'un commun accord par les parties. Le dépouillement de pouvoir décisionnel se fait, cette fois-ci, sans détour. D'une décision publique on bascule d'ailleurs à une décision privée. Du moins, la loi prévoit-elle que la procédure d'arbitrage se déroule dans le cadre d'une audition, assimilant apparemment l'ADR à la *formal adjudication*. Il reste à savoir si la garantie d'un débat contradictoire sous les auspices d'un agent investi de l'autorité publique ou l'organisation de la contradiction sous la direction d'une personne investie de la confiance des parties ont la même valeur en termes de philosophie du *Due Process*.

3) La déréglementation

Le *Paperwork Reduction Act* [226] ou *PRA* de 1980 cherche à susciter une attitude responsable de la part des agences dans leur activité réglementaire en leur demandant d'évaluer le niveau et le coût des paperasseries engendrées par leurs règles et de veiller à les réduire. Il crée l'*Office of Information and Regulatory Affairs* au sein de l'*Office of Managment and Budget* et le charge de superviser son application. L'exigence de la présentation d'une pièce ou l'accomplissement d'une procédure administrative n'est opposable à l'administré qu'après approbation de l'OMB[227]. Les résultats de celle-ci n'ont pas été très fructueux aussi a-t-il été modifié en 1995 dans le but de parvenir à une réduction de 40%. Il appartient à la même famille que le *Regulatory Flexibility Act* ou *RFA*[228] de par l'objectif commun de maîtrise des contraintes gestionnaires imposées par la règlementation à ses destinataires. Le RFA protège cependant une catégorie particulière d'entre eux.

Le RFA de 1980 vise à réduire le poids de la régulation pour les petites entreprises. Il impose aux agences d'analyser l'impact de la règlementation sur les petites entreprises, de prévoir des mesures d'assouplissement particulières en cas de constat d'impact significatif et de les évaluer tous les 10 ans[229]. Il a donné lieu à une application d'autant plus fantaisiste[230] qu'il n'ouvrait pas, à l'origine de droit de recours juridictionnel. Son dispositif a été renforcé en Mars 1996 (Le *Small Business Regulatory Enforcement and Fairness Act* ou *SBREFA*)[231] par l'introduction d'un contrôle législatif[232] et juridictionnel[233], ainsi que de précisions quant aux obligations des agences[234]. On ne saurait désormais sous-estimer ses effets. En la matière, l'examen du règlement d'application de la réforme du service universel, adopté le 8 Mai 1997 par la FCC, est intructif. S'agissant d'un texte de près de 500 pages[235], l'analyse finale[236] de flexibilité ou d'assouplissement développée au titre de la motivation de l'acte, occupe 42 pages,[237] soit un peu moins du quart de la section consacrée au mécanisme de financement du service universel[238] et dix pages de plus que celle traitant de la définition [239], deux sections qui fournissent le coeur des nouvelles dispositions. La FCC y rappelle la nécessité et les objectifs du règlement, analyse, après les avoir résumer, les questions soulevées dans les commentaires reçus à ce propos, donne une estimation chiffrée par catégories des petites entreprises auxquelles l'acte s'applique[240], indique sommairement l'impact prévisible et détaille les mesures d'assouplissement décidées. Pour le moins, le texte de 1996 fait de l'activité réglementaire une activité méticuleuse et calibrée pour la FCC comme pour le reste de l'administration.

Le *Government Performance and Results Act* ou GPRA adopté en 1993 cherche à insuffler la planification. Il exige des agences fédérales qu'elles adoptent des plans stratégiques et qu'elles comparent chaque année leurs résultats aux objectifs qu'elles se sont fixés.

L'applicabilité des sources constitutionnelles et législatives générales à la FCC est de l'ordre de l'évidence. Mérite de retenir l'attention, le fait que cette législation s'applique à toute l'administration. La FCC en particulier, et les commissions indépendantes en général, ne bénéficient donc pas d'un corps de règles procédurales qui leur seraient exclusivement applicables. Le droit commun procédural d'origine législative s'applique aux grandes cousines américaines des Autorités Administatives Indépendantes françaises. On trouve dans le texte de création de chacune d'entre elles une deuxième catégorie de source du droit applicable. Comparativement, l'applicabilité des sources administratives générales à la FCC, comme d'ailleurs aux autres agences indépendantes, est de l'ordre de l'incertitude.

&4 : Les sources administratives

A) La question de l'applicabilité

Richard Nixon[241] et ses successeurs[242] ont tous essayé de mettre en oeuvre des réformes de la procédure réglementaire qui visaient à rationaliser et à réduire la production de règlements. Les trois politiques présidentielles présentent des caractéristiques communes : réduction de l'intervention publique et renforcement du contrôle présidentiel sur l'activité des agences Formellement, du moins selon une conception large de l'indépendance des agences semblables à la FCC, les décrets présidentiels ou *executive orders* qui ont fondé de telles réformes ne sont applicables qu'aux agences exécutives. Il ne s'imposent donc pas, en principe, aux agences indépendantes de régulation.

La règle est cependant discutée. Que plusieurs personnalités universitaires ou politiques ainsi que des institutions aient pu récemment défendre l'applicabilité des *executive orders* aux agences indépendantes oblige à les évoquer comme sources du droit potentielles sinon comme fondements de la pratique juridique desdites structures, dont la FCC. Le Professeur Harold Bruff[243] limite l'applicabilité aux décrets relatifs à la procédure administrative tandis que ses collègues Peter Strauss[244] et Cass Sunstein reconnaissent au Président le pouvoir général d'étendre le champ d'application de ses actes aux agences indépendantes. L'*Assistant Attorney General* rédige un mémoire à l'attention de l'*Office of Management and Budget* soutenant la validité du décret 12291 à l'égard des agences indépendantes[245], l'*American Bar Association* adopte la même position à propos de l'acte 12044[246]. L'*executive order* 12866 du Président Clinton, tout en endossant le principe de la non-applicabilité, ouvre deux exceptions relatives à la tenue d'un calendrier des réglementations ainsi qu'à l'établissement d'un plan contenant les principales actions envisagées pour l'année fiscale. Concrètement, la portée des deux dispositions est affadie parce que leur contenu fait doublon avec celui du *Regulatory Flexibility Act*. Sur le plan des principes juridiques elle demeure cependant fort troublante et semble indiquer une attitude plus audacieuse de la part d'une présidence cherchant à affirmer sa capacité de coordination de l'ensemble de la machine administrative.

B) La réalité

En effet, compte tenu du caractère brûlant de la question au regard de la séparation des pouvoirs, la prudence guide habituellement les chefs de l'exécutif qui se gardent d'inscrire l'applicabilité dans le texte des décrets[247]. Ils emploient cependant d'autres moyens pour assurer leur applicabilité aux agences indépendantes et insuffler le vent du changement à ces dernières. L'organisation de réunions de mise au point en est un. Ainsi en Juillet 1975, le Président Ford rencontre-t-il les représentants de 10 agences indépendantes pour les presser d'adopter des mesures fidèles à son *executive order*[248]. La demande de mise en oeuvre volontaire adressée auxdites agences a une ambition similaire. Ainsi Jimmy Carter envoie une lettre en Mars 1978 aux présidents de plusieurs en vue d'obtenir une observation volontaire du décret 12044. Georges Bush, alors vice-président, adopte la même tactique en 1987. L'exercice du pouvoir de nomination complète très utilement ces deux moyens[249]. Précisément dans le cas particulier de la FCC depuis 1974, de Richard Wylie (1972-1977, sa présidence commence en 1974) à William Kennard, qui occupe présentement le poste, en passant par Charles Ferris (1977-1981), Mark Fowler (1981-1987), Dennis Patrick (1983-1989, sa présidence commence en 1987), Alfred Sikes (1989-1993), et Reed Hundt (1993-1997) la présidence a été occupée par des personnes partageant les mêmes idées dérégulationnistes que les auteurs de leur nomination[250]. Il n'est dès lors pas difficile de comprendre que le souci de rationalisation a influencé également et continue de le faire la FCC.

Les relations entre sources générales et sources particulières ne sauraient être ignorées. Outre le rapport de conformité à la Constitution, les sources législatives générales inspirent des ajustements aussi bien de la loi créatrice de la FCC que du droit infralégislatif spécial.

SECTION 3 : LES SOURCES SPÉCIFIQUES DU DROIT ADMINISTRATIF APPLICABLE À LA FCC

&1 : Sources législatives

Le *Communications Act,* en tant qu'acte de naissance de la FCC, n'a pas fait l'objet de substitution. Ses dispositions ont seulement subi des modifications.

A) Le Communications Act de 1934

1) La présentation générale du Communications Act

Le *Communications Act*[251] de 1934, texte fondateur pour la FCC en particulier et la communication en général, est en réalité héritier de deux textes. En effet, il constitue la fusion[252], d'une part de la loi relative à l'ICC dont la compétence jusque-là limitée aux transports ferroviaires a été étendue en 1910[253] au télégraphe et au téléphone, d'autre part de la loi de 1927 créant la *Radio Commission.* En instituant la FCC, il met en place une agence indépendante de régulation qui hérite tout à la fois de l'ICC et de la Radio Commission. La ressemblance de la loi de 1934 avec les deux textes n'est cependant totale ni dans l'un ni dans l'autre cas de comparaison. Si la FCC succède à la *Radio Commission* elle n'a plus à souffrir, à l'opposé de cette dernière, un partage de compétences quotidiennes[254] avec une autorité ministérielle. Si les exploitants de télécommunications sont toujours traités de *common carriers* la FCC est dotée à leur égard du pouvoir de contrôler les prix dont l'ICC était dépourvue à leur égard[255]. La loi de 1934 se profile donc un affinement de deux modèles régulatoires apparus précédemment.

Le *Communications Act,* en tant que règle spéciale, entretient un rapport de primauté avec l'APA[256]. Seuls l'absence de prescription de sa part et le renvoi explicite à l'APA rendent ce dernier applicable[257]. L'antériorité du *Communications Act* relativement à l'APA ne saurait, d'ailleurs, être sous-estimée. Il faut se rappeler qu'il est précisément adopté, à un moment où la contestation de la bureaucratie n'a ni la force de conviction ni l'opportunité politique qui conduiront à normaliser l'action administrative en 1946. Il n'est donc pas surprenant de ne pas y trouver un corps de règles présidant à l'adoption des actes de la FCC. C'est dire que, concrètement, l'APA fournit le canevas juridique général quant à la procédure à suivre dans l'exercice par la FCC de sa fonction normative. Il faut par conséquent se référer à l'APA pour la plupart des règles de confection des actes réglementaires et d'*adjudication*. Et c'est postérieurement que des renvois à l'APA sont introduits dans le texte de 1934. Malgré les précisions procédurales ajoutées au fil des décennies, corrélativement et sans surprise ,les dispositions du *Communications Act,* en dehors des règles relatives à la mise en place de la FCC, sont essentiellement d'ordre substantiel.

L'antériorité du *Communications Act* importe également en ce qu'elle induit que, laissée libre de définir, jusqu'à la promulgation de l'APA, ses méthodes de production normative, la FCC a eu, pendant douze ans, le loisir d'initier des pratiques qu'elle a pu tendanciellement perpétuer par la suite. On est tenté de percevoir dans ce concours de circonstances originelles un climat fort favorable à l'émergence de l'informel[258] dans le mode de régulation propre à la FCC. Cette voie était d'autant plus tentante pour la FCC qu'elle trouvait une source d'inspiration dans les Conférences de la Radio des années 20 au cours desquelles l'habitude de négociations entre régulateur et régulé avait été contractée.

2) Le contenu du Communications Act

Le *Communications Act* est présentement divisé en 7 titres[259] qui relèvent tout à la fois du droit administratif, du droit constitutionnel, et de la propriété intellectuelle . Dans le premier portant dispositions génerales, on trouve des sections 4[260] et 5[261] qui touchent à l'organisation et au fonctionnement de la FCC[262]. Le quatrième[263] est tout entier consacré aux dispositions relatives à la procédure administrative. Enfin, les autres titres, détaillant les pouvoirs de régulation de la FCC pour chaque mode de communication, évoquent pour l'esprit juridique français, au sein du droit public, des règles du droit public économique, alors qu'aux Etats-Unis ils sont rangés dans la vaste matière de l'*Administrative Law* [264]. Plus exactement, à l'origine, en dehors des 2 titres relatifs aux dispositions pénales (titre 5) et diverses (titre 7) et celui traitant des question administratives (titre 4), on ne repérait que deux titres au contenu globalement substantiel. L'un traitait des *common carriers* ou transporteurs publics de communications téléphoniques (titre 2), l'autre des *broadcasters* ou opérateurs audiovisuels (titre 3). Une telle organisation reflétait le dualisme originel de la fonction régulatrice de la FCC. Depuis la diversification de cette dernière, un titre 6 a été introduit pour les services du câble tandis que le titre 3 couvre désormais à la fois les mass media et les télécommunications non-filaires.

On insistera ici sur le titre 4 puisqu'on revient ailleurs sur le contenu des autres dispositions du texte. Le titre 4 fournit essentiellement des éléments sur le régime juridique des actes de la FCC.

Une première série organise concerne le mode de confection des actes. Ainsi, la section 405 prévoit que les parties ou toute personne subissant un préjudice peut demander à la FCC d'examiner son acte en seconde lecture laquelle est octroyée en toute discrétion. La section 408 établit une règle générale d'entrée en vigueur des actes de la FCC autres que ceux ayant un contenu monétaire : 30 jours après la publication sauf si la Commission en détermine autrement. La section 409 organise la procédure d'*adjudication* avec des exigences supplémentaires par rapport à l'APA. Alors que l'APA exempte l'octroi des licences d'exploitation du respect de la séparation entre agents chargés de l'enquête et agents responsables de la décision proprement dite, le *Communications Act* déclare expressément que le principe doit être respecté. Il prévoit d'ailleurs expressément la primauté de ses dispositions en la matière sur celles de l'APA en cas de conflit. La section 410 organise quelque peu l'usage de la consultation par la FCC dans le cadre des relations entre le niveau fédéral et le niveau infra-fédéral de régulation. Elle autorise, sauf en cas d'*adjudication,* la constitution de comités composés de représentants des Etats[265] ainsi que de comités mixtes entre la FCC et les commissions des Etats[266].

La deuxième série concerne le contrôle de régularité de l'action de la FCC[267].

Le titre 4 aborde par ailleurs très succintement les pouvoirs de la FCC. Une seule disposition est à considérer à ce propos : la section 403. Elle reconnaît à la FCC un pouvoir d'enquête général qu'elle est susceptible de mettre en oeuvre, de sa propre initiative, dans le cadre aussi bien qu'en dehors de toute procédure réglementaire ou d'adjudication. Toute enquête doit donner lieu à l'établissement d'un rapport comportant les conclusions ainsi que la décision motivée sur laquelle elle débouche, le cas échéant.

B) Les modifications du Communications Act

Le *Communications Act* a fait l'objet de 7 modifications majeures _quoique de portée variable- en 1952, 1962, 1967, 1984, 1990, 1992, 1996. La première, autrement connue sous le nom des amendements Mac Farland, sort du lot en ce qu'elle est un texte d'affinement procédural de la loi originale tandis que les quatre autres s'inscrivent davantage comme des textes de complément destinés à prendre en compte des évolutions des technologies de la communication. Entre les trois suivantes et la dernière une séparation s'impose néanmoins : d'un côté, des interventions législatives qui touchent un mode de communication précis, sans toucher à l'économie générale du texte fondateur, de l'autre, une intervention législative qui tout en prenant acte de la révolution du multimedia et en privilégiant les télécommunications par rapport à l'audiovisuel est destinée à refonder la régulation de la communication en tant que telle. A ce titre, cette dernière est d'une envergure singulière et marque une rupture.

1) Les modifications antérieures au Telecommunications Act de 1996

Le *Communications Act* est voté, en un temps record[268], à une époque d'intense activité législative liée à la mise en place du *New Deal*. Il est donc clair dans l'esprit de ses rédacteurs qu'il doit être affiné par les législatures à venir[269]. Ce n'est cependant qu'après la guerre que l'amélioration du texte initial a été promulguée. Les amendements Mac Farland de 1952 affectent le fonctionnement de la FCC[270], le régime juridique des actes de la FCC[271] ainsi que ses pouvoirs de sanctions[272]. Il est analysé comme ayant eu un impact considérable sur certains des dysfonctionnements reprochés à la FCC[273] : comme par exemple la longueur des procédures d'*adjudication* ou l'exercice fantaisiste des tâches d'*adjudication* par les commissaires qui procèdent à l'attribution des licences sans prendre connaissance des résultats de l'audition organisée par le personnel et demande à ce dernier de justifier rétroactivement et facticement le choix de l'attributaire.

Le *Communications Satellite Act* [274] de 1962 établit le système des télécommunications internationales par voie de satellite. Le *Public Television Act* de 1967 crée un réseau alternatif de télévision[275]. Le *Cable Communications Act* [276] de 1984 dérégule le câble que la FCC avait inclus dans son champ de compétence sans intervention législative. Il donne aussi une valeur législative à la segmentation des marchés du téléphone et du câble qu'avait imposée la FCC en 1970 en interdisant aux câblo-opérateurs d'assurer des services téléphoniques et réciproquement aux compagnies de téléphone d'assurer des services câblés. Le *Cable Television Consumer Protection and Competition* [277] de 1992 prend le contrepied du texte précédent en instituant un contrôle des tarifs des programmes câblés. Le *Children's Television Act*[278] de 1990 finalement promulgué, après plusieurs tentatives infructueuses et singulièrement celle de 1988 à laquelle le Président Reagan avait opposé son veto, contient trois séries de dispositions-clé. La première limite la durée des messages publicitaires pendant la diffusion des programmes destinés aux enfants. La seconde exige des diffuseurs des efforts de mise en place de programmes éducatifs. La troisième fait du respect de la loi une condition du renouvellement de la licence d'exploitation.

La mise en parallèle du nombre limité et du caractère tardif des amendements du texte d'origine, d'une part, et des bouleversements technologiques qui se sont produits en matière de communications depuis les années 30, d'autre part, suggèrent l'inadaptation[279] qui a pu l'affecter dans l'intervalle de chaque modification et surtout avant la grande réforme de 1996. Jusqu'à l'intervention de la loi sur le câble de 1984, la FCC a dû ainsi faire de sérieux efforts d'interprétation pour extraire sa compétence de quelques bribes du texte de 1934 et de certains arrêts. De même, la question de la distinction entre services de télécommunication et services de transmission de données n'a jamais été effleurée par le législateur avant 1996. L'anachronisme de la loi de 1934 jusqu'à une date récente ne doit cependant pas être attribué à une pure inaction de la part du Congrès. En réalité, les tentatives de légiférer n'ont pas manqué, y compris une visant la suppression de la FCC, mais elles n'ont pas abouti[280]. Corrélativement, l'absence de mise à jour législative du texte initial transférait de fait le pouvoir de réformer à la FCC plus que jamais confirmée dans l'étendue de sa compétence.

2) Le Telecommunications Act de 1996

Le *Telecommunications Act* [281] de 1996 est indubitablement la modification la plus importante en ce qu'il bouleverse, ou du moins prétend bouleverser, le système de régulation à l'heure des autoroutes de l'information. Il généralise, en effet, la concurrence et assigne un rôle de promotion et de protection à la FCC en la matière, tout en maintenant la fonction redistributive du service universel. Pour ce qui a trait tout spécialement à la question administative, il est loin d'être dénué d'intérêt puisqu'il prescrit une réforme visant à réduire le poids de la règlementation la FCC. Conformément au credo dérégulationniste du Congrès, la régulation par le marché doit se substituer autant que faire se peut à la régulation institutionnelle. Il convient, dès lors, de ramener les interventions publiques et singulièrement celles de la FCC à la portion congrue.

En conséquence, le titre 4[282] de la loi du 8 Février 1996 introduit trois nouveautés qui sont autant d'aspects de la réforme de la régulation. Les deux premières (les nouvelles sections 10 et 11 du titre 1er du texte de 1934) touchent aux pouvoirs de la FCC quant à l'application des règles de valeur législative ou réglementaire. Il s'agit, d'une part, de l'abstention d'application des règles, d'autre part, de la révision bi-annuelle de celles-ci. La troisième tend à supprimer un certain nombre de tâches de la FCC.

a) L'obligation d'abstention d'application

Non seulement, la FCC se voit reconnaître le droit de ne pas appliquer une disposition législative ou réglementaire mais encore elle se voit intimer l'ordre de s'abstenir d'appliquer des règles qu'elle estimerait inutiles en matière de télécommunications[283]. Ce faisant le législateur valide et élargit une pratique abstentionniste qui avait valu à la FCC maintes remontrances juridictionnelles[284].

Le législateur ordonne à la FCC d'observer la souplesse dans l'exercice de sa mission régulatrice. L'obligation de s'abstenir d'appliquer des dispositions législatives ou ses propres règlementations joue soit à l'égard d'une entreprise de télécommunications isolée ou d'une prestation de télécommunications donnée, soit à l'égard d'une catégorie d'entreprises ou de prestations. La loi de 1996 ne prévoit pas expressément l'hypothèse de l'abstention d'application généralisée qui reviendrait parfois à consacrer une désuétude. Aussi est-on tenté d'inférer que la FCC est habilitée, entre autre, à rompre l'égalité d'application de la règle en épargnant certains sujets de droit. Encore que dans le cas où l'ensemble des exploitants répondent à une même catégorie[285], l'abstention est de fait d'application générale.

L'obligation s'impose à trois conditions cumulatives. Il faut, tout d'abord, que l'application ne soit pas nécessaire à la préservation de prix, de pratiques, de classifications ou de règles justes, raisonnables et non discriminatoires. Il faut ensuite que la mise en oeuvre ne soit pas nécessaire à la protection des consommateurs. Il faut, enfin, que l'abstention soit conforme à l'intérêt public en ce qu'elle promeut ou renforce la concurrence. Cette troisième condition mérite qu'on s'y arrête pour noter comment le législateur de 1996 érige la garantie d'un environnement concurrentiel en intérêt public. Elle indique l'aune à laquelle la mise en oeuvre de la législation et la réglementation est désormais mesurée.

A la constatation de ces trois conditions la FCC doit s'abstenir, soit de sa propre initiative, soit à la demande d'un exploitant, d'appliquer la règle en question. La détermination du Congrès à inciter la FCC à la souplesse est perceptible dans le fait qu'en cas de demande d'abstention, le silence de la FCC pendant 1 an vaut octroi de l'abstention. L'octroi ou le refus explicite doivent être motivés. Les commissions des Etats doivent respecter les décisions d'abstention de la FCC. La loi ne clarifie pas la question de savoir si l'abstention d'application décidée par la FCC est facultative ou impérative pour les destinataires de la règle.

La loi prévoit cependant deux exceptions : la FCC ne saurait écarter l'application des dispositions législatives aux obligations spéciales des compagnies locales de télécommunications et aux conditions qu'elles doivent remplir pour être autorisées à entrer sur le marché de la longue distance. On retrouve ici la rigueur infligée à celles qui, héritières d'un monopole local, sont considérées comme des obstacles au libre jeu de la concurrence. Ces deux exceptions s'intègrent bien dans l'esprit du texte puisque leur imposition revient à dire que la règle doit retrouver sa plénitude quand elle a pour objet direct de protéger la concurrence.

Sur le plan théorique, le procédé de l'abstention d'application se révèle très intéressant comme méthode de déréglementation. Formellement la norme demeure, elle est, néanmoins, affectée d'une plasticité au niveau de son application. Son effectivité est, dès lors, modulée en fonction de son utilité[286] dans le temps au regard d'un objectif, en l'occurrence, la protection du libre jeu du marché. Cette plasticité, par son caractère délibéré et son encadrement procédural, se distingue de la plasticité naturelle des règles frappées de désuétude. Un tel mécanisme procure à l'autorité administrative d'application de la norme un pouvoir considérable de suspension[287] dont traditionnellement l'autorité juridictionnelle a l'exclusivité dans le cadre contentieux. Elle peut et plus exactement elle doit, quand trois conditions sont réunies, isoler un ou des destinataires de la règle, une ou des situations juridiques et les exempter de mise en oeuvre. La portée d'une telle habilitation varie selon que l'autorité créatrice de la règle et l'autorité d'application de celle-ci sont ou non confondues. La rupture de l'égalité des sujets de droit qu'elle comporte aussi bien en cas de confusion ou de distinction est pour le moins dérangeante puisque l'introduction d'une abstention d'application particulière à un exploitant de télécommunication, c'est-a-dire le privilège, foule au pied le principe de la généralité de la loi ou du règlement. Quand il touche des règles de valeur législative il donne, en définitive, à l'autorité administrative un droit de censure et de correction du travail du pouvoir législatif et interpelle quant au statut respectif de l'une et de l'autre et confirme l'analyse doctrinale américaine tendant à assimiler le pouvoir normatif des agences à un pouvoir législatif.

La FCC n'a pas tardé[288] à utiliser cette nouvelle disposition d'autant plus qu'elle avait demandé son adoption au législateur. L'enregistrement des tarifs des services de télécommunications a été un des premiers chantiers, à cet égard[289]. Elle a ainsi décidé de ne plus le pratiquer à l'égard de tous les exploitants de longue distance non-dominants[290]. Elle a allégé le poids des procédures administratives sur les compagnies de longue distance[291] et locales[292]. Elle a levé l'obligation de dépôt des tarifs de certains services[293] à l'égard des opérateurs des télécommunications non-filaires

b) L'obligation de révision bi-annuelle

La nouvelle section 11 insérée dans le titre 1 de la loi de 1934 à la suite de la loi de 1996 contient le deuxième volet de la réforme de la régulation.

A ce titre, une deuxième obligation est imposée à la FCC. Elle consiste pour la Commission à conduire une révision bi-annuelle de ses règles qui doit déboucher sur des modifications ou des suppressions si celles-ci se révélaient inutiles au regard de l'intérêt public. Concrètement l'inutilité est déterminée à partir du constat d'une concurrence significative entre fournisseurs de services de télécommunications. A cette disposition il convient de rapprocher la section 202 (h) du *Telecommunications Act* qui prescrit une révision bi-annuelle des règles de limitation de possession de station de télévision, d'appartenance à des réseaux (*"networks"*) télévisés, de participations croisées entre télévision et câble.

Cette obligation s'inscrit dans une tendance à l'évaluation des règles apparue dans le *Regulatory Flexibility Act* de 1980[294] limité à l'impact spécifique de la réglementation sur les petites entreprises ainsi que dans plusieurs décrets présidentiels[295] d'approche générale mais, en principe, inapplicables aux agences indépendantes. La disposition de la section 11 constitue par conséquent une extension législative à la FCC d'exigences imposées par l'autorité présidentielle aux agences exécutives.

La FCC s'est attelée à la tâche avant la date prévue par le législateur. La première révision devait avoir lieu en 1998. La Commission, par la bouche du Président Kennard, a annoncé, le 18 Novembre 1997, l'avoir commencée prématurément. Le 5 Février 1998 elle a publié une liste de 31 matières révisables[294]. Son zèle va d'ailleurs jusqu'à étendre la révision à l'ensemble des règles de la FCC alors que le législateur ne vise formellement qu'un champ d'application limité[297]. Elle espère ainsi, avec l'aide du public qu'elle a invité à présenter des suggestions, procéder à un toilettage de ses règlementations et adresser des propositions de réforme au Congrès.

En outre, la loi elle-même allège des procédures législatives[298] ayant trait au contrôle des entreprises de télécommunications[299]. Elle réduit ainsi, à titre général, de 12 à 5 mois la durée maximale des auditions auxquelles donne lieu le contrôle des prix, classifications et pratiques, et, dans le cas particulier des compagnies locales, elle accélère l'effectivité des nouveaux tarifs. Elle supprime le contrôle exercé par la FCC à l'occasion des extensions de lignes. Elle allège la procédure d'approbation des équipements terminaux.

Cet allègement, opéré par le Congrès lui même, rejoint, en réalité, le troisième volet de la réforme de la régulation : la réduction des tâches de la FCC[300].

c) La réduction des tâches de la FCC

En effet, outre des amendements de portée purement rédactionnellle, le législateur de 1996 décide, sous des formes diverses, de supprimer un certain nombre d'occasions d'intervention pour la FCC aussi bien en matière audiovisuelle qu'en matière de télécommunications.

L'autorisation de la sous-traitance par des organismes privés est un premier moyen à cette fin. Par la privatisation qu'elle induit, elle sert particulièrement la volonté législative de contenir l'intervention publique. Elle est appelée à jouer en matière d'inspection de l'équipement radiophonique des bateaux, d'audits d'exploitants de télécommunications, de vérification de la conformité des équipements terminaux aux normes de non-interférence. L'autorisation de l'exercice facultatif de ses pouvoirs par la FCC est un deuxième moyen : s'agissant, d'une part, de l'octroi les licences d'exploitation ou des permis de construction[301], d'autre part, du pouvoir d'inspecter[302]; enfin, du pouvoir de supervision de la comptabilité des exploitants de télécommunications[303]. L'allègement de la procédure d'adoption de certaines décisions est un troisième moyen : ainsi dans le cadre des modifications des termes des licences d'exploitation audiovisuelle, l'audition n'est plus obligatoire. Bien qu'il s'agisse d'un alignement sur le droit commun de l'APA, ce dernier cas indique que le législateur n'hésite pas, du moins dans un cas isolé, à supprimer une garantie procédurale supplémentaire, c'est-à-dire un élement du *Due process*, pour accélérer la prise de décision.

Dans l'ensemble, il ne s'agit pas tant de supprimer des pouvoirs-clé de la Commission comme l'octroi de licence et de permis de construire que de moduler leur exercice à travers la sous-traitance ou le mode facultatif qui plus est dans des hypothèses qui sont loin de conférer à la FCC l'essentiel de sa visibilité et de sa présence dans le monde de la communication. En fait, la possibilité est donnée à la FCC de se défausser de certaines tâches ingrates et fastidieuses pour se concentrer sur le coeur de l'activité régulatrice. On est, en définitive, bien loin des réclamations de certains critiques qui tendaient à supprimer des pans entiers de compétences de la FCC et de la remplacer par un organe moins imposant baptisé, "*Office of Communications Policy*" [304]

&2 : Sources administratives

A) La présentation descriptive

On trouve dans les "*Rules and Regulations* " de la FCC un corps de règles et règlements administratifs adoptés par la FCC en application du *Communications Act* ou des sources législatives générales. Ce corpus est inséré au chapitre 1er du titre 47 intitulé "*Telecommunications*" du "*Code of Federal Regulations* " ou "*CFR*". Il est divisé en 10 volumes[305] eux-mêmes subdivisés en diverses parties consacrées chacune aux éléments de compétence de la FCC. Chaque partie contient plusieurs sous-parties à l'intérieur desquelles on compte des sections. On y trouve aussi bien des normes proprement dites que des interprétations. Les premières sont de nature substantielle ou procédurale.

Les parties sont numérotées de 0 à 99. Les parties de 0 à 19 sont relatives aux règles générales. La partie 0 détaille l'organisation de la FCC, la partie 1 consacrée à ses pratiques et procédures réglemente la tenue des auditions, l'adoption des règlements, et l'octroi des licences d'exploitation ainsi que le paiement des redevances et les communications ex parte. De 20 à 69, se trouvent celles qui ont trait aux *common carriers*; de 70 à 79, celles se rapportant à la diffusion hertzienne et au câble; de 20 à 29 et de 80 à 99 ou 109 celles traitant des télécommunications non-filaires.

En rédigeant ses *rules and regulations*, la FCC répond à une habilitation législative qui concrètement recouvre deux formes. Elle peut exécuter cette délégation en complétant une intervention législative comme elle s'y est livrée à propos des lois relative à la transparence administrative. On a affaire à l'exercice d'un pouvoir réglementaire de complément. Elle peut également combler un vide législatif. Le retard du législateur à prendre en compte les évolutions techniques pour amender le *Communications Act* a rendu propice une activité réglementaire que l'on serait tenté de qualifier d'activité de substitution. La règlementation du câble, et des autoroutes de l'information avant les interventions législatives de 1984, 1992 et 1996 est indicatrice à cet égard.

La FCC sur le fondement du *Communications Act* (sections 4 et 5, titre 4) renvoyant à l'APA, la FCC a adopté des règles (partie 1) gouvernant les formes et les procédures de son action. En les présentant on fournira des exemples des sources administratives spéciales qui lui sont applicables.

B) L'illustration du contenu

Seront tour à tour considérées, la confection des actes réglementaires issus de l'*informal rulemaking* et celle des diverses catégories d'actes issus de l'*adjudication*, du *formal rulemaking*. Comme cela a été précédemment souligné, l'adjectif *informal* peut induire en erreur dans la mesure où il évoque l'absence de toute procédure alors qu'il est synomyme d'absence d'une forme déterminée, celle de l'audition ou *hearing*. En vérité, les précisions qui suivent administrent la preuve que les actes de la FCC comme ceux de n'importe quelle agence exécutive ou indépendante américaine, qu'ils soient qualifiés de formels ou d'informels, observent un rituel administratif relativement sophistiqué. Le détail des prescriptions procédurales révèle une finesse de formalisme, témoignage des exigences du *due process* et évocateur de certains aspects procéduraux du droit communautaire. Enfin, une présentation des règles relatives aux *ex-parte presentations* ou communications confidentielles[306]qui affectent aussi bien le *rulemaking* que l'*adjudication* sera effectuée. Elle est d'autant plus utile que la pratique de la FCC en la matière a valu à celle-ci de sévères critiques .

S'agissant tout d'abord du produit du *rulemaking informel,* figurent trois phases à l'instar du schéma figurant dans l'APA : une phase de préparation, une phase de discussion, une phase d'adoption proprement dite.

La phase de préparation commence par une initiative qui peut être interne à la FCC[307] ou peut venir de toute personne morale ou physique. L'initiative est inscrite à l'ordre du jour de la FCC qui a le choix entre trois possibilités. Ou bien elle adopte un *Memorandum Opinion and Order* ou *MO&O* par lequel elle décide de ne pas développer davantage la procédure. Ou bien elle adopte un *Notice of Inquiry* ou *NOI*. Ou bien elle adopte un *Notice of Proposed Rule Making* ou *NPRM*. Dans ces deux cas, elle ouvre la deuxième phase.

La phase de discussion, qui traduit la participation des destinataires des actes de la FCC à la confection de ceux-ci, est susceptible de revêtir deux formes : avec ou sans information. Si elle fait l'objet d'une phase d'information, elle donne lieu à un NOI qui est suivi soit d'un MO&O soit d'un NPRM. Dans le NOI, la FCC présente les problèmes à résoudre et demande des commentaires sur leur résolution. Sinon, elle fait l'objet d'un NPRM dans lequel la FCC indique comment elle se propose de régler les questions soulevées et demande des commentaires sur ses propositions. Aussi bien avec le NOI qu'avec le NPRM on retrouve donc l'appel à commentaires[308] exigé par l'APA agrémenté d'une période de réponse aux commentaires. Complétant le schéma général de l'APA, la FCC écarte l'obligation d'introduire une NPRM dans certains cas[309]. D'autres fois, elle introduit une variante en organisant un *oral argument* ce qui revient à compléter la procédure écrite d'une discussion orale. Elle peut également renouveler le NOI et le NPRM.

La phase d'adoption[310] correspond à la publication d'un *Report and Order* ou R&O. La procédure n'est pas pour autant terminée puisque la FCC peut recevoir, dans les 30 jours de la publication, une demande de deuxième lecture ou *Petition for Reconsideration*[311] à laquelle elle répond par un MO&O de modification partielle ou totale du R&O ou de refus de modifier.

Au total , en raison de la décomposition en plusieurs phases, de la répétition de certaines d'entre elles et du nombre des intervenants, on a affaire à une procédure relativement complexe et longue. La longueur du processus décisionnel est d'ailleurs une des critiques fréquemment adressées à la FCC. Le cas le plus parlant est par exemple le fait qu'après avoir décidé en 1948 de geler l'octroi des licences d'exploitation de chaînes de télévision pour entamer une réflexion, la FCC ne publiera qu'en 1952 le *Sixth Report and Order* concluant la procédure. Cet exemple reste, marginal surtout si l'on considère la période contemporaine. Plus représentatif semble être le processus d'adoption du règlement consacré au service universel des télécommunications[312] : il se déroule entre mars 1996 et mai 1997, soit un an. Compte tenu de ce que l'adoption du *Telecommunications Act* s'est traduite par un surcroît de travail réglementaire pour la FCC, responsable de la rédaction d'un chapelet[313] de règlements, et de l'absence d'augmentation des ressources humaines , ce délai est, somme toute, raisonnable.

En deuxième lieu, les auditions organisées dans le cadre de l'adjudication, du *formal rulemaking* (en particulier, du *ratemaking* ou contrôle des prix) se déroulent en deux phases. La première ou "*prehearing*" est organisée à la demande des parties ou à l'initiative de la Commission et donne lieu à la préparation de l'audition proprement dite, c'est-à-dire de la deuxième phase ou *hearing*. Le président de séance, en tant qu'*administrative law judge*, fait prêter serment, assigne à comparaître, receuille les dépositions des témoins, règle les questions de preuve, veille à la sérénité des débats, reçoit les mémoires et les présentations orales d'argumentation, décide sur l'extension, la réduction ou la suppression de certains des problèmes à résoudre. Au terme des débats, il arrête une décision initiale ou recommandation. Celle-ci peut faire l'objet d'un appel qui a un effet suspensif. Jusqu'au 23 Janvier 1996, la deuxième instance était le *Review Board* dont les décisions étaient révisées en appel par la FCC à moins que celle-ci ne décidât d'examiner directement l'appel. Depuis, la fonction d'appel est exercée par délégation par un commissaire ou par un comité[314]. En deuxième instance, les débats écrits et ou oraux plus ou moins étendus se déroulent selon la discrétion de la Commission. L'audition peut être contournée si les parties s'entendent pour recourir au règlement amiable des litiges ou *alternative dispute resolution*.

En troisième lieu, l'admissibilité conditionnelle des communications ex parte révèle un moyen terme entre, d'une part, la nécessité de conserver l'égalité d'accès à l'autorité régulatrice en interdisant certains destinataires de la règle en préparation d'exercer une influence sur celle-ci à l'occasion de rencontres privilégiées, d'autre part, la nécessité d'accorder de la souplesse à la commisssion dans ses méthodes d'information en vue de la production de décision de qualité. Le tournant, en l'espèce, a été pris en 1977 par la décision *Home Box Office*[315] de la cour d'appel de Washington DC qui étendait l'interdiction des contacts confidentiels de l'*adjudication* et du *formal rulemaking*[316] à l'*informal rulemaking*[317]. L'arrêt *Action for Children'sTelevision*[318] rendu la l'année suivante, par un autre panel de la cour, devait cependant assouplir la position en indiquant que de tels contacts ne viciaient pas immanquablement la procédure et qu'ils devaient être invalidés seulement s'ils avaient influencé la décision de l'agence, en l'occurrence la FCC. Le refus d'une condamnation générale dans le contexte de l'*informal rulemaking* recommandé par l'*Administrative Conference of the United States*[319] ne manqua pas d'influencer la FCC ainsi qu'en témoigne la dernière révision du 19 Mars 1997 des ex parte rules. La révision est entrée en vigueur le 2 Juin 1997. Le texte du 19 Mars 1997 distingue trois types de situations : ou bien les communications ex parte sont autorisées ; ou bien leur autorisation est conditionnée par la publicité postérieure; ou bien elles sont formellement interdites.

La première situation qui correspond à une dérogation au principe de l'interdiction se vérifie limitativement dans six cas caractérisés par la nature préparatoire de la procédure dans lesquelles interviennent les communications ex parte[320].

La seconde situation correspond à un assouplissement du principe. L'assouplissement consiste dans le fait que pour être considérée régulière la communication ex parte doit être révélée, portée au dossier dans un délai d'un jour après son intervention et publiée par la Commission[321]. Quand les interventions ex parte proviennent de membres du Congrès ou d'autres agences, elles ne doivent être révélées que si elles sont substantielles et si elles visent à influencer le contenu de la décision en voie d'adoption. La disposition vise donc à protéger les relations interadministratives et avec le Congrès[322].

La troisième situation correspond à l'application draconienne du principe. C'est l'hypothèse de droit commun que l'on retrouve chaque fois que la première ou la deuxième situation ne se concrétise pas[323]. Il en ressort que toute communication écrite doit être transmise à chacune des parties à la procédure de même que celles-ci doivent être averties de la date de toute communication orale et être ainsi en mesure de s'exprimer. Le cas de l'audition inscrite dans une procédure adjudicative mérite d'être souligné. Dans l'exercice de sa fonction quasi-juridictionnelle, le modèle de la FCC est le juge qui est précisément tenu par les éléments d'information consignés dans le dossier. Le principe doit par conséquent être respecté dans toute sa sévérité. C'est, en définitive, une idée similaire qui fonde l'alignement des conditions d'exercice du pouvoir de sanction par les Autorités Administratives Indépendantes sur celui traditionnellement à l'autorité judiciaire.

En définitive, de ce double repérage institutionnel et juridique, il est possible de glaner un certain nombre de leçons. La FCC se révèle comme une agence doublement représentative. Tout d'abord, elle se distingue en tant que grande agence indépendante comme un pilier de l'ossature de l'administration économique des Etats-Unis et à travers elle on peut saisir l'originalité de la régulation du marché à l'américaine. Le contexte nouveau des autoroutes de l'information et leur rôle moteur dans la production des richesses pour les décennies à venir confortent non seulement le rang de l'institution au sein des structures admnistratives mais encore ajoutent à l'intérêt de l'étude de cette commission dans la connaissance de l'administration américaine en général.

En outre, la mise à jour du droit applicable à la FCC permet plusieurs généralisations. Du point de vue constitutionnel, les interrogations touchant à la validité de la délégation de pouvoir dont bénéficient toutes les agences et à l'indépendance de certaines d'entre elles, parmi lesquelles la FCC, certes, apportent un éclairage sur les incertitudes qui affectent en matière de constitutionnalité l'existence de l'administration, mais surtout, attirent l'attention sur les montages qu'autorise l'articulation des principes de l'équilibre des freins et contrepoids et de la séparation des pouvoirs. L'étude des sources générales du droit administratif instruit sur les modalités de confection de l'acte administratif aux Etats-Unis et en celà contribue à combler un vide de notre littérature juridique. Par ailleurs, elle informe sur la sévérité de l'encadrement des décisions administratives opéré par l'APA ainsi que sur les effets pervers de la participation et de la transparence sur le fonctionnement de la FCC en particulier et des agences en général. Elle suggère comment les exigences procédurales quoique fondées sur la protection contre l'arbitraire peuvent bloquer l'action administrative et inciter à des stratégies de contournement qui les laissent au moins partiellement lettre morte. Elle permet d'entrevoir comment l'ouverture aux administrés au coeur de l'élaboration de l'acte administratif américain offre un terrain propice à la capture par le milieu régulé. Les nouveautés introduites par la réglementation négociée et le règlement alternatif des litiges indiquent, quant à elles, à quel point, sous l'égide du Congrès, l'administration dans son entier est appelée à renoncer à l'unilatéralité et à se repositionner en revêtant les habits d'une sorte de partenaire vis-vis des administrés. Pour ce qui a trait aux sources spéciales du droit applicable, on retiendra le réformisme minimaliste adopté par le législateur de 1996 qui, loin de réécrire le texte institutif, se contente d'enjoindre à la FCC, à l'heure des autouroutes de l'information, de pratiquer un usage modéré de ses pouvoirs et singulièrement de sa capacité de réglementation, dans l'exercice de sa fonction régulatrice. Il reste à savoir quel sort la compétence et l'indépendance reconnues à la FCC lui permettent de réserver à cette nouvelle orientation législative.

NOTES

1 SCHWARTZ (B) et WADE (H) : "*Legal Control of Governement : Administrative Law in Britain and the United States*", 1972, p. 26.

2 *Myers v. United States,* 272 U. S. 52 (1926).

3 *Humphrey's Executor v. United States,* 295 U.S. 602 (1935). Le texte de création de la FTC prévoit un pouvoir de révocation pour le Président.

4 *Wiener v. United States,* 357 U.S. 349 (1958). Les textes de création de la FCC, de la Federal Power Commission, de la Securities and Exchange Commission sont muets quant au pouvoir de démission du Président.

5 LASSALE (J-P) : "*La Démocratie Américaine. Anatomie d'un marché Politique*", A. Colin, 1991, p. 138-141.

6 National Credit Union Administration(1982), Farm Credit Administration (1982), National Science Foundation (1982), la Social Security Administration (depuis 1994) et la Surface Transportation Board (remplaçant l'ICC).

7 Elles ne connaissent pas le lien direct avec l'exécutif symbolisé par le rattachement ministériel.

8 La Federal Energy Regulatory Commission placée au sein du Departement of Energy et l'Occupational Safety and Health Review Commission, au sein du Department of Labor. La qualité de la FERC n'est pas claire : les Professeurs Davis et Strauss la considèrent une agence indépendante tandis que le professeur Schwartz souligne son intégration dans un département ministériel. DAVIS (K) et PIERCE (D) : "*Administrative Law Treatise*", Little, Brown and Company, 1994, Vol. 1 p. 47; STRAUSS (P) :"*An Introduction to Administrative Justice in the United States*", Carolina Academie Press, 1989, 293 p. Ici p. 91; SCHWARTZ(B) : "A Decade of Administrative Law: 1987-1996", 32 *Tulsa Law Review,* 1997, p. 493-581. Ici p. 579.

9 La recherche de fonctionnalité, c'est-à-dire le souci de coordination, de l'action de la bureaucracy peut déboucher

sur une conclusion semblable.

10 V. développements relatifs à l'indépendance de la FCC.

11 MILLER (G) : "Independent Agencies", *Supreme Court Review*, 1986, p. 41 et s.; STRAUSS (P), RAKOFF (T), SCHOTLAND (R), FARINA (C) : "*Administrative Law, Cases and Comments*", University Casebook Series, The Foundation Press, 1995, 1463 p. Ici p. 36 et 144; VERKUIL (P) : "The Purposes and Limits of Independent Agencies", *Duke Law Journal*, 1988, p. 257-279. Ici. p. 264.

12 Dans cet esprit, l'*adjudication* ou exercice d'une fonction quasi-juridictionnelle symbolisait la régulation. Cf. La Commission Hoover en 1949 et la Commission Bronlow en 1937.

13 BERNSTEIN (M), Op. Cit. p. 214-216.

14 PHILLIPS (C) : "*The Regulation of Public Utilities, Theories and Practice*", Public Utilities Reports, 1993, 999 p. Ici p. 127.

15 Comme cela est expliqué dans les développements relatifs aux sources du droit applicable, la litterature américaine emploie le terme de "législatif" pour se référer au large pouvoir réglementaire dévolu aux agences.

16 BRAIBANT (G) : "*Institutions Administratives Comparées. Les Contrôles*", FNSP (Service de Polycopie) 1985-1986, 450 p. Ici p, 157.

17 Infra, les *offices* de gestion générale de la FCC.

18 Infra, les *bureaus* régulateurs de la FCC.

19 Comme cela est expliqué dans les développements relatifs à l'organisation de la FCC, la notion d'*administrative law judge* aux Etat-Unis ne renvoie nullement à un corps juridictionnel distinct puisque le dualisme juridictionnel y est inconnu, il se réfère à cette catégorie d'agents qui, au sein des agences, sont chargés de fonctions quasi-juridictionnelles qualifiées d'*adjudication* et qui, à ce titre, jouissent

de garanties statutaires spécifiques. Leur décisions sont comme toutes les décisions des agences qui les emploient sont soumises aux tribunaux. L'*administrative law judge* n'est donc pas l'équivalent du juge administratif français.

20 En revanche, l'indépendance pose un problème de constitutionnalité spécifique.

21 V. développement relatifs aux sources du droit applicable à la FCC.

22 SCHWARTZ (B) : "*Administrative Law Treatise*", Little, Brown and Company, 1991, p. 16-17.

23 Outre l'ICC (1887) et la FCC (1934), on y dénombre la Federal Power Commission (créée en 1920 réorganisée en 1930 et remplacée par la FERC en 1978), le Civil Aeronautics Board (créé en 1938 et supprimé en 1985), la Federal Trade Commission (1914), le National Labor Relations Board (1935), la Securities and Exchange Commission (1934).

24 La catégorie des agences de régulation économique ne recouvre pas parfaitement celle des agences à domaine particulier. Il existe des exceptions notables à l'instar de la *Federal Trade Commission* (1914), de la *Securities and Exchange Commission* (1934) et du *National Labor Relations Board* (1935) qui régulent l'ensemble de l'économie.

25 Outre l'EPA (1962), l'*Equal Employment Opportunity Commission* (1963-1964), l'*Occupational Safety and Health Administration* (1970) et le *Consumer Products Safety Commission* (1972). A noter que la *Federal Railroad Administration* (1966) s'occupe des questions de sécurité dans le chemin de fer, c'est-à-dire d'un secteur spécifique. L'EPA et l'OSHA sont des agences exécutives.

26 FRITSCHLER (A) : "*The Changing Face of Government Regulation*" in BALL (H) : "*Federal Administrative Agencies*", Prentice-hall Inc., New Jersey, 1984, p. 38-51. Ici p. 47-48.

27 SCHWARTZ (B) : "*The Economic Regulation of Business and Industry. A Legislative History of U.S. Regulatory Agencies*", Chelsea House Publishers, 1973 Vol 1, p. 4-5. La

liste historique des sept grandes commissions est la suivante : Outre l'ICC (1887), la Federal Power Commission (créée en 1920 réorganisée en 1930), la FCC (1934), le Civil Aeronautics Board (1938), la Federal Trade Commission (1914), le National Labor Relations Board (1935), la Securities and Exchange Commission (1934). Le CAB, la FPC et l'ICC ont été supprimés. Le CAB a été supprimé en 1985, nombre de ses fonctions ont été transférées au Department of Transportation, la FPC, par la Federal Energy Regulatory Commission en 1977, l'ICC, par la Surface Transportation Board en 1995.

28 La NRC remplace l'Atomic Energy Commission établie en 1946 et abolie en 1974

29 Selon le Président CLinton, " *dans quelques années seulement la vente de biens de consommation et de services [sur Internet] se chiffrera en plusieurs centaines de milliards de dollars*". Cf. *"A Framework for Global Electronic Commerce", "President's message to Internet users"*, 1er Juillet 1997.

30 Il s'agit du Telecommunications Act du 8 février 1996 modifiant le Communications Act de 1934.Pub. L. 104-104., 110 Stat. 56. L'approche dérégulationniste a été confirmée par le Président Clinton le 1er juillet 1997, à l'occasion de la remise du rapport "A Framework for Global Communications"

31 La composition actuelle de la FCC dont 4 membres sur 5 ont été désignés en Novembre 1997 est la suivante : William KENNARD, nommé président le 7 Novembre 1997 alors qu'il occupait les fonctions de "*General Counsel*" depuis 3 ans et demie, son mandat expire en 2001, (successeur de Reed HUNDT nommé en 1993, président à partir de 1994 et démissionnaire en 1997 alors que son mandat expirait en 1998;); Susan NESS, nommée en 1994, son mandat expire en 1999; Harold FURCHTGOTT-ROTH, nommé en 1997, son mandat expire en 2000; Michael POWELL, nommé en 1997, son mandat expire en 2002; Gloria TRISTANI, nommée en 1997, son mandat expire en 2003. Le président KENNARD ainsi que deux (POWWELL et TRISTANI) des

quatre commissaires nommés en Novembre 1997 sont des juristes tandis que H. FURCHTGOTT-ROTH est économiste. S. NESS est egalement une juriste. Les quatre juristes ont tous traités des dossiers relatifs à la communication avant leur nomination à la FCC.

32 Le nombre et la durée du mandat sont ainsi alignés sur ceux des autres agences de régulation et singulièrement sur ceux de la FERC, la Nuclear Regulatory Commission et la SEC. Cependant la durée initiale du mandat reflétait l'idée selon laquelle un long mandat était une garantie d'indépendance et de continuité en ce qu'un président était incapable de pourvoir à la majorité des postes de la Commission pendant sa présidence. Dans les faits la sortie prématurée des fonctions est fréquente avant comme après 1983. BERNSTEIN, *Op. Cit.* p. 105-107; PHILLIPS (C) : "*The Regulation of Public Utilities. Theorie and Practice*", Public Utilities Inc., 1993,999 p. Ici p. 144-145; GRAHAM (J) et KRAMER (V) : "Appointments to the regulatory Agencies : the FCC and the FTC, 1949-1974", *94ème Congrès, 2ème session*, 1976.

33 Il est président par interim pendant 11 mois en 1993.

34 Présentement, H. FURCHTGOTT-ROTH et Michael POWELL sont de tendance républicaine. Les trois autres de tendance démocrate.

35 KRASNOW (E), LONGLEY (L), TERRY (H) : "*The Politics of Broadcast Regulation*", 1982, 3ème édition, St Martin Press, 299 p. Ici p. 40-41.

36 William Kennard est le premier noir américain à occuper le poste de président de la FCC. Choisi par Clinton en juillet 1997, il est confirmé par le Sénat le 29 Octobre 1997 et prête serment le 7 Novembre 1997. Dans les trois années et demie précédentes, il a occupé le poste de "*General Counsel*" à la FCC.

37 *Humphrey's Executor v. United States*, 295 U. S. 602 (1935). La position est confirmée en 1958 : *Wiener v. United States*, 357 US 249 (1958). Cette jurisprudence est étudiée

dans les développements relatifs à la constitutionnalité des commissions indépendantes.

38 STRAUSS (P) et al. , 1995 p. 144.

39 La possibilité de se faire rémunérer pour la tenue de conférences avait été introduite en 1952 par un des Amendements Mac Farland. Compte tenu des pratiques de corruption auxquelles elle a donné lieu de la part des entreprises cherchant à obtenir une licence d'exploitation par exemple, elle a été finalement supprimée en 1960. EMERY (W) : *"Broadcasting and Government : Responsabilities and Regulations"*, Michigan State University Press, 1971, 561 p. Ici p.55; Mac MAHON (R) : *"Federal Regulation of the Radio and Television Broadcast Industry in the United States, 1927-1959"*, Thèse soutenue en 1959, Arno Press, 1979, 340 p. Ici p. 228-229.

40 A l'origine un des trois agents à discrétion devait avoir la qualité d'ingénieur.

41 BROCK (G) : *"Telecommunication Policy for the Information Age : from Monopoly to Competition"*, 1994, p. 54.

42 LOEVINGER (L) : "The Administrative Agency as a Paragigm of Government. A Survey of the administrative Process", 40 *Indiana Law Journal*, 1965, p. 1 et s. ;"Review of Williams L. Cary : 'Politics and the Regulatory Agencies' ", 68 *Columbia Law Review*, 1968, p. 382 et s.

43 EMERY (W) , Op. Cit. p. 57.

44 En 1944, il s'agit par exemple de l'*"Office of the Secretary"*, de l'*"Information Office"*, du *"Personnel Office"*, du *"Budget and Planning Office"*; auxquels s'ajoutent un *"Administrative Board"* et un *"Rules Committee"*. Rapport annuel de la FCC 1944.

45 *"Law Department"*, *"Engineering Department"*, *"Accounting Department"*. Le *"Foreign Broadcast Intelligence Service"* disparaît le 30 Décembre 1945. *Rapport annuel de la FCC 1945.*

46 EMERY (W) , Op. Cit. p.61. Il s'agit des amendements Mac Farland de 1952.

47 BROCK Op. Cit. p. 55.

48 Le terme américain employé dans les rapports de la FCC est celui de "*customer*"

49 Il ne touche pas en principe au contenu de la politique de régulation.

50 V. les développements relatifs à la confection des actes réglementaires.

51 Ses activités sont réparties entre l'*Office of Plans and Policy* et le *Common Carrier Bureau.*

52 Jusqu'à une date récente les litiges concernaient essentiellement l'attribution des licences d'exploitation audiovisuelle. Dans l'avenir, il devrait surtout concerner les télécommunications non-filaires. L'institution des enchères comme modalité d'attribution devrait réduire le nombre des contestations.

53 La catégorie des *administrative law judges* s'est beaucoup développée depuis l'adoption de l'APA. Alors que leur nombre initial est de 197 au niveau fédéral, en 1996, on en compte 1343 travaillant dans 30 agences fédérales. Plus de 75% (1092) d'entre eux travaillent à la *Social Security Administration.* 75 exercent leurs fonctions dans les quatre grandes commissions indépendantes de régulation : la FCC, la FTC, le NLRB et la SEC. SCHWARTZ (B) : "A Decade of Administrative Law: 1987-1996", 32 *Tulsa Law Review*, 1997, p. 493-581. Ici p. 527. Il existe, par ailleurs des agents (2692) chargés de tâches d'adjudication à titre exclusif (601) ou non qui ne bénéficient pas du statut des ALJ. GIFFORD (D) : "Federal Administrative Law Judges : The Relevance of Past Choices to Future Directions", 49 *Administrative Law Review*, 1998, p. 1-60. Ici p. 3.

54 L'appellation *administrative law judge* , inaugurée en 1972 par la *Civil Service Commission*, a été consacrée par le Congrès en 1978.

55 L'affirmation est incontestable au niveau fédéral. Au niveau des Etats, elle doit être relativisée du fait de l'existence d'un "*Central Board of Administrative Judges*". Il s'agit d'un corps d'*administrative judges* propre à certains Etats et dont les membres sont affectés dans les diverses agences de l'Etat considéré en fonction des besoins. La pratique du regroupement des *administrative judges* au sein d'une structure spéciale a été lancée par la Californie en 1945 et est maintenant observée par 20 Etats. Les tentatives d'introduction au niveau fédéral ont échoué. SCHWARTZ (B), Op. Cit. p. 527.

56 Précisément, le *Code of Judicial Conduct* s'applique aux juges mais pas aux ALJ.

57 STRAUSS (P) : "*An Introduction to Administrative Justice in the United States*", Carolina Academie Press, 1989, 293 p. Ici p. 94-97.

58 L'indépendance des ALJ a été reconnue par la Cour Suprême : *Ramseck v. Trial Examiners Conference*, 345 US 128 (1953). La catégorie des ALJ au sein de l'agence est cependant supervisée, du point de vue administratif, par un Chief AJL.

59 Lequel intervient pour l'ensemble de la fonction publique.

60 La notion est expliquée dans les développements relatifs au droit applicable.

61 KERWIN (C) : "*Rulemaking. How Government Agencies Write Law and Make Policy*", Congressional Quartely Press, 1994, 321p. Ici p. 55.

62 La notion est expliquée dans les développements relatifs au droit applicable.

63 V. développements relatifs aux sources.

64 Radio-amateurs, services obligatoires de radio sur les bateaux et dans les avions.

65 Services de police, de pompiers, de douaniers,...

66 Les commissions des états régulent les télécommunications intraétatiques.

67 *Omnibus Budget Reconciliation Act* de 1993. Pub. L. 103-66, 107 Stat. 397 (1993). A la date du 30 Septembre 1997, l'*Office of Inpector General* constate que 4300 licences d'exploitation ont été ainsi attribuées pour 23 milliards de dollars. *Rapport Semi-annuel de l'Office of Inspector General* publié en Février 1998 (période du 1er Avril 1997 au 30 Septembre 1997).

68 La date de référence est le 31 Mai 1998. Sur les 1 579, 368 sont des chaînes non-commerciales.

69 Depuis 1996 une réduction de cette implantation locale a été introduite par le Congrès.

70 Concrètement, l'*Office of Plans and Policy* mène cette réflexion parmi d'autres.

71 La décision instituant ces redevances est publiée le 6 Mai 1963 et révisée le 25 Septembre 1963 (28 Fed. Reg. 10921). Suspendue par la Cour d'Appel du Septième Circuit, qui finalement en reconnaît la régularité (le 10 juillet 1964), son entrée en vigueur est reportée au 17 Mars 1964. EMERY (W) : "*Broadcasting and Governement : Responsabilities and Regulations*", 1971, Michigan State University Press, 561 p. Ici p.385-388.

72 *Omnibus Budget Reconciliation Act* de 1989. Pub. L. 101-239, (1989). Cf section 8 du *Communications Act* modifié.

73 *Omnibus Budget Reconciliation Act* de 1993. Pub. L. 103-66, 107 Stat. 397 (1993). Cf section 9 du *Communications Act* modifié.

74 Cette deuxième catégorie est appelée les "*Regulatory Fees*" par opposition aux "*Processing Fees*". Leur montant a atteint : 58 917 000 d. en 1994, 119 339 000 d. en 1995, 126 500 000 d. en 1996. Rapport annuel de la FCC 1996.

75 Il est de 70 466 000 d. en 1979 et n'atteint que 99 613 000 d. en 1989. Rapports annuels de la FCC 1979 et 1989.

76 Il s'élève à 160,300 000 d. en 1994, 186 000 000 d. en 1995. Rapport annuel de la FCC 1995.

77 Il baisse à 175 709 000 d. en 1996, passe à 189 079 000 d. en 1997, tombe à 186 514 000 d. en 1998 et augmente à 192 millions d. en 1999.

78 Rapports annuels de la FCC 1979-1996.

79 FCC Report dans lequel figurent tous les actes de la FCC.

80 V. développements relatifs aux sources du droit administratif applicable à la FCC pour la confection des actes réglementaires. De 1994 à 1997, la mention expresse de la possibilité de participation par voie électronique était indispensable puisque le principe est celui du dépôt de commentaires écrits.

81 C'est une conséquence de l'initiative, "*Paperless Environment Initiative*", lancée par le *Common Carrier Bureau* le 25 Novembre 1997.

82 RICHARDS (M-B) : "*Creating a FCC for the Information Age*". Report of the Special Counsel to the Commission on Reinventing Government, Février 1995.

83 Section 4 (j) : publicité; section 5 (d) : périodicité. Les réunions sont annoncées dans les locaux de la FCC ainsi que sur le réseau Internet. L'annonce est publiée dans le CFR.

84 V. développements relatifs aux sources du droit applicable à la FCC.

85 Idem. Il s'agit d'un des effets pervers de la législation relative à la transparence.

86 Les discussions entre commissaires n'ont lieu que lorsque des questions d'importance particulière sont traitées. KRASNOW (E), LONGLEY (L), TERRY (H) : "*The Politics of Broadcast Regulation*", 1982, 3ème édition, St Martin Press, 299 p. Ici p. 39.

87 STRAUSS (P) : "*Introduction to Administrative Justice in the United States*", Carolina Academic Press, 1989, 293, p. Ici p. 104.

88 Idem p. 103.

89 P. Strauss en donne le contenu suivant : "*Economic regulation (le droit applicable à la FCC s'inscrit ici) ; Health and safety regulation; Social security, health and welfare; State goods; State employment, Land, Taxes and excises; Public services; Custodial institutions; Immigration, Deportation, International commerce; State enterprise*" STRAUSS, Op Cit p. 106-132.

90 Selon l'Art II le Président exerce le pouvoir exécutif et veille à l'exécution des lois dans la mesure où la dévolution des compétences aux agences ne respecte pas la séparation des pouvoirs.

91 Il n'est pas inutile de noter que l'ensemble de la machine administrative américaine ne correspond pas du point de vue matériel à la structure générale des pouvoirs publics inscrite dans le texte fondamental.

92 Un ancien président de la FCC, Milton Minow a pu exprimer des doutes sur l'efficacité du cumul de compétences : "*Je ne crois pas qu'il soit possible d'être un bon juge Lundi ou Mardi, un bon législateur Mercredi ou Jeudi et un bon administrateur Vendredi*",cité dans 72 *Public Utility Fortnightly* , 5 décembre 1963, p. 11. Notre traduction *L'American Bar Association* s'est prononcée dans le passé contre la reconnaissance de pouvoirs juridcitionnels à des autorités administratives qu'elle assimilait à une violation de la *rule of law* : COLE (R) : "Administrative Agencies and Judicial Powers" 44 *American Bar Association Journal*, 1958 p. 954-956, 1003-1006.

93 DAVIS (K) et PIERCE (R) : "*Administrative Law Treatise*", Vol 1, 45-66; STRAUSS (P) : "*Introduction to Administrative Justice in the United States*", Carolina Academic Press, 1989, 293, p. Ici p. 16

94 *Buckley v. Valeo*, 424 US 1 (1976), *Northern Pipeline*

Construction co. v. Marathon Pipe Line Co., 458 US 50 (1982); *Immigration and Naturalization Service v. Chadha*, 462 US 919 (1983); *Bowsher v. Synar*, 106 S. Ct 3181 (1986).

95 STRAUSS (P) : "Formal and Functional Approaches to Separation of Powers Questions_ A Foolish Inconsistency?" *Cornell Law Review*, 1987 p. 488 et s.

96 Ce qui se comprend puisque cet élément constitue l'originalité de l'agence indépendant par rapport à l'agence exécutive.

97 *Myers v. United States*, 272 US 52 (1926).

98 *Humphrey's Executor* 295 US 602 (1935). Le contexte historique de l'affaire mérite d'être noté. La décision est prononcée le même jour que le *National Industrial Recovery Act* est déclaré inconstitutionnel par une Cour hostile au *New Deal* du Président Roosevelt en particulier et au pouvoir présidentiel en général : *Schelter Poultry Corp. v. United states*, 295 US 495 (1935).

99 L'expression de "*Headless Fourth Branch*" est employée dans un rapport de 1937 rendu par la Commission Bronlow ou *President's Committee on Administrative Management* mise en place par le Président Roosevelt. Alors qu'elle se rapporte initialement aux commissions indépendantes, elle a été par la suite reprise dans les manuels pour caractériser l'ensemble de la "*bureaucracy*", c'est-à-dire toutes les agences confondues.

100 *Wiener v. United States*, 357 US 349 (1958).

101 La Cour devrait énoncer que dans l'exercice de leurs fonctions réglementaires qui les met en position de faire des choix politiques, les commissaires doivent être responsables devant le Président, répondant ainsi à l'exigence constitutionnelle selon laquelle le *policymaking power* appelle une légitimité démocratique (en l'occurrence par ricochet). Corrélativement, l'exercice de fonctions juridictionnelles appelle une séparation du titulaire du pouvoir exécutif, d'où la limitation du pouvoir de révocation. DAVIS (K) et

PIERCE (R) : "*Administrative Law Treatise*", 1994, Vol 1, 61-62.

102 MILLER (G) : "Independent Agencies", *Supreme Court Review*, 1986, p. 41 et s.

103 En 1985, l'*Attorney General* Meese, a condammé, en des termes particulièrement vifs, les agences indépendantes.

104 *Bowsher v. Synar*, 106 S. Ct 3181 (1986).

105 La Cour Suprême interdit au Congrès de déléguer son pouvoir au *Comptroller General*, directement dépendant de lui (révocation par décision conjointe des deux chambres du Congrès).

106 SCHWARTZ (B) : "An Administrative Law 'Might Have Been' _ Chief Justice Burger's Bowsher v. Synar Draft", 42 *Administrative Law Review*, 1990, p. 221 et s. Le Professeur SCHWARTZ révèle que la version originale de l'arrêt, rédigée par le *Chief Justice* Burger, qui émettait des doutes sur la constitutionnalité des commissions indépendantes a été repoussée jusqu'à ce ce que cette mention disparaisse. En outre une note de bas de page distingue explicitement le cas d'espèce du *Comptroller General* de celui des commissions indépendantes : il n'y a pas d'agence indépendante dont les membres soient révocables par le Congrès, comme c'est le cas pour le *Comptroller General*.

107 *Morrison v. Olson*, 487 US 654 (1988). La loi limitant la révocation par le Président à des motifs légitimes est déclarée constitutionnelle. Le *Justice* Scalia rédige une opinion dissidente.

108 *Ethics in Government Act*, 28 USC & 49, 591-49, 598. Le juge K. Starr, qui a conduit l'instruction préliminaire du dossier criminel contre le Président Clinton en tant que Chef de l'Exécutif est un *Independent Counsel*.

109 Mistretta v. United staes, 488 US 361 (1989).

110 *Comprehensive Crime Control Act* de 1984, 98 Stat.

1837. La Commission est chargée d'adopter des recommandations quant aux peines à prononcer en matière criminelle. La loi qui vise à réduire les variations de sentences, exige des juges fédéraux qu'ils justifient pourquoi ils s'écartent des recommandations.

111 STRAUSS (P) : "The Place of Agencies in Government : Separation of Powers and the Fourth Branch", 84 *Columbia Law Review*, 1984, p. 573 et s.

112 Agences exécutives et agences indépendantes.

113 A l'instar des règles procédurales séparant l'exercice des fonctions réglementaires de celui des fonctions juridictionnelles au sein des agences exécutives et indépendantes.

114 STRAUSS (P) : "*Introduction to Administrative Justice in the United States*", Carolina Academic Press, 1989, 293, p. Ici p. 16-17.

115 SHANE (P) : "Independent Policymaking and Presidential Power : A Constitutional Analysis", 57 *George Washington Law Review*, 1989, p. 596 et s.

116 L'approche originaliste de la Constitution s'entend de la part de la doctrine constitutionnaliste américaine qui prétend interpréter la Constitution à partir de la seule intention originelle des rédacteurs du texte de 1787 et de ses amendements.

117 "*Managerial Accountability* " c'est-à-dire le fait d'assurer de la bonne administration : respect des lois, dépenses raisonnables (modèle du bon père de famille) , respect de l'égalité des administrés.

118 Article 1, Section 1

119 *Field v. Clark*, 143 US 649 (1892).

120 *Panama Refining co. v. Ryan*, 293 US 388 (1935); *ALA Schecter Poultry Corp. v. United States*, 295 US 495 (1935).

121 "*standards test*", *Buttfield v. Stranahan*, 192 US 470 (1904).

122 " *filling up the details test*", *United States v. Grimaud*, 220 US 506 (1911).

123 "*intelligible principle test*", *Mahler v. Eby*, 264 US 32 (1924).

124 *Mistretta v. Unites States*, 488 US 361 (1989) : validation d'une délégation au profit de la nouvelle agence indépendante, la *Sentencing Commission*. Le Justice Scalia a émis l'unique opinion dissidente.

125 SCHWARTZ (B) : "*The Economic Regulation of Business and Industry. A Legislative History of US Regulatory Agencies*", Vol. 4, 1973, Chelsea House Publishers, p. 2374.

126 *National Broadcating Co. v. United States*, 319 US 190 (1943).

127 ARANSON (P), GELLHORN (E), ROBINSON (G) : "A Theory of Legislative Delegation", 1 *Cornell Law Review*, 1982 p. 7-17; ELY (J) : "*Democracy and Distrust*", 1980, p. 132-134; FREEDMAN (J) : "*Crisis and Legitimacy: the Administrative Process and American Governement*", 1978, p. 93-94; Mc GOWAN : "Congress, Court and Control of Delegation Power", 77 *Columbia Law Review*, 1977, p. 1119; LOWI (T) : "*The End of Liberalism : The Second Republic of the United States*", 1969, p. 93; SCHOENBROD (D) : "Separation of Powers and the Powers that Be : The Constitutional Purpose of the Delegation Doctrine", 36 *American University Law Review*, 1987, p. 355 et s.

128 DAVIS (K) : "*Administratise Law Treatise*" 1994, Vol. 1, p. 66-85; MASHAW (J) : "Prodelegation " Why Administrators Should Make Political Decisions", 1 *Journal of Law and Economics and Organization*, 1985, p. 81 et s ; STEWART (R) : "Beyond Delegation Doctrine", 36 *American University Law Review*, 1987, p. 323 et s.

129 STRAUSS (P) : Op. Cit. p. 23 et 34 note 81. L'auteur qui date l'évolution entre les années 40 et 60 observe que la distinction ne garde de signification qu'en matière criminelle.

130 V. développements relatifs aux types de régulation.

131 idem.

132 ibidem.

133 Un premier modèle a été proposé en 1961. Il a été adopté partiellement ou totalement par plus de la moitié des Etats. Un deuxième modèle a été proposé en 1981. Il fait progressivement son chemin dans les Etats.

134 *Marbury v. Madison*, 5 US (1 Cranch) 137 (1803).

135 V. Sources législatives.

136 L'emploi du genre masculin est délibéré et s'inscrit en faux contre la traduction traditionnelle. En effet, dans la mesure où le terme anglais synonyme de loi est *statute* et que *law* signifie droit et non pas loi, c'est erronément que l'on parle de la *Common law*. La traduction le *Common law* doit, dès lors, être retenue.

137 LANDIS (J): "*The Administrative Process*", 1938.

138 WEST (W) : " *Administrative Rulemaking. Politics and Processes*", Greenwood Press, 1985, 321 p. Ici p. 30.

139 L'ouvrage de Lord HEWART : "*The New Despotism*" publié en 1929 ainsi que celui de BECK (J) : "*Our Wonderland of Democracy*" paru en 1932 sont symptomatiques du climat antibureaucratique de l'époque.

140 Par exemple, le fait de décider sans audition, ou sans procédure contradictoire, ou sans preuve dûment enregistrée, ou de se fonder sur des idées préconçues.

141 Titre 5 U.S.C. && 551-559, 701-706, 3344, 6362, 7562.

142 DAVIS (K) et PIERCE (R) : "*Administrative Law Treatise*", Little Brown and Company Vol 1, 3ème édition, 1994.

143 5 U. S. C. & 551 (5).

144 5 U. S. C. & 551 (7).

145 A propos d'une licence d'exploitation audiovisuelle ou de services de télécommunications

146 En cas de violation du droit par un exploitant, à la suite ou en l'absence d'une plainte.

147 On ne peut que réïtérer les avertissements sur ce faux ami de la langue anglaise qui en langue française se rapporte à l'attribution des marchés publics. BRAIBANT (G) : *"Institutions Administratives Comparées. Les Contrôles"* FNSP (Service de Polycopie), 1985-1986, 450 p. Ici p. 157.

148 *United States Tel. Ass'n v. FCC*, 28 F. 3d 1232 (DC Cir. 1994). La Cour d'appel repère un règlement là ou la FCC avait annoncé un *policy statement* à propos d'un barême d'amende pour violations du *Communications Act*. Les tribunaux requalifient ainsi les faux *Policy Statements* et déjouent les détournements de procédure qu'ils occultent. La tendance à éviter les exigences procédurales associées à l'adoption des *rules* existe en effet.

149 Ainsi A. Farnsworth établit ainsi la hiérarchie des "textes législatifs" : La Constitution des Etats-Unis, les traités, les lois fédérales, les décrets et les règlements administratifs fédéraux, les Constitutions des Etats, les lois des Etats, les règlements administratifs des Etats. FARNSWORTH (A) : *"Introduction au Système Juridique des Etats-Unis"*, LGDJ, 1986, 235 p. Ici p.79.

150 BRAIBANT (G), Op. Cit p. 157. Cependant, l'auteur ajoute immédiatement : *"...ou plutôt normatif, en ce sens qu'elles ont, par délégation de la loi, un pouvoir réglementaire..."*

151 Le présent emploi des termes formel et informel repose sur la classification de l'APA et se réfère à une échelle d'exigences procédurales. Il ne saurait être confondu avec l'emploi ultérieur du qualificatif informelles à propos des pratiques régulatoires de la FCC qui se place ainsi en dehors du schéma législatif.

152 Les développements qui vont suivre présentent une incontestable austérité malgré les efforts de lisibilité de l'auteur. Limités à l'essentiel, ils demeurent cependant indispensables à la compréhension des contraintes procédu-

rales imposées par le droit administratif à l'activité normative de la FCC.

153 BERMANN (G) : "Le Droit Administratif Américain et le Droit Administratif Français", *Etudes et Documents du Conseil d'Etat*, n. 42, 1990, p. 169-177.

154 Journal Officiel Fédéral contenant les actes administratifs.

155 Trois mentions doivent être indiquées selon le texte de la section 553(b): celle de la date, du lieu et de la nature des règles envisagées; celle du fondement juridique des règles à venir; celle du sujet ou des problèmes traités par les nouvelles règles. On en déduit que ni le texte des nouvelles règles ni la documentation utilisée par l'agence ne sont d'une mention obligatoire.

156 V. dévelopements de la page suivante.

157 *United States v. Florida East Coast Railway Co.*, 410 U.S. 224 (1973) : la mention de référence est "*on the record after hearing*"; l'expression "*after hearing*" est insuffisante.

158 *Bell Telephone Co. of Pennsylvania v. FCC*, 503 F 2d 1250 (3d Cir. 1974); *RCA Global Communications, Inc. v. FCC*, 559 F. 2d 881 (2d Cir. 1977).

159 5 U. S. C. & 551 (5).

160 STRAUSS (P) : Op. Cit. p. 142.

161 Idem p. 144.

162 L'expression n'évoque nullement l'existence d'un corps juridictionnel distinct : en réalité les décisions de cette catégorie de personnel de l'agence sont susceptibles de recours juridictionnels devant le juge.

163 Idem p. 149. American Telephone and Telegraph Co., 60 FCC 1 (1976)

164 & 552 de l'APA

165 5 U. S.C.

166 5 U. S. C. & 552 a.

167 5 U. S.C. & 552 b.

168 859 F. 2nd 156 (1988).

169 104 Stat. 4969 (1990).

170 104 Stat. 2736 (1990).

171 44 USC 3501-3520.

172 SCOFFONI (G) : *"Le Droit à l'Information Administrative aux Etats-Unis"*, Ecomomica, 1992, 379 p. OSAKWE (C) : "Analyse des Avantages et des Inconvénients d'une Administration 'Au Grand Jour' : l'Expérience Américaine", *Revue Internationale de droit Comparé*, 1983, Vol 5, N. Spécial, p. 9-38.

173 Pub. L. N. 89-554, 6 Sept 1966, 80 Stat. 381 (1966). En 1996, la loi a été modifiée par l'"*Electronic Freedom of Information Improvement Act*" (Pub. L 104-231, 110 Stat. 3048 (1996)) pour adapter le texte à la révolution de l'information et inclure la forme électronique des documents dans le champ d'application du droit d'accès.

174 Il s'agit par exemple l'adresse des bureaux où les documents sont consultables, les livrets explicatifs des procédures d'accès aux documents, des méthodes de travail ...

175 Soit pour photocopie, soit pour consultation sur place.

176 S'agissant d'agences à direction collective comme la FCC un registre des opinions soutenues par chaque membre dans chaque affaire doit être, à titre complémentaire, publié.

177 La mise à disposition des documents doit intervenir soit dans les 10 jours ouvrables pour la réponse initiale, soit 20 jours pour la décision en appel contre un refus antérieur.

178 Quatre critères sont utilisés pour la qualification des *"agency records"* ou documents administratifs. Soit que le document ait été produit par ladite agence, soit que le docu-

ment figure dans les dossiers de celle-ci, soit quelle exerce un contrôle sur lesdits documents, soit qu'elle se soit procuré lesdits documents pour son propre usage. STRAUSS (P), Op. Cit. p 197.

179 La demande peut être formulée pour les bonnes comme pour les mauvaises causes. La redevance peut couvrir les frais de recherche, de photocopie du document ainsi que ceux couvrant de traitement de la demande à objet commercial. Elle peut couvrir les frais de photocopie seulement en cas d'une demande à objet éducatif, scientifique ou non-commerciale.

180 Entrent dans cette catégorie : les documents relevant du secret diplomatique ou de la défense nationale, ceux qui sont à l'usage exclusif du personnel, ceux spécialement protégés par les lois, ceux de nature interne qui sont constitués avant la prise effective des décisions et concernent des discussions inter et intra-agences sur des choix de politiques publiques, ceux qui sont relatifs à la poursuite des crimes et délits des lois et dont la divulgation serait dommageable aux intérêts publics et privés .

181 Dossier de l'agent administratif et dossier médical.

182 Toute information commerciale ou financière avec la mention particulière de ceux relatifs aux puits de pétrole, de nature confidentielle.

183 Ce en quoi l'exemple américain évoque la pratique de la Commission Européenne.

184 Pub. L. N. 94-409, 13 Sept 1976, 90 Stat. 1241.

185 Les réunions des formations bénéficiant de délégation de la direction de la commission sont également soumises à publicité.

186 On a là un bon exemple de l'aspect parfois précurseur du droit administratif infra-fédéral.

187 Chaque réunion doit être annoncée au moins une semaine à l'avance, avec mention de l'heure , du lieu, du

sujet et du caractère ouvert ou fermé.

188 N'avait à être annoncée ni ouverte au public la rencontre de représentants de la FCC avec des homologues canadiens et européens en Europe et donnant, certes, à discussion relatives aux infrastructures des télécommunications internationales, mais ne pouvant déboucher sur une décision de la part du comité délégué par la FCC. *FCC v. ITT World Communications*, 466 US 463 (1984). Cette affaire constitue le premier contentieux né de la mse en oeuvre du GSA.

189 DAVIS (K) et PIERCE (R), Op. Cit, Vol. 1, p. 221.

190 Certains commissaires préfèrent s'abstenir de prendre la parole de peur d'étaler leur ignorance ou leur incertitude devant l'auditoire. DAVIS (K) et PIERCE (R), Idem.

191 SHOOSHAN (H) : "A Modest Proposal for Restructuring the FCC", 50 *Federal Communications Law Journal*, 1998, p. 637-658. Ici p. 648-649 et note 39.

192 BRADLEY (C) : "Do You Feel the Sunshine? Government in the Sunshine Act: Its Objectives, Goals, and Effect on the FCC and You", 49 *Federal Communications Law Journal*, 1997 p. 474 et s; KENNARD (B) , Intervention lors du colloque " Proceedings of the Sixth Annual Robert C. Byrd Conference on the Administrative Process", 10 *Administrative Law Journal of the American University*, 1996, p. 251 et s. Ici p. 280. Le témoignage doit être apprécié avec l'attention qu'il mérite. En effet, en 1996, M. Kennard occupe alors les fonctions de *General Counsel* à la FCC. Il en est devenu, depuis la fin de l'année 1997, le nouveau Président.

193 WELBORN (D), LYON (W), THOMAS (L) : "*Implementation and Effects of the Federal Government in the Sunshine Act*", 1984, Etude commandée par l'*Administrative Conference of the United States*; KENNARD (B), Op. Cit. p. 280.

194 SHOOSHAN (H)Op. Cit. p. 648-649 et note 39.

195 KENNARD (B), Op. Cit. p. 280.

196 On parle de *notation* en général et de *circulation* à la FCC La jurisprudence a validé cette pratique : Communications Syst. v. FCC 595 F 2d 797, (DC Cir. 1978). Il est à noter que la procédure permet également de régler les questions mineures sans embouteiller le calendrier des réunions. La pratique évoque la procédure de décision écrite en vigueur à la Commission européenne.

197 BRADLEY (C), Op. Cit. L'auteur, qui écrit en 1997, signale que la FCC a été impliquée dans quatres affaires seulement et qu'elle l'a toujours emporté. Outre celles précitées, *FCC v. ITT et Communications Syst. v. FCC, Shuberg Brodcast of Hartford, Inc. v. FCC*, 617 F. Supp. 825 (DC Cir. 1985), *Washington Assn for Television and Children (WATCH) v. FCC*, 665 F 2d 1264 (DC Cir. 1981).

198 KENNARD (B), Op. Cit. p. 280.

199 Idem.

200 Pub. L. N. 92-463, 6 Oct. 1972, 86 Stat. 770.

201 La consultation de personnalités isolées et d'organismes ad hoc n'entre cependant pas dans le champ d'application de la loi.

202 Publication , ouverture au public et transcription des réunions dans des conditions équivalentes à celles du GSA.

203 Droit d'accès aux conditions équivalentes à celles du FOIA.

204 V. Développements relatifs à l'indépendance de la FCC.

205 DAVIS (K) et PIERCE (R), Op. Cit, Vol. 1, p. 222. Le 1er Décembre 1998, le président de la FCC a annoncé la constitution d'un *Technological Advisory Council* chargé en particulier de réfléchir sur les questions liées à la convergence.

206 Pub. L. N. 93-579, 31 Déc. 1974, 88 Stat. 1897.

207 Y compris ceux des agents publics.

208 Une série de conditions est posée pour la collecte ds informations : but poursuivi, transparence des fichiers, véracité du contenu, publication, confidentialité...

209 KERWIN (C) : "*Rulemaking. How Government Agencies Write Law and Make Policy*", Congressional Quaterly Inc., New York, 1994, 321 p. Ici p. 185. Notre traduction.

210 HARTER (P) : "Negotiating Regulations : A Cure for the Malaise", 71 *Georgetown Law Journal*, 1982, Vol. 1, p. 17.

211 En fait, D. Harter joue un grand rôle dans la rédaction de ces recommandations qui ont un effet incitatif sur les agences. PRITZKER (D) et DALTON (D) : "*Negotiated Rulemaking Sourcebook*", Administrative Conference of the United States,Washington, 1990, 1996. L'ACUS a été depuis supprimée par le Congrès.

212 *NRDC v. EPA*, 859 F.2d 156 (1988).

213 Il avait préféré reporter l'examen de la question dans l'attente de pouvoir évaluer les pratiques existantes. WENDEL (D) : "Negotiated Rulemaking : An Analysis of the Administrative Issues and Concerns Associated with Congressional Attempts to Codify a Negotiated Rulemaking Statute", 4 *Administrative Law Review*, 1990, p.227-274. Ici p. 232.

214 *Negotiated Rulemaking Act* ou *Reg Neg Act*, 29 Novembre 1990, Pub. L. N. 101-648, 104 Stat. 4969; *Alternative Dispute Resolution Act* ou *ADR Act*, 15 Novembre 1990, Pub. L. N. 101-552, 104 Stat. 2736. Ils sont respectivement codifiés au 5 USC & 561-570 et 5 USC & 556 (c) (6)-(8), 571-83. Les deux textes sont affectés d'une durée limitée, ce sont des *sunset laws* ou lois expérimentales. Le *Neg Reg Act* était valable 6 ans et a expiré le 1er Novembre 1996. L'ADR, était valable 5 ans et a expiré le 1er Octobre 1995. Les deux textes ont été reconduits à titre permanent : *Administrative*

Dispute Resolution Act of 1996, Pub. L. n. 104-320, 110 Stat. 3870 (1996).

215 Exec. Order N. 12866, 3 CFR, 638, 644-45 (1994) & 6 (a) (1)), 5 USCA & 601.

216 "*Hybrid Rulemaking*" vient de la tendance à l'assimilation entre *informal rulemaking* et *adjudication*.

217 FUNK (W) : "When Smoke Gets in Your Eyes : Regulatory Negotiation and the Public Interest-EPA's Woodstove Standards", 18 *Environmental Law*, 1987, p. 55 et "Bargaining toward the New Millenium : Regulatory Negotiation and the Subversion of the Public Interest", 46 *Duke Law Journal*, 1997, p. 1351 et s.; KERWIN (C), Op. Cit. p. 186-187; 188-189; WERHAN (K) : "Delegalizing Adminisrative Law", *University of Illinois Law Review*, 1996, p. 423-466. Ici p. 438.

218 Les termes de Harter sont révélateurs : "*The parties share in the [development of negotiating] and concur with it, rather than 'participate' by submitting information that the decisionmaker considers in reaching the decision*" HARTER (P), Op. Cit.

219 Juridiquement il n'y a pas de co-décision en ce que la négociation est une procédure préalable à celle de l'*informal rulemaking*.

220 FUNK (W), Op. Cit, 1997, p.1356.

221 Depuis l'adoption de ce texte général des textes particuliers sont intervenus qui organisent l'utilisation impérative de la réglementation négociée. Ex. dans le cadre du *Department of Education* et de la *Nuclear Regulatory Commission*. L'*executive order* de 1994 indique cependant clairement les préférences de l'administration Clinton.

222 Dans l'exposé des motifs de la loi le législateur note que certains textes particuliers autorisent déjà certaines agences à pratiquer la négociation. Le texte de 1990 consacre à titre général la réglementation négociée.

223 Celui-ci ne saurait dépasser 25 membres sauf si l'exécutif de l'agence en décide autrement. Le texte ne prévoit pas la parité mais indique que l'agence doit y compter au moins un représentant.

224 Celui-ci est défini comme un accord unamime par la loi.

225 Le premier arrêt relatif à la réforme, dans le domaine de l'éducation, date de 1996 ; *USA Group Loan Services, Inc. v. Riley*, 82 F.3d 708 (7th Cir. 1996). HARTER (P) :" First Judicial Review of Reg Neg a Disappointment", 22 *Administrative and Regulatory Law News*, 1996, p. 1-13.

226 44 USC 3501-3520.

227 *Saco River Cellular, Inc. v. FCC*, 133 F. 3d 25 (1998). La soumission d'un engagement financier ferme par le demandeur d'une licence d'exploitation du téléphone sans fil ne lui est pas opposable dans la mesure où elle n'a pas été approuvée par l'OMB.

228 5 USC 601-612.

229 Au terme de l'évaluation, l'agence doit décider si la règle doit être maintenue telle quelle, modifiée ou supprimée.

230 Les administrations se contentaient d'attester l'absence d'impact significatif sans mener l'analyse prévue par la loi.

231 Pub. L. n. 104-121, 1996 USCCAN (110 Stat). Il est également appelé *Contract with America Advancement Act*

232 Le Congrès peut rejeter les règlements qu'il estime excessifs ou inadaptés.

233 Désormais, les petites entreprises peuvent intenter une action en justice pour violation de la loi.

234 L'attestation d'absence d'impact doit être motivée. En cas d'impact, l'agence doit mener deux analyses de flexibilité en amont (analyse initiale) et en aval (analyse finale)

de la procédure d'adoption du règlement. Des guides d'application des règlementations très techniques doivent être publiés en langage courant. Mise en place d'un Ombudsman chargé de veiller à l'application de la loi.

235 La motivation occupe les 486 pages. L'énoncé des règles tient en une page et consiste en un renvoi aux modifications du *Code of Federal Regulations* correpondantes. Le contenu détaillé des nouvelles règles figure dans une des annexes de l'acte sous le titre "*Final Rules*".

236 Comparativement l'analyse initiale incluse dans le *Notice of Proposed Rulemaking* du 8 Mars 1996, se limitait à une page des développements consacrées à la motivation.

237 p. 870-983.

238 p. 772-869.

239 p. 56 -107.

240 Selon une conception large du terme "petites entreprises", la FCC distingue les compagnies de téléphone, les cablo-opérateurs, les communes, les centres ruraux de santé, les établissements scolaires et les bibliothèques.

241 Quality of Life Review Process, Octobre 1971.

242 G. Ford : *Executive Order* 11821 de Novembre 1974; J. Carter : *Executive Order* 12044 de Mars 1978; R. Reagan : *Executive Order* 12291 de Fevrier 1981 et 12498 de Janvier 1985; G. Bush : *Executive Orders* 12606 et 12612 Mars 1989; B. Clinton : *Executive Order* 12866 de Septembre 1993.

243 BRUFF (H) : "Presidential Management of Agency Rulemaking", 57 *George Washington Law Review*, 1989 p. 533 et s.

244 STRAUSS (P) et SUNSTEIN (C) : "The Role of the President and OMB in Informal Rulemaking". 38 *Administrative Law Review*, 1986, p. 181 et s; STRAUSS (P) : "The Place of Agencies in Governement: Separation of Powers and the Fourth Branch", 84 *Columbia Law Review*, 1984, p. 573 et s.

245 Memorandum to Honorable David Stockman, Director of OMB, 1981.

246 American Bar Association : *"Law and the Economy, Federal Regulation : Roads to Reform"* 1979.

247 MORENO (A) : "Presidential Coordination of the Independent Regualtory Process", 8 *Administrative Law Journal of the American University,* p.461-514. Ici p. 494. Alors que les projets de décret 12044 et 12291 contenaient la mention d'applicabilité aux agences indépendantes, celle-ci a été effacée du texte finalement édicté. De fait, une application volontaire de la part des agences indépendantes a été généralement constatée.

248 WEIDENBAUM (M) : "Regulatory Process Reform", *Regulation,* 1997, p. 20-26. Ici p. 20.

249 V. Développements relatifs à l'independance de la FCC.

250 Autant dire que de la présidence Nixon à celle Clinton en passant par celles de Ford, Carter, Reagan et Bush la même politique dérégulationniste a été défendue quoiqu'avec des degrés de ferveur différents.

251 Pub. L. N. 73-416, 48 Stat. 1064 (1934), 47 USC & 151.

252 ROBINSON (G) : *"Communications for Tomorrow. Policy Perspectives for the 1980","The FCC"*, Praeger Publishers, 1978, p. 353-400, Ici p. 358.

253 Mann-Elkins Act.

254 On ne considère pas ici la question de la détermination générale de la politique des communications qui implique évidemment des interventions présidentielles et parlementaires.

255 CHEN (J) , Op. Cit. 839, 842. L'absence initiale de contrôle des prix tranchait cependant avec l'obligation de pratiquer des prix justes et raisonnables inscrites dans le texte d'origine.

256 La section 409 (d) l'indique spécialement en matière d'adjudication.

257 La section 409 (a), (b) contient ce genre de référence.

258 Le terme est employé dans son acception générale et non selon le sens de l'APA.

259 Titre 1 : "*General Provisions*"; Titre 2 : "*Common Carrier Regulation*"; Titre 3 : "*Provisions Relating to Radio*"; Titre 4 : "*Procedural and Administrative Provisions*"; Titre 5 : "*Penal Provisions-Forfeiture*"; Titre 6 : "*Cable Communications*"; Titre 7 : "*Miscellanous Provisions*".

260 "*Provisions relating to the Commission*".

261 "*Organization and Functionning of the Commission*".

262 V. Développements relatifs à l'organisation et au fonctionnement de la FCC.

263 Section 401 à 416.

264 STRAUSS (P) : "*Introduction to Administrative Justice in the United States*", Carolina Academic Press, 1989, 293, p. Ici p.106-132.

265 Aussi bien en matière de télécommunications qu'en matière audiovisuelle.

266 La possibilité n'existe qu'en matière de télécommunications. Ex : celui mis en place pour la réforme du service universel.

267 V. Développements relatifs au contrôle juridictionnel.

268 Quatre mois se sont déroulés entre le dépôt du projet de loi en février 1934 et le vote du texte de loi en juin 1934.

269 Mac MAHON (R) : "*Federal Regulation of the Radio and Television Broadcast Industry in the United States, 1917-1959*", Thèse soutenue en 1959, Arno Press, 1979 340 p. Ici p. 117.

270 Organisation en bureaux, institution d'un comité préparant les décisions d'adjudication, délégation.

271 Procédure d'octroi de licence, droit pour toute partie intéréssée de contester l'octroi d'une licence intervenu sans audition et d'obtenir l'organisation d'une audition à cette occasion, augmentation des cas de contestation des décisions d'*adjudication* ou de sanction de la FCC, règles relatives à l'autorisation du transfert de licence.

272 Extension des pouvoirs de sanction et affinement de la procédure (droit de la défense charge de la preuve incombant à la Commission).

273 Mac MAHON (R, Op. Cit. p. 228-242.

274 Pub. L. N. 87-624, 76 Stat. 419 (1962), 47 USC && 701-757. Il crée le *Communications Satellite Corporation* ou *COMSAT*, c'est-à-dire une sorte de société mixte qui permet de combiner la recherche du profit défendue par la FCC et l'intervention de l'Etat voulue par le Président Kennedy. Les participations privées au capital sont limitées à 50%.

275 En 1962, l'*Educational Facilities Television Act* avait posé la première pierre.

276 Pub. L. N. 98-549, 98 Stat. 2779, (1984), 47 USC && 521 et s.

277 Pub. L. N. 102-385, 106 Stat 1460, (1992), 47 USC & 553.

278 Publ. L. N. 101-437, 104 Stat. 996, (1990), 47 USC && 303 (a), (b) 393 (a) 394.

279 ROBINSON (G), Op. Cit.

280 Ainsi, à la fin des années 60 le Président Johnson nomme un comité chargé de faire des propositions de réforme; en 1977 une commission de la Chambre des Représentants prépare, sous la direction du parlementaire Lionel Van Deerlin, un rapport sur la nécessité d'un changement; des propositions de loi sont introduites en 1978 et 1979. En Juin 1978, le parlementaire Van Deerlin introduit

une proposition de loi visant à remplacer la FCC par une *Communications Regulatory Commission* réduite à intervenir seulement en cas d'échec des forces du marché.

281 Pub. L. N. 104-104, 110 Stat. 56 (1996).

282 Il est intitulé : "*Regulatory Reform*". En cela, la loi reprend à son compte plusieurs des 21 propositions soumises par la FCC au Congrès en Mai 1995.

283 L'audiovisuel n'entre pas dans le champ d'application du titre 4 de la loi de 1996.

284 V. Développements relatifs aux politiques de régulation.

285 Présentement, par exemple, toutes les entreprises de télécommunications de longue distance sont qualifiées de transporteurs non-dominants aussi la levée de l'obligation de dépôt des tarifs décidée par la FCC pour celles répondant à cette qualité s'applique à chacune d'entre elles.

286 Formellement le mécanisme diffère de la jurisprudence française Alitalia selon laquelle le règlement devenu illégal- et non inutile- doit être retiré par l'autorité administrative.

287 Ce pouvoir ne doit pas être confondu avec le pouvoir de suspension de ses actes que détient la FCC au terme de la section 416 du *Communications Act*.

288 Le 13 Novembre 1996 la FCC élimine 13 cas de dépôt de documents imposé aux exploitants de télécommunications et réduit la fréquence de dépôt dans 4 autres cas. CC Docket 96-23

289 Le premier NPR est adopté enle 25 mars 1996!

290 31 octobre 1996.

291 13 novembre 1996.

292 7 février 1997.

293 Services internationaux et services d'assistance télé-

phonique. De même cette catégorie n'a-t-elle plus à offrir le choix de l'opérateur de longue distance au consommateur de téléphones publics. 23 juin 1998.

294 La révision du texte de 1980 est cependant exigée tous les 10 ans alors que pour la FCC elle a une périodicité bi-annuelle.

295 *Executive Order* du Président Carter n. 12044 de 1979, n. 12866 du Président Clinton de 1993.

296 Au 21 Décembre 1998, 4 décisions de modification ou d'abrogation de règles diverses ont été adoptées.

297 Le champ d'application selon le législateur comprend certes toute la matière des télécommunications mais seulement une portion des règles relatives à la télévision.

298 Art 204, 208, 214 du Communications Act.V. Développements relatifs aux types de régulation

299 V. Développements relatifs aux types de régulation. Le législateur prend soin d'indiquer que le pouvoir d'abstention ou de modification ou d'attribution de dérogation de la FCC peut s'exercer même dans les matières où il apporte des allègements.

300 La section 403 de la loi de 1996 est intitulée : *"Elimination of unnecessary Commission regulations and functions"*. Les modifications du *Communications Act* de 1934 qui en résultent sont insérées dans des dispositions éparses et ne sont pas regroupées comme les sections 10 et 11.

301 En ce qui concerne, d'une part, le service de contrôle radio, ou le service de radio lié à une activité aérienne ou maritime, d'autre part, des travaux d'importance mineures dans les installations d'une station audiovisuelle.

302 Ainsi la commission peut accorder des dérogations à l'obligation d'inspection annuelle qui touche normalement les installations radio d'un vaisseau de la marine nationale.

303 La compétence de la FCC consistant à prescrire les

moins-values à répercuter sur les tarifs, jusque-là compétence liée devient compétence discrétionnaire.

304 Cf. Rapport publie en mai 1995 par le groupe conservateur "*Progress and Freedom Foundation*".

305 Les volumes n'ont pas d'intitulé.

306 Il s'agit de communications informelles entre la FCC et une partie, effectuées à l'insu des autres parties.

307 Soit d'un service, soit du bureau d'un commissaire et singulièrement de celui du président de la FCC.

308 En règle générale 5 (un original accompagné de quatre copies); 10 si l'auteur des commentaires ayant qualité de partie souhaite que chaque commissaire en reçoive un; 2 ou 9 en ce qui concerne le public en général selon qu'il souhaite ou non toucher personnellement les commissaires.

309 Les règlements ayant trait à l'activité militaire des USA, les règlements d'interprétation, les déclarations de politique à suivre, les règles relatives à l'organisation, à la procédure et aux pratiques, les cas dans lesquels la FCC estime une telle exception conforme à l'intérêt général.

310 Conformément à l'APA, dans certaines hypothèses, les deux premières phases sont ignorées. Ces exceptions dites "*for good cause*" existent quand la FCC adoptent ces règles d'organisation et de procédure ou qu'elle n'apporte que des changements mineurs à une règle antérieure.

311 En application de la section 405 du *Communications Act.*

312 Le règlement du 8 mai 1997 est le texte d'application initial. Il a fait l'objet de plusieurs modifications. Le détail de la procédure est le suivant : Notice of Proposed Rulemaking datée du 8 mars 1996; Date limite de dépôt des commentaires : 8 avril 1996; Date limite de réponse aux commentaires : 3 mai 1996; Publication du Report and Order : le 8 mai 1997.

313 Le chiffre le plus coutamment avancé est : 80.

314 L'*Office of Review and Opinions*, réintégré l'*Office of General Counsel*, assiste la FCC dans son rôle d'appel. Depuis le 29 Janvier 1997, le *General Counsel* bénéficie d'une délégation en matière de hearing .

315 *Home Box Office, Inc. v. FCC*, 567 F. 2d 9 (D.C. Cir 1978)

316 L'interdiction de tels contacts postérieurement à l'audition dans ces deux cas est consacrée par le *Governement in the Sunshine Act* en 1978.

317 Selon la decision *Home Box Office*, toute communication confidentielle après publication du NPRM est interdite

318 *Action for Children's Television v. FCC*, 544 F. 2d 458 (D.C. Cir 1977)

319 Rapport présenté par Nathaniel Nathanson, 30 *Administrative Law Review*, 1978, p. 377 et s.

320 Dans le cadre d'une *Notice of Inquiry* c'est-à-dire à une recherche d'information en vue de la préparation d'un règlement; dans le cadre d'une demande d'adoption d'un règlement (sauf la matière de l'allocation d'une fréquence); dans la phase de la procédure de contrôle des tarifs précédant l'enquête; lors de la phase initiale d'évaluation de la dépréciation des biens du *common carrier*; lors des plaintes informelles contre les *common carriers* et contre les câblo-opérateurs.

321 La FCC publie deux fois par semaine des copies des communications ex parte intervenues par écrit ou des résumés de celles intervenues oralement.

322 Elle est susceptible de jouer dans 11 cas : informal notice and comment rulemaking (sauf la matière de l'allocation d'une fréquence); modification de règles, adoption de règles interprétatives ou de déclaration de politique à suivre; adoption de règles déclaratives; procédure de contrôle des prix après l'ouverture de l'enquête; extension de lignes téléphoniques (en dehors des auditions); demande de licence pour le câble (en dehors des auditions);

demande de communication de documents; procédure devant un *joint board*; lors de la seconde phase d'évaluation de la dépréciation des biens du *common carrier*; adoption d'un rate of return; plainte formelle contre les câblo-opérateurs.

323 Le principe retrouve toute sa force en cas d'audition, de changement dans le tableau d'attribution des fréquences, d'autorisation de demande d'exploitation de radio télévision, de demandes de dérogations (à l'exception de celles portant sur le contrôle des prix).

Chapitre 3

L'étendue de la compétence et de l'indépendance de la FCC

La centralité de la FCC en matière de régulation de la communication est frappante (section 1). Il ne s'agit pas tant d'une centralité fondée sur l'unicité d'existence de la commission mais celle ancrée dans la primauté dont jouit la FCC par rapport à d'autres régulateurs. La place de la FCC s'éclaire ainsi au sein d'une organisation relativement décentralisée de la régulation de la communication qui contredit la recherche initiale d'unité d'action inscrite dans le texte institutif, le *Communications Act* de 1934. Autant la FCC s'impose comme autorité régulatrice centrale de la communication autant son indépendance se révèle malmenée(section 2). Les pressions incessantes qu'elle subit aussi bien de la part des autorités politiques que de la part des socio-professionnels sont en réalité à la mesure de l'ampleur de sa compétence.

Section 1 : La FCC, autorité régulatrice centrale de la communication

L'étendue considérable de la compétence ne saurait occulter ni la présence d'autres figures régulatrices ni le contrôle des juridictions.

&1: L'étendue de la compétence

Le législateur a entendu mettre la FCC en charge de la question de la communication intellectuelle dans son ensemble. L'ampleur de la compétence se révèle aussi bien au regard de son objet qu'au regard des moyens qui leur sont reconnus pour l'exercer.

A) L'objet de la compétence

La lecture du texte du *Communications Act* de 1934 est instructive en la matière. Sa section première, malgré la pesanteur du style, introduit la FCC dans des termes qui ne laissent pas d'ambigüité sur l'ampleur de la mission qui lui est confiée. Cependant, la définition quoiqu'extensive, exclut, en l'état actuel des choses, le réseau Internet.

1) Une définition extensive

Elle se lit ainsi : "*Dans le but de réguler les activités inter-étatiques ou internationales de communication filaire ou non-filaire de façon telle que soit mis à la disposition de l'ensemble du peuple américain, aussi loin que possible, sans discrimination fondée sur la race, la couleur, la religion, l'origine nationale ou l'appartenance sexuelle*[1]*, un service de communication nationale et internationale, filaire et non filaire, rapide, efficace, dans le cadre d'un équipement adéquat et pour des prix raisonnables, dans l'intérêt de la défense nationale, de la protection des personnes et des biens, et afin de garantir une telle politique en centralisant des compétences jusqu'ici dévolues à plusieurs agences et en reconnaissant une compétence supplémentaire relativement aux activités interétatiques ou internationales de communication filaire ou non-filaire, il est créé une commisssion dénommée "Federal Communications Commission" qui sera établie pour appliquer les dispositions de la présente loi*"[2].

D'après un tel libellé, il est clair que la FCC embrasse tous les secteurs de la communication. Au moment de sa création, concrètement, la compétence recouvre à la fois la radio, le télégraphe et le téléphone; ce qui fait cumuler par la FCC les compétences de l'ancienne Radio Commission, d'une part, et de l'ICC et du Ministre du commerce, d'autre part. Par delà cette compétence immédiate, la FCC bénéficie de ce que l'on pourrait appeler une compétence potentielle ou virtuelle. Le mode de rédaction confère un caractère évolutif à la compétence de la FCC, appelée sauf infirmation du Congrès ou des tribunaux, à déterminer ses contours dans le temps.

En effet, la rédaction du texte, qui vise et la communication filaire et la communication non-filaire, autorise, de fait, l'extension de la compétence au gré des découvertes techniques. Ainsi, dès 1937, la FCC alloue des fréquences pour l'installation de stations expérimentales de télévision et la télévision est intégrée dans son champ d'intervention, lorsque la FCC octroie, le 30 Avril 1941, la première autorisation d'exploitation d'une télévision commerciale. Elle établit, en 1941, les règles standard de la transmission en noir-et-blanc. Elle aligne alors la régulation de la télévision sur celle de la radio en lui appliquant les dispositions de la loi relatives à la radio.

L'addition de la télévision qui repose également sur l'utilisation des fréquences pose moins de problème de justification à la FCC que le câble que, dans un premier temps, elle refuse de réguler, prétextant l'absence de délégation législative explicite[3]. Ce n'est que lorsque le développement du câble en fait non seulement un procédé adapté aux régions souffrant d'un sous-service mais encore une source de programmes supplémentaires pour les centres urbains que la FCC décide d'englober celui-ci dans sa sphère d'action. Sa nouvelle position exprimée en 1966[4] est motivée par le souci de protection de la viabilité économique des chaînes locales de télévision hertzienne. Elle impose alors deux types de règles aux câblo-opérateurs. Le premier, dit les *"must carry rules"*, oblige ceux-ci à transmettre les programmes des chaînes locales de télévision, le deuxième, dit les *"non-duplication rules"*, interdit à ces derniers de transmettre des programmes qui concurrenceraient ceux des chaînes locales de télévision. Deux ans plus tard[5], la Cour Suprême soutient cette extension de compétence en se référant à sa qualité d'agence concentrant les pouvoirs de régulation portant sur toutes les techniques de communication électronique. Bien que la Haute Juridiction considère la compétence relative au câble comme étant accessoire par rapport à celle touchant la télévision, en 1972[6], toujours sans mandat explicite de la part du Congrès, la Commission adopte un ambitieux plan dans lequel elle détaille le régime régulatoire des câblo-opérateurs et révèle qu'elle les érige en destinataires de régulation per se et non par ricochet. Entre 1976 et 1978, convaincue des avantages de la dérégulation, elle s'efforce cependant de réduire ses prétentions régulatrices[7].

La définition extensive initiale de la compétence adoptée par le législateur permet à ce dernier ainsi de faire une économie d'interventions en laissant à la FCC le soin d'assurer la prise en compte de l'évolution technologique. Il n'est, dès lors, pas surprenant que l'unique modification de la section première date de 1996. Que la FCC puisse combler le vide législatif explique non seulement l'absence de loi ou le caractère tardif des lois. C'est, par exemple, seulement en 1984[8] que le Congrès pose, pour la première fois, les modalités de la régulation (il s'agit en fait de déréguler) du câble tandis qu'il ne se prononce pas sur la télévision avant 1996.

La dimension géo-stratégique d'une matière peut, en revanche, la désigner comme objet privilégié de traitement par le Congrès. Ainsi, à l'instigation du Président Kennedy, le *Communications Satellite Act* est adopté en 1962[9] qui organise la rencontre de l'initiative privée et de l'intervention publique pour l'exploitation de la voie satellitaire.

S'agissant de la téléphonie sans fil, la FCC en trouve mention dans le texte initial (section 3 (27)) et peut s'y référer pour développer son approche régulatoire à la fin des années 70 quand la technique prend son essor et qu'elle permet de dépasser le stade des services de sécurité et de radioamateur. La Commission accorde la première autorisation de construction d'un système cellulaire en 1977 et en autorise l'exploitation commerciale en 1979. En 1982, le Congrès amende le *Communications Act* de 1934 pour distinguer entre la téléphonie mobile terrestre publique[10] et la téléphonie terrestre mobile privée[11]. En 1993[12], il remplace cette distinction par une autre : d'une part, la communication mobile commerciale[13], anciennement dite publique, d'autre part, la communication mobile privée[14]. Seule la première (*CMRS*) est assimilée à la téléphonie filaire quant aux principes de régulation[15].

Les textes de 1982 et 1993 sont en réalité des signes avant-coureurs d'un travail législatif d'une autre envergure qui soit à la hauteur de la révolution du multimedia. En effet, c'est dans le *Telecommunications Act* de 1996 que le législateur se résoud à traiter globalement de la révolution des autoroutes de l'information. Se pose en particulier la question de la régulation du réseau Internet.

2) L'exclusion du réseau Internet

S'agissant de déterminer la compétence de la FCC en matière d'informatique interactive et singulièrement du réseau Internet, la lecture indispensable des textes n'éclaire que partiellement et laisse par conséquent une marge de manoeuvre appréciable à la FCC.

a) Les textes

Le *Communications Act* de 1934 ne comporte évidemment aucune mention expresse de la communication électronique interactive mais sa définition extensive de la compétence de la FCC ouvre une potentialité qu'affadit l'orientation générale résolument dérégulationniste du *Telecommunications Act* de 1996.

Le Communications Act

Il convient de rappeler comment le législateur de 1934 exprime les motifs de la création de la FCC (section 1). Le but consiste précisément à "*réguler la communication interétatique et internationale aussi bien filaire que par radio*". Ce mode de rédaction confère une plasticité au texte en le rendant applicable aux évolutions des techniques de communication. Une deuxième disposition opère dans un sens identique, la section 303 qui habilite la Commission à "*adopter les règles et règlements et à imposer les restrictions et conditions qui, conformes à la loi, s'avéreront nécessaires à sa mise en oeuvre*". La FCC dispose ainsi d'un pouvoir général de régulation, qu'elle a utilisé pour le câble. On est tenté d'en déduire corrélativement qu'elle pourrait y puiser le fondement d'une intervention régulatrice quant à la communicaton électronique interactive. En bref, il y aurait pour elle matière à compétence potentielle. L'analyse de la loi de 1996 conduit, en revanche, à nuancer cette première approche.

Le Telecommunications Act

Le texte se réfère à la communication électronique interactive et à l'Internet à trois reprises : à la section 509[16], à la section 502[17], aux sections 254[18], 706 et 707[19],

La section 509 traite de l'usage de mécanismes de filtrage pour l'élimination par les usagers des messages indésirables. Son paragraphe (b) (2) pose un des principes de la politique législative à cet égard : "*préserver la dynamique de libre concurrence qui présentement existe pour l'Internet ainsi que pour les réseaux de la communication électronique interactive, épargnés qu'ils sont de toute régulation fédérale ou infraétatique*"[20]. L'affirmation n'a rien de très surprenant en ce qu'elle vient corroborer la prise de position générale du législateur de 1996.

Elle laisse présager que la FCC ne sera pas formellement investie d'un pouvoir général de régulation en la matière. Tout au plus les sections 501 et 502 qui sanctionnent pénalement, dans le cadre du *Decency Act*,[21] la transmission de messages indécents aux mineurs reconnaissent-elles à la FCC le pouvoir de "*décrire*"[22] les mesures à prendre par les fournisseurs de services en ligne pour restreindre l'accès de ces derniers auxdits programmes. Toutefois, le législateur prend soin de souligner, d'une part, qu'une telle description n'englobe nullement ni un pouvoir de certification ni un pouvoir de sanction pour la FCC, d'autre part que la section ne saurait être interprétée comme tendant à aligner le traitement des services de l'électronique interactive sur celui des *common carriers* ou des *telecommunications carriers*. En d'autres termes, non seulement la FCC se trouve dépourvue de tout pouvoir normatif quant à la protection des mineurs contre la pornographie sur l'Internet[23], mais encore interdiction lui est faite d'étendre le régime régulatoire des compagnies de téléphone aux exploitants de service en ligne, du moins dans le contexte particulier de la protection des mineurs sur Internet.

La troisième série de dispositions concerne le développement des services avancés de télécommunications dont l'Internet. La section 254 inclut l'accès à l'Internet dans le service universel mis à dispositon des établissements scolaires, des bibliothèques et des centres de santé. Les sections 706 et 707 chargent la FCC et ses équivalents infrafédéraux de stimuler en quelque sorte la démocratisation de la fréquentation des autoroutes de l'information aussi bien à travers la régulation des prix qu'à travers l'abstention d'intervention ou la promotion de la concurrence. La logique sous-jacente de ces trois sections compense celle des deux premières séries de dispositions en laissant la possibilité d'intervention à la FCC[24]. Mais la compensation en tout état de cause n'est susceptible de jouer que timidement puisque l'intervention n'est qu'une des mesures stimulatrices envisagées par le législateur.

Au total, si la rédaction des textes ne confère pas de compétence expresse de régulation à la FCC en matière de réseaux de communication électronique interactive, elle ne lui interdit nullement de les réguler partiellement . A la lumière de cet éclairage législatif la FCC possède le pouvoir de choisir une politique de régulation. Ce ne serait plus vrai cependant avec l'adoption de la proposition de loi Cox visant à interdire à la FCC de réguler Internet[25].

b) La FCC

Théoriquement, la FCC est susceptible d'adopter deux positions : ou bien elle décide de réguler l'Internet, ou bien elle décide de ne pas réguler. Si elle adopte la première position il lui faut déterminer si elle étend aux services en lignes des régimes régulatoires existants ou si elle leur en invente un propre. Globalement, la FCC semble plus tentée par l'abstention que par le volontarisme régulationniste. Une telle attitude était déjà perceptible avant la loi du 8 Février 1996.

La position de la FCC

La FCC commence à réfléchir dans les années 70[26] au régime juridique des activités de communication liées à l'utilisation informatique et débouche en 1980 sur la distinction entre services de base et services avancés.

Avant la loi de 1996 : la distinction entre services de base et services avancés

Les services de base correspondent à la téléphonie vocale. Les services avancés sont "*ceux qui assurés à travers le réseau de transmission des 'common carriers' reposent sur l'emploi de programmes informatiques qui affectent le format, le contenu, le protocole et d'autres aspects de l'information transmise; procure à l'abonné une information supplémentaire, différente ou restructurée; ou comporte une interaction entre l'abonné et le stock d'information*"[27]. Ainsi définis ils comprennent la gestion à distance de la surveillance électronique, celle du protocole de transmission en ligne, la messagerie électronique, la publication électronique, les services en ligne comme les bases de données spécialisées ou l'Internet[28].

L'intérêt principal de la distinction tient précisément à

ce que les exploitants de services avancés quoiqu'utilisant le réseau téléphonique sont exempts de la régulation applicable aux compagnies de téléphone en tant que *common carriers* leur garantissant un développement sans entrave. En d'autres termes, avant 1996 la FCC avait choisi de ne pas asssimiler les services Internet à la catégorie existante des services des *common carriers*, leur épargnant une présence interventionniste très assidue[29]. Une des implications de cette position consiste à ne pas imposer aux fournisseurs de service de transmission de données la redevance d'accès pesant sur les *common carriers* de longue distance à partir de 1983[30]. De même les exigences de dépôt de documents et de contrôle des prix associés à la régulation de ces derniers ne leur sont pas applicables.

La loi de 1996 emploie une distinction équivalente à celle de la FCC : services de télécommunications et services d'information[31]. Les services de télécommunications se caractérisent par une transmission dont l'utilisateur choisit les caractéristiques (1er critère), les points de départ et de réception (2ème critère) ainsi que la forme et le fond (3ème critère) et suggèrent les services de base. Corrélativement, les services d'information renvoient aux services avancés. S'agissant du régime juridique le législateur prend soin de préciser que le '*telecommunications carrier*' est assimilé au '*common carrier*' sauf dans le cas d'une transmission satellitaire pour laquelle il laisse à la FCC le droit de décider des règles applicables, il demeure en revanche muet sur celui du fournisseur de services d'information renforçant l'idée d'absence de régulation à leur égard. C'est d'ailleurs la voie suivie par la FCC.

Depuis la loi de 1996 : le refus réitéré de réguler le réseau Internet

La FCC a déjà eu l'occasion de s'exprimer à plusieurs reprises. Le mois suivant l'adoption de la loi de 1996, soit en Mars 1996, l'ACTA ou *America's Carriers Telecommunication Association* lui demanda de réguler les fournisseurs de services téléphoniques via l'Internet[32] comme des *common carriers*. Elle débouta cette association de petites et moyennes entreprises en refusant d'aligner la téléphonie traditionnelle sur la téléphonie Internet. Elle n'a pas davantage décidé de réguler les industries de l'équipement nécessaire à ce nouveau type de téléphonie. Elle refuse par conséquent de s'en tenir à la similitude fonctionnelle entre les deux types de téléphonie pour régler la question de leur régime régulatoire. C'est dire que, pour la FCC, la technique de communication l'emporte sur la fonction de communication.

Dans deux autres contextes, la FCC a réitéré sa position. En ce qui concerne les compagnies soumises de la redevance d'accès d'une part et de la redevance du service universel d'autre part, la FCC[33] a refusé d'y soumettre les fournisseurs de services en ligne au motif qu'ils ne répondaient pas à la définition d'exploitants de services de télécommunications au sens de la loi de 1996. En conséquence, les fournisseurs d'accès au réseau Internet n'ont pas à débourser le montant de la redevance d'accès[34] pas plus que celui de la contribution au service universel alors qu'ils sont susceptibles de bénéficier d'une aide dans leurs relations commerciales avec les établissements scolaires, les bibiliothèques et les centres ruraux de santé. En outre, il n'ont pas à obtenir une licence d'exploitation.

Dans le rapport portant sur le service universel qu'elle a remis au Congrès le 10 Avril 1998 la FCC assouplit légèrement sa position. Elle envisage la possibilité de soumettre certains fournisseurs à la redevance du service universel à deux titres : au titre de la transmission téléphonique initiale d'accès à l'opérateur en ligne[35]; au titre de la téléphonie Internet[36]. Bien qu'il s'agisse formellement de télécommunications elle estime inopportun de consacrer l'obligation dans l'immédiat. Evaluant son choix initial de politique régulatoire comme étant adapté à l'essor des services en ligne et singulièrement du commerce électronique, la FCC est déterminée à le maintenir.

B) Les moyens de la compétence

La FCC dispose d'une panoplie bien fournie pour mener à bien sa mission. Elle peut utiliser des moyens explicitement reconnus par le législateur. Elle peut également recourir à des méthodes de son propre cru. Dans la première catégorie qui correspond aux pouvoirs formels, on trouve un pouvoir quasi-normatif, un pouvoir normatif, un pouvoir d'enquête, d'information et d'inspection, un pouvoir de sanction. La deuxième catégorie qui correspond aux pouvoirs informels comprend d'autres manières d'exercer un pouvoir quasi-normatif, un pouvoir normatif et un pouvoir de sanction. Le cumul de fonctions quasi-législatives et quasi-juridictionnelles n'est pas un élément de distinction des agences indépendantes par rapport aux agences exécutives[37]. La confusion des pouvoirs ne contribue donc pas à l'originalité de la FCC.

1) Les pouvoirs formels

A ce titre, la FCC cumule des attributs relevant des trois branches législative, exécutive et judiciaire. Le pouvoir normatif est d'une teneur telle qu'il évoque tout à la fois la compétence du législateur et de l'exécutif, tandis que les pouvoirs d'enquête et de sanction évoquent le rôle du juge. A l'amont du pouvoir normatif, dans la chaîne de ses moyens, la FCC dispose également d'un pouvoir quasi-normatif par l'exercice duquel elle se rapproche d'un conseil.

a) Le pouvoir quasi-normatif

La FCC exerce un pouvoir de recommandation à l'égard du Congrès ou des exploitants qu'elle régule. Dans la première hypothèse, l'exercice a lieu par voie de propositions émises à l'occasion de la remise du rapport annuel général ou de rapports ponctuels commandés par le Congrès ou proposés par la Commission de son propre chef. Le législateur de 1996 lui a ainsi commandé une série de rapports périodiques sur l'évolution de la concurrence dans les divers secteurs de la communication.

Dans le deuxième cas, la Commission, sur habilitation, adresse des recommandations qui sont dépourvues de valeur juridique. Elle publie à l'attention des exploitants une sorte de déclaration de politique, de directive ou "*Policy Statement*" contenant des "*guidelines*". La place des enfants en tant que catégorie de public spécifique fournit des exemples significatifs, à ce propos[38].

La question de la protection des mineurs contre les effets néfastes des excès de scènes de violence, à forte teneur sexuelle ou indécentes jugées préjudiciables à leur développement dans les programmes télévisés en offre un bon exemple. Soucieux tout à la fois de la protection des enfants et de la liberté d'expression, le législateur de 1996 met en place un mécanisme de compromis. D'un côté (section 303 (w)), il habilite la FCC à adopter des recommandations quant à la classification des programmes en vue du filtrage de ceux jugés indésirables par les parents. De l'autre (section 303 (x)), il la dote d'un pouvoir réglementaire technique quant à la prescription de l'équipement des téléviseurs d'une puce électronique (dite *V. Chip*) permettant aux parents de bloquer les programmes indésirables, en référence à ladite classification. L'habilitation quasi-normative est organisée avec une certaine sophistication puisque la FCC ne peut la mettre en oeuvre que si elle constate (un an après la promugation de la loi et après avoir recueilli l'avis d'un comité ad hoc), que les professionnels n'ont pu s'entendre sur un système acceptable. La préférence du législateur va donc à l'auto-régulation et au para-normatif, la FCC n'étant appelée à intervenir qu'en cas d'échec de la procédure volontaire et à titre non-prescriptif. Sur un plan pratique, le système de classification volontaire présenté par les professionnels en Janvier 1997, révisé en Août 1997, appliqué à partir d'Octobre 1997 a été approuvé par la FCC dans une décision publiée le 13 Mars 1998,[39] tandis que dans un autre acte du même jour étaient adoptées les règles relatives à la puce électronique[40].

Une comparaison avec le traitement de la protection des mineurs sur le réseau Internet indique que l'usage du pouvoir quasi-normatif peut correspondre à une compétence liée ou à une compétence discrétionnaire. Alors que la publication de recommandations par la FCC est obligatoire relativement aux programmes télévisés, elle est facultative à propos de l'Internet. Le législateur de 1996 (section 223 (e) (6)) laisse la Commission décider de l'opportunité de recommander des mesures propres à exonérer les fournisseurs ou utilisateurs de services en ligne de leur responsabilité[41]. Conformément à sa volonté de ne pas réguler l'Internet, la FCC n'a entrepris aucune action dans ce domaine.

De telles recommandations sont parfois expressément adoptées par la FCC, de son propre chef, aux lieu et place de règles prescriptives. Il s'agit bien de l'exercice d'un choix de la part de l'autorité régulatrice qui sélectionne le moyen qu'elle estime le plus adapté pour parvenir à ses fins. Ainsi, dans les années 70, alors que le groupe de pression *Action for Children's Television* (*ACT*) lui demandait d'adopter un règlement détaillant les obligations des exploitants de télévision à l'égard des enfants, la FCC s'est contentée d'adresser des recommandations à ceux-ci les exhortant, d'une part, à réduire le nombre de coupures publicitaires pendant la diffusion d'émissions destinées aux enfants, d'autre part, et de consacrer "*un temps raisonnable*" à de telles émissions[42].

b) Le pouvoir normatif

Le pouvoir normatif recouvre les deux formes réglementaire et individuelle et est mentionné à la section 4 (i): "*La Commission peut adopter tout acte, rule, regulation ou order, conforme aux dispositions [du Communications Act], nécessaire à l'exécution de ses fonctions*"[43]. Pareille rédaction et singulièrement la portion finale du paragraphe, rend propice une interprétation favorable à des pouvoirs implicites et donne la mesure de la délégation de pouvoir opérée par le Congrès.

Plus précisément, on repère dans les titres 2 (section 201(b)) et 3 (section 303 (f) et (r)), respectivement consacrés à l'audiovisuel hertzien et aux télécommunications, la reconnaissance d'un pouvoir réglementaire général que la FCC est habilitée à exercer pour mettre en oeuvre la loi, quand elle l'estime nécessaire. En outre, la rédaction du texte est, dans l'ensemble, parsemée d'habilitations spéciales qui servent de fondement aussi bien à une réglementation technique qu'à une réglementation matérielle ou procédurale. L'exhortation à l'absention régulatrice adressée par le législateur de 1996 à la FCC place cependant la reconnaissance de ce pouvoir normatif sous un nouveau jour.

Si l'on considère la forme réglementaire de ce pouvoir normatif, cette dévolution singularise la FCC par rapport à d'autres agences comme la FTC qui en sont restées pendant longtemps privées. En outre la FCC, contrairement à d'autres agences qui n'ont pas utilisé leur pouvoir réglementaire pendant plusieurs décennies[44], a fait un usage large et constant de son habilitation pour adopter des règlements. En fait, alors que la plupart des agences dédaignaient le *rulemaking* jusqu'aux années 1960, la FCC a utilisé la procédure dès 1940 comme mode d'exercice de sa mission[45]. Dans l'affaire *National Broadcasting Co.*[46], réglée en 1943, la Cour Suprême a confirmé son pouvoir en la matière[47]. Il en résulte un corps élaboré de règles qui gouvernent de nombreux aspects des activités des opérateurs.

La FCC est ainsi amenée à établir et à amender des normes techniques : les standards relatifs à l'interférence, aux postes de radio, aux téléviseurs (singulièrement les normes touchant à la puce anti-violence), à la télévision de haute définition, aux combinés téléphoniques, aux ordinateurs, aux machines de fac-similé. Pour ce qui a trait à la régulation proprement dite des télécommunications, elle adopte les règles propres à assurer la protection des consommateurs ayant recours aux cartes téléphoniques ou aux services des opérateurs(rices) téléphoniques, les mesures d'application de la loi relatives aux écoutes téléphoniques à caractère judiciaire ou celles garantissant l'accès des handicapés aux services de télécommunications ou la protection de la vie privée contre le démarchage téléphonique, la réglementation visant à libéraliser le marché des télécommunications, en particulier les normes complémentaires relatives aux conditions d'entrée sur le marché de la longue distance des compagnies locales de téléphone et les conditions de l'interconnexion , les modalités de la garantie du service universel. Pour ce qui a trait à la régulation de l'audiovisuel, la réglementation de la FCC s'oriente dans deux directions : l'entrée sur le marché et, dans une certaine mesure, le contenu des programmes. En référence à la législation anti-trust, bien avant la récente libéralisation, elle a pu poser des règles de limitation de la propriété des stations de radio et des chaînes de télévision ; de quoi on peut rapprocher la promotion de la diversité des infrastructures audiovisuelles au profit des minorités ethniques et des femmes. Sa règlementation du contenu des programmes vise aussi bien la lutte contre l'indécence et l'obscénité que l'exigence de programmes éducatifs à destination des enfants, l'"*equal time*" c'est-à-dire l'égalité d'accès aux plateaux télévisés pour les candidats aux mandats publics, et, jusqu'en 1987, le respect de la "*fairness docrine*"[48]. Enfin, elle précise la procédure applicable en matière de contrôle des tarifs des télécommunications, de dépôt de rapports périodiques par les *common carriers*, des demandes de permis de construire de réseaux téléphoniques, de stations radiophoniques ou télévisuelles, des demandes de licences d'exploitation de radio ou de télévision, du tirage au sort ou de la mise aux enchères dans le cadre de l'octroi de permis et de licences. Elle complète la loi quant à la procédure d'exercice de son pouvoir normatif, l'usage du pouvoir de sanction, le traitement des plaintes.

En tout état de cause, force est de reconnaître que le pouvoir normatif en l'occurrence confié à la FCC comme à toute agence indépendante américaine est un pouvoir éminent qui se distingue du pouvoir réglementaire secondaire des autorités administratives indépendantes françaises. Une telle observation se vérifie doublement. Tout d'abord, la FCC jouit d'un pouvoir normatif entier en ce qu'il ne souffre pas de partage avec une autre autorité réglementaire. L'ordonnancement institutionnel de la FCC diffère de celui du CSA ou de l'ART. Tandis que les deux autorités françaises doivent cohabiter avec l'autorité ministérielle qui conserve certains pouvoirs de régulation et singulièrement une part du pouvoir normatif supérieur, la FCC est la bénéficiaire exclusive de la délégation de pouvoir législatif. En dehors du *Communications Act* et des normes adoptées par la FCC, il n'y a pas de règles adoptées par un ministre ou par le Président. Ensuite, la reconnaissance d'un pouvoir réglementaire à la FCC n'achoppe pas sur les limitations imposées par le Conseil Constitutionnel relativement au pouvoir réglementaire des AAI. Même si la question de la constitutionnalité d'un tel pouvoir est soulevée des deux côtés de l'Atlantique, pour l'heure, la Cour Suprême américaine n'a pas encore posé des règles telles que la limitation du champ d'application et du contenu du pouvoir réglementaire des agences indépendantes de régulation. Pareille dévolution institue la FCC comme auteur de la définition au quotidien de la politique de régulation.

C'est au regard de l'ampleur de cette première dimension du pouvoir normatif de la FCC que les auteurs américains parlent de pouvoir législatif ou quasi-législatif au risque de choquer les auteurs français qui parleraient plutôt de pouvoir réglementaire. On aborde ainsi un exemple de difficulté de correspondance conceptuelle entre droit américain et droit français.

La dévolution du pouvoir de décision individuelle concerne essentiellement l'attribution des permis de construire des réseaux de télécommunications et des stations radio et chaînes de télévision[49], l'octroi de licences d'exploitation, l'assignation des fréquences, la certification des équipements, l'administration des sanctions, la mise en oeuvre de dérogations, le recours au contrôle des prix, la résolution des litiges entre entreprises. On achoppe ici sur un problème d'appréhension conceptuellle semblable à celui rencontré à propos du pouvoir réglementaire. Selon la terminologie américaine, il s'agit des décisions d'*adjudication* qui évoque l'exercice d'une fonction juridictionnelle par des autorités administratives. Comparativement, pour l'esprit juridique français, pour la plupart ces actes correspondent à l'exercice d'une fonction exécutive tandis que d'autres (les sanctions) relèvent d'une fonction quasi-juridictionnelle.

L'habilitation législative est, en définitive, fort généreuse puisque d'une façon générale, elle peut faire l'objet d'un emploi discrétionnaire. En outre, le critère de "*l'intérêt public*" (section 201) ou de "*la commodité, de l'intérêt ou de la nécessité publics*" (section 303) a été pendant longtemps le seul critère de référence imposé par le Congrès. En tout état de cause, il demeure le critère essentiel. La détermination de la signification du critère étant, sans autre indication, laissée à la FCC il revient, en réalité, à celle-ci, au fil de ses actes réglementaires et individuels, de dérouler des politiques régulatoires de son propre cru[50]. Par là, la Commission détient théoriquement une capacité d'influence considérable qui lui permet d'orienter et de façonner de façon décisive le monde de la communication. En dépit de l'absence de modifications d'envergure du texte de 1934 jusqu'à 1996, elle a pu progressivement desserrer son emprise régulatrice et glisser vers une approche de dérégulation sélective du marché des télécommunications tandis que, dès l'origine, elle s'est montrée sévère dans la limitation de la concentration du marché audiovisuel. De même a-t-elle pu promouvoir une redistribution sociale à travers la promotion du service universel du téléphone[51] et distiller une certaine conception de la programmation audiovisuelle.

c) Le pouvoir d'enquête

La FCC bénéficie d'un pouvoir d'enquête général et particulier.

La section 403 lui reconnaît le pouvoir d'ouvrir une enquête, de sa propre initiative, dans tout domaine. A titre contentieux, son exercice correspond à la mise en oeuvre du contrôle des entreprises régulées et est associée à la sanction. A titre non-contentieux, il s'agit d'un pouvoir général d'information qui permet à la Commission de se documenter afin de nourrir sa réflexion pour l'usage de son pouvoir de décision. Il peut opérer par réclamation de pièces ou par constat sur les lieux. En tout état de cause, elle est tenue, au terme de la section 404, de rédiger un rapport d'enquête accompagné, le cas échéant, de la décision.

Outre cette habilitation d'application générale, la FCC reçoit le pouvoir d'enquêter dans des cas précis qui touchent le plus souvent aux *common carriers*. En ce qui concerne l'audiovisuel, l'hypothèse se limite, en réalité, à un pouvoir d'inspection des installations des stations de radio. La liste est moins courte à propos des compagnies de télécommunications et reflète l'intensité de la régulation des *common carriers* dans le texte originel[52]. Ainsi la FCC est-elle habilitée à réclamer une foule de documents aux entreprises et de mener une enquête afin d'évaluer les biens de celles-ci, ou d'examiner leurs relations commerciales et leur gestion. De même peut-elle exiger des rapports périodiques sur leur situation financière, enquêter sur le respect des règles relatives à l'interception des communications, ou à l'interconnexion.

d) Le pouvoir de sanction

La panoplie des sanctions administratives disponibles comprend : la suspension des prix injustes et déraisonnables des *common carriers* ou des licences d'exploitation audiovisuelle; l'injonction de cessation d'une violation qui, en matière de télécommunications, peut être couplée avec une substitution de prix justes et raisonnables; le renouvellement probatoire, c'est-à-dire pour une période moindre que la durée réglementaire de l'autorisation; le renouvellement conditionnel; le refus de renouvellement ou la révocation d'une autorisation[53]; l'amende[54]; les dommages et intérêts aux abonnés des services de télécommunications. Par ailleurs, le renfort des tribunaux peut être recherché par la Commission ou par le tiers subissant un dommage. La Cour de District sollicitée prononce une injonction judiciaire contre le récalcitrant.

Le déroulement de la procédure, qui peut être déclenchée à l'initiative de la FCC ou à la demande d'un tiers, révèle un double souci. Le souci de protection des droits de la défense est assuré par la mise en demeure qui tout à la fois informe la personne accusée et lui permet de se défendre. L'organisation d'une audition, automatique en matière de révocation de licence ou facultative dans les autres cas, donne à cette dernière l'occasion de porter oralement la contradiction. Elle répond, en outre, au souci d'investigation de la FCC qui est alors en mesure de notifier des convocations à témoigner ou d'exiger la production de pièces qui, les unes et les autres doivent être satisfaites sous peine de condamnation au versement d'une amende[55] et/ou à une peine d'emprisonnement[56].

En ce qui concerne les plaintes formelles (écrites)[57] contre les *common carriers*, la FCC a récemment révisé la procédure. Tout d'abord, elle oblige les parties à tenter un règlement amiable avant de la saisir[58]. Outre l'introduction d'une procédure préalable obligatoire, la FCC cherche à accélérer le traitement des affaires dans leur phase contentieuse[59]. A cet égard, elle réduit la durée de la procédure en donnant 20 jours à la compagnie attaquée pour répondre à la plainte, 3 jours au plaigant pour réagir à l'argumentation en défense, en imposant aux deux parties de rencontrer dans le cadre d'une réunion avec les agents chargés de se prononcer. Enfin, la FCC, le 9 juillet 1998 a institué une procédure accélérée, alternative à la procédure existante, qui est strictement écrite. Elle doit être précédée d'une tentative de règlement amiable. Elle donne lieu à audition de témoins. Elle devrait permettre de gagner davantage de temps : sa durée totale est limitée à 60 jours.

En matière audiovisuelle, la plainte est de préférence écrite[60]. Elle peut être exceptionnellement réalisée par voie téléphonique[61]; dans le cadre du renouvellement elle peut prendre la forme d'une contestation. La lettre de réprimandes est l'issue la plus vraisemblable de la procédure. L'usage de la révocation d'une autorisation d'exploitation pour motif légitime[62] est exceptionnel. La FCC prononce, pour la première fois, en 1968 seulement, une révocation dans le cadre d'une audition organisée après contestation d'une demande de renouvellement par le concurrent du titulaire de l'autorisation venue à expiration[63]. Le 17 Mai 1998 la FCC, unanime, retire sa licence à une station de radio auteur d'une série de fausses déclarations caractérisées, alors que la dernière décision de ce genre remontait à 1988[64]. La rareté de la mise en oeuvre des sanctions des manquements à la Fairness Doctrine mérite d'être également soulignée[65]. D'une façon générale la FCC fait preuve d'une grande indulgence à l'égard des exploitants[66].

2) Les pouvoirs informels

Par delà le recours aux pouvoirs formellement reconnus par le législateur, la FCC exerce des pouvoirs qui sont issus à l'origine de sa pratique, même si celle-ci a pu être partiellement institutionnalisée par les lois de 1990 relatives à la règlementation négociée et au règlement alternatif des conflits. Introduits par la FCC dans l'exercice de sa mission, sans fondement juridique initial, de tels pouvoirs peuvent être qualifiés de pouvoirs informels[67]. L'étude des pouvoirs de la FCC ne saurait être sérieusement envisagée sans que ceux-ci ne soient traités tant leur existence dans la palette de moyens de la Commission, la combinaison sélective de leur utilisation et de celle des pouvoirs formels participe de l'originalité d'un modèle administratif. La connaissance du travail effectué par la FCC ne serait pas complète si on ne mettait en exergue, par delà la réglementation et l'adjudication autoritaires, ces types de droit mou, cette utilisation de l'incitation et du consensualisme qui fournissent à la régulation sa double dimension. En effet, la régulation opérée par la FCC ne consiste pas seulement en l'imposition abrupte de règles et de sanctions, elle se réalise également par la mise en oeuvre de savantes méthodes d'influence des comportements des entreprises régulées, lesquelles renvoient à une structure relationnelle particulière entre autorité régulatrice et opérateurs. Ces pouvoirs informels s'expriment essentiellement à travers trois modalités : des directives, des négociations et des mises en garde. La première correspond au pouvoir quasi-normatif, la deuxième peut être employée aussi bien pour l'exercice du pouvoir normatif que pour celui du pouvoir de sanction, la troisième se rattache au pouvoir de sanction.

a) Le pouvoir quasi-normatif

L'esprit de l'intervention consiste à adopter des directives à la formulation desquelles les destinataires auront participé et à tabler sur l'observation volontaire. Selon un autre scénario, la Commission incite les exploitants à l'adoption d'une règle relevant de l'autorégulation. Dans l'une comme dans l'autre des éventualités, la menace d'une initiative normative de la part de la Commission garantit l'effectivité des directives.

b) Le pouvoir normatif

Il serait erroné de croire que la pratique de la négociation est chose récente pour la FCC et qu'elle est uniquement liée à la mise en oeuvre des lois de 1990. En réalité, la Commission a acquis une expérience dès l'origine en la matière. Dès lors, le législateur ne vient que conforter sinon encourager une tendance bien établie. A côté des hypothèses d'utilisation fondée sur la loi, l'autorité régulatrice conserve une marge de manoeuvre propre et permanente qui permet ainsi de compenser le caractère provisoire de l'habilitation expresse[68].

Il convient de rappeler qu'avant les lois de 1927 et de 1934 créant respectivement la *Radio Commission* puis la FCC, l'allocation des fréquences aux propriétaires de stations radiophoniques (pouvoir formellement reconnu au Ministre par le *Radio Act* de 1912) se faisait dans un cadre tout à fait informel, à l'occasion de conférences ou de rencontres individuelles entre les professionnels et l'administration du Ministre du Commerce, Hoover. De même quand la FCC commence à s'interesser sérieusement aux télécommunications[69] à la fin des années 50, elle choisit de pratiquer "*une surveillance constante et continue*"[70] des prix à travers la "*négociation informelle*"[71] au lieu du *ratemaking* formel ou contrôle formel des prix qui répond aux critères (audition) du *formal rulemaking* ou réglementation formelle. Elle anticipe ainsi sur la législation de 1990[72]. Au demeurant la liberté procédurale que lui reconnaît le *Communication Act* (section 4j) offre un environnement juridique propice à des pratiques originales et singulièrement à l'usage de la négociation. La FCC a ainsi été qualifiée pionnière dans le recours aux procédures négociées[73].

Il est par ailleurs judicieux de replacer la FCC dans le contexte général des pratiques des agences américaines. Le fonctionnement de l'administration recèle, en effet, une tension entre, d'une part, une philosophie et des normes procédurales nourries d'une rationalité formelle et, d'autre part, une pratique adminisrative marquée par le marchandage. La fréquence et l'intensité des rapports entre régulateurs et régulés qui reposent sur la persuasion plutôt que sur l'imposition, sur le consensus plutôt que sur l'unilatéralité, sur l'exhortation plutôt que sur commandement , sur la menace de sanction plutôt que sur la sanction effective tissent une proximité entre les deux types d'acteurs qui contredit la neutralité et la distance inscrite dans les textes. C'est précisément contre les excès d'une telle proximité confinant à la capture que la jurisprudence a développé, à partir des années 70, le "*hard look*"[74], c'est-à-dire un contrôle étroit destiné à ré-inculquer les exigences de la rationalité formelle. Le Congrès y a également puisé les raisons de légiférer en vue d'imposer la transparence à l'action administrative et de discipliner l'usage de la consultation.

La vision la plus réaliste de l'administration américaine consiste probablement à appréhender celle-ci comme tiraillée entre deux modèles contradictoires celui de l'*Administrative Procedure Act* ou Code de Procédure Administrative garanti par les tribunaux et celui de sa pratique tournée vers la négociation[75]. L'équilibre entre les deux varie évidemment au gré des politiques du juge, du Congrès ou du Président. En sorte que la balance pencherait, sans complexe, du côté de la négociation quand la jurisprudence tend à la déférence envers l'expertise supposée des agences, ou que les lois et les décrets présidentiels les exhortent à déssérrer leur emprise sur les milieux régulés.

Le fonctionnement de la FCC reflète par conséquent ce tiraillement. La négociation est une donnée constante de l'accomplissement de sa mission. Les liens très suivis avec les groupes d'intérêt, les accords, fruits des marchandages fréquents entre la Commission et les industriels de la communication sont monnaie courante[76]. De telles pratiques lui ont valu les critiques fort acérées de la Commission Landis en 1960[77]. Dans toutes les matières de sa compétence, la FCC a pris l'habitude aussi bien "*de stimuler et de superviser les négociations entre parties extérieures*" que d'"*endosser le résultat de négociations*"[78].

Le rôle de catalyseur est joué le plus souvent par son président ou un chef de bureau, qui, relayant parfois les pouvoirs publics, encouragent les parties à s'entendre pour l'adoption d'une règle ou la résolution d'un litige. Cette négociation qui se déroule en dehors de la FCC, même si c'est avec sa bénédiction, vaut autorégulation puisque l'entente des parties se substitue à la potentialité de l'action de la Commission. Elle peut correspondre à une hypothèse d'abstention volontaire de la part de l'autorité régulatrice qui craint pour la constitutionnalité de son action au regard de la liberté d'expression par exemple[79] ou qui préfère s'en remettre au secteur industriel dans une matière très technique[80]. Elle peut également se produire sous la forme de pression par la Commission qui a beau jeu de menacer d'intervenir par la voie du commandement en cas de négociations infructueuses. L'autorégulation est alors pratiquée comme moindre mal par rapport à une régulation unilatérale[81].

Dans une autre série d'hypothèses, la FCC reprend à son compte les résultats d'une négociation à laquelle elle aura participé en qualité de partie ou de conciliatrice ou qu'elle aura simplement soutenue. L'endossement peut revêtir une forme non-prescriptive : la FCC publie l'accord sous forme de recommandations, de directives, à suivre par le secteur de la communication concerné[82]. Quand la FCC décide de faire sien l'accord de manière prescriptive elle est placée devant une palette d'options. Elle peut tout d'abord reprendre tel quel celui-ci qui passe du régime juridique de l'acte privé à celui de l'acte public[83]par l'effet d'une sorte de subrogation[84]. Une variable de ce premier cas revient à affecter l'adoption d'un caractère provisoire et à confectionner ensuite une règlementation définitive selon les procédés classiques de régulation[85]. Elle peut, en deuxième lieu, l'intégrer dans une procédure d'*informal rulemaking* ou de réglementation informelle, auquel cas elle tombe désormais dans le champ d'application de la loi de 1990[86]. Une troisième option consiste, pour la FCC, à ouvrir simultanément un *informal rulemaking* et des négociations confidentielles avec certains des protagonistes polluant ainsi la procédure légale[87]. Une participation s'ouvre entre les interlocuteurs préférés qui sont le plus souvent les représentants des industries concernées, et les interlocuteurs moins écoutés, c'est-à-dire les associations représentants diverses catégories de consommateurs pour lesquels la voie des commentaires écrits est la seule ressource. En quatrième lieu, la FCC est susceptible de concurrencer des négociations en cours et qu'elle n'a pas initiées et n'encourage pas davantage par le lancement d'un *informal rulemaking*, révélant ainsi un affrontement avec le milieu régulé[88]. La cinquième hypothèse symbolise le partage des tâches normatives entre l'autorégulation et la régulation par la FCC : la FCC laisse aux exploitants de services de communication les problèmes de moyenne importance à régler et se concentre sur les problèmes majeurs[89].

Enfin, la FCC pratique les auditions informelles c'est-à-dire calquées sur le modèle des auditions organisées par le Congrès. A la différence des auditions formelles qui suivent les exigences du modèle juridictionnel et visent à résoudre un litige, elles tendent à collecter auprès du secteur régulé des informations qui seront utilisées pour la confection des règles[90].

Au total, ces différentes formes de la négociation informelle sont employées dans des domaines divers : aussi bien pour l'adoption de règles (dans le domaine technique, en matière de redevance d'accès...) que pour la résolution de conflits (les plaintes contre les *common carriers*, le contentieux des licences d'exploitation ou de l'allocation des fréquences). Comparativement, le champ de la négociation formelle n'est pas moindre.

En application de la législation sur la réglementation négociée et le règlement alternatif des conflits, la FCC a adopté un acte le 30 Septembre 1991 modifié le 7 Juillet 1992[91]. Elle fait sienne la volonté du législateur de promouvoir la négociation aussi bien dans les cas où elle est en désaccord avec les parties que quand le désaccord ne concerne que ces dernières. Elle adopte d'ailleurs une acception large de l'*Alternative Dispute Resolution* ou Règlement Alternatif des Litiges qui comprend aussi bien le règlement alternatif des conflits au sens strict que la réglementation négociée. Tout en conditionnant le recours à la négociation au consentement des parties et à la conformité à sa mission, elle en envisage un usage fréquent et invite les parties à demander sa mise en oeuvre dans toutes sortes d'hypothèses. Malgré les exceptions posées par le législateur, elle se refuse, par conséquent, à écarter d'avance certains types de décision, et se propose de décider au cas par cas de l'opportunité de la procédure négociée. Potentiellement, la négociation est ouverte à l'ensemble de l'activité de la FCC. Il s'agit, pour l'heure, d'une position, en principe, provisoire en attendant l'adoption d'une politique définitive[92].

La FCC met en oeuvre, apparemment pour la première fois, la version institutionnalisée de la réglementation négociée, en 1993. Il s'agit alors de réguler les satellites à faible orbite[93]. En 1996, elle dévoile, par la voix d'un de ses représentants, quelques éléments d'un bilan qualifié de globalement positif[94] dans la mesure où dans la plupart des cas elle a débouché sur un consensus. De son expérience elle tire trois grandes leçons. La première a trait à la difficulté de la réglementation négociée. Celle-ci exige, en effet, un fort investissement en termes de temps et de personnel qui contredit le préjugé d'improvisation habituellement nourri à son endroit. En particulier, celui-ci doit être formé à la négociation et soucieux de juridicité de façon à s'assurer de la traduction de l'accord en termes acceptables pour le juge. La deuxième tend à souligner que certaines circonstances sont propices au succès de la réglementaion négociée alors que d'autres y sont très défavorables. Ainsi, si l'allocation de fréquences ne met en jeu que de nouveaux exploitants, l'emploi du nouveau procédé est indiqué. En revanche, la présence d'un exploitant sortant dont l'autorisation vient à expiration est plutôt un obstacle parce que ce dernier sera tenté d'utiliser la procédure à titre de manoeuvre dilatoire. Enfin, la taille et le degré de motivation du groupe de négociateurs ainsi que la durée des négociations importent : un petit nombre de personnes très motivées et tenues par des contraintes de temps devrait garantir l'issue positive des rencontres.

c) Le pouvoir de sanction

S'agissant de l'usage de la négociation dans le cadre du règlement des litiges la FCC lance le 30 Juin 1992 un programme expérimental d'utilisation de la négociation pour le traitement des plaintes contre les *common carriers*. Elle a récemment décidé d'introduire une procédure de règlement amiable préalable au recours devant ses instances. Elle étend ainsi une règle applicable aux plaintes relatives aux implantations (*pole attachments*) et manifeste son souci de réduire le nombre de plaintes à elle adressées. La preuve des efforts de règlement amiable doit être rapportée par la présentation d'un certificat dans lequel les parties indiquent leurs démarches à cet égard et les raisons de leur échec.

Outre l'usage de l'ADR, au titre des pratiques informelles la FCC se contente de menacer de sévérité en laissant l'occasion du rachat, de mettre en garde contre la persistance dans l'illégalité plutôt que de véritablement imposer une sanction. Elle procède davantage par pression que par voie coercitive. Concrètement, elle adresse au contrevenant une lettre de remontrances et l'exhorte à retrouver le droit chemin. Pour certains critiques, cette forme de sanction est sa méthode favorite de réaction contre l'illégalité en matière audiovisuelle[95].

Certaines circonstances font de l'organisation d'une audition un autre cas de sanction informelle. En effet, le déclenchement d'une audition par la FCC, à l'occasion d'une demande de renouvellement non-concurrencée, au lieu de s'en tenir à la procédure simple de l'enregistrement d'une déclaration de conformité[96] emporte des conséquences fort fâcheuses pour l'exploitant. Pour celui-ci mis sur la sellette et soumis à toute la rigueur inquisitoriale de l'autorité régulatrice, la procédure, onéreuse (plusieurs millions de dollars pour les frais d'avocats), consommatrice de temps (plusieurs années pour les affaires les plus importantes) et déstabilisante est assimilable à une véritable punition, ce, quelle que soit son issue[97].

L'usage du *"haussement de sourcils"*[98] est particulièrement typique des méthodes d'action de la FCC. Celle-ci se place en l'occurrence sur le registre de la prévention bien comprise. Elle énonce, non par la voie prescriptive de l'acte administratif formel mais au moyen d'une déclaration publiée par ses services ou d'une déclaration verbale de l'un de ses membres, de préférence son président[99], le comportement souhaitable pour l'opérateur dans un domaine donné et indique que la constatation de comportements contraires emportera révocation ou non-renouvellement de licence. Pour le milieu régulé la menace est suffisamment claire pour inciter à observer la bonne pratique. Le procédé est spécialement efficace quand la liberté d'expression est en jeu. Grâce à lui, la FCC peut simultanément, d'une part, se défendre d'avoir interdit la programmation de tel ou tel contenu et éviter une condamnation pour censure et, d'autre part, apprécier l'effectivité de ses souhaits subtilement énoncés. En recourant à cette épée de Damoclès, la FCC a pu ainsi bannir les chansons faisant l'apologie de la consommation de drogue dans les années 70[100].

Il est évident que l'usage de l'informalité n'est efficace qu'en raison de certains rapports de confiance entre l'autorité régulatrice et les entreprises régulées.

Que la FCC ait à sa disposition des moyens juridiques et non juridiques d'action fournit une indication précieuse sur l'essence de la régulation. L'intervention normative n'en constitue qu'une dimension. Singulièrement, l'exercice du pouvoir réglementaire n'en résume pas, à lui seul, la richesse. Qualifier les agences indépendantes, en général et la FCC, en particulier, d'"*agence à caractère réglementaire*"[101] semble, par conséquent, réducteur. Sans nier l'importance de la réglementation adoptée par les agences et spécialement par la FCC dans l'encadrement de l'activité économique et sociale, on ne saurait, prenant la partie pour le tout, occulter la diversité des moyens de l'autorité régulatrice. Cette analyse justifie l'usage du terme d'agence indépendante de régulation.

&2 : Les limites de la compétence

La définition extensive de la compétence de la FCC ne doit pas faire illusion. Elle connaît des exceptions et surtout des limitations. Au titre des exceptions, la compétence de la

FCC en matière audiovisuelle n'englobe pas l'usage de la radio par les autorités publiques fédérales. Le fonctionnement de la télévision publique ou non-commerciale, placée sous la direction de la *Corporation of Public Broadcasting* opère, pour l'essentiel, hors du champ d'intervention de la FCC qui, cependant, octroie les licences d'exploitation. En dehors de ces exceptions, la FCC doit compter avec d'autres régulateurs nationaux et internationaux au point que certains parlent de système décentralisé ou diffus de politique publique en matière de télécommunications[102]. La volonté de concentration des pouvoirs de régulation qui habitait les rédacteurs de la loi de 1934, de nos jours, ne se vérifie que partiellement. La détermination de la politique publique de la communication est l'oeuvre d'une pluralité d'acteurs dont les champs d'intervention respectifs fluctuent au gré, d'une part, des variations dans la définition et dans l'interprétation de leur démarcation et, d'autre part, de l'agressivité ou de la passivité dans l'action de chacun d'entre eux. Une vision dynamique de la répartition de compétences instruit sur les avancées et les reculades des différents titulaires.

A) Les autres régulateurs nationaux

La présence d'autres régulateurs aussi bien au niveau fédéral qu'au niveau des Etats ne saurait en effet être sous-estimée.

1) Les autres régulateurs fédéraux

Le Président en tant que chef de l'administration et le Congrès dont la FCC tient son habilitation ont leur mot à dire dans la régulation de la communication. Il est évident que la concurrence subie par la FCC concerne davantage la formulation de la politique régulatoire applicable que sa gestion quotidienne. Par ailleurs, l'activité de la *Federal Trade Commission,* autre agence indépendante, comprend dans une certaine mesure la matière des communications.

a) Le Président

Pendant les trois premières décennies suivant l'adoption du *Communications Act* le Président reste relativement discret en matière de communications, se contentant d'influencer la FCC à travers l'exercice du pouvoir de nomination et lui laissant le soin d'occuper la place quant à la formulation des politiques de régulation. L'adoption, en 1962, du *Satellite Act* qui constitue un compromis entre la position de la FCC et celle du Président Kennedy commence à révéler la capacité décisionnelle de ce dernier. La création, en 1970, de l'"*Office of Telecommunications Policy*" ou OTP par le Président Nixon inscrit le locataire de la Maison Blanche comme acteur à côté du Congrès et de la FCC[103]. Pour la première fois, existe, au sein de l'administration présidentielle, une structure à travers laquelle le Président est susceptible de faire entendre sa voix auprès des deux grandes autres figures des politiques publiques du secteur. La présence du chef de l'exécutif sur le terrain des communications est allée en s'accroissant même si le Président Carter décide de remplacer l'OTP par la *NTIA* . Il est évident qu'eu égard aux promesses économiques que comportent les télécommunications, le développement du secteur trouve une place de choix dans les programmes présidentiels actuels. Ainsi, dès 1979 Al Gore, alors membre de la Chambre des Représentants, lance la désormais célèbre expression des "*autoroutes de l'information*"; en 1989 et 1991, en qualité de sénateur il dépose des propositions de lois tendant à établir un réseau national d'information performant qui doit "*relier chaque habitation, chaque commerce, chaque laboratoire, chaque salle de classe et chaque bibliothèque vers l'année 2015*"[104]. Ledit projet figure comme une des priorités des candidats Bill Clinton-Al Gore en 1992. Et 28 jours seulement après leur prise de fonctions, ils dévoilent leur stratégie pour la mise en place d'une "*National Information Infrastructure*" (*NII*) ou Infrastructure Nationale d'Information. Dès lors, le Président tient un indéniable rôle d'impulsion et de conception. En fait, plusieurs divisions des services du Président interviennent pour mener à bien sa politique, dans ce domaine.

Au sein du Ministère du Commerce on trouve le service chargé de coordonner la politique des télécommunications au niveau de la branche exécutive : la *"National Telecommunications and Information Administration"* ou *"NTIA"*. Son existence acquiert un fondement légal en 1993[105]. Elle exerce trois types de fonction[106]. Avec la première, elle touche à la conception de la politique de l'information. Elle est, en effet, la principale conseillère du Président dans ce domaine. Elle représente l'ensemble des agences exécutives devant le Congrès, la FCC et les Etats. Elle coordonne les positions des différents intervenants nationaux, parmi lesquels la FCC. A travers la NTIA, la présidence tente d'unifier les politiques publiques de l'information aussi bien sur le plan national qu'en vue de la défense d'une position unique devant les instances internationales. Avec la seconde elle répartit les ondes hertziennes. La NTIA gère ainsi la portion du spectre réservée à l'usage gouvernemental tandis que la FCC se concentre sur l'allocation des fréquences à usage privatif. Elle ne possède pas de pouvoir réglementaire à l'égard des entreprises, à la différence de la Direction du Ministère des télécommunications bien qu'elle exerce, à titre formel ou informel, une manière d'initiative législative et réglementaire à l'égard du Congrès et de la FCC. La troisième de ses fonctions fait de la NTIA un organisme de financement. Elle accorde ainsi des subventions propres, d'une part (depuis 1994), à promouvoir l'avènement de la NII, d'autre part (depuis 1962), à soutenir la construction des infrastructures de la télévision non-commerciale, enfin (depuis 1990), à encourrager la production de programmes éducatifs.

Le Ministère des Affaires Etrangères remplit un rôle de coordination de la dimension internationale de la politique des communications à travers l'*"Office of International Communications and Information Policy"* ou *"CIP"*. Il supervise la formation des positions communes entre la FCC, le NTIA et lui même dans les relations avec les partenaires étrangers.

Par ailleurs, de l'internationalisation du marché des télécommunications résulte un rôle croissant de l'"*Office of the United States Trade Representative*". Il conduit la délégation américaine dans les négociations commerciales internationales. Il réconcilie les positions souvent divergentes des représentants de la FCC, de la NTIA et du CIP.

Le contrôle des fusions est concurremment effectué par la division anti-trust du *Department of Justice* ou *DOJ*, c'est-à-dire du Ministère de la Justice. La question des fusions est présentement à l'ordre du jour puisque le *Telecommunications Act* de 1996 en libéralisant le marché offre un terrain juridique propice aux concentrations[107]. La FCC tire sa compétence des sections 214 (*common carriers*) et 310 (d) (audiovisuel) du *Communications Act* ainsi que de la section 7 du *Clayton Act* (*common carriers*). La dualité de la compétence qui allonge incontestablement les restructurations puisqu'elle suppose l'obtention d'un double feu-vert ne présente cependant qu'un aspect partiellement répétitif.

En effet, alors que le DOJ se concentre sur les lois anti-trust et vérifie si la fusion affecte de façon substantiellement négative la concurrence, la FCC a une vision plus large en cherchant à déterminer les implications de la fusion sur d'autres dispositions du *Communications Act*[108]. En outre, la FCC peut imposer des conditions aux entreprises dont elle autorise la fusion, pratiquant ainsi une sorte d'approbation sous réserve. Du point de vue des règles procédurales, la charge de la preuve de la régularité de la fusion incombe aux entreprises demandant l'approbation à la FCC alors que le DOJ devra apporter la preuve de l'irrégularité s'il conteste la fusion envisagée. Il est vrai que les pouvoirs d'investigation du DOJ sont plus larges tant il peut garantir une confidentialité que le principe de la transparence interdit à la FCC. Il peut en outre, sans coordination avec la FCC, prendre l'initiative de sanctionner des pratiques anticoncurrentielles[109]. Les actions peuvent donner lieu à des "*consent decrees*", c'est-à-dire à des règlements amiables, dont l'application est supervisée par un juge fédéral. Ce dernier, habilité à interpréter et à modifier l'accord, garde une vue d'ensemble et exclusive sur les questions s'y rapportant. La matière des télécommunications a fourni deux exemples, en 1956[110] et en 1982[111], de tels arrangements provoquant une concurrence entre la FCC et le juge. Le juge Greene qui a présidé au démantèlement d'ATT a pu ainsi être qualifié d'"*acteur décisionnel le plus puissant en matière de télécommunications*"[112], de "*FCC-fantôme*"[113], ou de "*tsar des télécommunications*"[114]. En cas de vues opposées sur la mise en oeuvre de l'accord entre le juge fédéral et la FCC, la situation est bloquée puisque tous les deux sont dépourvus du pouvoir d'annuler les décisions de l'autre[115]. Ainsi le juge Greene et la FCC se sont-ils contredits sur l'opportunité du maintien des restrictions frappant les compagnies locales du téléphone au terme du *consent decree* de 1982.

En liaison avec la passation des commandes publiques, le Ministère de la Défense a inconstablement une voix au chapitre des politiques publiques de la communication. De même la "*General Services Administation*" ou GSA organise et coordonne la mobilisation des ressources en cas de circonstances exceptionnelles[116].

b) Le Congrès

La qualité d'autorité délégante du Congrès en fait une figure éminente. Il est l'auteur du texte de référence qui pose les principes directeurs de la régulation de la communication. Dans ce schéma, le Congrès est désigné comme arrangeur fondamental, qui conçoit le système général de régulation et institue l'autorité régulatrice au quotidien, mais secondaire. En droit, il peut en bouleverser l'économie générale aussi souvent qu'il le veut ou la maintenir aussi longtemps qu'elle lui convient. Père de la FCC, il est susceptible, comme il en a été pressé dans les années 90[117], de rédiger son acte de décès. Cependant, dans la réalité, s'agissant de réagir au changement des données de la structure du marché et de l'état des techniques, à partir des années

80, le Congrès a davantage témoigné de l'incapacité d'un régulateur tiraillé par la multiplicité des intérêts conflictuels divisant les différentes catégories professionnelles du secteur. La loi du 8 février 1996 a finalement été adoptée après une série de tentatives avortées, prenant par surprise des observateurs qui avaient prédit que l'accord ne saurait intervenir au cours d'une année d'élection[118]. Le Congrès, frappé d'une certaine impuissance, peut ainsi laisser l'impression d'être confiné dans le rôle d'un régulateur virtuel, laissant à d'autres acteurs et, singulièrement, à la FCC le soin d'occuper son siège vide.

Précisément, à considérer la logique d'une délégation législative qui définit de façon extensive la compétence du délégataire, la frontière entre le délégant et ce dernier correspond moins à une délimitation fixe qu'à une barrière relativement mobile. Que le Congrès redéfinisse les objectifs de la politique régulatoire, à intervalles réguliers, du moins opportuns au regard de l'évolution technologique, les choix de politique publique effectués par la FCC sont plus des choix d'importance intermédiaire que fondamentale, en tant qu'ils s'inscrivent dans un cadre législatif. Que le Congrès brille par son mutisme au moment même où les circonstances appellent son intervention, la FCC est en mesure de jouer jusqu'au bout l'esprit de la délégation et d'arrêter les grands temps de la politique publique des communications. Dans un cas, le Congrès tient la FCC dans un rôle subordonné, dans l'autre elle n'hésite pas à ravir la parole législative[119]. Par conséquent, le partage de compétences navigue, au gré de l'environnement politique, entre les deux pôles de cette tension permanente.

Il demeure que la rareté de ses interventions ne saurait occulter la qualité d'acteur-clé du Congrès qui détient des moyens puissants pour faire entendre ses préférences[120].

c) La Federal Trade Commisssion

La protection de la concurrence assurée par la FTC touche évidemment le secteur de la communication. La

FTC, à l'instar du Ministère de la Justice, est habilitée à entreprendre des actions contre les conduites anticoncurrentielles des entreprises du secteur. Cependant la délimitation des frontières d'intervention respective n'est pas claire.

En outre, la FTC est chargée de la régulation de la publicité mensongère sur les chaînes télévisées, et des actions visant à fausser les résultats du contrôle de l'audimat. Elle est responsable de la constatation du manquement et de sa sanction. Dans les deux cas, la FCC lui transmet les plaintes qu'elle reçoit. Les deux commissions se sont entendues pour échanger les informations respectives sur des questions communes.

2) Les régulateurs des Etats

Les Etats se manifestent aussi bien en termes de politique de régulation qu'en matière de régulation quotidienne.

Tandis que la Fédération trouve le fondement de son pouvoir de régulation des services de communications dans la "*Commerce Clause*"[121], les Etats trouvent la leur dans le "*Police Power*" qui, aux termes du Dixième Amendement de la Constitution, fait partie des pouvoirs de droit commun conservés par eux après la dévolution limitative au profit de la Fédération. Au titre de la *Commerce Clause*, la Fédération est habilitée à intervenir en matière de commerce interétatique. Au titre du *Police Power* les Etats sont habilités à intervenir pour assurer, dans leurs limites territoriales, la sécurité, la salubrité et la tranquillité publiques. La section 2 (b) du *Communications Act* de 1934 est la traduction de ce pouvoir de police. En l'occurrence, le fait que les ondes hertziennes ou les transmissions satellitaires transcendent les frontières étatiques désignent l'audiovisuel (hertzien) comme relevant du domaine presqu'exclusivement fédéral et singulièrement de celui de la FCC[122]. Les Etats n'exercent à son égard qu'une compétence très résiduelle[123]. En revanche, les services du câble qui font appel aux infrastructures des collectivités locales donnent matière à une compétence aussi bien fédérale qu'infra-fédérale. A cet égard, la régulation municipale est triomphante entre 1950 et 1965, date à laquelle la FCC affirme sa compétence, tandis qu'à partir de 1974 elle impose des standards minimaux au rôle régulateur croissant des Etats. En matière de téléphone et plus généralement de télécommunications, le partage est beaucoup moins inégal et la présence des Etats est plus tangible malgré les variations qui l'affectent. En bref, les communications téléphoniques locales et le câble sont les deux principales matières d'intervention des Etats. Les villes quant à elles agissent à l'occasion de concession accordées aux câblo-opérateurs.

Les Etats interviennent par l'intermédiaire de "*Public Utilities Commissions*" ou PUC[124] qui cumulent des compétences régulatrices à l'égard du gaz, de l'électricité, de l'eau et des télécommunications dans le cadre de chacun d'entre eux. Les PUC contrôlaient les prix du téléphone bien avant que la FCC n'existât. Leur organisation varie d'un état à l'autre[125].

Equivalents de la FCC au niveau des Etats, les PUC assurent à l'intérieur de l'état les fonctions que celle-ci tient s'agissant des communications interétatiques. Cette division entre compétence intraétatique et compétence interétatique est d'ailleurs une originalité américaine s'agissant de la régulation du téléphone et maintenant des télécommunications[126]. Elle n'est pas d'ailleurs sans poser des difficultés puisqu'elle conduit à une délicate opération de séparation entre communications intraétatiques et communications interétatiques. En effet, il n'est pas aisé de déterminer les coûts respectifs de deux types de communications qui, en réalité, empruntent un réseau unique.

L'existence de ses petites[127] soeurs de la FCC débouchent sur des conflits relatifs à la politique de régulation à suivre et à la délimitation des compétences. Ainsi les Etats ont-ils eu tendance à s'opposer à la politique dérégulationniste menée par la FCC à partir des années 1970 craignant la remise en cause du mécanisme de redistribution sociale qui assurait le bas niveau des prix des appels locaux. "*Le modèle de régulation coopératif*"[128] est entré en crise. De même, certains Etats ont-ils contesté l'interprétation que la FCC a donné de l'étendue de sa compétence quant aux prix de l'interconnexion[129]. La position de la Cour Suprême devra être analysée au regard de l'interprétation qu'elle a retenue en 1976[130] et qui tend à souligner l'existence d'"*un système dualiste de régulation*" en conditionnant l'usage par la FCC de son pouvoir d'écarter les réglementations des Etats.

Le maintien de la compétence des Etats dans la législation de 1996 cache, en réalité, un échec des groupes de pression des Etats qui n'ont pu empêcher que la FCC fût dotée d'une supériorité attestée par le pouvoir d'écarter la réglementation des Etats. Par exemple, après avoir reconnu une compétence exclusive à la FCC en matière de contrôle d'accès au marché et de contrôle des prix des télécommunications non-filaires, en 1993, dans le cadre de l'*Omnibus Budget Reconciliation Act,* le Congrès, en 1996, habilite (section 253) l'autorité fédérale à écarter les législations et réglementations étatiques qui constitueraient des obstacles à l'ouverture du marché. Le genre d'intervention souhaité de la part des Etats correspond à l'action complémentaire. Ceux-ci peuvent, tant qu'ils n'entravent pas la concurrence et ne contredisent pas la FCC, établir des politiques de service universel, de protection des consommateurs ou de sécurité publique[131]. Les PUC servent de médiatrices pour la conclusion des accords d'interconnexion, et les approuvent tandis que la FCC définit les règles d'interconnexion.

Il demeure que la présence simultanée de la Fédération et des Etats sur le terrain de la communication, malgré le fil conducteur de la primauté du droit fédéral, est grosse de litiges dont les tribunaux sont, en définitive, les arbitres. La "*National Association of Regulatory Utility Commissioner*" ou "*NARUC*" est l'organisme de représentation des Etats qui leur permet d'agir collectivement.

La coopération entre la FCC et les Etats peut être institutionalisée sous forme d'un organe mixte paritaire, *Federal-State Joint Board* prévu par la section 410 du *Communications Act*. Une structure de ce type a été instituée pour la définition du service universel fédéral.

En définitive, il est bon de noter que la centralité de la FCC souffre la présence d'un acteur institutif (le Congrès) et de nombreux acteurs secondaires. En outre, cette pluralité se double de l'inexistence d'une structure nationale chargée principalement de la coordination de la politique de la communication[132]. L'existence d'un tel entourage oblige à avoir une lecture dynamique de la place effectivement occupée par la FCC qui doit savoir défendre son terrain contre d'éventuels empiètements. Cet état des choses ne manque pas d'avoir des répercussions au niveau international.

B) Les régulateurs internationaux

La compétence internationale de la FCC, jusqu'aux années 90, donne lieu a un timide investissement de sa part. Elle se concentre pendant longtemps sur la dimension nationale de son action. La création de l'"*International Bureau*", en Octobre 1994, à partir de l'"*Office of International Communications*", d'éléments des "*Common Carrier*" et "*Mass Media Bureaus*" marque une orientation grandissante vers les questions internationales.

Le propos est moins de détailler les compétences des régulateurs internationaux que d'attirer l'attention sur le fait que la nature transnationale des communications a très tôt généré des organisations internationales avec lesquelles la FCC ne saurait ne pas compter tant au niveau mondial que régional.

1) Au niveau mondial

Au niveau mondial proprement dit, la première organisation à considérer est certainement l'Union Internationale des Télécommunications ou UIT. Créée en 1932 par la fusion de l'Union Télégraphique Internationale (1865) et l'Union Radiotélégraphique Internationale (1906) elle est devenue agence spécialisée des Nations Unies en 1947. Regroupant à la fois des Etats (188 en Septembre 1997) et des membres socio-professionnels (402 ; entreprises, opérateurs publics et privés, organisations régionales et mondiales). Elle gère le spectre hertzien qu'elle répartit entre les Etats ainsi que l'usage de satellites géostationaires. Elle pose les standards propres à faciliter l'interconnexion. C'est donc conformément à ses décisions que la FCC est susceptible d'entreprendre un certain nombre d'opérations techniques.

Comparativement à l'action technique de l'UIT, l'Organisation Mondiale du Commerce ou OMC, née en 1994, intervient de façon plus générale sur le flux des communications internationales. Avec la signature de l'Accord sur les services de télécommunications de base, en février 1997, les 69 membres de l'OMC se sont donné les principes d'une politique internationale qui embrasse le credo du législateur américain de 1996. L'ouverture des marchés est la règle. Il en résulte que la pénétration des marchés nationaux par des compagnies étrangères doit être facilitée. Conformément à cet accord la FCC a allégé les conditions d'entrée sur le marché américain des entreprises étrangères[133].

INTELSAT et INMARSAT sont des acteurs incontourables en matière de transmissions satellitaires terrestres et maritimes.

2) Au niveau régional

Outre ces organisations mondiales, il existe des régulateurs régionaux. C'est le cas de l'*Organization of American States Inter-American Telecommunications Commission* ou OAS CITEL et de l'*Asia Pacific Economic Cooperation* (APEC) *Telecommunications Working Group* pour les régions auxquelles participent les Etats-Unis. C'est le cas de l'Union européenne ou du Programme de Restructuration des

Télécommunications de la Région de l'Afrique du Sud pour celles avec lesquelles il entretient des relations. L'OCDE est également le siège d'actions régulatoires et, singulièrement, elle promet un régime de liberté sur le réseau Internet.

C) Les instances d'auto-régulation

La délimitation de la compétence de la FCC serait incomplète si elle n'éclairait pas le rôle de l'autorégulation[134].

Parfois la FCC doit s'effacer devant les efforts de régulation des entreprises régulées. Il arrive qu'elle décide de son propre gré de laisser libre cours à l'auto-régulation quand elle n'y exhorte pas avec insistance parce qu'elle pense que c'est la meilleure méthode. En outre, dans l'esprit du législateur de 1996, l'auto-régulation doit être préférée. La préférence joue non seulement au profit des mécanismes du marché mais aussi de l'intervention des entreprises elles-mêmes.

Comme cela a été dit plus haut, la question de la protection des enfants contre la violence et la pornographie à la télévision et les messages à forte teneur sexuelle ou indécents sur le réseau Internet offre deux exemples instructifs à cet égard. Les responsables des chaînes télévisées et les internautes sont désignés comme intervenants principaux. Les accords de professionnels, les chartes ou codes de conduite concoctés par les utilisateurs (filtre, netiquette) se substituent ainsi aux recommandations ou règlementations de la FCC. Le refus d'intégrer le réseau Internet dans le champ d'intervention de la FCC étend de manière d'autant plus significative la place de l'autorégulation que le réseau est porteur d'une révolution multiforme.

La question de la publicité des boissons alcoolisées à la télévision illustre judicieusement le dynamisme du partage des tâches entre la FCC et le secteur régulé. L'interdiction, à l'origine décidée par les exploitants, a été récemment levée par ces derniers. Depuis, la FCC s'est saisie du problème et réfléchit sur l'opportunité de son intervention. C'est dire qu'il existe des zones d'ombre dans la compétence de la FCC. Il revient en dernier ressort aux tribunaux de les élucider.

&3 : Le contrôle juridictionnel de l'exercice de la compétence

Les exigences de la "*rule of law*" se traduisent entre autres par le principe de la soumission des actes de la FCC au contrôle juridictionnel. Celui-ci, dans le contexte moniste américain, est effectué par le corps des tribunaux ordinaires.

A) Le principe du contrôle de régularité

Outre le contrôle de constitutionnalité des actes envisagé dans les développements relatifs aux sources, le principe du contrôle de légalité des agences naît du compromis entre, d'une part, la nécessité de respecter la délégation de compétence du Congrès dont bénéficient celles-ci et, d'autre part, la nécessité de veiller à ce qu'elles n'outrepassent pas les limites de ladite délégation législative. Un équilibre doit par conséquent être trouvé entre, d'une part, l'expertise des agences et la déférence qu'elle appelle et, d'autre part, les exigences de la conformité au droit de l'action administrative.

Concrètement, la section 402 du *Communications Act*[135] organise le contrôle de l'action de la FCC en distinguant deux séries de contentieux. En l'occurrence, son paragraphe (b) confie à la cour d'appel du District de Columbia compétence exclusive et en premier ressort[136]. A l'origine, l'exclusivité de cette juridiction est limitée aux actions contre l'octroi ou le rejet, la révocation, la modification ou le refus de renouvellement d'un permis de construire ou d'une licence d'exploitation de radio-télévision. La loi de 1996 l'a étendue aux actions contre le refus d'autoriser les compagnies locales de téléphonie d'entrer sur le marché de la longue distance. Bref, le contentieux des autorisations en matière de radio-télévision et de télécommunications locales fait l'objet d'un appel direct devant une juridiction déterminée qui, à propos de la FCC comme d'autres agences fédérales, est érigée en juge administratif principal[137]. Le texte de 1934 organise les règles procédurales de cet appel tout en renvoyant partiellement à l'APA[138]. D'autre part, son paragraphe (a) prévoit que les autres cas[139] suivent la procédure générale[140] et que leur examen peut être confié à n'importe laquelle des cours d'appel fédérales[141]. L'intervention des tribunaux peut se solder par une injonction à la FCC, une suspension, ou une annulation de l'acte irrégulier. Selon le paragraphe (j), l'intervention de la Cour Suprême est conditionnée par l'obtention d'un *writ of certiorari* dont la Cour se montre en matière de communications tout aussi avare que dans d'autres domaines[142]. La mise en oeuvre de ce contrôle de régularité permet au pouvoir judiciaire, que ce soit de façon exceptionnelle dans le cas de la Haute Juridiction, que ce soit de façon régulière dans le cas des cours d'appel et singulièrement celle du District de Columbia, de se prononcer sur la légalité ou plus rarement[143] sur la constitutionnalité des actes de la FCC .

Corrélativement la protection des actes de la FCC est mentionnée. En effet, la section 401 fait des cours fédérales de district le bras droit de la FCC. A la demande de l'*Attorney General,* agissant au nom de la FCC, celles-ci enjoignent aux contrevenants de se conformer aux prescriptions de l'autorité régulatrice.

Le contrôle juridictionnel, même s'il ne touche qu'une part modeste[144] des actes de la FCC, ne doit pas être sous-estimé. La crainte d'une annulation, surtout dans les matières prêtant à controverse, a un effet préventif de par l'attention préalable dans la préparation des actes à laquelle elle incite[145]. En outre, la politisation du mode de désignation des magistrats[146] est telle que ces derniers sont appréhendés à travers le prisme politique. La cour d'appel du District de Columbia, jusqu'à une date récente, considérée régulationniste penche maintenant du côté opposé. La Cour Suprême dans sa composition actuelle paraît tout à la fois dans l'ensemble réceptive à la promotion de la concurrence et divisée sur les grands courants régulatoires touchant à la communication[147]. En raison de la longévité des juges fédéraux qui sont nommés à vie, l'influence d'un Président et d'un Sénat peut se faire sentir dans la sphère judiciaire par delà le mandat présidentiel ou sénatorial, offrant ainsi la possibilité d'approches régulatoires opposées entre les nouveaux commissaires désignés par les Président et Sénat du présent et des juges issus de désignations passées[148]. En fait, les cours occupent une position stratégique qu'illustre la combinaison du contrôle juridictionnel et de la mise en oeuvre d'une réforme comme celle de la loi du 8 juillet 1996. Le juge est susceptible de contredire l'interdiction de la loi retenue par la FCC et de retarder et réorienter la mise en oeuvre de celle-ci. Il est en mesure d'exercer une sorte de "veto"[149] sur son action. Ainsi le règlement d'application de l'interconnexion a d'abord été partiellement suspendu puis annulé par la Cour d'appel du 8ème circuit qui a estimé que la méthode nationale de calcul des prix justes et raisonnables de l'interconnexion arrêtée par la FCC dépassait ses compétences[150], avant d'être, pour l'essentiel, validé par la Cour Suprême le 25 janvier 1999. Dans leur ensemble, les juridictions ont d'ailleurs confirmé la plupart des décisions d'application de la loi de 1996 adoptées par la Commission[150bis].

Précisément la relation entre la structure industrielle et le recours à la voie contentieuse doit être soulignée. La tentation d'en appeler à l'arbitrage juridictionnel est d'autant plus grande et la tendance au développement du contentieux est d'autant plus forte que la diversification de l'industrie de la communication s'intensifie[151]. Quand les entreprises régulées se limitaient à deux catégories relativement étanches, l'audiovisuel et la téléphonie, et que leurs relations respectives avec la FCC tenaient doublement cette dernière dans un rôle de captive, le besoin de recourir à l'arbitre était moins urgent pour la *National Association of Broadcasters* ou Association Nationale des Opérateurs de l'Audiovisuel ou ATT dont l'emprise marquait le processus de la décision administrative. En revanche, à partir du moment où le monopole dans la téléphonie est ébranlé, d'abord partiellement, puis totalement et qu'au compartimentage des deux branches industrielles succède une multiplicité de types d'opérateurs utilisant indifféremment les diverses techniques de communication, la capture[152] de l'autorité régulatrice subit une sorte de mue et avec elle l'usage du contentieux. En d'autres termes, de même que la diversité des intérêts industriels tend à transformer la capture d'une relation étroite entre l'une ou l'autre des deux branches industrielles et la FCC en une guerre d'influence acharnée auprès de celle-ci entre opérateurs rivaux, de même l'opposition d'intérêts tend-t-elle à se reporter sur les cours à coups d'argumentations juridiques. En clair, les luttes d'influence commencées au Congrès lors de la confection du texte législatif se poursuivent auprès et au sein de la FCC dans le cadre de l'application de la loi, de même empruntent-elles, par la suite, le chemin des tribunaux. Ces derniers jouent, par conséquent, un rôle d'exutoire, d'arme ultime dans la chaîne des affrontements, du moins pour un temps, en attendant de retrouver la route des amendements législatifs et des modifications réglementaires. A la sociologie industrielle, s'ajoute évidemment la propension générale à la saisine du juge et à l'usage du droit à l'oeuvre dans la société américaine pour expliquer la place du contrôle juridictionnel[153] sur l'action de la FCC. La politique jurisprudentielle relative à l'intérêt pour agir y prend également sa part. La décision de la Cour d'appel du District de Columbia d'ouvrir aux téléspectateurs, le 25 Mars 1966[154], le droit de contester l'attribution d'une licence d'exploitation audiovisuelle a ainsi incité le public en général à emprunter le chemin des tribunaux.

B) Les traits du contrôle de régularité

L'application par les tribunaux de la section 706 de l'APA (2) (A) qui leur donne le pouvoir de déclarer illégal et d'annuler tout acte arbitraire ou capricieux[155] est dans un premier temps fort sévère. Ils pratiquent une vérification attentive qui les conduit à déterminer *"si l'agence a fondé sa décision sur des données pertinentes et si elle n'a pas commis une erreur manifeste d'appréciation"*[156]. Symbolisée par la décision

Overton Park de 1971 et connue sous le nom de *"hard look"*, elle a été réitérée, en 1983, dans l'affaire *State Farm*[157] qui invite les cours à décortiquer soigneusement le processus décisionnel pour se prononcer sur sa régularité. La motivation de l'acte fournit à la jurisprudence les occasions les plus fréquentes d'annulation. Elle se montre très exigeante en la matière. Pour être régulière l'expression des motifs doit comporter les rubriques suivantes : l'agence doit indiquer la base de ses prémisses; elle doit expliquer ses méthodes de raisonnement; elle doit établir le lien entre ses affirmations, les effets attendus des nouvelles règles et la mission qui lui est assignée par le législateur; elle doit répondre à toutes les critiques majeures reçues au cours de la seconde phase; elle doit expliquer pourquoi elle rejette les solutions alternatives les plus plausibles[158]. En bref, on est loin de la présentation *"concise et générale"* à laquelle se réfère l'*APA* mais bel et bien devant une présentation *"détaillée et encyclopédique"*[159] de plusieurs centaines de pages et qui relève d'un scrupuleux et fastidieux exercice de justification. La minutie du contrôle juridictionnel est alors considérée dans ces effets pervers sur l'action administrative : on parle d'*"ossification"* ou de sclérose[160] du droit administratif. Tous ces efforts de prévention de l'annulation contentieuse de la part des agences témoigne bien du poids de l'interprétation jurisprudentielle de l'APA dans la pratique réglementaire des agences[161] et de l'impact de la *rule of law*, c'est-à-dire de la primauté du droit.

Par ailleurs, d'un point de vue plus procédural le fait que l'interprétation jurisprudentielle tend pendant cette période à transformer l'*informal rulemaking* mérite d'être souligné. La jurisprudence[162], spécialement celle constituée par les cours d'appel, a, à partir des années 70, pratiqué une interprétation de l'APA telle que l'*informal rulemaking* s'est trouvé transformé au point de ressembler de plus en plus à l'*adjudication*. Interprétés par les tribunaux, les termes de l'APA, telles que la déclaration[163], les commentaires[164], ainsi que la motivation[165] ont englobé un nombre croissant d'exigences procédurales qui posent la question de la validité de la qualification de processus de réglementation dite informelle.

Désormais, par souci de transparence, la déclaration doit inclure toute la documentation sur laquelle l'agence s'est fondée pour former sa proposition de règlementation et mentionner toutes les questions à aborder; par souci de débat contradictoire, les commentaires des participants recouvrent non seulement la présentation de la vision personnelle des problèmes mais encore la possibilité pour chacun d'entre eux de remettre en cause les propositions de l'agence; l'expression des motifs, pour rendre effectif le contrôle de regularité, comprend une présentation plus ou moins détaillée des raisons pour lesquelles l'agence a décidé de réglementer ainsi qu'une réponse aux commentaires les plus importants qui lui ont été adressés[166]. L'adjudication sert évidemment de référence à de tels arrangements. Tout se passe comme si on voulait appliquer au *rulemaking* la confrontation des positions opposées typiques de l'*adjudication* en faisant l'économie de l'oralité. On a ainsi pu parler de procédure du "*paper hearing*"[167], c'est-à-dire de l'audition sur papier, ou de "*hybrid rulemaking*", c'est-à-dire de procédure réglementaire hybride à propos de ce qui tend à reconstituer à travers des échanges écrits les vertus du contradictoire en exigeant des agences qu'elles rendent publiques toutes les informations écrites ou orales[168] dont elles bénéficient. L'assimilation n'est cependant pas totale.

La distinction entre *rulemaking* et *adjudication* est en principe sauvegardée. Ainsi, en 1978, la Cour Suprême a posé des limites en interdisant aux cours inférieures d'imposer aux agences des procédures supplémentaires et singulièrement la tenue de débats contradictoires dans le cadre du *rulemaking*[169]. De même la Cour d'appel de Washington DC, dans deux affaires concernant la FCC, après avoir cherché à imposer l'interdiction des communications ex parte à l'informal *rulemaking*[170], est, au cours de la même année, revenue sur sa tentative d'extension[171] en s'en tenant au texte de l'APA qui ne pose l'interdiction qu'en matière de *formal adjudication* et *de formal rulemaking*. La limitation est d'autant plus importante qu'elle donne un sceau légal à des pratiques informelles efficaces de la FCC visant à obtenir du secteur régulé des actions d'auto-régulation en concertation avec l'autorité régulatrice. En l'occurence, dans la seconde affaire, les communications ex-parte entre la FCC et la *National Association of Broadcasters* débouchent sur des actions volontaires négociées avec la FCC qui, dès lors, abandonne la procédure règlementaire qu'elle avait entamée à la demande de l'*Action for Children's Television*.

En dépit de cette limitation, il reste que la liste des mentions et des formes à respecter s'est très sensiblement allongée au point que l'*informal rulemaking* est devenu un instrument de réglementation fort lourd et fort coûteux ce qui incite les agences à éviter de l'employer[172] et à recourir à des détournements de procédure débouchant parfois sur des requalifications d'actes au contentieux[173].

Au regard des effets malsains du zèle juridictionnel, l'arrêt *Chevron*, une année après l'arrêt *State Farm*, qui apparemment cherche à limiter l'emprise juridictionnelle sur les actes administratifs est apprécié par une partie de la doctrine américaine comme un revirement salutaire[174]. En effet, , dans la décision *Chevron* de 1984[175], la Cour Suprême laisse une large discrétion aux agences. Désormais, en cas d'imprécision du texte législatif, il revient aux agences d'interpréter ledit texte et ce n'est que si l'interprétation administrative se révèle déraisonnable que le juge est habilité à la sanctionner. Les cours sont ainsi appelées à témoigner beaucoup plus de déférence à l'expertise administrative[176]. La Cour d'appel de Washington DC s'est ainsi pliée, le 20 Mars 1998[177], à l'interprétation donnée par la FCC de la section 271 à propos des conditions de l'entrée sur le marché de la longue distance des compagnie locales de téléphone.

Le champ d'application de la jurisprudence *Chevron* est vaste. Il comprend aussi bien l'interprétation relative à la fonction réglementaire qu'à la fonction adjudicative[178]. Il intègre les problèmes de fait comme les problèmes de droit[179]. Il englobe même les questions de délimitation de la compétence de l'agence[180] ce qui revient à dire que, d'une certaine manière, celle-ci détient la compétence de sa compétence.

Une autre partie de la doctrine américaine désapprouve ce mouvement jurisprudentiel. Pour les uns, il constitue un regrettable pas en arrière perpétré par la Cour Rehnquist qui menace un demi-siècle de progrès du droit administratif et exalte le pouvoir exécutif et administratif[181]. Pour les autres[182], les arrêts *Vermont* et *Chevron* participent d'un récent mouvement jurisprudentiel de déjuridicisation qui tendrait non seulement à permettre aux agences de faire l'économie des exigences procédurales du *rulemaking* formel ou informel[183] mais encore à adopter une conception stricte des conditions ouvrant droit à contrôle juridictionne[184].

Un troisème courant de la doctrine relativise la portée de l'arrêt *Chevron* et affirme que les cours fédérales ont continué d'examiner l'exercice de l'expertise administrative avec une souplesse égale à celle précédemment pratiqué[185].

Au terme de cette étude des compétences de la FCC, la centralité de la FCC prend toute sa mesure. Celle-ci tient au domaine d'intervention qui fait de la FCC une des structures-clé de l'administration économique américaine en raison de la place actuelle et future de la communication dans la formation du PIB. Elle tient aussi de l'association de la matière d'intervention et de la combinaison des moyens dévolus en vue de l'exercice de la mission de régulation. Non seulement la FCC bénéficie théoriquement d'une confusion des trois pouvoirs mais encore elle utilise pleinement et avec opportunité (le mariage du formel et de l'informel) la panoplie mise à sa disposition. Aucun des autres intervenants de la communication ne dispose de l'ampleur de tels moyens, soit qu'ils se trouvent confinés à un rôle de conception (Président et Congrès, instances internationales), à des tâches déterminées (FTC, DOJ, instances internationales, instances d'autorégulation), de contrôle a posteriori (juge), soit que la jouissance d'une telle confusion de pouvoirs n'ait lieu qu'à un niveau de régulation inférieur (Etats). La volonté du législateur de 1996 de limiter le poids de son action symbolisée singulièrement par l'exclusion des services en ligne du champ de sa compétence qui, certes, l'exhorte à la retenue n'enlève rien de fondamental à cette centralité.

SECTION 2 : LA FCC, AGENCE À L'INDÉPENDANCE MALMENÉE

La collégialité mise à part, l'indépendance symbolise à elle-seule la singularité de la Commission. Du point de vue matériel, les agences exécutives et les agences indépendantes présentent, en effet, des similitudes[186]. Le principe d'indépendance n'est d'ailleurs expressément mentionné par le *Communications Act* ni dans la section introductive ni dans les sections 4 et 5 qui sont plus spécialement consacrées aux questions organiques. Néanmoins, la filiation entre la FCC et la FRC, le transfert des compétences de l'ICC à la nouvelle commission, la centralisation au profit de la FCC des pouvoirs de régulation jusque-là partagés par plusieurs instances ne laissent pas de doute sur l'intention législative quant à l'établissement d'une autorité indépendante. De l'intention législative à la réalité il y a plus qu'un pas puisque la FCC se révèle une agence à l'indépendance malmenée.

Par conséquent, il reste à en préciser la portée. En référence à la jurisprudence *Humphrey* on a tendance à la définir principalement par rapport au Président. La limitation du pouvoir de révocation au motif légitime en est la traduction. L'interprétation de cette limitation s'inscrit dans le cadre des réflexions portant sur la constitutionnalité[187] des agences indépendantes et revient à délimiter l'indépendance juridiquement possible pour la FCC comme pour ses consoeurs. Elle varie selon que l'on en retient une conception large ou restreinte. De la conception large on déduit que la limitation s'étend à tous les cas d'exercice de sa compétence par la FCC. La FCC ne saurait recevoir d'ordre ni en matière d'*adjudication* ni en matière de *rulemaking*. Comparativement la conception stricte tend à ne reconnaître qu'une différence de degré et non de nature entre les agences exécutives et les agences indépendantes[188]. Elle ne conditionne le pouvoir de révocation du Président qu'à propos de l'exercice de fonctions juridictionnelles par les agences indépendantes. Le Président retrouve ses droits de chef d'un exécutif unitaire sur les agences quand elles font usage de leur pouvoir normatif.

Qu'en est-il de la portée de l'indépendance à l'égard du Congrès? Si on est fidèle à la conception large on est tenté de déduire la même interdiction d'interférence pour le Congrès que ce soit en matière d'*adjudication* ou de *rulemaking*. La logique de l'indépendance est poussée jusqu'au bout et seul le contrôle juridictionnel la sanctionne qui plus est a posteriori. Une telle position tranche avec la conception stricte qui établit "*un principe de parité*" entre le Congrès et le Président, s'agissant de leur habilitation à influencer l'exercice par les agences de leurs compétences législatives et réglementaires. La mise en oeuvre de ce principe de parité, synomyme de double influence des deux organes titulaires de la légitimité démocratique doit déboucher sur une "*tension permanente*" entre ces deux pouvoirs constitutionnels dans leurs relations avec l'agence indépendante, en l'occurrence la FCC. La tension permanente, révélatrice de la vitalité des *checks and balances* ne peut qu'être bénéfique à la démocratie. A l'évidence, les agences indépendantes se trouvent ainsi réintégrées dans la sphère d'influence présidentielle. La prétendue indépendance se révèle simple autonomie puisque l'indépendance véritable est juridiquement hors de portée. La commission régulatrice indépendante qu'est la FCC sort banalisée de ce raisonnement juridique.

Si on cherche à compléter cette méthode de délimitation juridique par une méthode politique, il faut bien reconnaître que la vision politique corrobore la vision normative stricte tant l'indépendance de la FCC paraît malmenée.

L'analyse juridique est insuffisante pour comprendre les caractéristiques de la mission de la FCC. L'idée d'indépendance administrative ou juridique (singulièrement la conception large) est loin de la réalité de la régulation de la communication. Quand on considère, par exemple, les relations qu'entretiennent la FCC et le Congrès le "*mythe du statut indépendant*"[189] est carrément démasqué. La régulation est de nature éminemment politique. "*La FCC, comme toutes les agences de régulation indépendantes, opère dans le cadre d'un système politique engageant plusieurs acteurs, parmi lesquels figurent les entreprises régulées, le public, la Maison Blanche, les tribunaux, le Congrès et la Commission elle-même*"[190]. "*L'essence de la politique de la régulation de la communication audiovisuelle*[191] *repose sur des interactions complexes entre les divers participants, non seulement à l'occasion de confrontations quotidiennes mais aussi à travers les ajustements et réajustements à long terme qu'ils effectuent au cours de leurs relations*"[192]. Il convient dès lors de retenir une conception dynamique de l'accomplissement de ses tâches par la FCC pour saisir qu'elle est l'objet de pressions régulières de la part de son environnement. Au demeurant, l'efficacité du processus décisionnel de la FCC est conditionnée par une évaluation correcte de son écologie politique et par une capacité d'adaptation périodique aux variations de cette dernière[193].

Le travail des analystes politiques a fortement contribué à la relativisation de l'indépendance formelle des agences dites indépendantes. Dès la première édition de son ouvrage, en 1955, M. Bernstein[194] leur reproche d'avoir succombé aux entreprises qu'elles sont censées réguler et de confondre l'intérêt public avec l'intérêt de celles-ci. Il introduit le thème de la capture des commissions par le secteur régulé. Celui-ci s'intègre dans une théorie des cycles selon laquelle, une autorité de régulation est mise en place en raison des effets pervers de l'autorégulation par le marché sans pour autant qu'un consensus se fasse autour des politiques dont elle sera chargée, aussi la délégation de pouvoir s'énonce-t-elle en des termes larges qui rendent la commission régulatrice perméable à toutes les pressions extérieures, parmi lesquelles, celles en provenance de l'industrie régulée triomphent finalement. Appliquée à la FCC, l'approche dépeint la Commission comme la caisse de résonance des exploitants de l'audiovisuel traditionnel et la protectrice de la compagnie alors monopolistique ATT. Pour certains théoriciens[195] de la régulation, la capture est intrinsèquement liée à la régulation dans la mesure où l'industrie considérée militerait pour la régulation afin de défendre ses intérêts bien compris. La capture loin d'être un détournement de l'intérêt public ou un effet pervers, participe de la régulation même. Dans cette première analyse, les autres pressions subies par les commissions indépendantes sans être tout bonnement ignorées tendent à être sous-estimées[196]. Le poids de l'influence du secteur économique semble reléguer dans l'ombre l'influence d'origine politique. Comparativement, l'étude de E. Krasnow, L. Longley, H. Terry [197], publiée initialement en 1973, pratique une approche pluraliste qui non seulement considère également les différents facteurs de limitation de l'indépendance déclarée des commissions mais encore les envisage de façon dynamique.

En clair, la place des diverses branches de la communication dans la formation du PIB désigne en fait celle-ci comme l'objet d'attentions politiques de toutes parts, et évoque les multiples stratégies d'influence mises en place et par le pouvoir politique et par le pouvoir économique. L'influence exercée aussi bien par les autorités politiques, Président et Congrès, que les entreprises régulées sur les décisions de la FCC, est par conséquent, une vérité acquise. Elle a fait l'objet de nombreuses dénonciations[198] ou d'enquêtes parlementaires au fil des décennies quoique la période contemporaine soit apparemment moins tapageuse.

&1 : L'influence des autorités politiques

Si la structure collégiale est censée freiner l'influence politique, elle ne constitue pas une irrémédiable pierre d'achoppement. Le mode de désignation, le caractère renouvelable du mandat, ainsi que le pouvoir budgétaire offrent un terrain favorable à de telles pratiques aussi bien dans le cas des relations de la FCC avec le Président que dans le cas de ses relations avec le Congrès. Les exemples sont légion des pressions exercées par des parlementaires ou l'occupant de la Maison Blanche pour orienter les décisions de la FCC. Aucun parti n'a l'exclusive en la matière. Il s'agit d'un comportement politique bien partagé. L'allocation des fréquences et l'octroi de licences d'exploitation audiovisuelle présentent un terrain d'observation de choix, à cet égard.

A) La FCC et le Président

Quelques illustrations historiques des pratiques relationnelles entre la Commission et le Président peuvent se révéler édifiantes.

Avant l'adoption de l'APA, méritent ainsi d'être considérés le coup de fil opportun passé par Franklin D. Roosevelt[199] au président de la FCC, Anning S. Prall, en 1935 pour indiquer quel devait être l'attributaire d'une autorisation d'exploitation de radio légalement accordée après audition et selon les éléments du dossier; de même que les consignes données par le même chef d'Etat à un autre président de la FCC, James L. Fly, visant à briser le monopole de la presse sur les stations de radio au début des années 40 en raison de la défaveur dans laquelle celui-ci le plaçait généralement. La période postérieure à l'APA n'est pas moins fertile en preuves de non-conformité au principe juridique. Il est ainsi rapporté comment Eisenhower[200] s'est assuré que ses amis politiques reçoivent plus que leur quote-part objective dans l'allocation des fréquences de TV quand, en 1952, la FCC décide de rompre le gel proclamé quatre ans auparavant. Un ancien président de la FCC se réfère à cette période des années 50 comme ayant donné lieu *"non à un travail d'adjudication mais à des combines"*[201]. Certains des commissaires, y compris le président de la FCC, recevant leurs directives de la Maison Blanche, les répercutait auprès du personnel en lui demandant de préparer le texte de la décision avec une justification juridique appropriée. L'invocation des arguments dans des sens opposés au regard de faits identiques, d'une décision à l'autre, parfois au cours de la même délibération[202], devait faire taxer la FCC d'"*inconsistance troublante*"[203] et lui reprocher de "*jongler*"[204] avec les critères censés rationaliser son processus décisionnel. Au total, la mise en oeuvre des critères officiels de l'octroi de licences en cas de demandes concurrentes se révéla contradictoire.

Lyndon B. Johnson[205], quant à lui, utilisa son poids politique pour faire progresser ses stations par l'obtention d'autorisations préférentielles ou monopolistiques pendant toute la durée de sa carrière politique (de la Chambre des Représentants au Sénat où il occupa successivement le poste de chef de l'opposition et de chef de la majorité, de la vice-présidence à la présidence[206]).

Par delà ces illustrations, il faut bien reconnaître que le Président possède plusieurs moyens pour influencer la FCC[207].

Le plus important est certainement l'exercice du pouvoir de nomination[208]. Comme peu de commissaires occupent leurs fonctions jusqu'à expiration de leur mandat, le Président peut trouver l'opportunité de former une FCC à son image[209]. Il est évident que les personnes nommées sont choisies en fonction de leur sympathie pour les priorités présidentielles[210]. La règle de l'équilibre partisan n'atténue pas véritablement cette tendance puisqu'une des méthodes de contournement consiste à désigner des personnalités politiquement "indépendantes" mais partageant les préférences présidentielles pour remplir les 2 sièges revenant au parti opposé à celui du Président. La nécessité de s'assurer l'approbation du Sénat et des industries régulées fournit d'autres critères de désignation.

L'indépendance juridique de la FCC est consacrée par l'impossibilité de révoquer les commissaires sauf pour motif légitime. De l'affirmation du principe à la pratique il y a cependant quelque discontinuité. En effet, quoique la Cour Suprême ait consacré dès 1935 le droit pour un commissaire de continuer de servir la FCC jusqu'à expiration de son mandat[211], il arrive qu'un Président incite contre compensation à la démission avant terme. Ainsi du marché passé par le Président Reagan en 1980 avec le président démocrate de la FCC, Charles Ferris[212]. Nommé en 1977, celui-ci devait normalement terminer son mandat en 1984. Il consentit à céder la place prématurément à un successeur républicain (Mark Fowler). Tout en demeurant suffisamment longtemps (jusqu'au 10 Avril 1981) pour augmenter ses droits à pension, il quitta le poste de président le 4 Février 1981. En clair, à défaut de pouvoir formellement révoquer , le locataire de la Maison Blanche peut donc marchander, organiser une démission.

Bien que le caractère renouvelable incite à l'observation d'une certain loyalisme à l'égard de celui de qui depend une nouvelle désignation à la FCC ou une affectation dans une autre branche de l'administration fédérale, il reste que la personnalité des commissaires, à la FCC comme ailleurs, permet de déjouer la logique politicienne des nominations. Il existe ainsi une liste de personnalités reconnues pour leur résistance à la force des influences politiques[213] : James L. Fly (président nommé par Franklin Roosevelt, 1939-1944), Newton E. Minow (président nommé par John Kennedy, 1961-1963), Dean Burh (président nommé par Richard Nixon , 1969-1974), Richard E, Wiley (président nommé par Richard Nixon, 1974-1977).

La matière contentieuse donne au Président l'opportunité d'exercer son emprise à travers l'*Attorney General*. Au terme du "*Judges Act*" de 1925, celui-ci décide de l'opportunité de saisir la Cour Suprême et rédige les mémoires des agences en demande comme en défense. Il est ainsi à même de bloquer la validation ou de provoquer l'invalidation des éléments de la politique régulatoire menée par la FCC qui conviennent ou ne conviennent pas aux souhaits de la

Presidence. Le pouvoir d'ester en justice constitue parfois un moyen pour la Maison Blanche de s'imposer à la FCC. En effet, le contentieux de la FCC ne relève pas de la responsabilité exclusive de la FCC de se défendre en justice mais d'un partage complexe entre le Ministère de la Justice et la Commission. Trois situations théoriques existent. Ou bien le Ministère (en son sein, le *Solicitor General*) est seul chargé d'argumenter au nom de la FCC : il s'agit des cas où la FCC entend faire sanctionner la violation de ses actes, des affaires de discrimination dans l'emploi et de celles relatives au droit à l'information des administrés. Ou bien la FCC est habilitée à présenter un *writ of certiorari* devant la Cour Suprême : il s'agit des appels contre ses actes déclaratoires. Ou bien, la FCC est chargée de l'action devant les cours fédérales d'appel tandis que le *Solicitor General* a l'exclusivité du pourvoi devant la Cour Suprême : il s'agit des affaires portant sur des autorisations d'exploitation. Selon la logique juridique, dans le premier et le troisième cas, la FCC peut donc soit achopper sur une argumentation défendue par le *Solicitor General* opposée à ses propres thèses[214], soit essuyer un refus d'agir de la part de ce dernier[215]. Les données politiques peuvent venir brouiller cette première lecture juridique dans la mesure où la FCC peut être concrètement autorisée à présenter sa propre argumentation alors même que juridiquement elle n'y a pas droit et que celle-ci contredit celle du *Solicitor General*[216]. Il reste par conséquent qu'une prise en compte simultanée des éléments juridiques et politiques des compétences respectives du Prédident et de la FCC dans le traitement du contentieux permet de saisir les limitations subies par la Commission dans ce domaine[217].

Le contrôle des propositions budgétaires adressées au Congrès par la FCC constitue une troisième arme pour le Président. La FCC fait partie des agences indépendantes (comme la FTC et la SEC) qui doivent soumettre leurs projets de budget à l'*Office of Management and Budget* ou OMB avant que celles-ci ne parviennent au pouvoir législatif. La FCC est, par conséquent, susceptible de voir l'OMB corriger ses positions en application des directives présidentielles. Elle peut être punie ou récompensée à travers une réduction ou un soutien de ses demandes de financement. Outre l'exercice du rôle de filtre, l'OMB est habilité à autoriser la FCC à majorer les traitements de ses cadres afin d'attirer et de retenir les talents. En outre, selon l'intérêt présidentiel pour la matière des communications, la FCC est parfois amenée à adresser le détail mensuel de ses actions et projets à l'un des conseillers du Président. En revanche, la FCC est exemptée de l'obligation de soumettre ses propositions législatives à l'OMB. Elle les adresse directement au Congrès.

Une quatrième modalité de contrôle touche aux ressources en personnel et en matériel de la FCC. Le "*General Administration Service*" ou GSA contrôle ainsi ses installations[218]; l'"*Office of Personnel Management*" ou OPM vérifie la gestion du personnel.

Il ne dispose pas, à la différence du Congrès, d'une exception à l'interdiction des communications ex-parte à partir de l'inscription d'une affaire à l'ordre du jour de la FCC. Au demeurant, avant 1980, les relations entre le Président et la FCC se caractérisent par une certaine indifférence du premier. Il ne s'agit pas tant de dire que l'instance présidentielle ne cherche pas à y nommer des amis politiques[219], qu'elle ne lui adresse pas des directives ponctuelles ou qu'elle ne lui demande pas des faveurs dès que le besoin s'en fait sentir[220], que d'indiquer que la FCC ne fait pas alors l'objet d'une attention soutenue et quotidienne de la part de la Maison Blanche. Comparativement, la FCC est, durant cette période, avant tout l'instrument du Congrès. L'élection de Ronald Reagan est porteuse de changement dans la mesure où le nouveau Président entend tout à la fois réinstituer l'Etat sur des bases minimalistes et augmenter le contrôle du chef de l'exécutif sur l'ensemble de l'appareil administratif. La volonté d'influence déclarée sur les agences, et singulièrement sur la FCC, même si elle s'exprime parfois de façon appuyée, ne prend toujours pas la forme d'immixtions régulières dans leurs affaires[221]. Elle reste malgré tout plus discrète que celle du Congrès. Elle table sur des nominations sûres. Dans cette optique, Ronald Reagan se fait fort d'utiliser son pouvoir de nomination pour placer à la tête de la FCC des personnalités très pénétrées de ses priorités dérégulationnistes. Mark Fowler (1981-1987), à son arrivée à la FCC, ne fait pas mystère de ce que son travail à la FCC, qu'il qualifie de facon suffisamment évocatrice de *"dernier dinausore du New Deal"*, consiste à accomplir un aspect de la révolution reaganienne[222]. Son successeur Dennis Patrick (1987-1989) fait preuve d'une égale application à la tâche[223]. De fait, entre, d'une part, la FCC ayant partie liée à un Président épris de dérégulation et, d'autre part, un Congrès arc-bouté sur ses convictions régulationnistes et décidé à dompter sa créature devenue incontrôlable se déroule, entre 1982 et 1992, une guerre idéologique qui ne saurait mieux illustrer comment certaines circonstances peuvent révéler les tiraillements d'une agence de régulation indépendante, dans le cadre de la séparation des pouvoirs.

B) La FCC et le Congrès

Le Congrès est loin d'être en reste par rapport au Président s'agissant de la capacité d'influer sur le cours des actions de la FCC. En tant que création du Congrès, l'étroitesse de relation est moins surprenante même si depuis la jurisprudence Chada[224] elle n'est pas sans limite en raison de l'invalidation du veto législatif. Globalement, la supériorité de méthodes d'influence lui revient. Précisément, l'influence politique du Congrès est généralement considérée plus grande tant par son impact que par son insistance[225]. Newton Minow[226], ancien président de la FCC du 2 Mars 1961 au 1er Juin 1963, rapporte : *"Quand j'étais président, j'avais des nouvelles du Congrès avec une fréquence égale à celles des coupures publicitaires sur l'écran de télévision"*.

De prime abord, il convient de noter la tendance générale du Congrès à déléguer sa compétence normative à des agences dont il surveille l'action. En bref, le Congrès préfère pratiquer la position de réaction du contrôleur et éviter les contraintes de l'exercice direct du pouvoir législatif[227]. La croissance exponentielle du personnel et du budget des commissions parlementaires à partir des années 70[228], la réorganisation, en 1970, du "*Congressional Research Service*", la création, en 1974, du "*Congressional Budget Office*", mine d'informations budgétaires, l'augmentation des rencontres ex-parte entre les membres du Congrès et les présidents des agences, l'utilisation constante de divers erzatz du veto législatif[229] (en dépit de son invalidation dans l'arrêt *Chadha*, 1983), constituent autant de marques de cette tendance parlementaire.

En ce qui concerne spécialement ses relations avec la FCC, le Congrès s'est toujours montré vigilant à protéger sa supervision et n'hésite pas à en augmenter les outils. Le Rapport Landis de 1960 relatif aux agences de régulation reproche à la FCC sa servilité à l'égard des commissions parlementaires et de leurs membres[230]. Au demeurant, le Congrès détient plusieurs moyens de faire pression sur la FCC.

Le vote du budget est évidemment une arme privilégiée. Précisément, en 1981, il a transformé l'autorisation budgétaire permanente dont celle-ci bénéficiait par une autorisation bi-annuelle garantissant à son emprise, à travers une telle périodicité, une effectivité et une opportunité supérieures [231]. Concrètement, il peut interdire l'emploi des crédits dans des domaines précis, en limiter l'usage pour le financement des dépenses en personnel, privant la FCC du soutien nécessaire à son action. Il peut encore pratiquer le conditionnement des crédits à l'occasion du vote des textes budgétaires et adresser des interdictions ou des injonctions à la FCC[232]. Les commissions budgétaires du Sénat et de la Chambre des Représentants tiennent des auditions annuelles au cours desquelles l'action de la FCC est passée au peigne fin.

Ayant créé la FCC, le Congrès la considère comme une de ses "armes" pour ne pas dire sa chose et n'hésite pas à le lui rappeler que ce soit à l'occasion de la confirmation des commissaires[233] ou dans le feu de l'affrontement[234]. Certaines caractéristiques du processus de désignation sont révélatrices à cet égard[235]. Les sénateurs qui sont du même parti que le Président et qui représentent les Etats des personnes pressenties par le Président sont traditionnellement consultés. L'objection d'une personnalité du Sénat a pour conséquence de bloquer sinon de retarder l'approbation. Les opinions exprimées par la sous-commission du Sénat à l'occasion de l'audition sont susceptibles d'inspirer la politique à venir de la FCC. La confirmation des nominations par le Sénat lui donne l'occasion de vérifier l'idéologie des nominés en matière de régulation, de leur adresser des avertissements ou des conseils sur leurs devoirs de commissaires, ou de leur extorquer des promesses. Parfois le pouvoir d'approbation est utilisé pour bloquer le processus de désignation. Ainsi dans les deux dernières années du mandat de Ronald Reagan, le Sénat refuse-t-il d'approuver les personnes nominées par le président . Il en est résulté une Commission limitée, de fait, à trois membres[236]

Le Congrès entretient avec la FCC des relations fort suivies, par l'envoi de lettres porteuses de directives ou de protestations, par des réclamations d'information, par des rencontres périodiques. La fréquence et l'insistance de ses sollicitations à l'égard de la FCC peuvent, d'ailleurs, être perçues comme inopportunes[237]. Il fait de la conservation de la position d'interlocuteur privilégié une question de principe. Ainsi, en 1987, s'est-il efforcé de faire échouer la tentative de la FCC d'écarter les communications ex-parte entre parlementaires et commissaires ou agents pendant la période dite "*sunshine period*"[238]. En l'occurrence, il a prétexté de la flüidité relationnelle nécessaire à l'échange d'information entre instances responsables de politiques publiques pour jouir d'une exception à une règle qui symbolise pourtant, à certains égards, l'indépendance de la FCC par rapport aux divers acteurs cherchant à influencer son processus décisionnel[239]. En outre, les relations privilégiées entre certains parlementaires et les membres ou le personnel de la FCC font des premiers, dans certaines circonstances, des faiseurs de politique publique indépendants[240]. La correspondance adressée par les parlementaires rapportant les soucis de leurs électeurs affecte parfois les décisions de la FCC[241].

La supervision permanente est spécialement assurée par deux commissions parlementaires très actives : la Commission du Commerce Interétatique et International de la Chambre des Représentants (plus exactement, en son sein, la Sous-Commission des Télécommunications) et la Commission du Commerce, des Affaires Scientifiques et du Transport du Sénat (en son sein, la Sous-Commission des Communications). Ils soumettent régulièrement l'agence régulatrice à des auditions qui portent soit sur des propositions de loi, soit sur les activités de la FCC en général. De telles procédures sont souvent à l'origine des actions entreprises consécutivement par l'agence régulatrice[242]. La période 1982-1992, qui a vu s'affronter un Congrès attaché à la régulation et une FCC vouée à la dérégulation après les nominations effectuées par Ronald Reagan et George Bush a été particulièrement riche en la matière. L'organisation de plusieurs auditions sur la politique de la FCC sur des questions litigieuses et singulièrement sur la *fairness doctrine*, les règles limitatives de la concentration économique des moyens de communication et celles promotrices de la diversité raciale et sexuelle du monde de la communication est alors l'occasion de mettre la FCC récalcitrante sur la sellette et de lui rappeler ses responsabilités[243]. Les répercussions des enquêtes sont mitigées. Les effets sont positifs quand des dysfonctionnements sont mis à jour et qu'ils sont corrigés[244]. Mais la fréquence des enquêtes couplée avec une persévérance dans l'attitude critique à l'égard de la FCC peut générer certains handicaps administratifs : immobilisme ou retard dans l'action de la FCC, mauvaise image dans le public pour la FCC, incapacité d'exercer sa discrétion[245].

Dans d'autres contextes, la supervision prend la forme d'enquêtes. Précisément, la FCC s'avère y être plus sujette que d'autres agences[246]. Le jugement a été émis selon lequel la FCC serait l'agence fédérale à laquelle le Congrès aurait infligé le plus d'enquêtes depuis sa naissance[247]. De la décennie 40 aux années 80, la FCC a été la cible permanente du Congrès que ce soit au titre du traitement de questions controversées par la FCC que ce soit en raison de scandales la frappant. Parfois, l'intention du Congrès visant à faire la lumière sur des scandales touchant aux pratiques de la FCC peut se retourner contre lui. Les années 1958-1959 ont donné lieu à un épisode fort significatif, à cet égard. La Commission du Commerce Interétatique et International de la Chambre des Représentants ouvre une enquête en 1958 sur six agences indépendantes. Elle nomme le professeur de Droit, Bernard Schwartz, à la tête du comité d'enquête. Celui-ci commence ses recherches par la FCC et révèle non seulement la corruption des commissaires[248] mais celle des parlementaires eux-mêmes. Il met à jour la pratique de rémunération de services (en l'occurrence) rendus ou à rendre par ces derniers dans l'obtention d'une licence d'exploitation ou son renouvellement ou toute autre décision favorable à leurs intérêts. Cela laissait sous-entendre que les parlementaires servaient d'émissaires aux exploitants auprès de la FCC en pressant ces dernières de favoriser leur préférés. Un triangle relationnel entre la FCC, le Congrès et les exploitants était ainsi découvert et en son sein l'instrumentalisation de la FCC.

Le licenciement du Pr. Schwartz pour excès de zèle, la tentative de confiscation des résultats de son enquête préliminaire, le recours par ce dernier au renfort de la presse pour contrer l'enterrement de l'affaire[249] permettent de prendre la mesure des limites intrinsèques de cette forme de contrôle de la FCC. En clair, le Congrès n'entend laisser révéler que ce qui ne lui porte pas préjudice. Il n'y a rien de plus désagréable que la position de "tel est pris qui croyait prendre". L'impact des enquêtes ainsi délimité, le Congrès daigne introduire, en 1960, deux nouvelles sections dans le

Communications Act. L'une (section 507), pour lutter contre la pratique des *payolas*[250], exige que tout paiement reçu par une station pour une diffusion donnée soit annoncé. L'autre (section 508), dirigée contre les jeux télévisés truqués, interdit les résultats prédéterminés. La mise en cause du Congrès plus ou moins adroitement détournée, la FCC, plus que jamais mise sur la sellette, est amenée à établir, en 1960, un nouveau service, *Complaints and Compliance Division*, au sein du *Broadcast Bureau*, désigné pour mener la vie dure aux contrevenants.

Le Congrès possède d'autres cordes à son arc, comme par exemple, l'intervention législative de substitution cherchant à élever la valeur juridique d'une règle abolie[251] ou menacée d'abolition par la Commission, ou à contredire l'interprétation retenue par la FCC[252].

Au regard du nombre et de l'effectivité des moyens d'influence d'origine politique on est plus tenté de parler d'autonomie pour une agence indépendante que de véritable indépendance. L'examen des relations de la FCC avec le secteur régulé ne saurait démentir cette conclusion.

&2 : L'influence des entreprises régulées

Il est à noter qu'une certaine perméabilité minimale est indispensable à toute agence par rapport à son environnement dans la mesure où elle conditionne sa viabilité[253]. La vitalité de l'institution et la réussite de la mission régulatrice supposent un certain degré d'immersion dans le milieu régulé. Cependant, toute la question est de savoir quand les efforts visant à la familiarisation avec les problèmes des industries régulées et à la connaissance des positions défendues par leurs représentants, bascule de la saine recherche d'informations utiles à la confusion entre les intérêts industriels et l'intérêt public par l'autorité de régulation alors placée sous dépendance.

Une des critiques les plus constantes adressées à la FCC est précisément son extrême servilité à l'égard des intérêts des entreprises de la communication et singulièrement à l'égard de ceux de la communication audiovisuelle traditionnelle. C'est le thème connu de la capture de la FCC. La politique initiale de contention pratiquée par la FCC à l'égard de l'industrie naissante du câble ou des nouvelles technologies de télécommunications est ainsi citée pour souligner le souci de protection de la télévision hertzienne ou du monopole d'ATT et apporter des preuves de la captivité de l'agence. De même les auditions engagées par le Congrès entre 1958 et 1959 révèlent que les commissaires reçoivent diverses formes de rémunération pour services promis ou rendus aux demandeurs d'autorisation : prise en charge de frais de voyage et de vacances, recrutement de leur progéniture[254].

Les origines du texte ainsi que son mode de rédaction ne sauraient en l'occurrence être occultés[255]. Pour ce qui a trait de l'audiovisuel il convient de rappeler que l'ancêtre de la FCC, la FRC, créée par le *Radio Act* de 1927, est mise en place pour régler la question de l'interférence dans le cadre d'un système résolument commercial[256]. L'orientation historique du système audiovisuel déterminerait ainsi une sorte de préférence tendancielle de l'autorité régulatrice. En outre, le critère vague de l'intérêt public s'il laisse potentiellement une marge de manoeuvre substantielle à la FCC, laisse également la porte grande ouverte à l'influence déterminante des groupes de pression industriels dans la définition de l'intérêt public. La liaison s'établit par conséquent entre, d'une part, le degré de précision rédactionnelle d'une délégation législative et, d'autre part, la force de l'emprise de l'environnement, singulièrement l'industie régulée sur la Commission[257].

Il faut bien admettre que les canaux d'influence des entreprises régulées sur la FCC sont nombreux et bien huilés et la moindre de leur particularité n'est certainement pas le renfort que reçoivent les entreprises régulées de la part du Congrès.

A) Les moyens de l'influence

Ils comprennent aussi bien des instances consultatives (des comités d'études mixtes industrie/FCC) que des discussions informelles ou confidentielles à l'occasion des réunions socio-professionnelles périodiques[258] ou d'auditions organisées dans le cadre du *rulemaking*[259], aussi bien la publication de positions dans la presse spécialisée que la présentation de commentaires ou de mémoires dans le cadre de la procédure réglementaire ou d'*adjudication*, aussi bien l'échange de personnels ou les rencontres dans les bureaux des commissaires ou des agents que les comités de liaison avec la *Federal Communications Bar Association*. "*L'influence des règles procédurales de l'APA sur la substance des décisions de l'APA*"[260] mérite, à cet égard, d'être soulignée. Si on se réfère spécialement au schéma du *rulemaking* informel, la possibilité de rédiger des commentaires a été, dès l'origine, largement exploitée par les entreprises dotées du personnel adéquat. Celles-ci ont ainsi pu retenir l'attention de la Commission au détriment d'intérêts moins organisés. La nécessité pour la Commission de recueillir des données indispensables à la décision a pu produire une consultation captive[261]. Les commentaires comme les avis ont pu eux-mêmes servir de prétexte à de très opportunes communications confidentielles. Pareil état de choses a précisément motivé la législation de la transparence des années 60-70. Tout en atténuant ces effets pervers lesdites lois ne les ont pas fait entièrement disparaître, aussi bien, qu'il ne soit pas question de soutenir que l'APA ait provoqué la capture, il est vraisemblable que certains de ces éléments procéduraux nourrissent le phénomène.

Ces canaux sont utilisés tant par les groupes de pression que par des individus chargés de lobbysme. Le groupe de pression longtemps le plus puissant est la "*National Association of Broadcasters*" ou "*NAB*". Les networks ont également leur porte-voix propre. La tendance est d'ailleurs au fractionnement des groupes de pression de la communication audiovisuelle de masse, outre la NAB, existent la

National Radio Broadcasters Association ainsi que des institutions représentatives des divers sous-groupes du secteur audiovisuel, en particulier la *National Cable Television Association et la Community Antenna Association.* Dans le secteur des télécommunications, interviennent par exemple, l'*America's Carriers Telecommunications Association*, la *Personal Communications Industry Association* (communication non-filaire), la *Telecommunications Resellers Association.*

A l'échelle individuelle, les juristes spécialistes du droit de la communication jouent un rôle essentiel. Membres de la *Federal Communications Bar Association,* ils entretiennent des relations fort étroites avec les commissaires et les agents de la FCC. Les uns et les autres se rencontrent lors de manifestations professionnelles diverses comme dans le cadre de la vie privée à Washington. Ils forment, en réalité, une sorte de communauté impénétrable[262] pour le quidam. L'origine professionnelle des commissaires ou des agents occupant les postes de responsabilité avant leur arrivée à la FCC ou leur secteur de recrutement à la fin de leur mandat évoquent "*une porte à tambour*"[263] permettant de passer des industries de la communication à la FCC et de quitter celle-ci pour louer ses services au monde industriel. La capacité fort monnayable de circuler à l'intérieur de ce cercle d'initiés par les ressources relationnelles privilégiées qu'elle procure est porteuse d'abus susceptibles de rejaillir sur l'image de l'autorité régulatrice juridiquement indépendante. Malgré des limitations récurrentes[264] à cette sorte de pantouflage, le phénomène persiste. Le marché conclu entre Ronald Reagan et Charles Ferris, signalé précédement, prend tout son sens quand il est précisé que le commissaire-président en consentant à quitter prématurément ses fonctions laissait tomber un rôle appelé à diminuer à la FCC pour faire valoir de manière fort lucrative ses services dans la pratique privée. La parenté professionnelle, la participation aux mêmes manifestations professionnelles, la fréquentation des mêmes cercles socio-professionnels permettent de construire un réseau relationnel aux ressources précieuses. Celui-ci non seulement offre un lit favorable aux communications ex-parte par lesquelles la position de l'entreprise représentée est plus ou moins discrètement défendue mais encore assure une circulation des membres en son sein. Non seulement il facilite la pratique des négociations mais encore il garantit tout à la fois une certaine indulgence vis-à-vis des écarts de conduite des entités régulées et l'efficacité (théorique du moins) des sanctions informelles.

Il reste à préciser dans quelle mesure la capture est susceptible de s'exercer. Il convient de retenir non seulement le caractère dynamique de la relation qu'entretiennent les exploitants et la FCC mais encore la diversité des intérêts industriels régulés. Tant que la communication était limitée à deux secteurs bien balisés la communication de masse audiovisuelle par voie hertzienne et la communication téléphonique filaire, il était possible de dire que la FCC était noyautée par la NAB et ATT. Le développement technologique, facteur de diversification des moyens de communication électronique démultiplie la relation, en sorte que l'on a moins affaire à une relation entre un secteur industriel et une agence régulatrice qu'à des noeuds relationnels distincts, développés à partir des différents sous-secteurs industriels de la communication[265]. Il en résulte une complexité relationnelle qui se répercute sur les stratégies de mise sous influence. La tendance originelle de l'audiovisuel traditionnel à accaparer l'attention des commissaires s'est évanouie. La NAB doit désormais s'accomoder de l'intervention de groupes de pression rivaux aussi bien dans le cadre de la communication audiovisuelle, comme le câble, que dans le cadre des télécommunications. Les intérêts industriels multiples entrent donc en concurrence dans l'investissement de la FCC. Le résultat de cet affrontement varie. Le schéma de la capture s'est incontestablement compliqué. La segmentation du marché est moins propice à l'accaparement permanent par une branche industrielle donnée. Si tant est que la FCC soit à la merci de géoliers de l'industrie, ceux-ci ne se chiffrent plus à deux (NAB et ATT). Ils présentent une palette d'intérêts tout à la fois distincts et imbriqués par la force de la convergence technique.

Au gré des batailles et des compromis, selon la force des renforts ou des oppositions parlementaires[266] et présidentiels, en fonction des prédispositions de la FCC, compte tenu de l'impact de groupes de pression non-industriels, les victoires de tels intérêts peuvent être rarement totales, et sont en tout cas le plus souvent provisoires.

La capacité des groupes de pression représentant certaines catégories de public, spécialement en matière audiovisuelle ne se fait pas sentir avant 1966[267]. A cette date, la Cour d'appel de Washington D.C. reconnaît le droit de contester le renouvellement d'une licence d'exploitation aux associations, groupements professionnels, syndicats, églises (le cas d'espèce), établissements éducatifs. Outre l'usage du droit d'ester en justice, les "*citizens groups*"[268] vers la fin des années 60 prennent l'habitude de participer aux procédures normatives de la FCC et d'essayer de l'influencer. Il est donc clair que ces intérêts non-industriels disputent aux intérêts industriels l'attention de la FCC.

L'analyse de la capture doit être ramenée à sa juste valeur. Elle n'est que partiellement explicative surtout si elle est synomyme de capture par le secteur audiovisuel. "*Bien qu'elle ne puisse totalement expliquer comment l'agence choisira entre des intérêts industriels divergents, la théorie suggère comment l'agence choisira entre les intérêts industriels et non-industriels ou entre les intérêts régulés et les intérêts non-régulés*"[269]. Car en définitive, il faut bien comprendre le ressort fondamental de la délégation législative généreuse accordée à la FCC. En sa qualité de mandataire munie de pouvoirs appartenant en principe au législateur, elle fait l'objet des investissements dont celui-ci ferait l'objet de la part du milieu. Un transfert[270] de stratégies de la part de l'environnement dans son entier se produit du Congrès à la FCC et plus généralement à l'agence régulatrice. L'indépendance de la FCC subit donc des assauts semblables à ceux que les lobbies exercent sur la machine politique quoique le droit administratif tende à, réduire l'assimilation entre la confection de la loi et la formation de l'acte administratif (singulièrement, l'*adjudication*), à travers les règles limitant ou interdisant les communications ex parte.

En particulier, la théorie de la capture ne saurait occulter que le Congrès est susceptible de servir de caisse de résonance à certaines branches industrielles de la communication. Ainsi, en Mai 1974 la FCC a finalement abandonné l'allègement des règles relatives à la diffusion des films sur la télévision par câble qu'elle avait entrepris sous la forte pression du Congrès qui répercutait les demandes des propriétaires de stations hertziennes. "*Certains membres-clé du Congrès avaient fait comprendre de façon tout à fait claire à la FCC qu'il n'entendaient nullement que la Commission agisse sur un sujet aussi important sans [l']encadrement [du Congrès]*"[271]. Le renfort apporté par le Congrès aux thèses des entreprises régulées suggère une savante combinaison de deux types d'influence.

B) Le renfort du Congrès

Pour être proche de la réalité, l'étude des influences d'origine politique et celles d'origine économique exercées sur la FCC ne sauraient s'envisager séparément. En vérité, une liaison s'établit entre les pressions du Congrès et celles en provenance des exploitants de l'audiovisuel qui place la FCC au centre d'une relation triangulaire avec les deux protagonistes. La Commission devient un pion pour l'un et l'autre des partenaires engagés dans un échange clientéliste.

Une lecture politique[272] du processus de mise en place du modèle régulatoire retenu en 1927 et réitéré en 1934 éclaire sur les marchandages qui y ont eu lieu ainsi que sur l'"*équilibre politique*"[273] qui en est résulté. Dans une telle perspective, l'établissement du mécanisme du *public trustee* prôné par le Ministre du Commerce Hoover et le Congrès et soutenu par les exploitants de stations radiophoniques[274] est le résultat d'un marché passé entre les membres d'"*une communauté d'intérêts*"[275]. C'est maintenant un lieu commun que de souligner "*le lien ombilical*"[276] liant le Congrès et les exploitants de l'industrie audiovisuelle ou "*l'interdépendance*"[277] qu'ils partagent.

Pour la puissance publique, l'affirmation d'une régulation publique constitue un gain certain par rapport à la solution alternative de droits réels fondés sur l'antériorité de l'acquisition qui eût pour l'essentiel exclu son intervention[278]. Grâce à l'idée de *trust public* et aux obligations qu'elle met à la charge des exploitants, le Congrès est en mesure d'imposer des règles, comme celle de l'*equal time* inscrite dans le texte de 1927, qui servent les intérêts de ses membres[279]. La menace ou la promesse d'exercice de la compétence normative dote le titulaire de celle-ci d'une capacité à soutirer des comportements ou des sources de financement de campagne électorale chez ses partenaires audiovisuels. Le rôle futur de l'outil audiovisuel dans la campagne électorale que ce soit à travers les débats, que ce soit à travers la publicité politique directe ou indirecte est perçu par les protagonistes des discussions législatives des années 20[280]. Il alimente, en effet, une bonne part de la relation entre le Congrès et les diffuseurs par l'intermédiaire de la FCC. En 1934, le Congrès insère dans le *Communications Act* (section 315) les premiers rudiments des règles d'accès de ses membres aux plateaux de radio. En 1959 et en 1971 (section 312), alors que la télévision a commencé à prouver ses potentialités sur le terrain politique, il y apporte des compléments[281].

Les exploitants de radio ou plus exactement les plus importants d'entre eux, dont le Ministre Hoover est le chantre infatigable, entendent conserver la part du lion de l'espace hertzien qu'ils occupent dans les années 20[282]. L'institution d'une licence d'exploitation exclusive et gratuite, la possibilité de rejeter des nouvelles demandes au nom de l'intérêt public[283] et d'écarter ainsi les concurrents sont pour eux juridiquement constitutifs de rentes de situation fort appréciables et témoignent d'une influence incontestable dans la confection de la loi de 1927.

Selon les termes d'un tel marché, la FRC (plus tard, sa successrice FCC) est implicitement un instrument au service des intérêts des deux protagonistes respectifs. Ces derniers l'investissent pour obtenir leur dû propre ou garantir le paiement de son dû à l'autre partenaire. Il n'est dès lors plus surprenant que la FRC, par l'interprétation de la notion d'intérêt public, défende les avantages acquis des gros exploitants de radio existants[284], de même que la FCC interprète l'intérêt public de sorte à leur attribuer les fréquences nécessaires à l'exploitation de la télévision[285], et à les protéger de la concurrence des câblo-opérateurs[286], ou qu'elle organise l'accès des politiques aux studios de radio et de télévision. Les pressions en provenance des politiques ou des membres du secteur régulé sur l'autorité régulatrice font par conséquent partie intrinsèque du système régulatoire. L'assimilation entre la FCC et les entreprises audiovisuelles, en d'autres termes, la capture de la FCC est inscrite dans le compromis originel. L'attribution d'une licence est *"une affaire politique"*[287]. L'intérêt public se confond avec celui de la *National Association of Broadcasters* née en 1925. Au cours du débat législatif, de façon significative, un amendement tendant à doter la future FRC d'un statut égal à celui d'un tribunal et empêchant les parlementaires d'influencer ses décisions est écarté par l'auteur principal de la loi de 1927, le Sénateur Dill[288].

Par delà l'éclairage historique relatif à l'audiovisuel, il faut garder présent à l'esprit que la FCC tombe dans le schéma général du lobbyisme[289] selon lequel les industries régulées essaient d'obtenir gain de cause auprès des agences par l'intermédiaire du Congrès et de la Maison Blanche. Il est d'une façon générale de bonne guerre que les demandes de l'industrie soient transmises par le pouvoir politique.

Le principe d'instrumentalisation inscrit dans l'acte de naissance de l'autorité régulatrice ne doit pas laisser penser néanmoins que la FCC est dépourvue d'existence propre. Certaines circonstances politiques (comme la coalition entre une majorité de commissaires et un Président contre un Congrès hostile)[290] et humaines (la force de caractère de certains commissaires)[291] peuvent être propices à la manifestation d'une sorte d'autodétermination même relative[292]. On pourrait également concevoir théoriquement comme telle la position d'arbitre appelé à choisir parmi les nombreuses argumentations contradictoires dont elle est en permanence assaillie dans la réalisation de son activité régulatrice.

NOTES

1 Cette mention de la non-discrimination a été ajoutée en 1996.

2 Notre traduction. L'effort de lisibilité de la traduction est sérieusement compromis par une rédaction qui rassemble une chaîne de propositions sous une phrase unique.

3 Frontier Broadcating Co. v. Collier, Memorandum Opinion and Order, 24 FCC 251, 16 R.R. 1005 (1958); Inquiry into the Impact of Community Antenna Systems, TV Translators, TV "Satellite" States and TV "Repeaters" on the Ordely Development of Television Broadcasting, Report and Order, 26 FCC 403, 18 RR 1573 (1959).

4 CATV and Community Antenna Systems, 2 FCC 2d 725, 6 RR 2d 1717 (1966).

5 *United States v. Southwestern Cable Co.*, 392 US 157 (1968).

6 36 FCC 2d 143, 24 RR 2d 1501 (1972).

7 V. développements relatifs aux politiques de régulation.

8 Pub. L. n. 98-549 98 Stat. 2779; 47 USC && 521-559 (1984). *Le Cable Television Consumer Protection and Competition Act* de 1992 prend le contrepied de la loi de 1984. Pub. L. n.102-385, 106 Stat. 1460; 47 USC &533.

9 Pub. L. n. 87-624, 76 Stat. 419 (1962); 47 USC &&701-757 (1990).

10 *Public land mobile services.*

11 *Private land mobile services.*

12 *Omnibus Budget Reconciliation Act* de 1993, Publ. L n. 103-66, Title VI, & 6002 (b) (2) (a), (b), 107 Stat. 312, 392 (1993).

13 *Commercial mobile radio service* ou *CMRS.*

14 *Private mobile radio service* ou *PMRS.*

15 Section 332 (c) (1) (A).

16 La section 509 du *Telecommunications Act* correspond à la nouvelle section 230 du *Communications Act.*

17 La section 502 du *Telecommunications Act* correspond à la section 223 modifiée du *Communications Act*

18 La section 254 du *Telecommunications Act* correspond à la nouvelle section 254 du *Communications Act.*

19 Les sections 706 et 707 du *Telecommunications Act* correspond à la nouvelle section 714 du *Communications Act*

20 Notre traduction.

21 La décision *Reno v. ACLU* du 26 Juin 1997 a déclaré inconstitutionnelle une bonne partie du Decency Act : 117 S. Ct 2396, 65 USLW 4715. Cf CUSTOS (D) : "Liberté d'Expression des Adultes et Protection des Mineurs selon la Cour Suprême Américaine", *RDP*, 1998, p. 1637-1664.

22 Section 502 (e) (6) ou 223 (e) (6). Cette portion du texte n'a pas été examinée par la Cour Suprême dans son arrêt du 26 Juin 1997.

23 La disposition finalement promulguée prend tout son sens au regard d'une version initiale qui tendait à doter la FCC de pouvoirs consistants de régulation du contenu des messages diffusés sur l'Internet.

24 V. l'étude du service universel dans le cadre des développements relatifs aux types de régulation.

25 Le 30 Juin 1997, le Président Clinton exprime son désaccord sur l'idée d'imposition fiscale des prestations commerciales sur le réseau Internet. Présentement, le Congrès examine une proposition de loi portant exonération fiscale pour trois ans en faveur des services sur le réseau Internet et des services en ligne en général. Le texte en préparation interdit à la FCC de devenir, selon les termes de son auteur, le Représentant C. Cox de Californie, la *"Federal Computer Commission"* puisqu'il lui serait interdit de réguler les réseaux de service en ligne et de percevoir des redevances sur leurs activités. La proposition a été adoptée à l'unanimité par le Commerce Committee de la Chambre des Représentants, le 15 Mai 1998.

26 Il s'agit d'une série réglementaire connue sous le nom de *Computer Orders* . Computer I Final Order, 28 FCC 2d 267 (1970); Computer II Final Order, 77 FCC 2d 384 (1980).

27 Section 64.702 (a) des *FCC's Rules.* 47 CFR 64.702 (a).

28 Quand la FCC adopte sa distinction l'Internet n'existe pas encore en tant que réseau commercial, il est alors un réseau (NSFNET)soutenu par les fonds publics et utilisés dans dans les milieus académiques et scientifique.

29 Voir développements relatifs aux types de régulation.

30Access Charge Reconsideraton Order, MTS and WATS Market Structure, Memorandum Opinion and Order, Docket n. 78-72, 97 FCC 2d 682

31 Section 3 (41) (48) (51) consacrée aux définitions. Dans le rapport remis au Congrès le 10 avril 1998 et relatif au service universel, la FCC atteste de l'équivalence entre la distinction légale (télécommunications/information) et la sienne (de base/avancés).

32 *"Internet Telephony"* ou la téléphonie Internet.

33 Il s'agit des deux règlements du 8 Mai 1997, l'un portant sur la redevance d'accès, l'autre sur le service universel.

Voir développements relatifs au service universel.

34 La décision de 1997 reconduit celle de 1983.

35 Quand cette transmission est assurée par l'opérateur Internet lui-même.

36 Celle dite de téléphone à téléphone qui permet une communication directe à partir de deux postes téléphoniques.

37 STRAUSS (P), RAKOFF (T), SCHOTLAND (R), FARINA (C) : "*Administrative Law, Cases and Comments*", University Casebook Series, The Foundation Press, 1995, 1463 p. Ici p. 36 et 144.

38 La question du niveau sonore de la diffusion de la publicité offre un autre exemple.

39 Implementation of Section 551 of the Telecommunications Act of 1996, Video Programming Ratings, Docket n. 97-55, FCC 98-35, (1998).

40 Implementation of Section 551 of the Telecommunications Act of 1996, Technical Requirements to Enable Blocking of Video Programming on Program Ratings, Docket n. 97-206, FCC 98-36, (1998).

41 Cette disposition fait partie du *Communication Decency Act*, (inséré dans le texte du 8 Février 1996), qui a été partiellement déclaré incontitutionnel par la Cour Suprême le 26 Juin 1997. Elle n'a, cependant, pas été soumise à l'examen de la Cour. CUSTOS (D) : " Liberté d'Expression des Adultes et Protection des Mineurs sur le Réseau Internet selon la Cour Suprême des Etats-Unis. Reno v. ACLU, 26 Juin 1997", *RDP* 1997, n. 6. p. 1637-1644.

42 Children's Television Report and Policy Statement, 50 FCC 2d 1 (1974).

43 Notre traduction.

44 L'exemple du *National Labor Relations Board*, créé en 1935, qui n'utilise son pouvoir réglementaire qu'à partir de

1989, privilégiant alors la voie adjudicative, est significatif des différences de politique régulatoire d'une agence à l'autre.

45 GELLHORN (E) et ROBINSON (G) :"Rulemaking "Due Process" : An Inconclusive Dialogue", 48 *The University of Chicago Law Review*, 1981, p. 201-262. Ici p. 202-203.

46 *National Broadcasting Co. v. United States*, 319 US 190 (1943).

47 Il s'agit de l'établissement de règles limitant l'emprise des *networks*.

48 La *fairness doctrine*, maintenant abandonnée, constituait l'équivalent de l'objectif constitutionnel de pluralisme exigé par le Conseil Constitutionnel.

49 Les stations et les chaînes commerciales et non-commerciales sont concernées.

50 Infra : développements relatifs aux politiques de régulation.

51 Infra : développements relatifs au service universel; CUSTOS (D) : "Le Service Universel des Télécommunications Américain : d'hier à demain", *Juris-PTT*,1998, n. 52, p. 3-25; et*Droit de l'Informatique et des Télécommunications*, 1998, n. 3 et 4.

52 Infra : développements relatifs aux types de régulation.

53Jusqu'à 1960, la révocation était l'unique sanction en matière audiovisuelle. En 1960 apparaissent l'amende, le renouvellement probatoire, le renouvellement conditionnel.

54 Deux chiffres sont à retenir, selon la section 503 du *Communications Act* qui traite de l'hypothèse générale , pour la détermination du montant de l'amende. D'une part, la FCC doit respecter un maximum par violation ou par jour de violation continue. D'autre part, elle ne doit pas dépasser un maximum pour le total de l'amende touchant une viola-

tion continue. Le barême s'établit ainsi après ajustement au taux d'inflation (*Debt Collection Improvement Act* de 1996) et depuis le 5 Mars 1997 (Rule 1.80 de la FCC) : 27 500 dollars et 275 000 d. en matière audiovisuelle, 110 000 d. et 1 100 000 d. pour les common carriers, 11 000 d. et 82 500 d. dans les autres cas.

55 100 dollars à 5 000 d.

56 Un an au plus.

57 Comparativement, en raison de la libéralisation, les plaintes informelles reçues par voie téléphonique en matière de télécommunications sont en augmentation. En 1995, le *Common Carrier ; Bureau* en a reçu 25 482 tandis qu'en 1997 il en a reçu plus de 40 000; Audition du président Kennard devant le Subcommittee on Communications du Sénat, le 10 Juin 1998.

58 V. développements immédiatement suivants.

59 Le législateur de 1996 témoigne d'un souci identique puisqu'il ramène la durée totale maximale de la procédure de plainte formelle de 12 à 5 mois (section 208) contre les *common carriers.*

60 L'emploi du formulaire disponible est facultatif. L'usage du fax ou du courrier électronique est bienvenu.

61 Pour des problèmes engageant la sécurité.

62 La révocation pour motif légitime est prononcée pour manquement aux obligations, violation du droit. Elle se distingue de la révocation "pour silence" prononcée en raison de l'inexploitation d'une fréquence qui elle est beaucoup moins rare.

63 RAY (W) : *"The Ups and Downs of Radio-TV Regulation"*, Iowa State University Press, 1990, 193 p. MINOW (N) et LAMAY (C) : *"Abandonned in the Wasteland, Children, Television and the First Amendment"*, 1995, Hill and Wang, 237 p. Ici p. 97.

64 S'adressant à la *National Association of Broadcasters,* le

16 Octobre 1998, le Président Kennard indique qu'au cours des 10 mois précédents la FCC a fermé plus de 250 radios-pirates.

65 En 1980, la FCC n'ouvre une enquête que dans 28 cas alors qu'elle reçoit 20 000 plaintes à ce propos. LABANSKI (R) : "May it Rest in Peace : Public Interest and Public Access in the Post-Fairness Doctrine Era", 11 *Communications and Entertainment Law Journal*, 1989, p. 219 et s. Ici p. 231.

66 Les gros exploitants semblent plus épargnés que les petits tant leurs appuis parlementaires exercent un frein puissant contre les velléités de la Commission : COLE (B) OETTINGER (M) : "*Reluctant Regulators. The FCC and the Broadcast audience*", Addison-Wesley Publishing Company, 1978, p. 189-202. V. les développements relatifs aux influences subies par la FCC.

67 En les qualifiant de pouvoirs informels, on ne saurait manquer de mettre en garde contre un risque de confusion. En effet, l'exercice des pouvoirs informels ne saurait être confondu avec celui du pouvoir réglementaire informel en référence à l'*Administrative Procedure Act* qui distingue une procédure formelle (*formal rulemaking*) et une procédure dite informelle(*informal rulemaking*) qui, en réalité est simplement allégée.

68 Infra: acte du 30 Septembre 1991 modifié le 7 Juillet 1992.

69 L'attention de la FCC au cours de ses vint cinq premières années d'existence est absorbée par la radio-télévision. CHEN (J) : "The Legal Process and Political Economy of Telecommunications Reform", 97 *Columbia Law Review*, 1997, p.835-873. Ici p. 847-848.

70 "*Constant and Continuing Surveillance*"

71 "*Informal Negotiation*"

72 CHEN (J), Op. Cit. p. 548.

73 ROBINSON (G) : "*The FCC*" in "*Communications for tomorrow. Policy Perspectives for the 1980s*", Praeger Publishers, 1978, p. 353-400. Ici p. 360.

74 Infra : contrôle juridictionnel.

75 WEINBERG (J) : "Broadcasting and the Administrative Process in Japan and the United States, 39 *Buffalo Law Review*, 1991, p. 615 et s. Ici p. 625-633.

76 WEINBERG (J) : Notes de bas de page n. 42 et 43

77 LANDIS (J) : "Report on Regulatory Agencies to the President-Elect" Subcommittee on Administrative Practice and Procedure of the Senate Committee on the Judiciary, *86ème Congrès, Deuxième Session*, 1960.

78 BROTMAN (S) : "Communications Policy-Making at the FCC : Past Practices, Future Direction", 7 *Cardozo Art and Entertainment Law Journal*, 1988, p. 55-113. Ici p. 57. On s'inspire principalement des 16 exemples rapportés par Brotman ainsi que de ceux rapportés par Dollaridhe et Weinberg pour présenter un essai de systématisation. Cf. DOLLARHIDE (M) : "Surrogate Rulemaking : Problems and Possibilities under the Administrative Procedure Act", 61 Southern California Law Review, p. 1017-1053; WEINBERG (J), Op. Cit.

79 Pour la promotion d'émissions familiales à la télévision par le Président Wiley et d'une façon générale pour les questions de contrôle du contenu des programmes. Dans le cas de la promotion de le "*Family Viewing Hour*", seuls les directions de *networks* ont concocté les règles de contenu des programmes; les autres groupes intéressés, faute de procédure de *rulemaking* n'ont pu faire entendre leurs voix. On a ici un exemple des effets pervers de la capture par les groupes les plus puissants.

80 Pour l'attribution de fréquences radiophoniques.

81 Pour l'établissement de tarifs.

82 A propos de la protection des enfants à la télévision.

83 A propos de l'autorisation de radio à émissions diurnes. Autre exemple : le compromis entre cablo-opérateurs et exploitants de chaînes hertziennnes en 1972 est adopté par la FCC qui abandonne la procédure d'*informal rulemaking* qu'elle avait entamée.

84 DOLLARHIDE (M), Op. Cit.

85 A propos de l'interconnexion au réseau Bell pendant période du monopole.

86 A propos de l'établissement d'une politique de la télévision par câble

87 A propos de la télévision par câble.

88 A propos de la concurrence portée par l'industrie du câble à la radiotélévision classique : le problème des *must - carry-rules*.

89 En matière d'autorisation d'exploitation de télécommunications non filaires et dans l'hypothèse de demandes concurrentielles pour les mêmes fréquences, la FCC se contente d'allouer un bloc de fréquences à un groupe de demandeurs qui doivent ensuite s'entendre pour procéder à un partage interne.

90 KERWIN (C), Op. Cit. p. 164-167.

91 Initial Policy Statement and Order Docket n. 91-119 (1991). La section 1.18 est ainsi introduite dans le chapitre 47 du CFR. Le 7 Juillet 1992 un deuxième paragraphe est adopté. : Memorandum Opinion and Order, Docket n. 91-119.

92 L'acte de 1991 est dit "*Initial Policy Statement*". Il doit précisément être suivi d'un "*Final Policy Statement*".

93 Provision of Non-Voice Low-Earth-Orbit satellite services, 58 Fed. Reg. 68053 (1993); STEVENS (T) : " Regulation and Licensing of Low-Earth-Orbit satellites", 10 *Santa Clara Computer and High Technology Law Journal*, 1994, p. 401.

94 KENNARD (B) : Intervention lors du colloque "

Proceedings of the Sixth Annual Robert C. Byrd Conference on the Administrative Process", 10 *Administrative Law Journal of the American University,* 1996, p. 251 et s. Ici p. 278-279.

95 RAY (W) : *"The Ups and Downs of Radio-TV Regulation"*, 1990, Iowa State University Press, 193 p. Ici p. xix.

96 L'hypothèse de la carte-réponse diffère de celle selon laquelle la demande de renouvellement achoppe sur une ou des demandes concurrentes d'attribution de la même fréquence. La FCC motive l'ouverture d'une audition (simple à distinguer de l'ancienne audition comparative) par l'allégation de violations fort sérieuses.

97 RAY (W), Op. Cit. p. xviii.

98 La technique dite des *"raised eyebrows"*. ADELMAN (R) : "The First Amendment and the Metaphor of Free Trade" 38 *Arizona Law Review,* 1996, p. 1126-1174. Ici p. 1155-1159. BAZELON (D) " FCC and Regulation of Telecommunications Press", *Duke Law Journal,* 1975, p. 213 et s. Ici p. 215-218. KRASNOW (E) : "FCC Regulation and other Oxymorons : Seven Axioms to Grind", 5 *Communications and Enternainment Law Journal,* 1983, p. 759, 770-772.

99 D'autres variantes : publication d'une déclaration d'enquête, transmission de plaintes de télespectateurs accompagnées d'une demande d'explication, convocation dans les bureaux de la FCC, publication d'un communiqué rappelant les obligations du public trustee concernant type particulier de programmes.

100 Autres exemples : les émissions radio à connotation sexuelle, la programmation d'émissions engagées ou celle des films pornographiques ou d'émissions pornographiques après 21h.

101 TOINET (M-F) : *"Le Système Politique des Etats-Unis"*, PUF, Thémis, 1987, 629 p.. Ici p. 222-226.

102 BROCK (G) : *"Telecommunications Policy for the Information Age : from Monopoly to Competition"*, 1994; CATE (F) : "The National Information Infrastructure : Policymaking and Policymakers", 6 *Stanford Law and Policy Review,* 1994, p. 43-55; Mac GIVERN (J) : "U.S. International Telecommunications and Information Policy : Congress Considers Reorganizing Policymaking" 115 *Law and Policy of International Business,* 1983, p. 1297-1332.

103 Mac GIVERN (J) Op. Cit. p. 1307-1308. A l'automne 1971, l'OTP a pu jouer activement un rôle de médiateur pour provoquer un accord entre les exploitants de télévision traditionnelle et les câblo-opérateurs en ce qui concerne la télévision par câble. Il s'est montré particulièrment actif dans l'établissement d'une politique de communication par satellite; KRASNOW (E), LONGLEY (L), TERRY (H) : *"The Politics of Broadcast Regulation"*, 1982, 3ème édition, St Martin Press, 299 p. p. 70-71.

104 CLINTON (B) : *"Remarks to the National Association of Radio Talk Show Hosts"*, 22 Juin 1992.

105 *Telecommunications Authorization Act* of 1992, Pub. L. N. 102-358, 106 Stat. 3533.

106 WILEY (R) et MISENER(P) : "Whethet Goest NTIA? The fate of a Federal Telecommunications Agency", 48 *Federal Communications Law Journal,* 1996, p. 219-246.

107 Ainsi la fusion entre Bell Atlantic et Nynex a été approuvée le 14 Août 1997, celle entre ATT-Teleport Communications Group a été approuvée le 21 Juillet 1998, celle entre WorldCom et MCI Communications Corporation a été approuvée le 14 Septembre 1998, celle entre SBC Communications et Southern New England Telecommunications Corp a été approuvée le 23 Octobre 1998. D'autres procédures d'approbation ont été lancées : SBC Communications-Ameritech-Quest (annoncée en Mai 1998), ATT-TCI (annoncée en Juin 1998).

108 La prise en compte de la diversité en matière audio-visuelle. Celle du service universel en matière de télécom-

munications. Celle de l'exercice de la fonction régulatrice par la FCC dans les deux cas. Il est à noter que le constat du chevauchement de compétences entre la FCC et le DOJ est sévèrement critiqué par ceux qui prône la suppression de la FCC : Rapport présenté par le *Progress and Freedom Foundation,* en Mai 1995.

109 La FCC est présentement dépourvue du pouvoir de poursuivre les entreprises de télecommunications pour activités anticoncurrentielles. Certains auteurs expliquent que la reconnaissance d'un droit de regard en la matière et plus exactement l'intégration des principes de l'antitrust dans le standard d'intérêt public serait opportune depuis que la loi de 1996 a chargé la FCC de promouvoir la concurrence: READ (W) et WEINER (R) : "FCC Reform : Governing Requires a New Standard", 1997, 49 *Federal Communications Law Journal,* p. 289-325.

110 *Kinsbury Agreement.*

111 ATT Divestiture. SAUSSOIS (J-M) : "*A propos du Démantèlement d'ATT : la Gestion Politique d'un Secteur Industriel*" in TOINET (M-F) : "*L'Etat en Amérique*", Presses de la FNSP, 1989, 337 p. Ici p. 284-295.

112 NADEL (M) : "U.S. Communications Policymaking : Who and Where", 13 *Hastings Commnications and Entertainment Law Journal,* 1991, p. 273 et s. Notre traduction.

113"Shadow FCC". KELLOG, THORNE et HUBER : "*Federal Communications Law*", 1992, p. 731-732.

114 *Wall Street Journal,* 22 Juillet 1994, Section A1.

115 On n'envisage pas ici l'éventualité d'une contestation devant une juridiction d'une décision de la FCC.Notre traduction.

116 En outre, pour la passation des contrats publics qui concernent son fonctionnement la FCC dépend de la GSA qui a ainsi passé le contrat de construction des nouveaux locaux de la FCC au Portals dans des conditions que la FCC

est loin d'approuver.

117 La suppression de la FCC est à l'ordre du jour au sein du Parti Républicain. Dans un rapport publié en Mai 1995 et intitulé *"The Telecom Revolution, An American Opportunity"*, la *"Progress and Freedom Foundation"* dévoile son plan de suppression de la FCC préparé par un groupe de réflexion constitué de conservateurs issus de ses propres rangs.

118 GELLER (H) : "Reflections on Current Telecom Constitutional and Policy Issues", 17 *Hastings Communications and Entertainement Law Journal*, 1995.

119 Les développements relatifs aux rapports avec le Congrès conduiront à relativiser l'étendue de l'accaparement de la parole législative par la FCC.

120 Idem.

121 Article 1, Section 8 de la Contitution

122 La Fédération, c'est-à-dire la FCC, est fondée à réguler les incidences quant à l'interférence avec les communications interétatiques ou internationales des diffusions de portée intraétatique.

123 La publicité politique relativement aux élections infrafédérales, la transmission des messages liés à la sécurité publique en cas de catastrophes naturelles, installation de l'infrastructure nécessaire à la diffusion.

124 Elles sont parfois appelées *"Public Services Commissions"*. Ainsi de la *Public Service Commission* de l'état de New York qui régule l'eau, l'électricité, le gas, les télécommunications, et depuis 1995 le câble (absorption de la Cable Commission). La même appellation est employée en Louisiane.

125 PHILLIPS (C) : *"The Regulation of Public Utilities. Theory and Practice"*, 1993, Public Utilities Report, 999 p. Ici p-130-142.

126 NOAM (E) : *"The Federal-State Friction Built into the*

1934 Act and Options for rReform" in TESKE (P) : *"American Regulatory Federalism and Telecommuications Infrastructure"*, Lawrence Erlbaum Associates, New Jersey, 1995, p. 113-123.

127 L'expression vaut pour la taille des PUC puisque du point de vue chronologique la catégorie des commissions indépendantes des états a précédé la FCC.

128 VEDEL (T) : *"Fédéralisme et Communications aux Etats-Unis : Déréglementation et Centralisation"*, in TOINET (M-F) : *"L'Etat en Amérique"*, Presses de la FNSP, 1989, 337 p. Ici p. 299-303.

129 Selon la Cour d'appel du 8ème circuit, la FCC a commis un excès de pouvoir en fixant des paramètres à respecter par les états dans l'établissements des prix; *Iowa Utilities Board v. FCC* 120 F 3d 753 (8th Cir. 1997).

130 *Louisiana Public Service Commission v. FCC,* 476 U S 355, 106 S. Ct. 1890, 90 L. Ed. 2d 369 (1986).

131 ROSARIO (P) et KOHLER (M) : "The Telecommunications Act of 1996 : a State Perspective", 29 *Connecticut Law Review*, 1996, p. 331-351.

132 CATE (F), Op. Cit. p.48.

133 Report and Order du 26 Novembre 1997. Rules and Policies on Foreign Participation in the U.S. telecommuniations Market, IB Docket N. 97-142, Market Entry and Regulation of Foreign-Affiliated Entities, IB Docket N. 95-22.

134 Antérieurement à l'interdiction législative de la publicitté des cigarettes, existaient des règles posées par la National association of Broadcasters.

135 L'art 402 a été révisé par la réforme entrée en vigueur le 28 Janvier 1951.

136 En matière administrative, les cours d'appel fédérales sont pour une large part juridiction de premier degré alors que de façon générale ce sont des juridictions du second degré.

137 Par delà sa compétence directe prévue par certaines lois, le fait que la *United States Court of Appeals for the District of Columbia Circuit* soit située dans la capitale américaine, siège des agences fédérales, l'amène à examiner l'essentiel du contentieux administratif et à avoir une influence certaine sur la jurisprudence administrative. Comparativement la Cour Suprême intervient bien plus rarement quand elle daigne accorder un *writ of certiorari*. STRAUSS (P), *Op. Cit* p. 81-84; KERWIN (C), *Op. Cit.* p. 253. L'emploi du terme"juge administratif" appelle évidemment certaines réserves : il ne fait nullement référence à un quelconque dualisme juridictionnel mais tient compte d'une spécialisation de fait.

138 L'APA fournit ainsi les moyens d'injonction, de suspension ou d'annulation invocables.

139 Les actions visant les *rulemakings* ou règlements, les *policy statements* ou directives, les décisions déclaratoires, les plaintes.

140 Titre 28, Chapitre 158 de l'*United States Code*.

141 Les décisions des agences fédérales sont soumises directement aux cours d'appel. A ce deuxième titre, la Cour d'Appel du District de Columbia est susceptible d'intervenir.

142 La Cour a eu tendance à se tenir éloignée de la technicité de la matière comme en témoigne les aveux de certains de ses membres. Cf BERGMAN (J) : "Constitutional Substantial-Evidence Review? Lessons From the Supreme Court's Turner Broadcasting Decisions", 97 *Columbia Law Review*, 1997, p. 1162-1181. Ici p. 1180. Du reste, le conditionnement de la compétence de la Cour Suprême par la nécessité d'obtenir un *writ of certiorari* est une indication supplémentaire de ce que le dernier mot revient le plus souvent aux cours d'appel et, singulièrement, à celle du District de Columbia qui est ainsi confirmée dans son rôle de censeur juridictionnel principal de la FCC.

143 D'une façon générale, les questions de constitutionnalité ne constituent pas l'ordinaire du contentieux admi-

nistratif. Elles se rapportent par exemple au *"veto législatif"*, au *"contrôle de l'OMB"* (KERWIN, *Op. Cit.*, p. 257) ainsi qu' à la liberté d'expression et au principe d'égalité dans le cas particulier de la FCC.

144 KRASNOW (E), LONGLEY (L) et TERRY (H) : *"The Politics of Broadcast Regulation"*, St Martin Press, New York, 1982, 299 p. Ici p.62

145 KERWIN (C), *Op. Cit.* p. 252

146 Les magistrats fédéraux sont nommés à vie par le Président avec l'accord du Sénat. Outre leur formation juridique, leurs préférences politiques servent de critère de sélection.

147 SEMER (S) : "Pluralism on the Bench : Understanding Denver Educational Telecommunications Consortium v. FCC", 97 *Columbia Law Review*, p. 1182-1201. Ici p. 1199. L'auteur explique que la division entre régulationnistes et dérégulationnistes au nom de la diversité ou de la protection des enfants est perceptible dans la décision Denver. L'article de M. SHIPAN éclaire les avantages que les exploitants de l'audiovisuel pensaient dans les années 30 tirer de l'attribution du contentieux de la FCC à cette cour : SHIPAN (C) : "Interest groups, Judicial Review, and the Origin of Broadcast" 49 *Administrative Law Review*, 1997, p. 549-584.

148 KERWIN (C), *Op. Cit.* p. 253.

149 Idem.

150 Décision de la Cour d'Appel du 16 Octobre 1996 et du 18 Juillet 1997. Cour Suprême 25 Janvier 1999 : *ATT v. Iowa Utilities Board* N. 97-826

150 bis V. Audition du president W. Kennard devant le Sénat le 25 Mars 1999.

151 On applique à la FCC une idée que Kerwin invoque à propos de l'EPA, l'OSHA, la Consumer Product Safety Production, et la Nationale Higway Transportation Safety

Administration. KERWIN (C), *Op. Cit.* p. 264.

152 V. section suivante.

153 DEYSINE (A) : "*La justice aux Etats-Unis*", PUF, Que sais-je, 1998, 126 p.

154 *Office of Communication of the United Church of Christ v. FCC*, 359 F. 2d 994 (D.C. Cir. (1966)

155 "*Arbitrary or capricious*".

156 Citizen to Preserve Overton Park, Inc. v. Volpe, 401 US 402 (1971).

157 *Motor Vehicle Manufacturers Association .v. State Farm*, 463 US 29 (1983). *Greater Boston Television Corp. v. FCC*, 444 F 2d 841 (DC Cir. 1970).

158 DAVIS (K) et PIERCE (R), *Op. Cit*, Vol. 1, p. 310-311.

159 DAVIS (K) et PIERCE (R), *Op. Cit*, Vol. 1, p. 313.

160 Mac GARITY (T) : "Some thoughts on 'Deossifying' the Rulemaking Process", 41 *Duke Law Journal*, 1992. p. 1385-1462.

161 *American Gas Assn. v. FERC*, 888 F. 2d 136 (DC Cir. 1989); *Mobil Oil Co. v. DOE*, 610 F. 2d 796 (TECA 1979) ; *National Tire Dealers and Retreaders v. Brinegar*, 491 F, 2d 31 (1980).

162 *Citizen to Preserve Overton Park, Inc. v. Volpe*, 401 US 402 (1971); *Portland Cement Assn v. Ruckleshaus*, 486 F. 2d 375 (DC Cir. 1973); *United States v. Nova Scotia Food Products Corp.*, 568 F. 2d 240 (2d Cir 1977).

163 ou "*notice*"

164 ou "*comments*"

165 ou le "*statement of basis and purpose*"

166 Infra : le contrôle de régularité.

167 STRAUSS (P) : Op. Cit. p. 168.

168 Les conversations ex parte entre les participants et les agences doivent être rapportées dans la documentation présentée par celles-ci.

169 *Vermont Yankee Nuclear Power Corp. v. Natural Ressources Defense Council,* Inc. 435 US 519 (1978).

170 *Home Box Office, Inc. v. FCC* 567 F. 2d 9. (DC Cir. 1977).

171 *Action for Children's Television (ACT) v. FCC,* 564 F. 2d 458, 475 (DC Cir. 1977).

172 DAVIS (K) et PIERCE (R), Op. Cit, Vol. 1, p. 312-313.

173 *United States Tel. Ass'n v. FCC,* 28 F. 3d 1232 (DC Cir. 1994) : requalification au titre d'un règlement baptisé *policy statement* par la FCC. A propos d'un barême d'amende pour violations du *Communications Act* établi par la FCC.

174 PIERCE (R) : "Chevron and its aftermath : Judicial Review of Agency Interpretations of Statutory Provisions: 41 *Vanderbilt Law Review,* 1988 p. 301 et s.; STRAUSS (P) : "One Hundred Fifty Cases Per Year : Some Implications of the Supreme Court's Limited Resources for Judicial Review of Agency Action", 87 *Columbia Law Review* 1987, p. 1093 et s.

175 *Chevron v. NRDC,* 467 US 837 (1984). L'arrêt *"n'est, en réalité, qu'une reprise de l'arrêt Hearst".* Cf. SCHWARTZ (B) : " A Decade of Administrative Law : 1987-1996" 32 *Tulsa Law Journal,* 1997,p. 493-581. Ici p. 469. *NLBR v. Hearst Publications, Inc,* 322 US 111 (1944)

176 La déférence peut aller jusqu'à entériner une application d'un terme par une agence contraire au sens courant retenu par le dictionnaire (en l'occurrence la confusion entre la notion d'intérêt et celle de pénalités de retard) *Smiley v. Citibank* 116 S. Ct. 1730 (1996).

177 *SBC Communications,* Inc. v. FCC, n. 97-1425, (DC Cir. 1998)

178 *National Fuel Gas Supply Corp. v. FERC,* 811 F. 2d

1563 (DC Cir. 1987).

179 *NLRB v. United Food & Commercial Workers Union Local* 23, 484 US 112 (1987).

180 *Oklaoma Natural Gas Co. v. FERC*, 28 F. 3d 1281 (DC Cir. 1994).

181 SCHWARTZ (B) : " A Decade of Administrative Law : 1987-1996" 32 *Tulsa Law Journal*, 1997,p. 493-581. Ici p. 580-581.

182 WERHAN (K) : "Delegalizing Administrative Law", *University of Illinois Law Review*, 1996, p. 423-466.

183 *Vermont Yankee Nuclear Power Corp. v. Natural Ressources Defense Council, Inc.* 435 US 519 (1978); *Lincoln v. Vigil* 113 S. Ct. 2024 (1993); *Chemical Waste Managment, Inc. v. EPA*, 873 F. 2d 1477 (D.C. Cir. 1989).

184 Présomption d'immunité juridictionnelle de l'inaction administrative : *Webter v. Doe*, 486 US 592 (1988); conception stricte de l'intérêt à agir : *Air Courier Conference v. American Postal Workers Union*, 498 US 517 (1991) déférence croissante à l'expertise des agences : *Chevron v. NRDC*, 467 US 837 (1984).

185 LEVIN (R) : "Scope of Review Doctrine Restated : An Administrative Law Section Report", 38 *Administrative Law Review*, 1989, p. 239 et s. ; "The Anatomy of Chevron : Step two Reconsidered", 72 *Chicago-Kent Law Review*, 1997, p. 1253-1297.

186 STRAUSS (P), RAKOFF (T), SCHOTLAND (R), FARINA (C) : "*Administrative Law, Cases and Comments*", University Casebook Series, The Foundation Press, 1995, 1463 p. Ici p. 36.

187 V. développements relatifs à la constitutionnalité de la FCC.

188 STRAUSS (P), RAKOFF (T), SCHOTLAND (R), FARINA (C) : "*Administrative Law, Cases and Comments*", University Casebook Series, The Foundation Press, 1995,

1463 p. Ici p. 144. STRAUSS (P) : "The Place of Agencies in Government : Separation of Powers and the Fourth Branch", 84 *Columbia Law Review*. p. 573-669. Ici p. 586-590.

189 KRASNOW (E), LONGLEY (L), TERRY (H) : "*The Politics of Broadcast Regulation*", 1982, 3ème édition, St Martin Press, 299 p. Ici p. 100.

190 KRASNOW (E), LONGLEY (L), TERRY (H) Op. Cit. p. 9.

191 Idem. Les auteurs traitent de la régulation de ce secteur tout spécialement, l'analyse peut être cependant étendue à l'ensemble de l'activité de la FCC.

192 Idem.

193 Op. Cit. p. 10.

194 BERNSTEIN, Op. Cit., p. 126-164, 170-171, 294-296. L'ouvrage est publié en 1955 et 1966.

195 STIGLER (G) : "The Theorie of Economic Regulation", 2 *Bell Journal of Economics and Management Science*, 1971, p. 3-21.

196 "*En s'isolant des forces politiques, les commissions ont prêté le flanc à l'abus d'influence des groupes régulés*", BERNSTEIN, Op. Cit., p. 295. Notre traduction.

197 KRASNOW (E), LONGLEY (L), TERRY (H) : "*The Politics of Broadcast Regulation*", 1982, 3ème édition, St Martin Press, 299 p. Les deux éditions précédentes datent de 1973 et de 1978.

198 RAY (W) : "*The Ups and Downs of Radio-TV Regulation*", Iowa State University Press, 1990, 193 p. W. Ray a été à la tête de la *Compliance Division* du *Broadcast Bureau* pendant 18 ans à partir de 1961. Il s'agit par conséquent de l'ouvrage d'un initié. SCHWARTZ (B) : "*The Professor and the Commissions*", New York : A. Knopf, 1959. 275 p.

199 RAY (W), Op. Cit. p. 32-33.

200 RAY (W) , Op. Cit. p. 42-51.

201 Cité par QUILAN (S) : "*The Hundred-Million Dollar Lunch*", Chicago : P. O'Hara, Inc., 1974, p.4

202 RAY (W), Op. Cit. p.46.

203 SCHWARTZ (B), Op. Cit. p.77.

204 Idem.

205 RAY (W), Op. Cit p. 36-41.

206 A son arrivée à la Présidence, LBJ se contenta de placer ses stations sous la gestion d'un *trust*.

2087 MORENO (A) : "Presidential Coordination of the Independent Regulatory Process", 8 *Administrative Law Journal of the American University*, 1994, p. 461-514. Ici p. 499-504.

208 BERNSTEIN, Op. Cit., p. 109.

209 KRASNOW (E), LONGLEY (L), TERRY (H) : "*The Politics of Broadcast Regulation*", 1982, 3ème édition, St Martin Press, 299 p. p. 68. Lors de son premier mandat Ronald Reagan a pu nommer 4 membres de la FCC qui en comptait 7 jusqu'à 1983. Depuis Novembre 1997, les 5 membres de la FCC ont été désignés par le Président en exercice, Bill Clinton.

210 La coïncidence entre le programme du candidat Bill Clinton sollicitant une réélection à travers la défense de la télévision éducative et la décision de la FCC dominée par une majorité démocrate consistant, en Août 1996, à durcir sous forme de quantification minimale les règles relatives aux programmes destinés aux enfants est interprétée par certains comme une marque de l'influence présidentielle. Notons que le pouvoir de nomination s'étend aux juges fédéraux contrôlant les actes de la FCC.

211 *Humphrey's Executor v. United States*, 295 U. S. 602 (1935).

212 Le fait que Ferris, quoique démocrate ait déja commencé à mener une politique dérégulationniste dont le ren-

forcement était prôné par le vainqueur des élections présidentielles de 1980 a vraisemblablement favorisé la conclusion du marché. KRASNOW (E), LONGLEY (L), TERRY (H) : *"The Politics of Broadcast Regulation"*, 1982, 3ème édition, St Martin Press, 299 p. Ici p. 51.

213 RAY (W), Op. Cit. p. 51.

214 Le cas de l'argumentation de constitutionnalité défendue par le *Solicitor General* (invalidée par la Cour Suprême) malgré la conviction contraire de la FCC, à propos d'une d'une loi interdisant l'éditorial politique dans l'audiovisuel public.

215 Le cas des *must-carry rules* (déclarées inconstitutionnelles par la Cour d'Appel de Washington DC en 1985 dans l'affaire *Quincy Cable*) que le Solicitor General refuse de porter devant la Cour Suprême comme le lui demande la FCC croyant en leur constitutionnalité. La constitutionnalité a été reconnue par la Cour Suprême en 1997 : *Turner Broadcasting system v. FCC,* (Turner II), 1997 WL 141375 (US).

216 L'affaire *Metro Broadcasting* (1990) relative à l'action positive de la FCC dans l'audiovisuel. La FCC (dominée par des commissaires nommés par George Bush) est autorisée à défendre sa politique devant la Cour Suprême tandis que le *Solicitor General* (Kenneth Starr, nommé par George Bush) introduit un mémoire contraire, en tant qu'amicus curiae. Il est vrai qu'après la guerre de tranchée entre le Congrès et la FCC, pendant la période reaganienne, l'administration Bush cherche à pacifier lesdites relations. La possibilité laissée à la FCC de protéger l'action positive comme elle en avait été mandatée par le Congrès est alors conçue comme un geste d'apaisement.

217 DEVINS (N) : "Political Will and the Unitary Executive : What makes an Independent Agency Independent?". 15 *Cardozo Law Review*, 1993, p. 273-312. Ici p. 298-306.

218 La GSA a ainsi passé le contrat de construction des nouveaux locaux de la FCC au Portals dans des conditions

que la Commission est loin d'approuver. Elle traîne les pieds pour déménager des locaux actuels situés à Washington.

219 Outre la désignation des commissaires, la Présidence adresse également, à l'instar du Congrès du reste, des recommandations de recrutement à la FCC. Richard Wiley en a témoigné s'agissant de l'administration Nixon. Il a noté que celles provenant du Congrès étaient plus concluantes que celles en provenance de la Maison Blanche. WILEY (R) Op. Cit p. 281.

220 RAY (W) . Op. Cit.

221 DEVINS (N), Op. Cit. p. 164.

222 FOWLER (M) : "The FCC 1981-1987:What the Chairman Said", 10 *Communications and Enternainement Law Journal*, p. 409 et s.

223 PATRICK (D) in Panel discussion, "Broadcast Deregulation : The Reagan Years and Beyond", 40 *Administrative Law Review*, 1988, p. 345 et s. Ici p. 353.

224 *INS v. Chadha*, 462 US 919 (1983). Le veto législatif à l'égard du Président, des agences exécutives ou indépendantes, consiste, d'une part, en l'obligation pour l'autorité bénéficiaire de la délégation législative de notifier le Congrès du déclenchement d'un processus décisionnel et, d'autre part, en la possibilité pour le Congrès d'approuver ou de désapprouver la décision envisagée, soit par résolution des deux chambres, soit par résolution d'une chambre (le cas d'espèce), soit par résolution d'une commission parlementaire.

225 WILEY (R) : "Political Influence at the FCC", *Duke Law Review*, 1988, p. 280- 285. Ici p. 282.

226 MINOW (N) : *"Equal Time"*, New York: Athaneum,1964, p. 36. Notre traduction.

227 DEVINS (N) : "Congress, The FCC, and the Search for the Public Trustee", 56, *Law and Contemporary Problems*,

1993, p. 145-188. Ici p. 146. BRUFF, (H) : "Legislative Formality, Administrative Rationality", 63 *Texas Law Review*, 1984, p. 207 et s.

228 La taille de la sous-commission des télécommunications de la Chambre des Représentants ou "*House Subcommittee of Telecommunications*" a doublé entre 1980 et 1993.

229 Le *Small Business Regulatory Enforcement Act* de 1996 qui demande aux agences de soumettre toutes leurs règles au Congrès avant leur entrée en vigueur est analysé comme instituant un veto législatif dans la mesure où le Congrès peut par résolution conjointe des deux chambres et à supposer que la résolution soit signée par le Président, bloquer l'application d'un règlement. LUBBERS (J) : "The Administrative Law Agenda for the Next Decade", 49 *Administrative Law Review*, 1997, p.159-169. Ici p. 164-165.

230 LANDIS (J) : "Report on Regulatory agencies to the President-Elect", Subcommittee on Adminisrative Practice and Procedure of the Senate Committee on the Judiciary, *86ème Congrès, Deuxième session*, 1960, p. 53.

231 *Omnibus Budget Reconciliation Act* de 1981.

232 DEVINS (N), Op. Cit. p. 147. Le Congrès peut attacher une règle d'interdiction d'action déterminée (interdiction de changer ou de supprimer telle ou telle règle), valable un an, à la loi budgétaire. Ainsi entre 1988 et 1994 le Congrès a-t-il interdit à la FCC de supprimer l'action positive en matière audiovisuelle. Plus récemment, à propos de la mise en oeuvre du service universel prévu par le texte de 1996, dans deux lois budgétaires des 26 Novembre 1997 et 30 Avril 1998, le Congrès a commandé à la FCC deux rapports que celle-ci a respectivement remis les 10 Avril 1998 (rapport général sur le régime juridique du service universel) et 8 Mai 1998 (rapport sur les organismes de gestion); la demande du second rapport a été motivée par une étude du *General Accounting Office* en date du 10 Février 1998 concluant à un excès de pouvoir de la FCC dans l'organisa-

tion de la gestion du service universel. A la fin du mois de Juin 1998 la FCC annonce la suppression de la Competition division de l'*Office of General Counsel* pour répondre aux pressions du Congrès tendant à la réduction de ses dépenses.

233 Newton Minow, ancien Président de la FCC (nommé par John Kennedy), a rapporté les propos à lui tenus par le "*House Speaker*" : "*Retenez juste une chose mon fils. Votre agence est une arme du Congrès; Vous nous appartenez. Retenez cela et tout ira pour le mieux*" ; Cf. KRASNOW (E), LONGLEY (L), TERRY (H) : "*The Politics of Broadcast Regulation*", 1982, p. 89. L'ancien président Alfred Sikes, les ex-commissaires Andrew Barrett et Sherrie Marshall, (nommés par George Bush), reçoivent l'avertissement suivant : "*La Commission doit suivre [le Congrès]...Vous prêter serment pour réguler et non pour déréguler*"; Cf. "Congress Asserts its Dominion over FCC", *Broadcasting*, 7 Août 1989, p. 27. Notre traduction.

234 Au cours d'une audition, l'ancien président Mark Fowler (nommé par Ronald Reagan), s'entend dire par un sénateur :"*Vous êtes la créature du Congrès et vous devez appliquer les lois conformément à ses intentions*"; Cf. Joint Hearings, The Universal Telephone Service Preservation Act of 1983, 98ème Congress, 1ère session, 1983, p. 67. Notre traduction.

235 KRASNOW (E), LONGLEY (L), TERRY (H) : "*The Politics of Broadcast Regulation*", 1982, 3ème édition, St Martin Press, 299 p. p. 107.

236 De même en 1993, la FCC fonctionne avec 3 membres, 2 démocrates, (Quello et Hundt) 1 Républicain (Barrett). Le phénomène de formation réduite (cette fois-ci à 4 membres) se retrouve entre mars 1996 et novembre 1997 : 3 démocrates (Hundt, Quello, Ness) 1 républicaine (Chong).

237 Richard Wiley, nommé par Richard Nixon, souligne que le Congrès utilise ses outils de supervision avec "*une grande régularité et un grand enthousiasme*". WILEY (R) : "Political Influence at the FCC", *Duke Law Review*, 1988, p.

280-285. Ici p. 282-283.

238 En prinicipe, les communications ex-parte sont interdites après l'inscription d'une affaire à l'ordre du jour qui ouvre la "*sunshine period*". Le Congrès jouit donc d'une exception par rapport au Président et aux parties.

239 V. développements relatifs aux sources du droit applicable.

240 KRASNOW (E), LONGLEY (L), TERRY (H), Op. Cit. p. 116-121.

241 EMERY (W) : "*Broadcasting and Goverment. Responsabilities and Regulations*" Michigan State Univesity Press, 1971, 569 p. Ici p. 86.

242 KRASNOW (E), LONGLEY (L), TERRY (H), Op. Ci. p. 112.

243 DEVINS (N), Op. Cit.

244 Ainsi à la suite d'une enquête de la Chambre des Représentants effectuée en 1958 une modification du *Communications Act* est intervenue qui a, dans les affaires d'adjudication, autorisé les *administratives judges* et les commissaires à consulter les membres du personnel qui ont préparé l'audition tout en maintenant la séparation entre agents chargés d'enquêter et de préparer l'audition et les auteurs de la décision d'adjudication. Pub. L. 87-192, 75 Stat. 420-422 (1961). EMERY (W), Op. Cit p. 383-385.

245 EMERY (W), Op. Cit p. 400. "*A nul instant, soutient l'auteur en 1971, au cours de ses 37 ans la FCC n'a été en fait libre de ses mouvements*". Notre traduction.

246 "*A travers son histoire, la FCC a fait l'objet de plus de critiques et d'investigations prolongées de la part du Congrès que tout autre agence*": SOOSHAN (H), KRASNOW (E): "New Checks and Balances affect FCC Policymaking", *Legal Times*, 8 Avril 1985, p. 12. KRASNOW (E), LONGLEY (L), TERRY (H), Op. Cit. p. 100.

247 EMERY (W), Op. Cit p. 395. L'auteur note en 1971

que depuis sa naissance, la FCC a été soumise pratiquement chaque année à une enquête ou a fait l'objet d'une menace d'investigation.

248 Infra : B.

249 SCHWARZT (B), Op. Cit p. 91-111.

250 C'est-à-dire les sommes reçues par les disc-jokers pour la promotion de disques dans le cadre de leurs programmes sur les stations.

251 La règle de la *Fairness Doctrine,* ou de programmation des émissions législatives, par exemple.

252 La modification de l'article 315 en 1959 relative aux exceptions à la règle de l'*equal opportunity*. V. Développement relatif aux types de régulation.

253 KRASNOW (E), LONGLEY (L), TERRY (H) : "*The Politics of Broadcast Regulation*", 1982, 3ème édition, St Martin Press, 299 p. p. 34.

254 RAY (W), Op. Cit p. 153-159; SCHWARZT (B), Op. Cit. p. 254. Le refus des membres de la FCC, le seul enregistré parmi les six agences soumises à l'enquête, de répondre au questionnaire financier envoyé par le comité d'enquête en dit long sur ce qu'ils se sont efforcés d'occulter après les premières révélations relatives au président de la FCC luimême (pratique du double remboursement de frais de voyage par les exploitants et par la FCC).

255 JAFFE (L) : "The Illusion of the Ideal Administration", 86 *Harvard Law Review*, 1973, p. 1183-1199.

256 Jaffe signale que la proposition consistant à réserver 25% des fréquences pour l'usage non-commercial a été écartée en 1934, et qu'en outre la FCC chargée de soumettre un rapport au Congrès à ce propos argue en 1935 de l'inutilité d'une telle réservation au regard des bonnes dispositions des stations commerciales à ouvrir leurs studios aux orgnisations non-lucratives. JAFFE, Op. Cit., p.1192.

257 JAFFE, Op. Cit., p. 1188-1189.

258 KOHLMEIER (L) :"*The Regulators. Watchdog Agencies and the Public Interest*", 1969, Harper and Row, 331 p. ici p.70.

259 On se réfère à la pratique des auditions informelles visant à receuillir des données en vue de l'établissement de règles générales.

260 BROCK (G) : "*Telecommunications Policy for the Information Age : from Monopoly to Competition*", 1994, 317 p. Ici p. 53.

261 Cela est d'autant plus vrai que pendant ses premières décennies la Commission a très souvent dépendu de l'industrie pour l'analyse des questions techniques.

262 GOULDEN (J) : "*The Superlawyers : The Small and Powerfull World of the Great Washington Law Firm*", New York, Weybright and Talley, 1972 p. 6.

263 KRASNOW (E), LONGLEY (L), TERRY (H), Op. Cit. p. 50.

264 La loi pénale (*Ethics in Governement Act* de 1978, Pub. L. 95-521, 26 Octobre 1978, 92, Stat. 1824) contenait des restrictions renforcées sous le Président Carter et relatives au droit de pratiquer auprès de la FCC pour les anciens commissaires et les ancients agents de la FCC. Le Président Carter a tenté d'imposer le serment de non-démission prématurée aux agents. Ses sections 207à 212 ont étés supprimées par le Pub. L. 101-280, 4 Mai 1990, 104 Stat. 157. Au sein de la FCC le *General Counsel* est chargé d'émettre des avis sur les questions éthiques spécialement celles liées aux conflits d'intérêt postérieurs à la sortie de fonctions des agents.

265 L'idée de fractionnement est illustrée par la liste suivante : *Association of Maximum Service Telecasters, National Translator Association, Council for UHF Broadcasting, National Association of UHF Broadcasting, Daytime Broadcasters Association, National Association of Black-owned Broadcasters, National Religious Broadcasters, Radio Television News Director Association.*

266 La décision du Congrès d'attribuer gratuitement et automatiquement une fréquence à tout détenteur de télévision analogue en vue de l'exploitation d'une chaîne de télévision numérique est révélatrice de la force du soutien parlementaire à l'audiovisuel traditionnel.

267 *Office of Communication of the United Church of Christ v. FCC*, 359 F. 2d 994, (DC Cir. 1966). Dans un deuxième arrêt la Cour oblige la FCC à considérer d'autres demandes pour l'attribution de la licence arrivée à expiration,*Office of Communication of the United Church of Christ v. FCC*, 425 F. 2d 543, (DC Cir. 1969).

268 En matière audivisuelle : *United Church of Christ, National Citizens Committee for Broadcasting, Accuracy in Media, Media Access Project, National Black Media Coalition, National Latino Media Coalition, Action for Children's Television.* Les associations de consommateurs soucieux de lutter contre l'enflure des prix des services câblés et de télécommunications sont également à considérer.

269 ROBINSON (G) : "The FCC : An Essay on Regulatory Watchdogs", 64 *Virginia Law Review*,1978, p. 169-262. Ici p. 192.

270 BERNSTEIN (M), Op. Cit. p. 262; JAFFE (L), Op. Cit., p. 1190; ROBINSON (G), Op. Cit. p. 175-177.

271 Les propos tenus par le vice président (Everett Erlich) du réseau ABC sur la résistance menée par ce dernier (au processus réglementaire engagé par la FCC) à travers le Congrès sont rapportés dans la décision *Home Box Office v. FCC* , 567 F. 2d 9, 52, n. 112 (1977). Notre traduction.

272 HAZLETT (T) : "The Rationality of US Regulation of the Broadcast Spectrum", 33 *The Journal of Law and Economics*, 1990, p. 133-175.

273 HAZLETT (T), Op. Cit. p. 166-171.

274 Le rôle originel de l'industrie audiovisuelle dans la mise en place de la régulation mérite d'être soulignée. Dès la Première Conférence de l'audiovisuel tenue en 1922, les

exploitants reconnaissent l'échec d'une autorégulation et, corrélativement, la nécessité d'une régulation publique. A l'occasion de la Troisième Conférence, en 1924, Hoover a pu noter que *"l'industrie audiovisuelle était probablement la seule aux Etats-Unis à demander à être régulée"*. Notre traduction.

275 HAZLETT (T), Op. Cit. p. 172.

276 Mac NEIL (R) : *"The People Machine : The Influence of Television on American Politics"*, 1968, New York, Harper et Row, p. 243 citant Bernard RUPIN.

277 Idem.

278 Il s'agit de la solution alternative conforme à l'arrêt *Oak Leaves Broadcasting Station* (1926). HAZLETT (T), Op. Cit. p. 159-161.

279 HAZLETT (T), Op. Cit. p. 158-166.

280 HAZLETT (T), Op. Cit. p. 162.

281 V. Développements relatifs aux types de régulation.

282 HAZLETT (T), Op. Cit. p. 153-158.

283 Il s'agit du pouvoir que les arrêts *Intercity* (1923) et *Zenith* (1926) avaient précisément refusé au ministre.

284 La mise en oeuvre des critères technique et financier de l'intérêt public par la FRC tend à favoriser les exploitants disposant d'un équipement conséquent, de ressources suffisantes et d'un personnel qualifié propres à garantir une diffusion continue. De fait, les petits exploitants sont écartés sur le fondement qu'ils assurent un service médiocre au public. De même la FRC refuse-t-elle d'étendre la bande de fréquences exploitables, réduit l'aire de diffusion des stations à but non-lucratif et les force à partager le temps d'antenne, les conduisant ainsi à la faillite. HAZLETT (T), Op. Cit. p. 157, 167.

285 HAZLETT (T), Op. Cit. p. 172-173, note 138.

286 C'est tout le sens des *must-carry rules.*

287 HAZLETT (T), Op. Cit. p. 168.

288 BARNOW (E) : "*A Tower in Babel*", 1966, p. 217. Un tel épisode est à rapprocher de l'opposition du Congrès, 50 ans plus tard, à la tentative de la FCC d'interdire les communications ex-parte avec les parlementaires pendant la "*sunshine period*".

289 KOHLMEIER (L), Op. Cit. p. 77.

290 La période reageanienne prolongée par celle du Président Bush en offre un exemple, à cette différence près que Georges Bush tente de pacifier quelque peu les relations avec le Congrès.

291 Les figures comme celles de M. Minow, président de la FCC et auteur de la phrase célèbre : "*la télévision est une immense poubelle*". Notre traduction.

292 Exemples : la réglementation anti-concentration(limitation de l'emprise des *networks*), la *fairness doctrine* et son application à la publicité relative aux cigarettes (avant l'interdiction législative)

Chapitre 4

L'activité régulatrice de la FCC

L'unification de la régulation des communications qu'opère le *Communications Act* de 1934 n'empêche pas un dédoublement de l'activité régulatrice qui s'organise dès lors autour de deux grands types (Section 1). La FCC recourt ainsi à des techniques différentes pour mener à bien ses politiques régulatrices variées en dépit de l'identité jusqu'à une date récente du texte institutif (Section 2).

SECTION 1 : LES TYPES DE RÉGULATION

Le *Communications Act* de 1934 organise la régulation à partir d'une distinction fondamentale qui repose sur les moyens techniques de transmission. Dès l'origine, et encore de nos jours, deux grands modèles encadrent l'activité des exploitants : le modèle du "*common carrier*", applicable au téléphone, le modèle du "*public trustee*", applicable à l'audiovisuel traditionnel ou analogique. Chaque modèle confie des tâches régulatrices spécifiques à la FCC qui par conséquent arbore un double visage. Malgré la diversification des moyens de communication ainsi que leur convergence, cette dichotomie initiale n'a pas été abandonnée.

I) Le modèle du common carrier

La notion de *common carrier*, comme celle de *public trustee*, est héritée du droit anglais. Elle détermine cependant un type de régulation aux traits distincts.

A) La notion de common carrier

Les origines de la notion doivent être rappelées avant de définir la catégorie du *common carrier* et le régime juridique qui lui est applicable.

1) Les origines de la notion

La notion de *common carrier* est la notion jumelle de "*public utility*". Elle est habituellement employée pour se référer aux activités de transport et de télécommunications tandis que celle de *public utility* renvoie à la production et à la distribution du gaz, de l'eau et de l'électricité. La régulation des *public utilities* est l'équivalent de la régulation des *common carriers*[1]. De fait la terminologie de *public utilitiy* est également utilisée dans la littérature juridique à propos des télécommunications. L'interchangeabilité des termes est confirmée par le fait que les commissions régulatrices des états portant le nom de "*Public Utilities Commission* " traitent de toutes les catégories d'activités précitées. La filiation principalement anglaise de la notion peut être établie à partir de quatre éléments[2].

Elle peut tout d'abord être rapprochée de la doctrine du juste prix en vogue au Moyen Age. Celle-ci était prônée par les premiers Pères de l'Eglise en opposition à celle du prix naturel issue du droit romain. Alors que les romanistes se contentaient de la constatation de l'accord contractuel pour entériner le prix naturel qui en découle, les tenants du juste prix attiraient l'attention sur les contrats léonins et la nécessité de promouvoir un prix légitime, c'est-à-dire suffisant à la survie économique. Cette idée de prix juste se retrouve dans la théorie du *common carrier* ou du *public utility*.

Les guildes ou corporations du Moyen Age offrent un autre point de rapprochement. L'appartenance à un de ces ancêtres des syndicats modernes, bénéficiaires de monopoles, comportait l'obligation de servir quiconque en faisait la demande selon un prix raisonnable. On recourait alors à l'expression de *common carriers* pour en qualifier les membres.

La filiation peut également s'établir avec les chartes octroyées par le roi de France aux compagnies d'exploitation coloniale, dans le cadre du mercantilisme colbertiste. Celles-ci bénéficiaient de concessions porteuses de droits exclusifs pour accomplir des tâches jugées d'importance pour la grandeur du Royaume. Le procédé de la concession est appliqué présentement aux compagnies d'utilitité publique et aux *common carriers.*

Enfin, le droit développé par les cours de *common law* tout en supplantant celui des corporations, continua de distinguer certaines activités en raison de leur intérêt public et de conférer à leur exploitants des droits et des obligations spéciaux analysés par *Lord Chief Justice* Hale (1609-1676) dans son traité *"De Portibus Maris"*[3] et son ouvrage *"The Analysis of Law"*[4] et similaires à ceux institués par le *Communications Act.* Qualifiées de *"common callings"* ou de *"public occupations"*[5] elles étaient régulées par le Parlement anglais. A la différence des autres activités, conçues commes privées, les prix pratiqués par ces *common callings* devaient être justes, c'est-à-dire répondre à des considérations éthiques et non point économiques.

Les colonies américaines transposèrent ces données du droit anglais[6]. Ainsi, avant la Révolution, les prix du transport terrestre et maritime étaient régulés dans le détail, tandis que ceux du pain, du maïs, et du tabac faisaient l'objet d'une régulation plus modérée. La tendance se poursuivit dans les décennies qui suivirent la guerre d'indépendance. Après la guerre de 1812, la préférence fut cependant donnée à la libre concurrence même si la régulation des transports fut maintenue. Les abus du développement industriel de la seconde moitié du 19ème siècle et la longue dépression des annés 1870 devait susciter une résurrection de la théorie del'intérêt public. L'arrêt *Munn* la consacre en 1877 et ouvre une lignée au cours de laquelle la Cour suprême précise les activités d'utilité publique et soumises à un régime juridique spécial. La décision *Nebbia*[7] adoptée en 1934 retient une définition très large puisqu'elle laisse à la puissance publique le soin de déterminer lesdites activités dans la formulation de sa politique économique.

2) La définition du common carrier

Le *Mann-Elkins Act* de 1910 qualifie expessément les compagnies de téléphone et de télégraphe de *common carrier* sans en préciser la signification. En revanche, le *Communications Act* de 1934 (section 3 (10)) fournit une définition mais celle-ci est circulaire et tautologique. Le *common carrier* s'entend de"*toute personne qui s'engage, en tant que common carrier, à assurer des communications interétatiques ou internationales par voie filaire ou par radio*". La consultation des travaux parlementaires révèle néanmoins que le législateur se réfère en réalité au sens ordinaire de l'époque[8]. La définition retenue par la FCC n'est pas plus éclairante : "*personne qui s'engage à acheminer des communications pour le public*"[9].

En revanche, la définition jurisprudentielle fondée sur deux éléments[10] est plus constructive. Le premier tient au caractère quasi-public du service fourni et explique le terme "*common*" en particulier : il doit être disponible à tout client potentiel, qu'il vise le public dans son entier ou un segment de ce dernier. Dans le cas contraire, il devient "*private carrier*" qui sélectionne individuellement ses clients et leur applique des clauses contractuelles personnalisées. Le deuxième tient aux caractéristiques du message transmis et explique le terme "*carrier*" en particulier : il doit être créé par le correspondant qui en choisit également le destinataire, le *common carrier* en assurant seulement l'acheminement. Ce deuxième critère permet de distinguer le *common carrier* de l'exploitant de l'audiovisuel hertzien ou de la télévision câblée. Ce dernier pratique de la communication de masse avec des programmes de son choix à destination d'auditeurs et de téléspectateurs. La distinction est expréssement observée d'une part par la Cour Suprême[11], d'autre part, par le législateur aussi bien dans le *Communications Act* de 1934[12] que dans le *Cable Act* de 1984[13].

Il importe de noter que la définition s'appuie sur la nature de l'activité et nullement sur la situation de l'opérateur sur le marché. L'absence de référence à la structure du marché débouche sur la conclusion selon laquelle un *common carrier* peut être ou ne pas être en situation monopolistique[14]. Ainsi les exploitants de camions de transport routier sont qualifiés de *common carriers* alors qu'ils ne sont pas bénéficiaires de monopoles[15]. Certes, le Congrès dans le *Mann-Elkins Act* (1910) comme dans le *Willis Graham Act* (1921)[16] ou *Communications Act* (1934) est préoccupé par la structure monopolistique de l'industrie téléphonique et singulièrement par la position d'ATT sur le marché[17]. Certes, le *Willis-Graham Act* considère l'industrie du téléphone comme un monopole naturel. Il n'en reste pas moins vrai que les trois textes sont applicables à tous les opérateurs de l'activité téléphonique quelque soit leur part de marché[18].

La domination de fait du marché par ATT plusieurs décennies durant a été propice à la confusion entre *common carrier* et bénéficiaire d'un monopole ou du moins à l'association d'idées relative aux deux notions. Précisément, dans le cadre de sa politique de dérégulation la FCC a cherché à établir un lien entre la qualité de *common carrier* et la position commerciale de l'opérateur[19]. Ainsi, en 1980, a-t-elle distingué entre l'opérateur dominant et l'opérateur non-dominant en allégeant le régime juridique, singulièrement en matière de contrôle des prix, pour la seconde catégorie[20]. Il en résulte que l'opérateur dominant est soumis à la totalité des obligations du *common carrier* tandis que l'opérateur non-dominant ne doit en observer qu'une partie. La distinction est donc synomyme de diversification interne du modèle régulatoire. Le législateur de 1996, promoteur de la concurrence, n'abandonne pas à proprement parler le concept de *common carrier* et confirme la distinction entre position monopolistique et qualité de *common carrier* même s'il dote la FCC d'un pouvoir d'abstention d'exercice du pouvoir de régulation.

Concrètement les compagnies de services téléphoniques et télégraphiques, les revendeurs de services téléphoniques, les fournisseurs de services de télécommunications, qu'ils opèrent par voie filaire ou non-filaire[21], sont qualifiés de *common carriers*. Dans sa rédaction de 1996, la section 3 (44) indique que le "*telecommunications carrier*" s'entend de tout fournisseur de télécommunications et qu'il doit être traité comme un *common carrier* quand il offre des services de télécommunications[22]. Les services de télécommunications[23] se distinguent des services d'information (section 3 (20)) qui permettent à l'utilisateur de générer, d'acquérir, de stocker, de transformer, de traiter, de retrouver, ou d'utiliser de l'information. Les exploitants de services d'information sont exclus de la qualité de *common carrier*. Il en est de même pour ceux des réseaux privés de communications mobiles.

3) Le régime juridique du common carrier

C'est dans l'*Interstate Commerce Act* de 1887 que le législateur américain codifie le régime juridique des common carriers qu'il identifie alors aux entreprises de chemin de fer. Le *common carrier* en tant qu'il assure un service public ou *public utility* est traditionnellement soumis à cinq obligations et peut se prévaloir de quatre droits outre celui de la protection de la propriété privée dont bénéficie tout entrepreneur[24]. Cependant, la théorie classique subit présentement de sérieuses révisions qui remettent en cause l'équilibre du régime.

Selon l'obligation de service universel, le *common carrier* doit servir tout client qui en fait la demande et rendre le service accessible aux habitants des localités difficiles ainsi qu'aux personnes défavorisées. En deuxième lieu, le *common carrier* est soumis à une obligation d'interconnexion qui permet aux abonnés de tirer les bénéfices de l'interopérabilité[25]. En troisième lieu, le *common carrier* répond à une obligation de sécurité et d'adéquation du service qui le contraint à veiller au caractère inoffensif de son équipement et à opérer 24 heures sur 24 heures. En quatrième lieu, intervient une obligation de non-discrimination à l'égard des clients qui, si elle n'interdit pas à l'exploitant de distinguer des catégories de clients, exige qu'il offre les mêmes conditions à tous ceux qui relèvent d'une seule et même catégorie. En cinquième lieu, existe une obligation de prix juste et raisonnable selon laquelle la détermination du prix de service ne sera pas laissée à la seule logique économique.

Pour ce qui a trait aux droits, le *common carrier* peut d'abord prétendre à un prix raisonnable qui lui permette de recouvrer le coût de production et de collecter un intérêt raisonnable. Ensuite, il a droit à des conditions de service raisonnables quant aux heures de bureau et aux règles de paiement. Par ailleurs, il est détenteur de prérogatives exorbitantes du droit commun (*right of eminent domain*) comme l'expropriation ou l'occupation de la propriété privée nécessaires à l'accomplissement de sa mission. Enfin, il bénéficie, du moins traditionnellement, d'une protection contre la concurrence. Sa licence d'exploitation comporte une certaine exclusivité. Le *public utility* a été, jusqu'à une date récente, associé au monopole. Sur ce point, la vague dérégulationniste déstabilise la théorie classique du *common carrier* : elle place l'exploitant dans un environnement résolument concurrentiel. Le *Telecommunications Act* de 1996 est précisément rédigé à partir du credo de la libre concurrence. L'image de l'exploitant monopolistique sérieusement écornée par le démantèlement d'ATT, à partir de 1984, est désormais vouée au passé avec la généralisation de la concurrence et singulièrement son extension au marché des communications locales[26]. Un ressort essentiel de l'équilibre entre obligations et droits est donc rompu.

Le travail de régulation de la FCC consiste précisément à veiller au respect de ces droits et obligations.

B) Les traits de la régulation

1) Les éléments de la régulation des opérateurs de télécommunications

La palette des pouvoirs de régulation reconnue à la FCC par le *Communications Act* de 1934 est particulièrement riche. Elle illustre les relations entre, d'une part, une société privée pour la réalisation d'activités d'utilité publique, c'est-à-dire de service public (*Public Utilities Companies*[27]) et, d'autre part, l'autorité de régulation[28]. On peut classer les pouvoirs de la FCC en trois grandes catégories : la première concerne l'activité proprement dite, la seconde a trait au patrimoine, la troisième touche aux prix et à la garantie du service universel et est le pilier central du système.

Le *common carrier* est à l'origine bénéficiaire d'un monopole. La FCC dispose alors du pouvoir d'accorder des dérogations[29] au droit de la concurrence au *common carrier*. Le service téléphonique est assimilé à un monopole naturel. Concrètement, il s'agit de la compagnie ATT monopolisant jusqu'à 1984 les communications locales et de longue distance. A la suite de son démantèlement, le marché de la longue distance est placé sous le régime de la concurrence tandis que le monopole demeure sur le marché local à cette différence près que 7 compagnies locales monopolistiques succèdent alors à ATT. Le changement de la structure du marché ordonnée par le juge Greene intervient sans modification textuelle cependant. On assiste à une période où la concurrence dispute sérieusement au monopole le fondement philosophique de la régulation alors même qu'une structure de marché et une philosophie monopolistiques sont sous-jacents au texte d'origine. La loi de 1996 organise la démonopolisation des communications locales, d'une part, en imposant des obligations[30] aux compagnies locales et, d'autre part, en confiant des pouvoirs de promotion et de protection de la concurrence à la FCC.

Mais la législation précédente n'est pas expressément supprimée par le toilettage de 1996. Le législateur claironne le changement de philosophie régulatoire sans effacer les dispositions originelles symbolisant un autre type de régulation. Se trouve ainsi posée la question de l'adéquation entre les pouvoirs maintenus de la FCC et le nouveau principe dérégulationniste. La régulation autrefois conçue comme substitut au marché ne disparaît pas à proprement parler. Il serait plus exact de dire que ses objectifs et ses modalités évoluent et, avec ceux-ci, le rôle de la FCC. Celle-ci est précisément exhortée à utiliser son pouvoir de régulation avec circonspection et est dotée d'une capacité de modulation de son intervention. Là semble résider la clé de l'adaptation entre le type de régulation pratiqué et la philosophie régulatoire proclamée.

Il convient, dès lors, de ré-interpréter les pouvoirs initiaux de la FCC en fonction de ce changement législatif. Cette façon de régler les problèmes de compatibilité entre les dispositions anciennes et nouvelles du texte est d'autant plus possible que le texte du *Communications Act* mentionne les *common carriers* au pluriel même si à l'époque de sa rédaction la compagnie ATT exerçait déjà un monopole. En outre, de la réaffirmation du principe du service universel, mécanisme de redistribution sociale, on déduit que le credo dérégulationniste a des limites et que la discontinuité avec le passé n'est pas totale.

a) Le contrôle de l'accès au marché

La Section 214 de la loi de 1934 donne à la FCC le moyen de maîtriser l'évolution des activités de la compagnie. L'exercice de la liberté d'entreprendre est soumis au régime de l'autorisation, en sorte que la FCC effectue un contrôle d'accès au marché. En effet, la FCC (214 a) doit fournir un certificat pour la construction de toute nouvelle ligne ou l'extension d'une ligne existante ainsi que pour la cessation ou la réduction de service sur une ligne.

Sous le régime monopolistique, la FCC trouvait dans cette disposition le fondement de la protection d'ATT. La protection de la concurrence était alors considérée comme le pendant des obligations imposées au *common carrier* au nom de l'intérêt public et singulièrement la contrepartie du service universel[31]. Dans le nouveau cadre concurrentiel, la FCC doit désormais protéger la concurrence. L'objectif n'est donc plus d'accorder des autorisations au compte-gouttes aux nouveaux exploitants pour éviter l'écrémage du marché et de fermer l'entrée de celui-ci aux concurrents du titulaire du monopole mais de le rendre accessible aux exploitants qui le désirent[32]. L'évaluation de la mission de la FCC est par conséquent bouleversée.

En outre, la FCC (214 c) prescrit dans le certificat les conditions de l'opération envisagée au regard de l'intérêt public. Par aillleurs, la FCC (214 d) peut ordonner, toujours au nom de l'intérêt public, à l'opérateur de procéder à l'acquisition d'équipement ou à la construction ou à l'extension d'une ligne. Et l'opérateur contrevenant aux prescriptions peut faire l'objet d'une injonction juridictionnelle. Avec la section 214, la FCC est habilitée à jouer le rôle d'un censeur économique.

Enfin la FCC contrôle la structuration du marché à travers l'approbation des fusions[33]. Par là, elle est susceptible d'empêcher la formation de groupes industriels qui auraient la capacité d'étouffer la concurrence. Depuis la loi de 1996, ce pouvoir est d'autant plus important que la libéralisation a eu pour effet de stimuler des stratégies de regroupement. Il s'agit, par conséquent, d'un rôle de supervision stratégique du marché.

b) L'évaluation du patrimoine

En guise de complément au pilotage des activités de l'opérateur, la FCC reçoit le pouvoir d'évaluer le patrimoine de ce dernier. Aux termes de la section 213 (a), la FCC peut procéder à l'évaluation partielle ou totale des biens de l'opérateur. Dans cette optique, elle peut (213 b), à tout moment, demander à l'opérateur de lui présenter un inventaire de ses biens; ainsi que (213 c) d'établir à son adresse le coût des biens utilisés à l'origine pour satisfaire à ses obligations à l'égard du public. Par ailleurs, (213 e) la FCC se tient informée de toute nouvelle construction, agrandissement, amélioration et autre changement affectant les biens de l'opérateur. Elle dispose (213 f) d'un pouvoir d'enquête pour l'établissement de l'évaluation. Grâce à la section 213, la FCC est à même de suivre les évolutions du patrimoine de l'opérateur et de se référer aux éléments d'information recueillis pour l'accomplissement de ses tâches de régulation.

Dans le même ordre d'idée, la section 220 (a) (2) confie à la FCC le soin d'établir un système de comptabilité uniforme applicable à toutes les compagnies téléphoniques. La prise en compte du taux de dépréciation de l'équipement se fait selon les spécifications prescrites par la Commission (Section 220 (b)). Sous le régime monopolistique, la FCC était tenue d'adopter ses dernières prescriptions, désormais, elle jouit d'un pouvoir discrétionnaire[34]. Le droit d'inspection des comptes et registres est, en revanche, reconduit tel quel.

c) Le contrôle des prix

Le contrôle des prix constitue la pierre angulaire des pouvoirs de régulation des *common carriers* de la FCC. A cet égard, le texte de 1934 dote la FCC d'un moyen d'action supplémentaire par rapport à l'ICC[35], parachevant la construction du système régulatoire des télécommunications sur le modèle du *common carrier* ou du *public utility*. La section 201 (b) oblige les opérateurs à pratiquer des prix justes et raisonnables et déclare illégaux les prix injustes et déraisonnables. Elle dote la FCC d'un pouvoir de vérification, à cet égard. A titre complémentaire, la section 202 (a) interdit et (c) punit d'amende la discrimination tarifaire injuste et déraisonnable. Les sections 203, 204 et 205 détaillent l'exercice du contrôle des tarifs[36].

La section 203 traite de l'établissement de barèmes de prix. Son paragraphe (a) impose une obligation de déposer les tarifs auprès de la FCC, de les imprimer et de les afficher et donne à la FCC le pouvoir d'en réglementer les modalités. Son paragraphe (b 1) dispose que tout changement doit être porté à la connaissance de la FCC et qu'il ne peut entrer en vigueur qu'après 120 jours suivant cette information. Son paragraphe (b 2) ouvre une possibilité de modulation de la contrainte en reconnaissant à la Commission le pouvoir de modifier, en fonction de circonstances particulières, l'obligation d'enregistrement par règlement ou décision individuelle[37]. Son paragraphe c, comme pour mieux marquer le poids de la FCC, indique qu'aucun service de téléphone ne saurait être assuré sans que l'opérateur ne se soit conformé à l'obligation de dépôt de tarif et martelle, avec une égale insistance, l'obligation de respecter les prix enregistrés. Son paragraphe (d) laisse à la FCC la discrétion d'un refus d'enregistrement d'un tarif dont la date d'effectivité n'aurait pas été indiquée. La FCC se montre particulièrement pointilliseuse dans l'organisation des modalités de la procédure de dépôt : le modèle de la lettre de transmission, le format compris, ainsi que les mentions obligatoires y sont précisés, les pièces supplémentaires y sont détaillées. On en déduit que la FCC se trouve munie d'un pouvoir d'approbation qui a pu lui permettre de mener une politique des prix conformément aux exigences du service universel. C'est grâce à cet outil qu'elle a pu négocier avec ATT la pratique d'un barème uniforme sur l'ensemble du territoire. L'intensité du contrôle des prix a d'ailleurs varié. Jusqu'en 1987, la FCC s'assure que chaque prestation donne lieu à une rémunération suffisamment compensatrice de l'investissement initial. Dans un second temps, elle se contente de fixer un plafond en deçà duquel l'opérateur garde une certaine souplesse.

Les sections 204 à 208 organisent le contentieux des nouveaux tarifs. Aux termes de la section 204 (a 1) la FCC détient un pouvoir de suspension partielle ou totale ainsi qu(b)'un pouvoir d'approbation partielle ou totale des nouveaux tarifs. L'un et l'autre sont exercés à l'initiative de la Commission ou sur plainte et dans le cadre d'une procédure d'audition (*"hearing"*). Le retard de la Commission est triplement sanctionné puisque, d'une part (a 1), la suspension ne peut aller au delà de 5 mois de la date d'effectivité prévue dans la demande d'approbation et que, d'autre part (a 1), à l'expiration de la période de suspension, en l'absence de décision d'approbation ou de rejet, les nouveaux tarifs entrent automatiquement en vigueur et qu'enfin, le paragraphe 2 l'invite à conclure toute procédure d'audition dans les 5 mois[38] suivant l'entrée en vigueur des nouveaux prix. La charge de la preuve incombe cependant à l'opérateur (a 1). La décision de la FCC est évidemment susceptible de recours devant les tribunaux (a 2).

La section 205 (a) donne la mesure de l'intervention de la FCC en précisant que quand celle-ci estime que les prix soumis sont illégaux elle prescrit les prix minima et maxima ainsi que les catégories d'abonnés à pratiquer. Selon la section 205 (b), l'inobservation des prescriptions est passible d'amende.

Les sections 207 et 208 traitent de la réparation des dommages causés par les illégalités par action ou omission commises par les compagnies. La FCC, à l'instar de la Cour de District fédérale, reçoit compétence pour statuer sur le recours en responsabilité.

Enfin, la section 208 règle la procédure des plaintes à la FCC. Son paragraphe (a) octroie à toute personne, toute collectivité publique ou toute commission régulatrice d'un état le droit de déposer une plainte en vue de faire sanctionner l'illégalité commise par un opérateur. Après l'avoir entendu la FCC invite ce dernier à mettre fin à l'illégalité. Si celui-ci ne s'exécute pas dans le délai indiqué par la FCC, celle-ci ouvre une enquête.

Selon le paragraphe (b 1), l'enquête doit être conclue dans les 5 mois (12 mois avant la loi de 1996) suivant le dépôt de la plainte. La décision de la FCC est susceptible de recours devant les tribunaux.

d) La garantie du service universel

Si à l'origine l'ICC est créée pour garantir le service universel aux clients dans le secteur du transport ferroviaire la notion de service universel n'est pas à proprement parler inscrite dans le *Communications Act* de 1934 alors même que l'ICC sert de modèle à la FCC. L'histoire révèle cependant que l'idée d'un service universel du téléphone a été instrumentalisée par la compagnie ATT pour protéger son monopole[39]. L'expression est lancée en 1907 par le président du système Bell, Théodore Vail, qui cherche à chasser du marché les concurrents apparus à la faveur de l'expiration des brevets d'invention d'ATT à partir de 1893. Elle revêt alors une signification technique. Il s'agit d'une universalité géographique ou d'une interopérabilité selon laquelle, d'une part, les communications téléphoniques se déroulent dans le cadre d'un réseau unique et d'autre part, tout abonné est susceptible de communiquer avec tous les autres abonnés. L'argumentation d'ATT semble porter auprès des pouvoirs publics pendant la guerre[40] et surtout en 1921 avec l'adoption du *Willis-Graham Act* qui octroie à ATT des dérogations à la législation anti-trust. Et la domination du marché par la compagnie Bell est un fait incontestable lors du vote du texte de 1934. ATT a recours une seconde fois à l'instrumentalisation vers la fin des années 60-le début des années 70 pour défendre sa situation monopolistique menacée par la venue de nouvelles compagnies assurant des communications de longue distance. L'invocation prend une dimension plus sociale et s'appuie sur les péréquations pratiquées par ATT de concert avec la FCC dans le cadre du contrôle des prix. Pour barrer la route à ses rivaux ATT met en avant l'universalité sociale favorisée par plusieurs décennies de monopole : non seulement l'accès au service téléphonique a pu être étendu à chacun mais encore les prix des communications ont été abordables et non-discriminatoires.

En définitive, le législateur de 1996 hérite d'un mécanisme fondé sur le trytique monopole-régulation-service universel. La question se pose par conséquent de savoir si la substitution de la concurrence au monopole et de la dérégulation à la régulation ne condamne pas la garantie du service universel. En avançant un nouveau tryptique concurrence-dérégulation-service universel, le *Telecommunications Act* laisse transparaître un attachement à la notion de service universel et la volonté d'en assurer la garantie dans un contexte commercial et régulatoire entièrement renouvelé.

La reconduction du service universel, synomyme de limitation de la vague dérégulationniste, s'opère dans la clarté. Le service universel connaît sa première consécration légale puisque la section 254 en organise le régime juridique. Au centre de ce dernier intervient la FCC, responsable de la définition et de la gestion du service universel[41].

1. La définition du service universel

L'absence d'inscription textuelle du service universel avant 1996 a affecté la notion d'une relative insuffisance théorique qui se manifestait entre autre par l'inexistence d'une définition claire de celle-ci[42]. Désormais, le service universel est dûment défini. Cette tâche revient à la FCC. Ce faisant, celle-ci agit selon des principes et directives posés par le législateur qui encadre ainsi son intervention.

a. Le cadre législatif de l'intervention

Au titre des principes, le législateur de 1996 adopte une conception du service universel qui englobe non seulement des prestations de base mais encore des prestations avancées de télécommunications et de traitement des données. Le service universel du téléphone ou *"plain old telephone service"* devient le service universel des télécommunications. Outre la nature des prestations la loi détermine les caractéristiques de celles-ci : elles doivent être de qualité et offertes à des prix justes raisonnables et abordables. Enfin, le législateur distingue deux catégories de bénéficiaires : les individus et les institutions. Les bénéficiaires individuels sont éligibles en raison de leur défaveur sociale ou de leur localisation dans des zones d'accès difficile . La catégorie des bénéficiaires institutionnels comprend des établissements scolaires, des bibliothèques et des centres de santé.

Au total, l'extension des prestations et l'introduction de nouveaux bénéficiaires témoignent d'une conception élargie[43] du service universel qui tranche avec la conception antérieure tandis que la mention des caractéristiques des prestations révèle le souci de redistribution sociale déjà inscrit dans la politique publique correspondante. Comparativement, les directives sont fort novatrices.

En premier lieu, la définition est déclarée évolutive. La FCC doit procéder à sa réévaluation périodique de façon à assurer son adaptation aux avancées technologiques. La prochaine révision est programmée pour le 1er Janvier 2001 au plus tard. En deuxième lieu, la définition subit un dédoublement. La définition générale touche les bénéficiares individuels et est limitée aux services de télécommunications proprement dits. La définition particulière touche les bénéficiaires institutionnels et, outre les services de télécommunications, recouvre les services de transmission de données.

Dans le règlement d'application du 8 Mai 1997[44], la FCC met en oeuvre ces principes et directives.

b. L'intervention de la FCC

S'il est incontestable que l'intervention de la FCC doit se situer dans le cadre des indications du Congrès, il n'en reste pas moins vrai que le travail de définition revient bel et bien à l'agence de régulation. La définition du service universel des télécommunications américain est, en réalité, une affaire réglementaire et est significative de la place de l'autorité régulatrice. Certes, par détermination législative, la définition est élargie et dédoublée, mais c'est à la FCC qu'il revient d'arrêter la liste des prestations constituant le service universel et de les répartir entre les deux catégories de bénéficiaires.

Le service universel général se décompose en huit composantes. Les sept premières s'appliquent aux personnes socialement et géographiquement défavorisées tandis que la huitième ne concerne que celles souffrant d'un handicap social. La liste s'énonce comme suit :

1-la téléphonie vocale active et passive sur le réseau ouvert au public
2-le service numérique des fréquences vocales
3-le service avec correspondant unique
4-l'accès a service d'urgence
5-l'accès à l'opérat(eur ou rice) téléphonique
6-l'accès au service de longue distance
7-l'accès aux renseignements téléphoniques
8-l'accès au service restreint

Quand on compare le service universel général aux prestations disponibles sur le marché et au service universel particulier dont bénéficient les écoles, bibliothèques et établissements de santé, on conclut que le premier correspond à un service de base. En effet, le service universel particulier comprend non seulement des prestations de télécommunications supérieures à celles de la liste précédente mais encore l'accès au réseau Internet. Il se décompose de la façon suivante :

I-Les services de télécommunications
1-le service universel général
2-et/ou les services avancés[45]
II-L'accès à l'Internet
1-le branchement au réseau[46]
2-les services du réseau

La définition du service universel fédéral coexiste avec les définitions complémentaires du service universel dans les Etats. Le fédéralisme institutionnel se reflète ainsi dans la mise en oeuvre du service universel affecté dès lors d'une certaine variabilité. Les Etats, outre l'organisation de la gestion de la dimension infrafédérale du service universel participent à la gestion de la dimension fédérale de ce dernier.

2. La gestion du service universel

En matière de gestion comme en matière de définition la FCC est habilitée à intervenir en accord avec le cadre législatif.

a. Le cadre législatif de l'intervention

Là encore le législateur pose des principes directeurs. En ce qui concerne la contribution au service universel, une généralisation de l'obligation de contribuer au financement du service universel est à noter qui contraste avec la limitation aux compagnies assurant la téléphonie de longue distance de la période précédente. L'idée consiste à élargir autant que faire se peut le groupe des redevables afin d'en réduire le montant individuel et de la rendre neutre au regard de la concurrence. Le caractère explicite du mécanisme de financement constitue un second principe et doit trancher avec le caractère exclusivement implicite de celui-ci jusque dans les années 80 et le mélange d'implicite et d'explicite observable depuis cette date. En troisième lieu, la contribution doit être équitable et non-discriminatoire. Enfin, les modalités de financement doivent être fiables et spécifiques.

b. L'intervention de la FCC

La concrétisation de la redevance du service universel par la FCC s'analyse de trois façons. La FCC est, tout d'abord, dotée d'un pouvoir d'interpétation qui lui permet de préciser la catégorie de redevables déterminée par la loi. Il s'agit de celle des transporteurs ou *common carriers* de télécommunications interétatiques sur des réseaux ouverts au public. En interprétant la volonté législative, la FCC écarte de manière fort notable les fournisseurs de services sur le réseau Internet[47] ainsi que les entreprises assurant exclusivement des transmissions internationales[48]. Ensuite, la FCC détermine elle-même le contenu d'une autre catégorie de redevables, celle qui, dépourvue de la qualité de *common carrier*, assure des télécommunications interétatiques principalement à titre privé. Elle arrête les conditions dans lesquelles ces opérateurs de réseaux privés peuvent être soumis à contribution en raison de l'offre de services excédant leur besoins propres. Enfin, la FCC est munie d'un pouvoir de dérogation qui lui permet d'accorder des exemptions à des transporteurs dont la faiblesse de l'activité ne déboucherait que sur un montant infime de redevance.

Autant la FCC arrête la liste des assujettis que ce soit au titre de la détermination législative, ou à celui de la détermination administrative, autant son rôle en matière d'éligibilité à l'allocation du service universel est limité. La limitation tient d'une part à ce que la participation aux activités du service universel repose sur le volontariat. Ce n'est que dans l'hypothèse où aucune entreprise ne s'est portée volontaire pour une circonscription donnée que la FCC au niveau fédéral et la commission d'Etat au niveau infrafédéral sont habilitées à procéder à une désignation autoritaire. Elle s'explique, d'autre part, par le fait que la désignation des entreprises fondées à recevoir la subvention compensant la charge du service universel relève de la compétence des Etats qui, par ailleurs, dessinent la carte des circonscriptions téléphoniques (section 214 (e). Du moins les Etats exercent-ils leurs responsabilités selon l'interprétation des critères législatifs de l'éligibilité[49] retenue par la FCC[50] et selon ses recommandations[51].

La question de l'abordabilité des prestations du service universel présente un tableau similaire où l'effacement de principe de la FCC est compensé par le jeu de la coopération avec les Etats. En reconnaissant le rôle éminent des Etats dans la détermination du caractère abordable des prix, la FCC refuse d'imposer un niveau national d'abordabilité[52]. Cependant, la reconnaissance ne vaut pas complètement auto-exclusion du schéma d'intervention. Au nom du partenariat qu'elle prône avec les Etats elle pose ainsi des critères de détermination valables pour les régulateurs fédéraux et locaux. Ces derniers sont invités à prendre en compte non seulement le taux d'abonnement mais encore la taille de la circonscription téléphonique, les niveaux de revenus, le coût de la vie, et la densité démographique. La déférence déclarée à l'égard des déterminations des Etats cache en réalité une volonté de les influencer. A ce propos il est bon de noter que la FCC n'interdit nullement aux opérateurs de recouvrer leur contribution auprès des abonnés. Elle se contente d'exiger que la mention du montant de la redevance soit clairement indiqué sur la facture en cas de recouvrement. Une telle décision affecte indirectement les prix payés par les consommateurs.

La FCC retrouve l'intégralité de son pouvoir quant à l'organisation de la gestion du service universel fédéral puisque la compétence équivalente des Etats se rapporte au service universel infrafédéral. Il s'agit pour la FCC de remplacer le mécanisme existant qui mélangeait éléments implicites[53] et éléments explicites[54] depuis 1980 par un mécanisme complètement explicite.

A ce titre, la FCC met en place des organismes de gestion tout en ayant eu a revoir sa copie en l'espace de deux ans pour se conformer aux directives du Congrès. Dans un premier temps, dans le cadre du règlement du 8 Mai 1997, elle déclare la NECA ou "*National Exchange Carrier Association*" gestionnaire provisoire de l'ensemble du système, après l'avoir obligée à revoir sa composition en vue d'élargir cette dernière par delà la représentation des entreprises locales existantes. Concrètement la NECA, à l'instigation de la FCC, trois organismes subsidiaires indépendants d'elle mais soumis au contrôle de la FCC. L'un a une compétence générale et particulière, les deux autres exercent une compétence particulière. L'"*Universal Service Administrative Company*" ou *USAC* [55], est responsable, d'une part, des opérations de facturation et de collecte pour le Fonds du Sercice Universel dans son entier, d'autre part, du service universel destiné aux personnes socialement et géographiquement défavorisées. S'agissant de l'administration du service universel destiné aux établissements d'éducation et de santé, la *"Schools and Libraries Corporation "* ou *SLC "* et la *Health Care Corporation"* ou *HCC* , interviennent pour le reste de la gestion et singulièrement le traitement des réponses aux appels d'offres électroniques et l'administration des sites informatiques correspondants[56].

Dans un second temps, la FCC modifie l'organisation initale de la gestion du service universel dans la mesure où le Congrès n'approuvait pas toutes ses modalités. En effet, ce dernier n'hésite à manifester son désaccord à propos de la création de la SLC et la HCC de l'illégalité de laquelle le *General Accounting Office* l'a informé, le 10 Février 1998[57]. Sommée par les parlementaires (loi portant mesures financières du 1er Mai 1998) de s'expliquer sur ses choix d'organisation, la FCC s'exécute dans un rapport , déposé le 8 Mai 1998. S'inspirant des voeux de certains membres du Congrès, le 20 Novembre 1998[58], la FCC décide de faire fusionner[59] l'USAC, la SLC et la HCC en un seul organisme, nouvelle USAC chargée de gérer les deux types de service universel[60]. Sa docilité connaît des limites puisqu'en fidélité au régime issu du règlement du 8 Mai 1997, elle prévoit le maintien de comités de gestion distincts au sein de la nouvelle USAC qui devient gestionnaire permanent. La modification doit être effective au 1er Janvier 1999.

2) Les effets de la régulation des opérateurs de télécommunications

a) En ce qui concerne la gestion respective de la FCC et de l'opérateur

Les modalités de régulation qui viennent d'être décrites constituent une charge très lourde aussi bien pour la Commission que pour le *common carrier*[61]. Le dépôt ou l'examen des tarifs et demandes de certification, la présentation ou la résolution des plaintes, l'organisation des enquêtes ainsi que les demandes d'éclaircissement en provenance du public ont des traductions on ne peut plus tangibles sur les besoins en personnel[62] et en équipement de l'une et de l'autre. Même si l'informatisation facilite dans une certaine mesure l'accomplissement des procédures, l'acquisition du matériel et des logiciels correspondants nécessitent des investissements conséquents et n'efface pas la nécessité d'y affecter des agents. La FCC précise par règlement des listes de pièces à fournir au regard des différents éléments du contrôle. Il en résulte la présentation de dossiers volumineux par l'opérateur qui se doit de faire preuve de planification judicieuse compte tenu des inévitables lenteurs procédurales[63].

Compte tenu des handicaps de gestion ainsi générés et de leur incidence sur la qualité des prestations aux clients, la question de la souplesse de régulation n'est pas dénuée d'importance. Il est, de prime abord, évident que la FCC peut moduler la lourdeur dans l'établissement des listes de pièces à fournir selon le degré de pointillisme qu'elle exige. Par ailleurs, comme celà a été signalé plus haut, la section 203 (b 2) lui reconnaît un pouvoir de modification relativement au dépôt des tarifs. Le problème de l'étendue de ce pouvoir de modification a été posé à l'occasion des efforts dérégulationnistes[64] de la FCC précédant la loi de 1996. Singulièrement, il s'agissait de savoir si elle était habilitée à supprimer certains éléments de régulation inscrits dans la loi en instituant une exemption facultative ou obligatoire de l'obligation d'enregistrement des prix. Les juridictions ont pratiqué une lecture restrictive de la section 203 (b 2) en indiquant que seules des modifications mineures étaient possibles[65]. La procédure d'approbation des prix considérée comme un pilier du système de régulation a été déclarée hors de portée de la FCC dans l'exercice de son pouvoir de modification, sauf délégation expresse du législateur.

En 1993, le Congrès amenda la section 332 pour reconnaître à la FCC le pouvoir de déroger au titre 2 (à l'exception des sections 201, 202, 208) au profit de la téléphonie mobile et de lui appliquer un régime de *common carrier* allégé. La FCC a exploité cette possibilité dès 1994[66]. En outre, conformément à son approche dérégulationniste, le législateur de 1996 prévoit des mécanismes d'assouplissement ou d'allègement total. L'assouplissement tient à la section 204 (a 3) selon laquelle une compagnie de téléphonie locale peut bénéficier d'une procédure simplifiée d'enregistrement des nouveaux tarifs. Ceux-ci deviennent effectifs 7 jours (en cas de réduction des prix) ou 15 jours (en cas d'augmentation des prix), suivant le dépôt sauf si la FCC agit pendant ce délai[67]. La possibilité d'allègement vient de l'exercice par la FCC du nouveau devoir d'abstention[68] que lui impose, à titre général, le législateur de 1996. En l'espèce, elle détient expressément le pouvoir de suppression d'éléments fondamentaux de la régulation des prix que les cours lui avaient naguère refusé. Elle a, à ce titre, le 31 Octobre 1996[69], décidé d'exempter impérativement tous les opérateurs non-dominants de communications de longue distance nationales de l'obligation de déposer des tarifs. Le règlement a été cependant frappé de suspension par la cour d'appel du District de Washington le 13 Février 1997[70] en sorte que la disparition partielle de cette procédure préventive n'est pas encore effective[71]. De même, le 7 Février 1997[72], a-t-elle décidé de libérer les LECs d'un certain nombre d'obligations dont celles touchant au dépôt des prix en ce qui concerne les services de télécommunications extra-régionales. Elle a levé l'obligation de dépôt des tarifs de certains services[73] à l'égard des opérateurs des télécommunications non-filaires.

La souplesse introduite par le texte de 1996 affadit l'incohérence entre le maintien nominal des mécanismes de régulation posé en 1934 et la nouvelle position laudatrice de la concurrence. La formule présente un avantage pratique : la FCC peut revenir à l'application des prescriptions législatives si elle le désire. L'alternance est légalement possible. Les règles sont empreintes d'une certaine plasticité ou flexibilité.

b) En ce qui concerne les relations entre l'autorité régulatrice et l'opérateur régulé

Pour ce qui a spécialement trait à l'opérateur, il est judicieux de noter comment l'étroitesse des rapports avec la FCC inscrite dans le texte d'origine l'éloigne du consommateur. Dans l'établissement des prix des communications la FCC étant son interlocutrice privilégiée ou mieux sa tutrice, c'est celle-ci qu'il tentera de convaincre de leur caractère raisonnable tandis que dans le contrat d'abonnement elle devra se contenter d'appliquer le barême approuvé. Les tractations entre commission régulatrice et opérateur se substituent aux négociations contractuelles ordinaires et l'opérateur a beau jeu de s'en prévaloir auprès des consommateurs pour justifier ses tarifs[74]. A cet égard, l'expression de régulation substitut du marché prend tout son sens. Concrètement pour réaliser le contrôle des prix, la FCC a délaissé la formalité du *ratemaking*[75] pour pratiquer *"une surveillance continue"*[76] d'ATT. Celle-ci consistait, d'une part, en la remise périodique de rapports[77] à la FCC ainsi continuellement tenue au courant de l'état de la compagnie et, d'autre part, en l'organisation de tables rondes au cours desquelles les barêmes de prix[78] étaient adoptés dans un esprit de coopération. La négociation l'emportait sur le positionnement conflictuel associé au formalisme.

Du passage obligé devant la FCC pour l'entrée et la sortie du marché, au dépôt non moins impératif des tarifs, en passant par l'évaluation du patrimoine se dégage une idée identique de surveillance sourcilleuse, de vérification attentive, et on n'ose dire de compagnonnage gestionnaire. Les caractéristiques de cette régulation affectent intimement, en effet, la vie économique de l'entreprise de télécommunications. Au demeurant, James Landis, chantre et théoricien de l'interventionnisme du *New Deal,* assimilait la régulation d'une industrie à la gestion d'une entreprise et en faisant *"un art exigeant une connaissance détaillée de ses activités"*[79]. Il est difficile de ne pas se demander si on n'a pas affaire à une sorte de cogestion entre régulateur et régulé. La relation entre concessionnaire de service public et autorité concédante, ou entre entreprise publique et collectivité publique de rattachement typique du droit français vient immanquablement à l'esprit, révélant, des deux côtés de l'Atlantique, la prégnance de l'interventionnisme étatique.

On pourrait dire que la FCC exerce une sorte de pouvoir d'orientation stratégique. La signification de celui-ci varie, cependant, en fonction du cadre d'ensemble de la régulation. Si le cadre est monopolistique, le titulaire du monopole par définition est seul sur le marché, par conséquent, il n'a pas à craindre que, par le jeu de l'octroi et du refus des certificats, la FCC en arrive à avantager des concurrents. Il est opérateur protégé. C'est plutôt le souci de l'accomplissement et de la préservation du service universel qui motivera les décisions de la FCC. La protection devient plus problématique quand les avancées technologiques amènent de nouveaux concurrents à demander à la FCC à être admis sur le marché. Dans l'hypothèse d'une situation concurrentielle, l'exercice de son pouvoir par la FCC évoque celui d'un arbitre qui avantage ou désavantage les compétiteurs. L'usage du contrôle des prix est crucial. Que la FCC décide conformément au pouvoir de modulation reconnu par la loi de 1996 d'en exempter certains exploitants, ces derniers se trouvent en meilleure position que ceux qui continuent d'y être soumis. Que la Commission décide d'accorder une exemption à tous les concurrents[80] elle prend ses distances par rapport à eux et laisse faire les mécanismes du marché.

Les possibilités de modulation reconnue à l'autorité régulatrice à l'égard des *common carriers* ne sauraient occulter le départ qui s'établit entre la situation de ceux-ci et celle des opérateurs Internet, béneficiaires d'un principe de non-régulation. Présentement du moins, l'opérateur Internet n'a pas à obtenir une licence d'exploitation, ne contribue pas au service universel mais peut recevoir la subvention correspondante, et ne contribue pas davantage aux redevances d'accès au réseau public.

De même que le législateur de 1934 réïtère l'analyse du *Mann-Elkins Act* de 1910 assimilant l'exploitation du téléphone à une activité de *common carrier*, de même, à propos de l'audiovisuel hertzien, reprend-t-il l'analyse sous-jacente au *Radio Act* de 1927 qui organisait la régulation à partir du modèle du *public trustee*.

II) Le modèle du public trustee

Le *Communications Act* de 1934 à l'instar du texte de 1927 habilite la FCC à réguler l'usage des fréquences conformément à *"l'intérêt, la commodité et la nécessité publics"*[81]. L'expression recèle, en réalité, un régime juridique fondé sur une idée de *trust* dont la pertinence est maintenant contestée par certains.

A) Le régime juridique

L'étude du mécanisme du *trust* permet de dégager les conséquences à l'égard de la FCC.

1) Le mécanisme

Le constat de la rareté du spectre hertzien fournit le point de départ de l'analyse. Le nombre limité des ondes induit la limitation du nombre de leurs exploitants si bien qu'un régime d'autorisation doit être instauré. Ainsi se trouve justifié le pouvoir d'octroyer des autorisations confié à la FCC[82]. Le conditionnement de l'exploitation par l'obtention d'une licence, en même temps qu'il permet de prévenir les risques d'interférence, confère un droit d'exploitation exclusive et gratuite au titulaire de l'autorisation pendant une certaine période[83]. Mis en rapport avec la nature des ondes qui sont des éléments du domaine public depuis la loi de 1927[84], ce privilège appelle une intervention régulatrice de la puissance publique fondée sur une référence au *trust*.

Le *Common Law* permet de repérer les trois éléments du mécanisme : d'une part, le constituant du *trust* ou *"settlor of the trust"*, en l'espèce, le Congrès; d'autre part, la personne chargée d'administrer les biens ou *"trustee"*, en l'occurrence, l'exploitant de la fréquence hertzienne; enfin, le bénéficiaire du trust ou *"cestui que trust"*, concrètement, la communauté de téléspectateurs. L'analyse consiste à dire que le Congrès, en acceptant de laisser l'industrie audiovisuelle mener gratuitement une activité lucrative sur le domaine public, est fondé à lui demander de remplir un certain nombre d'obligations dans l'intérêt du public. S'établit, par conséquent, une sorte d'échange entre le Congrès et les exploitants de l'industrie audiovisuelle. Le privilège d'exploitation est échangé contre les obligations publiques ou de service public. Plus exactement, le législateur, après avoir posé le principe de telles obligations, ou bien en institue certaines en demandant à la FCC de les préciser, ou bien reconnaît un pouvoir réglementaire à la Commission à cet effet. Un tel éclairage donne tout son sens à l'expression employée par le législateur de 1927, reprise par celui de 1934 et selon laquelle l'exercice de la compétence régulatrice par la FCC et l'exploitation de la fréquence par les entités régulées doivent se faire dans *"l'intérêt, la tranquillité et la nécessité publics"*[85]. A proprement parler, elle est employée depuis le 19ème siècle et figure dans les textes relatifs aux *public utilities*, et spécialement à propos de la régulation du téléphone, ce qui révèle une similitude d'inspiration dans la volonté de concilier propriété privée des moyens de communication et poursuite de l'intérêt public à travers l'institutionnalisation d'une régulation[86]. Celle-ci varie d'un secteur à l'autre, cependant, puisque les exploitants de radio-télévision à la différence de ceux du téléphone sont exempts du contrôle des prix.

Le mécanisme du *trust* choisi par le législateur de 1927 et confirmé par celui de 1934 vient contredire une tendance à l'affirmation d'un droit de propriété individuelle qui est à l'oeuvre dans les années 20. Celle-ci est particulièrement symbolisée par l'affaire *Tribune Company v. Oak Leaves*

Broadcasting Station réglée, en 1926, par une cour de circuit de l'Etat de l'Illinois selon les principes du *Common Law*. Ayant à statuer la question de l'interférence causée par un diffuseur installé postérieurement à une station préexistante, la Cour se réfère à la priorité du premier occupant pour reconnaître à ce dernier un droit réel sur la fréquence concernée et ordonne à l'auteur de la violation de respecter une distance minimale par rapport à la fréquence protégée. La loi de 1927 bloque, par conséquent, la gestation de droits réels exclusifs promus par certains tribunaux et fondés sur des principes de propriété privée du *Common Law*[87].

Le mécanisme du *trust* est ainsi censé permettre au système audiovisuel américain de concilier exploitation privée et interventionnisme public. Il s'agit d'un système de radio et de télévision foncièrement commercial dans lequel la logique du marché est susceptible d'être marginalement contrecarrée par la FCC agissant au nom de l'intérêt public. Le titulaire de la licence est fondé à poursuivre la recherche du profit tout en étant soumis aux conditions protectrices de l'intérêt public.

Ainsi présentée la situation évoque celle de la concession de service public. Dans le *trust* comme dans la concession on retrouve apparemment le souci de concilier intérêt public et exploitation lucrative. Mais à y regarder de plus près, le rapprochement achoppe sur la différence de conception relative à l'objet de l'exploitation. Dans le cas du *trust*, la radio-télévision est conçue comme service commercial, dans le cas de la concession, elle est perçue comme service public. L'intérêt public, marginal dans le *trust*, est central dans la concession. En outre, la relation entre concédant et concessionnaire est plus étroite que celle qu'entretiennent le *trustee* et le garant du *trust*. Les obligations du concessionnaire sont consignées dans un contrat[88] au terme duquel le concédant peut suivre de très près la réalisation de la mission de service public tandis que celles du *trustee* sont inscrites dans des actes législatifs et réglementaires qui s'appliquent à la régulation du marché ou des programmes.

Corrélativement, dans le choix américain, il n'y a pas, à l'origine, de place pour des chaînes publiques de radio et de télévision . Et même quand celles-ci apparaissent en 1962-70, elles ne relèvent pas immanquablement de la propriété publique mais correspondent à une gestion non-lucrative du medium par des personnes publiques ou privées. Les Etats-Unis n'ont pas nationalisé la radio-télévision à la différence des Etats occidentaux; ce qui leur confère une indéniable originalité[89].

Il reste que la FCC est chargée de veiller au bon fonctionnement du *trust* sous le contrôle des tribunaux qui en ont d'ailleurs reconnu la constitutionnalité[90].

2) Les conséquences

S'il arrive au législateur d'investir ponctuellement l'industrie audiovisuelle de responsabilités envers les téléspectateurs, il n'existe nullement une définition légale de l'intérêt public[91] qui fonde celles-ci. La tâche principale, en la matière, revient, en réalité, à la FCC. La Cour Suprême conçoit la notion d'intérêt public comme "*un instrument souple d'exercice du pouvoir discrétionnaire dévolu à un corps d'experts que le Congrès a choisi pour mener à bien sa politique*"[92] et valide un "*large mandat*"[93] qui autorise la FCC à dessiner son champ d'application et son contenu, en l'absence de référence légale précise. "*Ultime arbitre et gardienne de l'intérêt public*"[94] en matière de radio et de télévision, la FCC est tout d'abord appelée à définir celui-ci. C'est là un travail fondamental pour l'agence régulatrice dans la mesure où selon l'application qu'elle met à la définition comme à la sanction des obligations de service public l'encadrement des exploitants est plus ou moins effectif. A proprement parler, la FCC n'en a jamais élaboré une définition précise. Elle a, en revanche, indiqué des critères de l'octroi ou du renouvellement de la licence d'exploitation. Elle a, en outre, posé un certain nombre d'obligations de service public[95] à la charge des exploitants, sans en établir néanmoins une liste objective. Une telle pratique reçoit un soutien juridictionnel, implicite dès 1943, explicite en 1969 quand la Cour Suprême souligne la qualité de *"mandataire ou d'agent fiduciaire"* des exploitants et que *"le droit des auditeurs et télespectateurs prime celui de ces derniers"*[96].

Au total, avec les interventions conjuguées du législateur et de la FCC, on peut dire que l'intérêt public ou la régulation de l'audiovisuel relève de deux catégories : la régulation du marché et la régulation des programmes. La première est commune au *common carrier* et *au public trustee.* La deuxième est propre au *public trustee.* Il est évident que compte tenu de l'imprécision du texte de référence la notion d'intérêt public reste, malgré tout, sujette à des interprétations à la fois contradictoires et variables dans le temps de la part des divers acteurs de la communication audiovisuelle.

a) Les critères d'attribution des licences

Précisément, l'exemple de l'attribution des licences d'exploitation audiovisuelle est significatif. A l'origine, l'unique éclairage de la FCC consiste en l'indication du souci de l'intérêt public à préserver[97]. Ce qui revient à dire que la FCC est entièrement maîtresse des critères d'autorisation initiale ou de renouvellement. C'est seulement à partir de la décennie 1980 que le législateur commence à poser des critères légaux qui ne dépouillent pas cependant entièrement la FCC de sa discrétion. Pour ce qui a trait de l'octroi initial d'une licence, en cas de demande concurrentes, la FCC procédait traditionnellement par audition comparative et appliquait deux critères principaux associés à des critères secondaires[98]. En 1981, un premier critère légal est introduit avec le tirage au sort que la FCC est désormais habilitée à utiliser : la FCC doit tenir compte de la diversité du marché de l'audiovisuel et singulièrement de la représentation des minorités. En 1993 (section 309j), le législateur ajoute la mise aux enchères (d'usage facultatif) aux procédés d'attribution dans de telles hypothèses tandis qu'en 1997[99], il en rend l'usage obligatoire. La généralisation du nouveau procédé recèle non seulement la suppression de l'audition comparative qui pêchait autant par son coût et sa longueur que par ses résultats[100] mais encore l'imposition légale d'un nouveau critère de sélection : l'argent. La fréquence est en effet attribuée au plus offrant tandis que la gestion de l'espace hertzien devient un moyen de combler le déficit budgétaire national[101].

Pour ce qui a trait au renouvellement, ici aussi, la FCC traditionnellement pratiquait l'audition comparative entre le titulaire sortant et les auteurs de demandes concurrentes[102]. A l'occasion du *Children's Television Programming Act* du 18 Octobre 1990 le Congrès charge la FCC de poser les standards relatifs à la durée des coupures publicitaires dans les programmes réservés aux enfants et indique que les efforts des titulaires de licences sortants à cet égard doivent être pris en compte pour le renouvellement (section 303 (a) et (b)). En outre, dans la loi de 1996, la volonté d'encadrement de la FCC de la part du législateur semble plus forte puisqu'un nouveau paragraphe (k) consacré aux procédures de renouvellement est ajouté à la section 309. Désormais, ici aussi, la méthode comparative est supprimée et la FCC doit suivre deux étapes. La première étape est consacrée exclusivement à l'examen du dossier du titulaire sortant[103]. A cet égard, la FCC doit considérer trois critères : le respect de l'intérêt public; l'absence de violation sérieuse des dispositions législatives ou réglementaires; l'absence d'autres violations dont la somme serait constitutive d'une tendance au manquement. Si les trois conditions sont réunies, la FCC doit (compétence liée) accorder le renouvellement. Si elles ne sont pas remplies, la Commission a le choix (compétence discrétionnaire) entre deux solutions. Ou bien elle peut, en cas de circonstances atténuantes, prononcer le renouvellement selon des termes spéciaux spécialement pour une durée moindre que le maximum autorisé. Ou bien elle peut refuser le renouvellement. La deuxième étape est consacrée aux demandes concurrentes et ne se produit qu'en cas de rejet de la demande de renouvellement.

En définitive, si le nouveau critère financier de l'attribution initiale en cas de demandes concurrentes dépossède la FCC de son pouvoir discrétionnaire, en matière de renouvellement, elle demeure maîtresse de la définiton de l'intérêt public. L'autorité régulatrice conserve, par conséquent, une large marge de manoeuvre[104] . Les fondements qu'elle retient, en influençant le contenu des programmes, contribuent à la formation du paysage audiovisuel dont l'enjeu est, en l'occurrence, connu. Si, lors du traitement des demandes, au nom de la protection de la liberté d'expression, elle préfère ne pas examiner les programmes promis ou effectivement diffusés, elle laisse la porte ouverte aux excès de l'approche commerciale du produit télévisuel et singulièrement à l'ubiquité de la publicité. Si, en relation avec la rareté des fréquences, et au nom de la qualité de la programmation, elle impose des minima de contenu, elle mène une politique de promotion culturelle et éducative.

b) La régulation du marché

La FCC contrôle l'entrée sur le marché. Elle est, selon les termes de la Cour Suprême en 1943, non seulement habilitée à contraindre les exploitants à la discipline de la non-interférence, à la manière d'"*un officier de police chargé de diriger la circulation*", mais encore elle détermine "*la composition du trafic*"[105]. Les exploitants doivent obtenir une autorisation[106] valable pendant 8 ans et répondre aux critères posés par la Commission. Parmi ces derniers, outre ceux de nature personnelle[107], technique[108], financière[109] et ceux ayant trait à la fiabilité générale du demandeur, la FCC accorde une attention particulière à la protection de la concurrence et à la promotion de la diversité. L'existence de la section 313 révèle la place que le législateur lui-même accorde à la défense de la concurrence. La disposition prévoit, en effet, que la violation des lois anti-trust peut entraîner la révocation judiciaire de la licence d'exploitation et que de cette dernière dérive nécessairement la révocation administrative par la FCC.

La lutte contre la concentration du pouvoir économique se double d'une défense de la démocratie tant l'existence d'une opinion publique prisonnière de sources monolithiques d'information compromet l'exercice effectif de la souveraineté. L'objectif relève à la fois de l'économie et de la philosophie politiques. Il ne s'agit pas seulement de permettre à tous les entrepeneurs potentiels d'accéder à l'espace audiovisuel, de s'y maintenir et d'offrir une variété de produits, mais aussi de susciter, dans l'esprit de James Madison, une libre confrontation des idées au profit des auditeurs/téléspectateurs-électeurs. Dans une telle optique, très tôt, la FCC cherche à contrecarrer l'expansion des *networks* ou réseaux qu'elle définit en 1941 comme "*une entité diffusant simultanément un programme identique à deux ou plusieurs chaînes rattachées les unes aux autres*"[110]. Elle lutte également contre l'apparition de grands groupes qui rassembleraient des media relevant de différentes techniques de communication. Des règles relatives aux accords d'affiliation entre *networks* et stations, au cumul de propriété à l'échelle nationale, au duopole local, et aux participations croisées dans divers media sont ainsi adoptées.

La mise en oeuvre du critère de la diversité, à l'occasion du traitement des demandes d'autorisation concurrentes, procure un moyen supplémentaire à la FCC pour modeler le monde de la communication audiovisuelle. Une première modalité d'application consiste à donner la préférence à ceux qui, parmi les demandeurs, ne possèdent pas d'intérêts dans d'autres media ou à ceux qui proposent de faire de l'exploitation de la station leur activité professionnelle unique. On retrouve dans une telle pratique, comme dans la prévention des concentrations proprement dites, la volonté simultanée de garantir la libre concurrence des entrepreneurs et des idées. Une deuxième modalité dévoile le souci d'assurer la représentativité ethnique et sexuelle des propriétaires de stations. L'objectif de diversification incite, depuis 1968, ainsi à promouvoir des candidats appartenant à une minorité ou au sexe féminin de façon à éviter qu'un groupe ethnique ou un sexe ne monopolise l'accès aux auditeurs et télespectateurs.

Dans l'exercice de son pouvoir normatif et dans la gestion des demandes d'autorisation, la FCC supervise par conséquent la structuration du marché de l'industrie audiovisuelle. Elle est en mesure de bloquer ou de faciliter l'émergence de concurrents, de favoriser ou de défavoriser des évolutions technologiques, d'influencer la composition ethnique et sexuelle du cercle des exploitants. Elle est en quelque sorte gardienne du marché.

c) La régulation des programmes

Par delà sa politique de préservation de la concurrence et de la diversité, la FCC touche à la programmation. En principe, les exploitants jouissent de leur liberté éditoriale dans la diffusion des émissions. La rareté des fréquences fonde cependant un pouvoir d'intervention de la puissance publique à travers la FCC qui ne serait pas tolérable à l'égard de la presse écrite. En gros, la liberté d'expression des exploitants de radio et de télévision est moindre que celle de leurs collègues de la communication écrite. La limitation du spectre hertzien justifie aux yeux de la FCC et de la Cour Suprême des ajustements dans l'exercice de la liberté audiovisuelle qui permettent de leur imposer des contraintes dans la programmation au nom de l'intérêt public. Concrètement des obligations relatives au contenu des programmes peuvent être établies qui forcent les exploitants de l'audiovisuel à *"partager leur fréquence avec d'autres et à se conduire comme des mandataires ou des agents fiduciaires obligés de présenter les vues et de faire entendre les voix représentatives de la communauté qui autrement, par la force des choses, seraient exclues des ondes"*[111].

L'incursion dans la programmation est évidemment délicate tant elle est porteuse de limitations et d'atteintes à la liberté d'expression. Le Premier amendement de la Constitution américaine comme la section 326 du *Communications Act* de 1934 empêchent, en principe, la FCC, l'un, par l'affirmation de la liberté d'expression, l'autre, par l'interdiction de la censure, de prétendre à un rôle de gardienne pointilleuse de la programmation. Pareil encadrement n'écarte cependant pas toute action en matière de programmes de la part de l'agence régulatrice, sans qu'il soit néanmoins possible de déterminer les limites exactes de son pouvoir à cet égard[112]. La jurisprudence autorise la FCC à considérer la programmation d'une station dans son ensemble à l'occasion du renouvellement de la licence. En revanche, elle lui interdit de contrôler le détail des programmes sauf pour protéger contre l'indécence, faire respecter les interdictions de publicité en matière de loteries ou de cigarettes. Les modalités du contrôle juridictionnel au regard du Premier Amendement ont d'ailleurs été assouplies, par opposition à celui applicable à la presse écrite, pour répondre à la particularité technique des ondes[113]. Dans le premier cas, un intérêt substantiel et une proportionnalité minimale suffisent, dans le second un intérêt dirimant et une proportionnalité totale sont indispensables à faire admettre la constitutionnalité d'une réglementation touchant au contenu de l'expression.

De fait, ces incursions sur ce terrain miné se comptent aussi bien en interdictions ou obligations négatives imposées aux exploitants qu'en obligations positives[114]. Du reste, l'exemple est venu du législateur lui-même en ce qui concerne les programmes liés à la vie politique[115]; ultérieurement il ajoute des dispositions relatives à l'éducation des enfants, à leur protection contre l'indécence et la violence.

Les sections 315 (depuis 1934) et 312 (depuis 1971) du *Communications Act* prévoient, sans imposer aux exploitants de dégager des créneaux précis pour les campagnes électorales, trois obligations positives. D'une part (315 (a)), ils doivent, au nom de l'égalité des candidats, présenter des conditions d'accès identiques à leurs stations à tous les adversaires des candidats fédéraux ou non-fédéraux qu'ils auront laissé utiliser leur équipement. C'est la règle de l'"*equal time*"[116]. D'autre part (315 (b)), s'agissant de la rémunération de la publicité politique, ils doivent appliquer à tous les candidats le taux le plus bas de leur barême. C'est la règle du "*lowest unit charge*"[117]. Enfin (312 (a)(7)), ils doivent permettre aux candidats à des fonctions électives fédérales d'accéder dans des conditions raisonnables à leurs plateaux[118], sous peine de révocation de leur licence d'exploitation. La dernière de ces obligations qui, tout en n'organisant pas de campagne électorale officielle, empiète sur la liberté éditoriale, a été déclarée constitutionnelle par la Cour Suprême en 1981[119]. Pour celle-ci, la reconnaissance d'un droit d'accès limité aux candidats revient à demander aux exploitants de partager l'usage de leur fréquence au profit des auditeurs et des télespectateurs dont le droit prime celui des propriétaires de stations. Elle va même jusqu'à souligner que la section 312 "*promeut de manière significative la liberté d'expression en renforçant la capacité des candidats à présenter et du public à recevoir l'information nécessaire au fonctionnement effectif de la démocratie*"[120].

Incidemment, dans la section 315 modifiée en 1959, le législateur indique que ces trois obligations s'ajoutent à celle relative à la présentation des questions d'intérêt public et sujettes à controverse dans le cadre des émissions d'information. Cette quatrième obligation constitue un empiètement plus conséquent sur la liberté de programmation dans la mesure où, par delà l'accès, elle exige le traitement contradictoire de certains thèmes. La disposition est considérée par une partie de la doctrine américaine comme un fondement légale explicite de la "*Fairness Doctrine*"[121]. La Cour Suprême, quant à elle, l'a qualifiée, en 1973, d'approbation législative de la règle d'origine réglementaire[122].

C'est dans une optique similaire touchant au contenu des programmes proprement dits qu'intervient le législateur en 1990 au titre du *Children's Television Act*,[123] lorsqu'il exige des exploitants qu'ils répondent aux besoins éducatifs des enfants et les prévient que leur action à cet égard sera prise en considération lors de leur demande de renouvellement (section 303a) ou qu'il leur impose un plafond de publicité dans la diffusion de programmes à destination des mineurs (section 303b)[124].

En revanche, le législateur pratique l'imposition négative en 1988[125] et 1992[126]. Dans un cas, il décide d'étendre à l'indécence une interdiction absolue à l'instar de celle habituellement appliquée à l'obscénité. Dans l'autre, il revient sur la loi de 1988 et cantonne les programmes indécents ou à forte teneur sexuelle à une certaine plage horaire[127]. Dès lors, il se contente d'organiser les modalités de la programmation d'un contenu donné. La disposition insérée dans la loi de 1996 et relative à l'installation d'une puce électronique permettant de filtrer les émissions selon leur degré de violence, leur teneur sexuelle ou leur taux de références indécentes, sur les téléviseurs, opère dans un sens identique.

C'est dire que la FCC est susceptible d'intervenir aussi bien en exécution de la loi que de son propre chef. On trouve ainsi une réglementation de la FCC dans les domaines investis par le législateur. Au deuxième titre, la Commission a pu imposer entre 1949 et 1987 la *"fairness doctrine"*[128] mais n'a encore supprimé ni la *"personal attack rule"*[129] ni le *"political editorializing rule"*[130] qui en sont des applications. Elle a pu devancer le législateur en matière de programmes éducatifs, et de protection des mineurs contre l'indécence. Elle considère présentement l'organisation d'une campagne électorale audiovisuelle. Récemment le Président Hundt a milité en faveur de l'institution d'une interdiction réglementaire de la publicité relative aux boissons alcoolisées[131].

3) L'extension du champ d'application du modèle

La question de l'extension du champ d'application du modèle du *public trustee* s'est d'abord posée, à partir des années 60 pour le câble qui a finalement bénéficié d'un régime mixte. Elle se pose présentement à propos de la télévision numérique, par satellite et en ligne, c'est-à-dire sur le réseau Internet. En l'absence de détermination expresse du législateur, il revient à la FCC de se prononcer. Dans les deux premiers cas un certaine assimilation est observable. Dans le troisième cas, la FCC ne s'est pas spécifiquement prononcée mais son silence semble devoir être rattachée à la non-régulation qu'elle réserve aux autres activités en ligne.

En ce qui concerne la télévision numérique le législateur fournit des indications (section 336) qui laissent entendre une certaine volonté d'assimilation. Tout d'abord, il décide que les allocations initiales de fréquences pour la télévision de haute définition doit exclusivement intéresser les opérateurs de la télévision analogique. Corrrélativement, le 3 Avril 1997, la FCC décide d'y procéder gratuitement[132]. Ensuite, il impose la gratuité de la télévision numérique et charge la FCC de prélever une redevance sur les activités accessoires[133] des opérateurs numériques qui donneront lieu à paiement de la part des abonnés. Enfin, il dote la FCC d'un pouvoir réglementaire pour établir les règles relatives à l'intérêt public et fait du respect des obligations de service public un critère du renouvellement. Au total, le principe de la gratuité de la télévision numérique qui établit un trait essentiel de ressemblance[134] avec la télévision analogique, la volonté législative de substituer la télévision numérique à la télévision analogique[135], la référence aux obligations d'intérêt public devraient orienter la préparation des textes d'application par la FCC dans le sens d'une large extension du modèle.

Les autres types de service présentent une différence essentielle par rapport à la télévision analogique en ce qu'ils sont des services payants. Celle-ci n'empêche pas le partage de certains traits avec le *public trustee*.

Ainsi, pour les services du "*Direct Broadcast Satellite*" ou "DBS" c'est-à-dire les services audiovisuels directs par satellite, la FCC, depuis 1982[136] préfère ne pas poser un régime régulatoire déterminé et raisonne au cas par cas en fonction des activités de l'opérateur. Ainsi si l'opérateur assure lui-même la programmation des canaux transmis, le statut régulatoire du *public trustee* lui est applicable; la télévision directe par satellite est alors dans un tel cas assimilée à la télévision traditionnelle, et il y a effectivement extension de l'application du régime du *public trustee.* S'il se contente de rediffuser des chaînes il sera traité comme un *câble* dans la mesure où il achemine des programmes à la demande d'autrui. Alternativement, le DBS peut donc répondre à l'un ou l'autre des deux régimes. L'allocation des fréquences, dans les deux hypothèses, se fait depuis janvier 1996, (donc avant la loi du 8 Février 1996) par voie d'enchères. Le législateur de 1996 semble reprendre l'idée d'assimilation quand il étend à ces services les obligations minimales de service public[137] quoique par ailleurs ses prescriptions évoque le régime juridique du câble[138].

Un traitement similaire est appliqué au satellite *"Digital Audio Radio Service"* ou *"DARS"* qui offre des services radiophoniques de qualité numérique à partir du satellite. L'opérateur peut être *public trustee* ou *common carrier* mais il devra respecter un volant d'obligations de service public quelque soit son statut[139].

En définitive, l'emprunt au régime juridique du public trustee n'est que partiel. Il en résulte une diversification de statuts régulatoires en matière audiovisuelle laquelle n'est pas sans répercussion sur l'autorité régulatrice elle-même. La FCC s'en trouve ainsi à réduite à arborer diverses figures régulatrices pour s'adapter à la variété du milieu à réguler. Cette adaptation n'est certainement pas facilitée par la remise en cause de la pertinence du modèle de base.

B) La pertinence du modèle

Le législateur de 1996 ne remet pas en cause le modèle de régulation dans son fondement même. Ce sont les télécommunications qui constituent l'objet principal des nouvelles dispositions. Certes, le credo dérégulationniste général induit une réorientation de l'activité régulatrice, mais tandis que la FCC est invitée à procéder à une révision biennale de l'ensemble de la règlementation relative aux télécommunications dans une telle optique, s'agissant de l'audiovisuel, son mandat légal ne touche que les limitations portant sur la propriété des moyens de communication[140]. La stabilité des règles ne saurait occulter la contestabilité qui les frappe et la proposition de modèles alternatifs.

1) La critique du modèle

Le modèle subit deux types de critique. Le premier tend à constater la médiocrité des programmes de la télévision commerciale et à l'analyser en bilan négatif au regard de l'intérêt public. Le second attaque le fondement du modèle, l'argument de la rareté du spectre hertzien.

a) Le manquement aux obligations d'intérêt public

L'accusation de manquement aux obligations d'intérêt public a été lancée dans des circonstances mémorables et en des termes percutants par un des présidents de la FCC, le 9 Mai 1961. Nommé deux mois auparavant, Newton Minow, s'adressant à l'Association Nationale des Exploitants de l'Audiovisuel (*National Association of Broadcasters*), les invite à passer une journée devant leur poste de télévision et les assure qu'ils seront contraints de constater l'existence d'"*une immense poubelle*" ("*a vast wasteland*"). Fort de ce constat, il les exhorte à honorer leur responsabilités de *trustee*. Dans un ouvrage paru en 1995, Newton Minow réïtère sa critique, se faisant tout spécialement l'écho d'associations de défense des droits des enfants[141].

En bref, la prolifération des émissions insipides dites de divertissement, l'omniprésence de la violence, l'insuffisance sinon la rareté des programmes éducatifs et culturels est montrée du doigt. Le déséquilibre de la programmation, saisi comme la non-satisfaction des besoins des téléspectateurs, est assimilé à une inobservation de l'intérêt public de la part des exploitants. Il reste à en détecter les raisons.

Une première série tient à la connaissance des critères de l'intérêt public. Le terme "intérêt public" est susceptible en théorie de recouvrir une pluralité de définitions. La FCC n'en a jamais fourni une définition précise. Elle a indiqué les exigences qu'il comporte et les a converties en obligations de service public. Ces dernières peuvent être exprimées de façon plus ou moins vague ce qui laisse une marge d'interprétation aux exploitants et rend difficile l'infliction de sévères punitions. Que faut-il entendre par "programme éducatif"? Peut-il prendre la forme d'un dessin animé? A-t-il une durée minimale? Comment mesurer "l'indécence"?

On trouve dans l'attitude de la FCC elle même une deuxième série de raisons de l'échec. Qu'elle décide de réduire les limitations, qu'elle les laisse inappliquées, qu'elle pratique le renouvellement systématique des autorisations, qu'elle ferme les yeux sur les violations, il y a là un environnement propice à la marginalisation de l'intérêt public et au triomphe de l'approche commerciale. Minow et Hundt, tous les deux anciens présidents de la FCC, lui reprochent d'avoir baissé les bras. Pour l'un, c'est celle-ci qui est responsable de l'échec, depuis l'origine, par négligence, et spécialement à partir des années 80, avec l'adoption d'un credo dérégulationniste[142]. Pour l'autre,"*depuis la fin des années 70, la FCC a ainsi renouvelé au moins trois fois chaque licence d'exploitation , mais elle n'a jamais retiré une licence pour non-satisfaction de l'intérêt public en matière de programmation*"[143].

Une attention aux données économiques de la distribution audiovisuelle signale une inconsistance intrinsèque de la théorie du *public trustee* : dans la mesure où le respect de l'intérêt public va à l'encontre de l'intérêt financier de l'exploitant, il est déraisonnable d'attendre de celui-ci qu'il agisse contre lui-même[144]. La motivation matérielle d'un système de télévision commerciale ne saurait être contrecarrée par une référence à des obligations envers le public des téléspectateurs. Ne sera programmé que le produit audiovisuel garant de fortes recettes publicitaires. Le contenu qualitatif de l'émission n'importe pas. Seule sa valeur marchande est prise en compte et les téléspectateurs ne sont logiquement perçus qu'en leur qualité de consommateurs. L'argumentation est ici plus fondamentale puisqu'elle prétend démasquer une tâche impossible : par définition l'exploitant ne saurait honorer ses promesses, pas plus que la FCC, quel que soit son zèle, ne saurait réellement superviser la marche d'un mécanisme vicié dans ses fondements[145].

La comparaison avec la théorie de la concession est significative. Certes, le concessionnaire comme le *public trustee* doit concilier intérêt public et intérêt commercial, mais les obligations traduisant cette conciliation sont couchées dans le texte d'un contrat et des aides publiques existent qui viennent compenser l'atteinte à la marge bénéficiaire (comme par exemple l'existence des tarifs réduits ou préférentiels) que peut comporter la conciliation. L'intérêt privé n'a donc pas à être entièrement sacrifié pour que l'intérêt public soit atteint.

Grâce à l'étude des relations entre le Congrès, l'industrie audiovisuelle, et la FCC on débouche sur une explication similaire de l'inefficacité de la théorie du trust public. Il faut se référer au "*triangle de fer*"[146] qui lie les trois protagonistes pour rappeler comment la Commission, instrumentalisée aussi bien par le Congrès que par les exploitants ne jouit ni de la puissance ni de l'indépendance nécessaires à l'imposition effective de règles unilatérales de programmation promotrices de l'intérêt public. Le rapport clientéliste qu'entretiennent le Congrès et l'industrie audiovisuelle explique que le premier, en échange de l'usage des plateaux télévisés, bloque toute action de la FCC qui serait préjudiciable à son partenaire et que la seconde, forte de son soutien parlementaire, presse la FCC d'agir à son avantage ou l'empêche d'agir à son détriment.

Les deux dernières raisons avancées rejoignent, en définitive, la deuxième catégorie de critique qui touche au coeur de la théorie du *public trustee* à travers la contestation de l'argument de la rareté.

b) la contestation de l'argument de la rareté

La rareté des fréquences hertziennes ayant été désignée comme fondement de la régulation et du modèle régulatoire, l'examen de la réalité présente du phénomène est une opération importante. Or il faut bien constater que l'argument a beaucoup perdu de sa crédibilité.

Tout d'abord, on peut considérer le nombre limité des ondes comme un fait en lui-même incontournable. On doit, en revanche, concéder que l'état des connaissances techniques qui affecte la capacité à exploiter ladite ressource publique ainsi que la disponibilité de moyens alternatifs de communication confère un impact variable à la donnée.

Précisément l'exploitation des ondes n'a cessé de s'intensifier. Le dégagement successif des différentes bandes de fréquences, la réduction des aires de diffusion[147] ou de l'intervalle entre les fréquences[148], le perfectionnement des appareils émetteurs et récepteurs[149], l'amélioration de l'usage de la bande UHF, l'introduction de systèmes nouveaux tels que la télévision de faible puissance (*low power television*), la numérisation sont autant de facteurs d'intensification. Corrélativement, le nombre des stations n'a cessé d'augmenter au point d'atteindre présentement de 12 322 stations radiophoniques et 1 579 stations de télévision de puissance normale et 2080 stations de télévision de faible puissance, ce qui représente une augmentation de 30% par rapport à la décennie passée. L'apparition et le développement de procédés alternatifs de production et de diffusion audiovisuelle tels que le câble, le magnétoscope, la télévision directe par satellite, la télévision numérique, l'internet, sans contredire directement l'idée de limitation des fréquences en réduisent l'impact par l'augmentation des moyens de communication qu'ils procurent.

On peut, par ailleurs, attaquer l'argument de la rareté lui-même pour dire que la rareté des fréquences n'a absolument rien de spécifique[150]. Elle est, alors perçue, comme assimilable à la rareté d'autres matières premières ou produits. Les défenseurs d'une telle position ont beau jeu de souligner que la rareté est une donnée économique générale qu'il est arbitraire de dramatiser dans le cas du spectre hertzien.

Outre le constat de la généralité du phénomène de la rareté économique, la prise en compte de la convergence[151] des techniques de communication qu'autorise la numérisation interpelle sérieusement la viabilité à long terme de l'argument de la finitude du spectre. L'évocation du téléordinateur qui symbolise la possibilité de recevoir des émissions audiovisuelles sur un écran d'ordinateur comme celle d'adjoindre un clavier et une souris à un téléviseur pour accéder à l'interactivité et à la multiformité du réseau Internet peut être tout simplement saisissante. Elle semble, en effet, devoir balayer la spécificité de la communication audiovisuelle qui fonde le type de contrôle particulier dégagé par la Cour Suprême en 1969 et confirmé encore récemment dans les arrêts *Turner* (II) du 30 Mars 1997 et *Reno* du 26 Juin 1997, relatifs respectivement à la constitutionnalité des *must carry rules* et à la liberté d'expression sur le réseau Internet.

La FCC, elle-même, a pu ponctuellement, en 1987, émettre des doutes sur la constance de la validité de l'argument de la rareté[152]. Elle est, depuis, revenue sur cette position comme en témoigne sa réglementation la plus récente sur la programmation éducative. Les politiques, comme les Présidents Ronald Reagan et George Bush ainsi que le candidat à la présidence, Bob Dole, qui dans l'exercice de leur droit de veto[153], qui dans le cadre de leur campagne électorale, ont pu joindre leur voix à la critique. La Cour Suprême, après avoir laissé entendre qu'elle était susceptible de réexaminer l'argument en 1984[154], a, récemment, en Mars et Juin 1997, confirmé son adhésion à l'argumentation[155] quoique certains de ses membres aient soutenu une approche critique[156].

La première catégorie de critique amène certains à prôner le renforcement du modèle existant à travers la sévérité contre les manquements[157]. La seconde pousse d'autres à militer pour des modèles alternatifs.

2) Les modèles alternatifs

Les modèles varient. Ils peuvent être classés dans deux groupes. Dans le premier on trouve les modèles qui, à l'instar de ceux du *common carrier*, du forum public, du débat public et du donnant-donnant permettent de maintenir les obligations de service public des diffuseurs. Dans le second figurent les modèles qui , à l'instar de ceux de la vénalité des ondes ou du jeu du marché permettent de reconstruire le régime juridique de la radio-télévision.

Selon la référence au *common carrier*, en tant que transporteurs publics les exploitants de la télévision commerciale pourraient[158] être obligés de réserver un certaine plage horaire ou certains des canaux à des diffuseurs tiers qui, dans l'idéal, seraient entièrement dévoués à une programmation dite de qualité. La liberté éditoriale des *common carriers* s'en trouve limitée. Et la FCC se trouve embarquée dans la désignation, fort délicate au regard de la liberté d'expression, des diffuseurs protégés : il s'agirait de préférer des thèmes ou des matières de programmation tout en laissant aux programmeurs privilégiés l'entière discrétion sur les modalités de traitement, singulièrement sur les points de vue exprimés.

Avec la référence au forum public[159], la qualité de forum public limité des ondes, propriété publique immatérielle, est soulignée ainsi que l'habilitation de la puissance publique, en l'occurrence la FCC, à y restreindre la liberté d'expression en faisant valoir ses droits de propriétaire. En application de la jurisprudence de la Cour suprême, un contrôle assoupli est applicable en sorte que rien ne serait changé dans la capacité d'intervention publique en matière de programmation. Il y aurait, en revanche, une justification plus plausible des obligations des exploitants.

Dans le même ordre d'idées, on peut essayer de justifier les obligations de programmation en recourant à la thèse du débat public[160]. Le point de départ réside dans le rôle essentiel de la liberté d'expression dans le fonctionnement de la démocratie et singulièrement dans la formation d'une opinion publique dûment informée. Dans une telle optique le Gouvernement est fondé à intervenir activement dans la programmation pour garantir la qualité du débat public (traitement des questions publiques et pluralisme). On peut également s'inspirer d'une idée de donnant-donnant[161] et expliquer que le droit exclusif d'exploitation des ondes qui fait des titualaires de licence des privilégiés appelle une compensation qui est susceptible de prendre la forme de devoirs de programmation envers les auditeurs et les téléspectateurs. Les responsabilités des exploitants doivent être proportionnées par rapport à leurs privilèges.

En définitive, les trois modèles précédents, grossomodo, autoriseraient une marge de manoeuvre à la FCC équivalente à celle dont elle jouit présentement dans la définition de l'intérêt public mais avec une différence de taille : l'assise juridique en serait beaucoup plus confortable au regard du principe de la liberté d'expression. Par opposition, les deux modèles qui suivent visent à réduire l'emprise de la Commission.

La vénalité des ondes prend le contrepied de l'idée de gratuité, centrale dans la théorie du trust public. Dans pareille optique, l'attribution des autorisations d'exploitation se fait par l'établissement de redevances ou à travers l'organisation d'enchères. On en trouve des illustrations dans la législation actuelle. La loi de 1996, qui ajoute une section 336 (e) au *Communications Act*, prévoit que la FCC recueille des redevances auprès des exploitants de la télévision numérique certes non au titre de leur exploitation principale mais au titre des activités accessoires soumises à des frais d'abonnement. Ces redevances sont censées éviter un enrichissement sans cause et doivent recouvrir une partie de la somme qui eût été collectée en cas d'enchères. La mise aux enchères a été adoptée par le législateur, en 1993, pour les télécommunications non-filaires, et étendue, en 1997, à l'octroi de certaines licences d'exploitation audiovisuelle, en cas de demandes initiales concurrentes (section 309 (j)). Dans le cas de l'audiovisuel, les enchères, organisées selon une procédure expéditive, remplacent les auditions comparatives fort coûteuses en temps et en argent. En revanche, la répartition des fréquences en vue de la diffusion de la télévision de haute définition a donné lieu à une attribution gratuite préférentielle au profit des exploitants de la télévision traditionnelle alors que de fortes oppositions s'étaient élevées criant à la reconnaissance de rentes de situation aux exploitants sortants doublement privilégiés. La mise aux enchères des ondes, dans la mesure où elles débouchent sur la reconnaissance d'un droit de propriété, remet catégoriquement en cause le principe du domaine public insusceptible de droits réels. Dans le système actuel, quoique la section 310 interdise le transfert de licence non-autorisé par la Commission, l'autorisation de recourir aux enchères dans la matière audiovisuelle introduit un élément d'incohérence dans le mécanisme du *public trustee*.

La nouvelle logique diverge diamétralement de la logique originelle. En l'occurrence, le fait que les exploitants tirent profit d'une ressource publique est consacré par la compensation financière du Trésor Public. Les obligations de service public fondées sur la gratuité disparaissent[162]. Accessoirement, les sommes recueillies peuvent servir à financer une télévision publique ou non commerciale et garantir autrement les buts d'intérêt public[163]. Les exploitants de cette télévision publique sont alors érigés en uniques *trustees*[164].

La confiance dans les mécanismes du marché est un autre moyen de libérer les exploitants d'obligations d'intérêt public. Le service audiovisuel est assimilé à n'importe quelle entreprise commerciale et c'est très logiquement que la programmation reflète les préoccupations des annonceurs. En conséquence, l'audimat permet de mesurer l'adéquation de l'offre et de la demande. Les moyens alternatifs à la télévision traditionnelle permettent de satisfaire les publics spécialisés oubliés par la dernière. Les exploitants doivent être investis de droits réels, avoir droit au renouvellement et pouvoir vendre leur licence. Le président Fowler, à la tête de la Commission entre le 18 Mai 1981 et le 17 Avril 1987 symbolise cette approche. Il a pu sans ambages discréditer la théorie du *trust* qualifié de tissu de "*fictions juridiques*"[165] et déclarer que la télévision n'est rien d'autre qu'un "*grille-pain*" et que" *l'intérêt du public définit l'intérêt public*"[166].

La diversification interne du modèle du *public trustee*, la contestation du modèle du *public trustee* affectent d'une certaine incertitude la viabilité de la distinction dualiste du texte de 1934. Par delà, l'apparition de régimes mixtes et le phénomène de la convergence apportent des raisons supplémentaires pour douter de la dichotomie régulatoire initiale.

III) La viabilité de la dichotomie des régimes régulatoires

A) Les types mixtes de régulation

Le câble apparu à la fin des années 40, a été la première technique à venir déranger la dichotomie initiale établie par le législateur de 1934. Le régime juridique qui lui est applicable n'est pas entièrement différent des deux premiers modèles quoique le câblo-opérateur ne soit ni un *common carrier* ni un *public trustee*. C'est un régime mixte qui tient de l'un et de l'autre. En ce qui concerne les autorités régulatrices compétentes, le câblo-opérateur, à l'instar du *common carrier* et à l'opposé du *public trustee*, est soumis à la compétence d'autorités fédérales et infrafédérales. Le contenu du régime régulatoire proprement dit présente des éléments qui rappellent ceux propres au *common carrier* et *au public trustee*. Du moins se réfère-t-on au régime géneral du câblo-opérateur, car il existe aussi des régimes particuliers.

1) Le régime juridique général du câble

a) Le partage de compétences entre la FCC et les autorités infrafédérales

On pourrait dire que les premières applications du câble jouent un rôle complémentaire par rapport à la technique de la transmission radio dans la mesure où il est utilisé pour apporter la télévision à des régions difficiles d'accès[167]. A partir des années 60, il prend figure d'une technique concurrente de l'onde hertzienne quand il propose des programmes propres à des abonnés ayant déjà la qualité de télespectateurs et ne se contente plus de diffuser les émissions de la télévision traditionnelle à des zones non-desservies. Les découvertes techniques des années 80 ajoutent à ces deux types de services la location de canaux à des tiers[168], la transmission interactive, et la téléphonie mobile. L'évolution de la place du câble sur le marché n'a pas été sans influence sur les modalités de sa régulation. Elle a, en effet, incité la FCC à abandonner sa réticence initiale à réguler .

Le canevas régulatoire d'origine du câblo-opérateur est tissé au niveau infrafédéral. Quand le câblo-opérateur se limitait à la rediffusion, des instances municipales ou des commissions régulatrices dans les Etats assuraient la régulation à travers l'octroi de concessions[169]. L'exploitation du câble est alors associée à l'idée d'un monopole naturel ou bien en raison du caractère exclusif de la concession ou bien parce que le coût de l'installation du réseau décourage un opérateur potentiel à venir concurrencer l'opérateur existant. Corrélativement, la FCC répugna en 1958[170] et 1959[171] à exercer sa compétence régulatrice pratiquant une lecture stricte du *Communications Act* de 1934 qui évidemment ne comporte pas de mention du câble.

Quand, dans les années 60, les opérateurs commencèrent à se positionner comme les rivaux des exploitants de l'audiovisuel hertzien, la FCC révisa son approche régulatoire. L'argument des exploitants de la télévision locale consistait à reprocher aux câblo-opérateurs d'importer dans leur aire de diffusion des programmes issus d'autres localités et de "*siphoner*", c'est-à-dire de détourner leur téléspectateurs, et en dernière analyse, les commandes publicitaires. La FCC se décida à intervenir et fonda son intervention sur sa mission visant au développement d'un audiovisuel efficace inscrite dans la loi de 1934. Son interprétation déboucha sur la nécessité d'assurer la protection de la télévision hertzienne (gratuite) au nom de l'intérêt public qui dévoilait de façon fort significative sa plasticité[172]. Il s'agissait d'une compétence implicite, par ricochet ou accessoire, née de la déstabilisation de la télévision herztienne sur laquelle son pouvoir d'intervention était direct.

En 1965, elle limita sa compétence aux réseaux fonctionnant avec des antennes à microondes. En 1966, elle l'étendit à tous les systèmes de réseaux cablés. La Cour Suprême confirma sa compétence en 1968[173]. Ayant arrêté sa position de principe, la FCC se concentra sur deux types de règles : d'une part, les "*must carry rules*" par lesquelles elles obligea les câblo-opérateurs à diffuser les stations locales de télévision, d'autre part, les "*non-duplication rules*" par lesquelles elle réduisit leur pouvoir d'importer[174] d'autres localités des programmes faisant double emploi avec ceux des stations de télévision de leur aire de diffusion. L'affirmation de la FCC en tant qu'autorité régulatrice du câble quoique significative en raison de l'importance pratique des deux règles n'en demeurait pas moins limitée dans son champ. L'essentiel de l'activité régulatrice se déroulait encore au niveau infrafédéral. En Mars 1972, la réglementation de la FCC prit un tour globalisant en sorte que le partage de compétences l'habilita tout à la fois à superviser l'intervention locale et à agir directement sur les activités des opérateurs. Elle institua l'obtention d'un certificat de conformité auprès de ses services par le candidat-câblo-opérateur ainsi que le dépôt de fiches d'information et de rapports annuels, elle établit des date-limites de construction des réseaux cablés ainsi que des plafonds pour le prix de la concession dont elle imposa les standards, elle autorisa les autorités concédantes locales à contrôler les tarifs du service de base[175], elle adopta des limitations de la concentration et promut l'égalité des chances, elle régula le contenu des programmes câblés sur le modèle de celui du reste de l'audiovisuel. Ce corps de règles ne dura pas longtemps puisque, dès 1976, la FCC, conformément à sa nouvelle approche dérégulationniste, commença à en réduire le contenu[176] de sorte qu'au 31 Décembre 1980 l'intervention de la FCC était l'équivalent d'une peau de chagrin. L'effacement volontaire de la FCC laissa les villes et les Etats libres d'intervenir dans la diversité.

En adoptant le *Cable Communications Policy Act* en 1984, le Congrès entendait rester fidèle au choix dérégulationniste. Aussi libéra-t-il les prix du service de base après le 30 Décembre 1986[177] ainsi que les redevances prélevées par les villes de même qu'il confirma le retrait de la FCC[178] et fit reculer l'emprise des autorités locales[179]. Corrélativement, il chercha à mettre de l'ordre dans le patchwork qu'offrait la variété des réglementations infrafédérales. Aussi délimita-t-il les rôles respectifs du régulateur fédéral et des régulateurs locaux. Son texte comportait, dès lors, un irréductible volet régulationniste qui tout en reconnaissant la compétence de droit commun des Etats et des municipalités, témoignait d'une reprise en main fédérale à travers des règles générales encadrant le pouvoir d'autorisation des autorités locales[180] ainsi que la structure du marché, consacrant les *must carry rules* au profit des stations non-commerciales, instituant une obligation de location de canaux à des producteurs vidéo indépendants. La hausse des tarifs et la dégradation des services l'amèna à revoir sa copie en 1992 : il vote le *Cable Consumer Protection and Competition Act*[181]. L'approche fut franchement régulationniste. La loi de 1992 régula dans le détail les divers aspects de l'activité des câblo-opérateurs et singulièrement réinstitua un contrôle des tarifs en habilitant, d'une part, les autorités locales à intervenir tant que le marché du service de base n'est pas concurrentiel et, d'autre part, la FCC non seulement à poser des prix de référence pour les différentes catégories de service mais encore à examiner les prix de la catégorie de service intermédiaire à la demande d'un abonné ou d'une autorité concédante[182]. D'une façon générale, il en résultait une forte présence de la FCC et des autorités locales à cette nuance près que la primauté de la FCC était nette.

Certes, le *Telecommunications Act* de 1996 effectue un mouvement de bascule dans un sens contraire à celui de 1992 sur le principe de l'intervention publique. En particulier, il lève les interdictions de participations croisées entre compagnie téléphoniques et câblo-opérateurs, entre exploitants de télévision hertzienne et câblo-opérateurs, entre câblo-opérateurs pratiquant la technique filaire et ceux pratiquant la technique non-filaire. En revanche, le principe du partage de la compétence régulatrice n'en est pas fondamentalement changé.

La primauté de la régulation fédérale, réitérée, se manifeste de plusieurs façons dans le titre 6 du Communications Act consacré au câble. Tout d'abord les autorités concédantes sont certifiées par la FCC; la perte ou le refus de la certification emporte substitution de la FCC dans l'exercice du contrôle des prix. Ensuite, celle-ci est habilitée à déclarer inapplicables celles de leurs réglementations qu'elle jugerait illégales[183]. En outre celle-ci détient également le pouvoir d'exercer un pouvoir réglementaire d'application pour guider les autorités infrafédérales dans leurs tâches régulatrices (standards des prix raisonnables pour le service de base, conditions techniques minimales à remplir pour l'obtention de l'autorisation d'exploitation, standards des droits du consommateur). Cela n'empêche pas l'existence d'un pouvoir réglementaire complémentaire au profit des autorités locales fondé sur la défense de la santé, la sécurité et le bien-être publics : règles de la concession, de sanction de la réception irrégulière des services du câble, d'installation du réseau sur le domaine public et les propriétés privées, du contrôle des prix et de la qualité des prestations, d'imposition fiscale. De fait, certains Etats ont mis en place une commission spécialement chargée de réguler le câble[184]. La formule ordinaire reste celle où le câble constitue un des chefs de compétence de la *Public Utility Commission* ou *Public Service Commission*[185].

b) Le contenu de la régulation

Le câblo-opérateur se distingue, d'une part, du *common carrier* dans la mesure où il n'a pas d'obligation de servir le public dans sa totalité[186] et exerce une discrétion éditoriale[187], d'autre part, du *public trustee* dans la mesure où son offre de service au télépectateur est payante et où il paie une redevance pour obtenir son autorisation d'exploitation[188]. En revanche, à l'instar de l'un et de l'autre il est soumis à une régulation visant à la structuration du marché tandis qu'à la manière du *common carrier* il a fait et fait encore l'objet d'un contrôle des prix et des services, et que comme le *public trustee* il est soumis à une régulation des programmes et de promotion de la diversité.

Pour ce qui a trait de la structuration du marché, l'entrée sur le marché des câblo-opérateurs est contrôlée. Outre les dispositions législatives, la FCC intervient indirectement à travers une réglementation-cadre et directement à travers l'enregistrement du câblo-opérateur[189]. Les villes et les Etats, octroient l'autorisation d'exploitation proprement dite ou concession. Depuis 1992, les câblo-opérateurs ne peuvent plus légalement disposer d'un monopole. Les autoriés concédantes peuvent renouveler et modifier la concession. Ensuite, même si la promotion de la concurrence est assurée à travers la levée des interdictions croisées déjà signalées, le droit de propriété reste sujet à quelques limitation[190] sur lesquelles la FCC est dotée d'un pouvoir de dérogation. Ce premier élément de compétence se révèle être une sorte de dénominateur commun au *common carrier*, au *public trustee* et au câblo-opérateur.

Quant à la régulation des prix et des services le rapprochement est à faire entre le *common carrier* et le câblo-opérateur. De l'institution du contrôle des tarifs par la FCC en 1972 à sa diminution par le Congrès en 1984, de sa revitalisation dans la loi de 1992 à sa sensible réduction dans celle de 1996, la question de la régulation des tarifs des prestations du câblo-opérateur a été un trait du régime juridique de ces derniers. Conformément au *Telecommunications Act* de 1996, la FCC est dépouillée de son pouvoir de contrôle à l'égard de la catégorie de service intermédiaire dont le régime est assimilé, du moins après le 31 Mars 1999, à celui du service à la carte. En outre, s'agissant des petits câblo-opérateurs, la disparition du contrôle de la catégorie intermédiaire est immédiate sans autre condition tandis qu'elle est conditionnée pour le service de base[191]. Il en résulte que seules les autorités locales sont fondées à exercer un contrôle des prix du service de base et celui-ci est qui plus est limité aux grosses entreprises et conditionné par le constat de l'inexistence de la concurrence dns le marché donné. La mise en sourdine de la FCC n'est pas totale, néanmoins, puisqu'elle supervise par sa réglementation l'action régulatrice locale et qu'elle peut remplacer cette dernière en cas de refus ou de révocation de certification. Par ailleurs, la compétence régulatrice touche la qualité des services. En application de la loi de 1992, le rôle de la FCC consiste en l'adoption de standards qui sont complétés et mis en oeuvre par les autorités infrafédérales. La relation du câblo-opérateur avec son abonné est ainsi placée sous surveillance[192]. C'est là une situation juridique qui évoque celle de la compagnie téléphonique et de son abonné à cette différence près que la discrimination tarifaire est, en l'occurrence, moins suspecte qu'elle ne l'est quand il s'agit d'un *common carrier*.

On est tenté d'effectuer un rapprochement entre câblo-opérateur et *common carrier* au titre des *must carry rules*[193]. L'obligation de rediffuser les stations de télévision hertzienne commerciale et non-commerciale, imposée à l'origine par la FCC au câblo-opérateur, a été consacrée par la législateur en 1984 et en 1992. Le câblo-opérateur doit s'en acquitter gratuitement et sans pouvoir tronquer ou modifier le contenu des programmes. Cette dernière modalité suggère une des caractéristiques du régime du *common carrier* qui doit transporter entre deux points un message émis par un correspondant. La gratuité apporte un négation à la tendance à établir un rapprochement dans la mesure où le *common carrier* est habituellement rémunéré. A supposer que la gratuité existe à l'égard d'une catégorie d'abonnés au nom du service universel elle sera toujours compensée. Or le câblo-opérateur ne reçoit aucune compensation pour rediffusion. La Cour Suprême a d'ailleurs formellement rejeté la qualité de *common carrier* du câblo-opérateur et a admis la constitutionnalité des *must carry rules* au regard de la liberté d'expressio[194]. On est enclin à conclure que les *must carry rules* constituent le trait le plus saillant des câblo-opérateurs.

A d'autres égards, le régime régulatoire du câble rappelle celui prévu pour l'audiovisuel hertzien. Le contenu des programmes du câble est entré dans le champ de régulation dans des conditions proches des autres programmes audiovisuels. Les matières concernées sont identiques : les campagnes électorales[195], le droit de réponse[196], l'éditorial politique, la loterie, les programmes éducatifs, la publicité relative aux cigarettes, l'obscénité[197] et l'indécence[198]. Les règles applicables sont les mêmes quoique l'on trouve des règles spécialement applicable au câblo-opérateur. Ainsi, le câblo-opérateur est soumis à deux obligations de brouillage d'émissions spécifiques depuis la loi de 1996. D'une part, à la demande de l'abonné, il doit brouiller ou procurer un outil de filtrage (location ou vente) pour les émissions auxquelles celui-ci n'a pas spécialement souscrit[199]. D'autre part, il doit brouiller de son propre chef les émissions pornographiques pour empêcher leur réception par un non-abonné; en attendant la mise en place du brouillage il doit cantonner de telles émissions aux heures d'écoute non-propices à la présence des enfants (l'interdiction touche la tranche horaire : 6 heures-22 heures)[200]. Par ailleurs, le législateur de 1996 lui confère le droit de refuser de diffuser des émissions de caractère obcène ou indécent[201]. Pareille règlementation soulève des problèmes semblables relatifs à la portée de la liberté d'expression des câblo-opérateurs. Ceux-ci reçoivent, en revanche, une réponse différente de la part de la Cour Suprême[202] qui leur applique un contrôle intermédiaire différent tout à la fois du contrôle restreint valable pour l'audiovisuel hertzien, c'est-à dire celui dont peut se réclamer le *public trustee* et du contrôle strict propre à la presse écrite[203]. La différence de traitement tient selon la Haute Juridiction, à la différence technique : le câble ne présente pas le caractère de rareté typique de l'espace hertzien, tout au contraire il est porteur de multiplication des canaux de diffusion. Il s'agit, par conséquent, pour le juge de procéder à une vérification de proportionalité moyenne : le texte litigieux doit refléter un important intérêt dénué de tout souci de censure, la limitation de la liberté d'expression ne doit pas être excessive[204]. Par ailleurs, la similitude de régime régulatoire entre le *public trustee* et le câblo-opérateur joue dans la promotion de la diversité. La FCC a de son propre chef étendu sa politique de promotion de la diversité ethnique et sexuelle au câble avant d'y être formellement invitée par la loi de 1992. Et là aussi cette politique de l'égalité des chances est menacée par le reflux de l'action positive.

2) Les régimes juridiques particuliers du câble

a) Le câblo-opérateur non-filaire

Le régime général s'applique au câble traditionnel c'est-à-dire celui qui fonctionne à partir du fil co-axial ou de fibres optiques. Cette technique cablée se distingue du câble non filaire[205] : la première comporte l'installation d'un réseau terrestre d'exploitation et soulève des questions liées à l'occupation du domaine public et des propriétés privées dont le détail est réglé au niveau local, la seconde suppose l'attribution d'une fréquence micro-onde par la FCC. Le câblo-opérateur sans fil à la différence du câblo-opérateur traditionnel n'a pas à obtenir une concession mais une fréquence et ne connaît pas de contrôle des prix.

b) L'Open Video Service

Par ailleurs le législateur de 1996 met en place un régime régulatoire assoupli pour l'*Open Video System*[206]. Celui-ci consiste en l'ouverture de son réseau à d'autres opérateurs du marché vidéo[207] par une compagnie de téléphone locale se livrant également à des activités vidéo. La mise à disposition des concurrents du réseau est porteuse de bénéfices : les règles du titre 2 sont écartées, le titre 6 est partiellement applicable[208]. Pour accéder à un tel statut l'entreprise doit obtenir un certificat de la FCC. L'autorité régulatrice reste par ailleurs présente pour l'adoption d'une réglementation d'application et pour la résolution des conflits.

B) La convergence

Si la loi du 8 Février 1996 constitue la révision la plus importante du texte fondateur de 1934, elle ne le bouleverse pas entièrement. Singulièrement, le législateur de 1996 ne prend nullement ses distances avec la dichotomie des régimes régulatoires établis par celui de 1934. La distinction entre *common carrier* et *public trustee* est reconduite. Bref, le Congrès persiste à raisonner en fonction des grandes catégories établies six décennies plus tôt. Même s'il est judicieux de constater que derrière la préservation des catégories existantes se profile la protection d'intérêts économiques divers[209], le phénomène de la convergence donne des raisons de s'interroger à titre général comme à titre particulier sur la pertinence de la dichotomie.

1) Le problème général

La persistance du législateur est troublante dans la mesure où, alors que la distinction originelle reposait sur la différenciation technique des deux grands modes de communication non-écrite, la version contemporaine fait cohabiter des modalités techniques diverses au sein d'une même catégorie. Là où, auparavant, on rattachait la téléphonie à la technique filaire et la radio-télévision à la technique non-filaire reposant sur l'exploitation du spectre hertzien, force est maintenant de constater que la téléphonie et la radio-télévision peuvent être aussi bien filaires que non-filaires. On en trouve des illustrations dans l'application alternative de l'un ou l'autre des régimes à l'opérateur selon l'activité effectivement exercée[210]. La conservation apparente des catégories recèle par conséquent une évolution de leur composition, comme si moins que la technique de communication employée, on s'attachat désormais à l'objet de la communication. Ce qui importe donc c'est que, dans un cas, on ait affaire à une communication confidentielle protégée par le secret des correspondances et que, dans l'autre, on ait affaire à une communication de masse. L'identité de but des communicateurs, que ce soit la transmission confidentielle, que ce soit la transmission de masse, transcenderait la variabilité des moyens disponibles dans l'opération de classement. Dès lors, il y a séparation de fait, non seulement entre les modalités techniques de la communication et l'objet de la communication, mais encore entre les modalités techniques et la classification.

Ce premier constat de l'interchangeabilité des techniques force l'interrogation sur la pertinence des fondements techniques de l'approche régulatoire. Est-il encore plausible de fonder le contrôle restreint de la limitation de la liberté d'expression audiovisuelle sur la rareté des fréquences hertziennes? Est-il pertinent d'appliquer deux régimes juridiques différenciés à la diffusion de masse selon qu'elle emprunte ou n'emprunte pas le réseau Internet? Est-ce que la logique et la validité d'un classement ne repose pas sur l'applicabilité de règles identiques à l'intérieur d'une même catégorie?

Par ailleurs, la numérisation semble avoir des implications fort déstabilisatrices sur la classification actuelle. Tout d'abord, elle est porteuse d'assimilation dans la réalisation de la transmission d'objets divers. Qu'il s'agisse de la voix, de l'image ou de l'écrit, le procédé est le même qui permet grâce à un micro-processeur de coder des données en langage numérique, de les transporter et ensuite de les restituer[211]. L'information devenue fort malléable est plus que jamais transmissible. Elle est en quelque sorte libérée. Derrière le miracle du multimedia, se profile en fait une homogénéïsation des infrastructures de la communication qui brouille les frontières entre les exploitants des services de transmission écrite, audiovisuelle ou vocale. Le brouillage des frontières débouche sur des stratégies économiques qui transcendent la délimitation traditionnelle des marchés et intensifie la concurrence. En un mot, avec la numérisation, la communication quelque soit sa forme (écrite, vocale ou vidéo), sa technique (filaire ou non-filaire) ou son objet (transmission confidentielle ou de masse) est soumise à la convergence.

Il reste à savoir si le schéma régulatoire conçu pour un paysage compartimenté est viable dans le nouveau paysage de la convergence. L'interrogation porte non seulement sur la nécessité d'unifier le régime juridique au sein d'une catégorie mais encore et surtout sur la pertinence de la dichotomie fondamentale de la classification. En d'autres termes, la convergence des moyens de transmission appelle-t-elle une unification des règles de régulation? La FCC devra-t-elle abandonner la distinction entre *common carrier* et *public trustee*? La création de l'ART à côté du CSA est-elle judicieuse? Les découvertes technologiques sont finalement porteuses de révision des régimes régulatoires fort déchirantes. Le cas du réseau Internet est à cet égard exemplaire.

2) Le cas particulier du réseau Internet

Certes l'état de non-régulation dans lequel la FCC laisse l'Internet n'est pas surprenant au regard du credo dérégulationniste du législateur de 1996 ainsi que de la Commission. La difficulté technique sur lequel achoppe tout effort de caractérisation du réseau Internet apporte par ailleurs une autre explication à l'approche de la FCC.

A supposer qu'elle veuille appliquer aux services distribués sur le réseau Internet le régime juridique des services de *common carrier* il faudrait qu'elle puisse les qualifier de services de télécommunication. Or si le courrier électronique[212], les discussions électroniques en direct[213], les liaisons téléphoniques via l'Internet répondent aux trois critères il est difficile d'en dire autant d'une autre catégorie de discussion qui utilise le relais d'un serveur[214]. Pareil constat conduit à penser qu'une volonté régulatrice devrait se résoudre à appliquer divers régimes aux différents services disponibles sur le réseau.

Le régime unique pour l'ensemble de ces services est d'autant plus introuvable que la tentation d'appliquer le régime de l'audiovisuel hertzien existe par ailleurs. Il est, en effet, possible d'écouter ou de regarder des émissions radiophoniques ou télévisées sur la toile à cette différence près que la transmission ne repose pas sur l'usage des ondes électromagnétiques. Dès lors, la question est soulevée de savoir si l'extension d'un type de régulation fondée sur la rareté du spectre hertzien n'est pas inadaptée au cas d'une transmission sur la toile qui par le miracle du numérique transforme momentanément, c'est-à-dire le temps de la liaison, l'écrit, l'image et le son en une forme unique avant de les reconstituer à l'arrivée et les rendre consommable par le récepteur.

Est-ce à dire que l'analogie avec le câble serait plus satisfaisante? Mais comment comparer celui qui grâce à l'utilisation d'un programme informatique peut librement recevoir des émissions audiovisuelles via l'Internet sur l'écran de son ordinateur et l'abonné d'un service du câble qui doit contracter un abonnement et bénéficier d'un branchement spécial pour avoir accès aux services câblés?

La nature internationale du réseau Internet pose enfin le problème de la démarcation et de l'effectivité des compétences de régulateurs nationaux que par définition la FCC ne saurait résoudre toute seule.

Section 2 : Les politiques de régulation

La mise en parallèle, d'une part, de la constance du texte fondateur de la FCC entre 1934 et 1996 et, d'autre part, de la variation de la philosophie régulatoire de la Commission entre ces deux dates désigne la FCC comme l'auteur de politiques de régulation en même temps qu'elle donne la mesure de la délégation législative dont elle bénéficie et la plasticité du critère de l'intérêt public qqui guide son action[215]. Certes, la loi du 8 Février 1996 constitue un tournant en ce qu'elle renverse le schéma régulateur issu du Communications Act de 1934 et, désormais, il s'agit de substituer la régulation du marché à la régulation étatique. Mais cette périodisation de base entre l'avant et l'après 1996 n'infère nullement que la dérégulation de la communication est inexistante ou simplement balbutiante avant 1996 dans ce secteur de l'économie. Bien au contraire, celle-ci a déjà fait bien du chemin, à ladite date. C'est, en effet, vers la fin de la décennie 1970 qu'est rompu, sous la pression de divers acteurs de la communication, au nombre desquels la FCC, le consensus régulationniste. Des accusations de pratiques anticoncurrentielles portées, en 1978, par le *Department of Justice* contre ATT au démantèlement du monopole des télécommunications de longue distance décidé, en 1983[216], par le juge Harold Greene en passant par les efforts d'insertion sur le marché des nouveaux concurrents, de la promotion du marché proclamée par les Présidents Reagan, Bush et Clinton, au vote de la loi libéralisant le câble en 1984, on trouve la même filiation dérégulationniste dont la FCC n'est pas en reste. Elle commence à expérimenter l'analyse dérégulationniste vers la fin des années 70 et ouvre ainsi un deuxième temps dans sa politique régulatoire qui sera corroboré par le législateur de 1996.

Sans chercher à retracer le détail de l'évolution des positions des différents acteurs de la communication, on se contentera d'illuster le cas de la FCC. En ce qui concerne la période précédant 1996, la présentation du contenu de la régulation des *public trustees,* sérieusement allégée à partir des années 70, instruit en particulier sur l'aspect régulationniste tandis que la promotion de la concurrence dans le cadre de la régulation des *common carriers* éclaire sur l'aspect dérégulationniste. En ce qui concerne la période ouverte par la loi du 8 Février 1996, le rôle stratégique de la FCC dans la mise en oeuvre de la réforme mérite d'être soulignée.

&1 : Les politiques de régulation avant 1996

La FCC entame elle-même la dérégulation dans les années 70. Trois présidents de la FCC ont été les fers de lance d'une telle action. Charles Ferris (1977-1981), nommé par Jimmy Carter, lance le mouvement; il est suivi par Mark Fowler (1981-1987) et Dennis Patrick (1987-1989), nommés par Ronald Reagan et particulièrement ardents à la tâche. La conversion à la dérégulation touche aussi bien l'audiovisuel que les télécommunications.

A) La politique de régulation de l'audiovisuel

La dérégulation s'apprécie tant en matière de structuration du marché qu'en matière de programmation.

1) La régulation du marché

La FCC protège, dès les années 40, la concurrence aussi bien au niveau national qu'au niveau local. A l'échelle nationale, elle restreint le nombre de stations affiliées à un réseau et interdit la possession de plus d'un réseau par propriétaire. A l'échelle locale, elle limite le titulaire d'une autorisation à une station dans une zone donnée et pose des restrictions à la possession simultanée des stations radiophoniques et télévisées. Avec l'augmentation de l'offre, elle assouplit à plusieurs reprises les restrictions. Elle passe ainsi, à propos des réseaux, de la règle des 7[217] dans les années 50, à celles des 12 en 1985, à celle des 20 en 1994. Le zonage est également allégé en 1989. La vigilance de la FCC dépasse l'espace audiovisuel puisqu'elle veille également à endiguer la constitution de monopoles de la communication en général. Elle adopte en 1975 la règle, toujours en vigueur, de l'interdiction de la possession d'un organe d'information quotidienne et d'une station radiophonique ou télévisée dans la même zone de diffusion[218]. Elle interdit les participations croisées entre industrie du câble et réseaux hertziens. La vague de dérégulation des années 80 facilite l'octroi de dérogations.

Elle se manifeste, par ailleurs, par la suppression des dispositions réglementaires adoptées en 1962 et luttant contre le trafic des licences d'exploitation audiovisuelle au terme desquelles la revente des stations ne pouvait intervenir que trois ans au moins après l'attribution de fréquence sauf circonstance financière exceptionnelle. Une véritable *"frénésie commerciale"*[219] en résulte qui se traduit par une fréquence élevée des changements de propriétaire et provoque des doutes (de la part des parlementaires entre autres) sur la capacité des exploitants à poursuivre l'intérêt public. Le dessèrrement des règles relatives au transfert de licence en est une autre manifestation : la nouvelle lecture évite de caractériser les prises de contrôle comme des transferts, en sorte qu'une autorisation de la part de la FCC devient inutile[220]. De même la FCC tend-t-elle à faire preuve d'indulgence dans la vérification des qualités du demandeur d'une licence ou du renouvellement d'une licence. Elle fait savoir ainsi en 1985[221] qu'elle ne refusera l'octroi qu'en cas de condamnation pénale du demandeur liée à son activité audiovisuelle ou de fausse déclaration à la Commission. Elle écarte par conséquent les condamnations civiles, les cas de mauvaise conduite exempts de poursuites judiciaires de la considération des demandes. L'exercice du pouvoir de sanction subit les effets de cette politique régulatoire. La division chargée des plaintes mise en place en 1960 fusionne avec une autre, peu après l'arrivée de Mark Fowler. En outre, elle n'effectue plus de visites sur place pour mener à bien ses tâches inquisitoriales : la procédure devient entièrement écrite. Une lettre est adressée à la station dont se seront plaints des téléspectateurs ou auditeurs, celle-ci adresse en retour un courrier de déni à la FCC[222].

Le *Telecommunications Act* de 1996 (section 202) revient sur les restrictions posées par la FCC. Il fait disparaître la limitation du nombre de stations radiophoniques affiliées imposée aux réseaux et élargit de 25 à 35 % le pourcentage d'audience nationale autorisé en ce qui concerne la diffusion radiophonique[223]. La FCC, à qui la discrétion en était laissée, applique les nouvelles règles aux stations de télévision. Il allège également les limitations relatives à la concentration locale[224] et dote la FCC du pouvoir d'accorder des dérogations en vue d'accroître le nombre des stations en activité. Il élimine l'interdiction des participations croisées entre audiovisuel hertzien et câblé. D'une façon générale, étant donné sa présente tendance dérégulationniste, le Congrès a chargé la FCC de réviser, tous les deux ans, l'ensemble des règles relatives (section 202(h)) à la propriété en matière audiovisuelle et de modifier ou retirer celle d'entre elles devenues inutiles au regard de la réalité de la concurrence[225].

Le souci de protection de la diversité inspire l'attribution préférentielle d'une licence d'exploitation aux membres des minorités dans le cadre des procédures comparatives instituées en cas de demandes concurrentes ainsi que les politiques du "*distress sale*" et du "*tax certificate*" établies en Mai 1978[226]. La première, qui n'est pas très fructueuse[227], permet à un exploitant menacé de révocation[228] ou soumis à la procédure du renouvellement de céder à un prix inférieur à celui du marché (75% du prix du marché) sa licence au membre d'une minorité avant la tenue de l'audition. La seconde[229], plus concluante, ouvrait droit à un report de taxation à l'exploitant qui vendait sa station audit représentant. Dans le même ordre d'idées, l'incitation peut rendre la forme d'exceptions aux limitations du cumul de propriété ou du champ de diffusion[230]. En outre, la FCC exige des stations le respect de l'égalité des chances dans leur politique du personnel. Elle exige d'elles l'adoption d'un programme à cet égard[231]. Concrètement les opérateurs doivent assigner des tâches au personnel d'encadrement à cet effet; ils doivent informer leurs employés des opportunités de promotion; ils doivent assurer une diffusion particulière des vacances d'emploi auprès des établissements éducatifs et autres sources potentielles de recrutement de candidats issus des minorités; ils doivent lutter contre les pratiques discriminatoires dans leurs propres rangs; ils doivent établir un programme d'actions spéficiques visant au recrutement, à la formation des candidats membres des minorités ou de sexe féminin. La FCC contrôle périodiquement ou à l'occasion du renouvellement leurs pratiques en la matière, au terme de quoi, elle leur notifie les améliorations nécessaires, leur inflige des amendes, ou les menace de non-renouvellement. L'existence d'un "*Office of Communications Business Opportunities*" dans l'organigramme de la FCC témoigne de la prégnance de cette politique en faveur de l'égalité des chances.

Au total, la politique de la diversité touchant au recrutement offre des résultats tangibles. Ainsi, alors qu'en 1971, le pourcentage de femmes employées dans le secteur de la communication audiovisuelle était de 23,3%, et que celui des personnes issues des minorités était de 9,1%, en 1997 il est passé respectivement à 40,8% et 19,9%[232]. Cet aspect ainsi que les autres aspects de la politique de promotion des minorités et des femmes menée par la FCC sont, cependant, présentement frappés d'incertitude compte tenu de la défaveur jurisprudentielle de l'action positive. Si, en 1990, dans l'arrêt *Metro Broadcasting*[233], la Cour Suprême avait introduit un contrôle intermédiaire moins exigeant pour valider la promotion de propriétaires de stations appartenant aux minorités, elle a, en 1995, dans l'affaire *Adarand*[234], révisé sa position et unifié le contrôle des classifications raciales autour des critères les plus stricts, laissant présager de la difficulté pour la FCC à justifier son action en faveur de l'égalité des chances dans l'avenir. C'est, par conséquent, sans surprise que, le 14 Avril 1998, la Cour d'appel du District de Columbia qui avait déjà, en 1985 et 1992, invalidé l'action positive de la FCC en faveur des femmes dans le cadre de l'allocation des fréquences, a déclaré inconstitutionnel le programme d'action positive touchant les minorités imposé par la FCC aux exploitants dans leur politique de recrutement[235]. Le revirement jurisprudentiel a, d'ores et déjà, affecté l'action de la FCC. Celle-ci a non seulement partiellement substitué des critères financiers aux références raciales et sexuelles pour l'attribution d'un certain nombre licences d'exploitation des télécommunications non-filaires[236] mais encore supprimé un des deux blocs réservés aux candidats répondant aux conditions financières supplémentaires[237]. La politique ne paraît pas cependant complètement compromise puisque, le 29 Juillet 1998, la FCC a annoncé s'être entendu avec les principales chaînes audiovisuelles à l'effet de tenir dans l'échec la décision de la Cour d'appel à travers une observation volontaire de ses règles par le milieu professionnel.

2) La régulation de la programmation

Par delà les chefs d'habilitation ponctuelle et de détermination législative de l'intérêt public, la FCC a pu, sur le fondement de la délégation générale dont elle fait l'objet, entreprendre de réglementer les programmes partageant parfois des aspects de la conception de l'intérêt public attesté par le Congrès. La détermination réglementaire de l'intérêt public s'illustre ainsi dans plusieurs domaines : la promotion de la démocratie, celle des programmes éducatifs, la lutte contre l'indécence.

L'établissement d'une régulation des programmes par la FCC date de 1946. Cette année-là, la Commisson publie un rapport sur les responsabilités de service public des titulaires d'autorisation de diffuser, autrement connu sous le nom de "*Blue Book*"[238]. Ce faisant la FCC opère en continuité avec sa prédécessrice, la FRC, qui, en 1929[239], affirme sa compétence à réglementer les programmes au nom de l'obligation des exploitants de servir la totalité de leurs auditeurs. A son tour, la FCC révèle ses ambitions visant à faire respecter "*une structure de programmes bien équilibrée*". Et comme la FRC, elle détaille les obligations de programmation à l'égard de la communauté desservie : de la représentation des talents locaux à la discussion des sujets d'intérêt public, de la couverture des évènements religieux à la diffusion d'émissions éducatives et d'instruction civique, du traitement de l'information locale à la présentation de l'état du marché. Les thèmes à traiter sont donc indiqués, ce qui équivaut à une forte limitation de la liberté éditoriale. Nulle part , cependant, l'injonction de faire ne prend la forme d'une prescription de durée minimale de programmation, la FCC se contente d'exiger qu'"*un laps de temps adéquat*" soit consacré à chacun des éléments de ladite liste pendant "*les meilleures heures d'écoute*". En 1960[240], la ligne de conduite est réitérée et la liste "*des éléments principaux habituellement nécessaires à la satisfaction de l'intérêt, des besoins et désirs de la communauté couverte par l'aire de diffusion*" est rappelée. Celle-ci, qui comporte quatorze rubriques, est plus étendue que la première avec l'ajout des diffusions politiques et d'éditoriaux, de programmes d'expression locale et d'intérêt pour les minorités, d'émissions agricoles, sportives ainsi que des bulletins météorologiques.

La "*Fairness Doctrine*" appliquée par la FCC entre 1949 et 1987 a pendant longtemps focalisé une opposition féroce entre exploitants, arc-boutés sur leur liberté de programmation, et la Commission, préoccupée par la nécessité du pluralisme, à l'instar du Conseil Constitutionnel[241]. Pour retracer son origine, il faut remonter au 2 Juin 1949, date de publication par la FCC d'une décision de 13 pages[242] dans lequel elle abandonne implicitement l'interdiction de la pratique de l'éditorial aux exploitants de station, jusque-là en vigueur[243]. Revenant sur la condamnation catégorique initiale, la FCC adopte une approche plus équilibrée et plus respectueuse de la liberté d'expression radiophonique : l'éditorial radiophonique (plus largement, audiovisuel) est autorisé sous condition d'honnêteté (*fairness*). Dans son analyse, la Commission souligne la nécessité de la limitation de la liberté d'expression : "*La signification la plus importante de la liberté de la radio est le droit pour le peuple américain d'écouter ce grand moyen de communication libre de toute directive gouvernementale ou en provenance des titulaires de licences d'exploitation quant à ce qu'il peut ou ne peut pas entendre*". Pour ce qui a trait au rôle de l'outil audiovisuel dans le bon déroulement du processus démocratique, dès 1949[244], la FCC atteste que l'intérêt public exige qu'il soit utilisé pour susciter "*une opinion publique informée à travers la diffusion de nouvelles et d'idées relatives aux grands sujets de l'actualité*".

Corrélativement, elle pose les deux éléments de ce qui deviendra la *Fairness doctrine.* Le premier consiste à faire couvrir les sujets d'intérêt public. En cela, la FCC reprend une idée exprimée par la FRC en 1929 selon laquelle *"l'intérêt public requiert la discussion des questions importantes pour le public"*[245]. Le second revient à faire respecter l'idée d'équilibre de présentation des divers points de vue. Précisément, il y a honnêteté ou *fairness* dans la mesure où le contenu des diverses positions sur une question d'intérêt général donnée est objectivement portée à la connaissance des auditeurs ou téléspectateurs.

Le droit de réponse radiophonique ou télévisée général (*"personal attack rule"*[246]), grâce auquel une personne ou un groupe attaqué sur une station dans une matière sujette à controverse et d'importance pour le public doit avoir la possibilité de répondre, en constitue une des applications que la Cour Suprême a validée dans l'affaire *Red Lion* en 1969[247] en expliquant qu'il assurait une variété de sources d'information conforme à l'intérêt public. Le droit de réponse politique (*"political editorializing rule"*), grâce auquel un candidat dont le programme est mis en cause sur une station a le droit d'y défendre ses idées ou selon lequel un candidat a le droit de s'exprimer à titre contradictoire sur une station[248] soutenant un adversaire, en exprime un autre corrolaire.

Bien avant l'intervention législative de 1990, la FCC décide d'imposer des obligations d'intérêt public aux exploitants à l'égard des mineurs. En 1960[249], elle identifie les enfants comme une des catégories de téléspectateurs dont les besoins spécifiques doivent être satisfaits par les *trustees.* En 1974[250], elle précise l'importance particulière des programmes éducatifs et, sans prescrire un minimun d'heures d'émissions de ce type, elle demande aux exploitants d'améliorer l'état de la programmation. En 1975, son président, Richard Wiley demande aux responsables de chaînes télévisées de programmer des émissions familiales aux heures de grande écoute de la soirée. En matière publicitaire, elle les exhorte à séparer la publicité de la diffusion proprement dite et à honorer les recommandations de l'industrie audiovisuelle elle-même visant à plafonner la durée des coupures publicitaires dans le cadre des émissions destinées aux enfants[251]. En 1979, l'évaluation de la mise en oeuvre de cette politique par un groupe d'étude mis en place par la FCC, la *Children's Television Task Force,* révèle un bilan mitigé : si les recommandations relatives à la publicité ont été suivies, tel n'est pas le cas de celles qui visent le contenu de la programmation. Malgré la conclusion négative du groupe de travail quant à la capacité des forces du marché à satisfaire les besoins télévisuels des enfants, en 1984, dans le cadre de sa politique dérégulatrice, la FCC abandonne les deux aspects de la politique précédente[252]. C'est précisément pour limiter cette logique commerciale triomphante que le Congrès vote le *Children's Television Act*, en 1990. Tiraillée entre les exploitants et les groupes de pression défenseurs des enfants, la FCC a eu du mal à préciser les conditions d'exécution de la loi de 1990. Après avoir très vaguement requis "*un certain nombre d'heures*" de programmation spécifique[253] et détaillé les règles d'insertion des coupures commerciales pendant leur diffusion elle a finalement établi, le 8 Août 1996[254], une définition du programme éducatif[255] ainsi qu'un quota minimal de trois heures de ce type d'émissions par semaine. Il reste cependant à savoir si une telle disposition n'inciterait pas admettre d'autres exigences quantitatives du même type en matière de campagne électorale[256] ou d'information de santé, par exemple, et si la Cour Suprême en admettrait la constitutionnalité.

Le traitement de l'indécence par la FCC est antérieur à l'intervention législative. La FCC a cherché à protéger les mineurs et définit l'émission indécente comme celle dans laquelle "des représentations ou des descriptions en des termes particulièrement choquants au regard des critères contemporains de l*a communauté appliqués à la diffusion audiovisuelle des organes ou activités sexuelles ou de défécation*"[257]. Dans la décision *Pacifica*[258] de 1978, la Cour Suprême valide, d'une part, la sanction des émissions indécentes à des heures où des enfants sont susceptibles de se trouver parmi les auditeurs ou télespectateurs et, d'autre part, la définition de l'indécence donnée par la Commission. Elle se fonde sur le caractère envahissant de la radio et de la télévision dans la vie quotidienne et de leur accessibilité à l'égard des enfants, y compris ceux non-encore alphabétisés parmi eux. Les modalités de l'interdiction de l'indécence ont varié à la différence de l'obscénité qui a toujours été frappée d'une interdiction absolue[259]. Avant 1988, la FCC[260]applique une interdiction relative de l'indécence qui doit être cantonnée à des heures non-propices à la présence des enfants. En application de la loi du 1er Octobre 1988, l'interdiction devient absolue en ce qu'elle est valable 24 heures sur 24 heures. Conformément au *Telecommunications Act* du 21 Août 1992, la Commission[261] révise la règle pour distinguer deux catégories de stations : pour les stations publiques l'interdiction est valable entre 6 h et 22 h, pour les stations commerciales, elle est applicable entre 6 h et 24 h. La FCC a dû, le 18 Août 1995, modifier sa réglementation pour être conforme à l'injonction prononcée, le 30 Juin 1995, par la Cour d'Appel du District de Washington[262] et tendant à unifier le régime d'interdiction. Les diffusions indécentes sont, toutes stations confondues, cantonnées entre 22 h et 6 h.

La FCC demeure très attachée à la lutte contre l'indécence. Elle n'hésite pas à y employer son pouvoir de sanction. Elle est ainsi engagée dans une véritable partie de bras de fer avec les stations diffusant l'émission de Howard Stern, jugée vulgaire. Elle continue, depuis 1990, de leur infliger des amendes dont le montant total s'élevait déjà en 1995, à un million de dollars.

En définitive, la FCC avait mis en place un corps relativement dense de règles portant sur le contenu des programmes. Elle a depuis fortement allégé ses exigences dans le cadre de sa politique dérégulationniste des années 80. Dans la lignée du *Regulatory Flexibility Act* et *du Paper Reduction Act* de 1980, elle décide de réduire son emprise sur la programmation[263]. Il n'est, par exemple, plus question pour les exploitants de mener des enquêtes préalables propres à déterminer les besoins et les intérêts spécifiques de la zone couverte par leur fréquence[264], ni de respecter des catégories de programmes autres que ceux visant au divertissement[265]. Désormais la tenue de registres détaillés des programmes n'est plus nécessaire. Il n'est plus davantage question de réguler la longueur et la fréquence des spots publicitaires puisque la programmation de la publicité[266] est presqu'entièrement libre.

De même, sa mise en oeuvre de l'*equal time* a pu donner lieu à des détournements lorsqu'à la faveur de la tendance dérégulationniste des années 80, elle a pu l'assouplir au point de laisser certaines stations promouvoir de façon préférentielle certains candidats dans le cadre d'émissions généreusement rangées dans la catégorie des émissions d'information, normalement situées hors du champ d'application de la règle[267]. Cet état des choses en dit long sur le rôle de garante de la FCC dans le fonctionnement de la démocratie et comment un changement de politique régulatoire de sa part peut profondément affecter celle-ci dans son essence même.

La disparition de la *Fairness doctrine,* dans un contexte politique caractérisé par un soutien massif du Président et une opposition acharnée du Congrès, est certainement le symbole de la dérégulation des programmes. elle est amorcée, en Août 1985, lorsque la Commission publie une étude dans laquelle elle critique sévèrement la *Fairness doctrine*[268], laissant présager une supression. La cour d'appel de Washington DC apporte de l'eau à son moulin en soutenant, en 1986, que la règle était dépourvue de fondement légal[269]. En 1987, la Commission rejette toutes les solutions alternatives et prône *"un marché des idées non-régulé"*[270]. La tentative de codification opérée par le Congrès achoppe sur le veto opposé par le Président Reagan le 29 Juin 1987. Et le 9 Août, la FCC se prononce unanimementt pour la fin de la *Fairness doctrine*[271]. Elle n'hésite pas de façon surprenante à maintenir formellement, en 1988, les deux corrolaires précités[272] de la *Fairness doctrine*. Pourtant en 1983[273], elle avait entamé une procédure de suppression de ces deux règles qui s'est révélée infructueuse. Réssucitée en Décembre 1996[274], celle-ci achopppe, le 8 Août 1997 ainsi que le 18 Juin 1998[275], sur l'impossibilité de dégager une majorité. La question est toujours à l'ordre du jour et a été rattachée à celle de l'accès gratuit des candidats aux plateaux télévisés. Un comité consultatif a été établie par le Président Clinton à cet effet en 1997[276].

Au regard de la réglementation adoptée en 1996 et portant quota d'émissions à destination de la jeunesse, il est vraisemblable que le courant dérégulationniste qui affecte présentement la programmation est moins fort que celui des années 80. La découverte de nuances à l'intérieur d'une période comme la distinction de périodes distinctes administrent la preuve que la FCC en se fondant sur le critère généreux de l'ordre public devient l'auteur de véritables politiques régulatoires. L'affrontement qui s'est déroulé entre la Commission et le Congrès à propos de la *Fairness doctrine* révèle que, quand certaines circonstances sont réunies, non seulement l'"arme du Congrès" peut se retourner contre lui mais encore que celle-ci est force politique à part entière.

B) La politique de régulation des télécommunications

La FCC entreprend de déréguler les télécommunications sous la pression des concurrents d'ATT, relayés par des décisions juridictionnelles[277]. Que la FCC ait initialement admis la concurrence à contre-coeur et seulement du bout des lèvres ne devrait pas vraiment surprendre compte tenu de la teneur de sa mission. Toute sa raison d'être consiste assurément, aux termes de la délégation de 1934, à réguler le monopole d'ATT. La tâche la conduit, certes, à veiller à ce qu'ATT remplisse ses obligations à l'égard des abonnés. Mais elle comporte également une attention particulière au maintien des conditions de l'acquittement des obligations. En bref, la FCC se montre soucieuse de préserver l'équilibre des privilèges et devoirs d'ATT qui constitue l'essence de la philosophie de la régulation du monopole naturel. Il convient de constater le lien de péréquation qui unit la réalisation du service universel et le niveau élevé des tarifs applicables aux communications urbaines et commerciales. L'excédent dégagé du coût réel de ces communications permet de financer, dans des conditions supportables pour les consommateurs concernés, l'extension du réseau téléphonique à des abonnés indigents ou à des zones difficilement accessibles ou à des régions rurales sous-peuplées. La conclusion est alors évidente qu'admettre l'immixtion de concurrents qui, dépourvus de charges de service universel, se limiteraient aux communications les plus rentables[278] et pratiqueraient des prix compétitifs, est porteur de déséquilibre pour le titulaire du monopole. L'équilibre entre activités rentables et activités non rentables étant brisé par les pratiques d'écrémage des concurrents, la péréquation devenue impossible, la garantie du service universel se trouve compromise. Le rôle du régulateur revient, dès lors, au nom de l'intérêt public, à protéger le monopole régulé.

1) Le recours à l'obligation d'interconnexion

Ce n'est que dans la mesure où l'intérêt public le permet que la FCC daigne autoriser les rivaux à entrer sur le marché[279]. Elle a, pour ce faire, plusieurs outils à sa disposition. Tout d'abord, elle utilise le pouvoir d'imposer une obligation d'interconnexion que lui reconnaît la section 201(a)[280] du *Communications Act* pour à insuffler un peu de concurrence dans les communications de longue distance. Dès 1959[281], elle rend ainsi possible l'allocation de fréquences micro-ondes à des concurrents pour assurer des transmissions inter-villes dans le cadre de réseaux privés, même si elle n'autorise MCI[282], qu'en 1969, à opérer sur ce terrain entre Chicago et Saint Louis. En 1968[283], elle ouvre la voie à l'interconnexion d'équipements produits par les concurrents d'ATT, à l'usage des abonnés. En 1971[284], elle crée une catégorie de *common carrier* spécialisé, "*Specialized Common*

Carrier", à qui elle reconnaît un droit à interconnexion avec les BOC's. En 1972[285], elle rend la voie satellitaire accessible aussi bien aux compagnies de téléphone, à COMSAT[286] qu'à toute autre société intéressée. En 1980[287], prenant acte de la convergence des techniques, elle évite de distinguer entre traitement de données et télécommunications, dérégule le marché de l'équipement destiné au consommateur ainsi que les services avancés[288]. En 1986[289], elle lance l'*Open Network Architecture* : les compagnies de téléphonie locale doivent aligner l'accès aux infrastructures de transmission des fournisseurs de services avancés sur le leur et elles sont autorisées ainsi que la compagnie ATT à fournir lesdits services sans les séparer des prestations de téléphonie de base. En 1993[290], elle exige des compagnies locales qu'elles partagent leurs locaux avec des concurrents afin que ceux-ci y installent les équipements nécessaires à l'offre de services de longue distance.

Les trois dernières décisions sont d'ailleurs révélatrices d'un glissement dérégulationniste que la FCC affirme très franchement à partir des années 80. Le fait que celui-ci coincide avec la mise en oeuvre du MFJ inclinerait à penser qu'en l'occurrence, la FCC prend simplement acte du nouveau principe de fonctionnement du marché institué par le juge Greene. Mais l'existence d'un décalage entre le MFJ et les positions de la FCC indique que la Commission ne fait pas seulement preuve de suivisme. Elle a, en effet, son propre agenda de dérégulation. Ainsi Mark Fowler[291] (1981-1987) est nommé par Reagan à la présidence de la Commission pour porter le flambeau dérégulationniste dans le secteur de la communication. Son successeur de Dennis Patrick[292] (1983-1989), dès sa première apparition publique, déclare que la fonction régulatrice doit revenir au marché. Sous le mandat d'Alfred Sikes[293] (1989-1993), elle critique les restrictions d'activités imposées aux BOCs par le MFJ. Elle milite alors pour une levée de la segmentation du marché[294]. Selon elle, les consommateurs tireront le plus grand bien de l'entrée des BOCs dans la téléphonie avancée, la fabrication d'équipement et la téléphonie de longue distance. Autant de domaines qu'il leur était interdit d'investir aux termes du MFJ. Reed Hundt[295] (1993-1997) ainsi que son successeur, William Kennard, tous les deux désignés par Bill Clinton, se font les chantres d'une révolution de l'information facilitée par la concurrence.

A côté de l'obligation d'interconnexion, la FCC a, à l'orée de la décennie 1980, utilisé sa compétence en matière de prix pour développer la concurrence.

2) Le recours à la dérégulation des prix

A la base de son raisonnement, on trouve la constatation selon laquelle l'évolution des conditions technologiques[296] depuis l'adoption du *Communications Act* rend désormais possible, sans investissement prohibitif, l'émergence de nouveaux opérateurs. L'encouragement suscité par cette concurrence potentielle passe par la réévaluation si ce n'est la remise en cause de la politique régulatoire jusqu'ici observée. L'outil du changement est, en l'occurrence, la section 203 (b 2) du *Communications Act* qui reconnaît à la Commission le pouvoir de modifier, en fonction de circonstances particulières, par règlement ou décision individuelle, l'obligation de faire approuver leurs prix qui pèse sur les opérateurs du téléphone[297].

En 1980[298], elle décide de réduire la portée de l'obligation en distinguant entre opérateurs dominants[299] et opérateurs non-dominants[300] s'agissant des communications de longue distance. Les premiers, caractérisés par leur capacité de contrôle du marché[301] restent soumis aux exigences existantes. Les seconds, considérés comme incapables de contrôler le marché, bénéficient d'un allègement procédural[302]. Concrètement seule la Compagnie ATT est qualifiée d'opérateur dominant[303] tandis que MCI et SPRINT jouissent de la nouvelle procédure de contrôle. Deux ans plus tard[304], la FCC décide d'adopter une politique d'exemption facultative du contrôle des prix[305] et de l'entrée et de la sortie du marché[306]. Les opérateurs lui soumettent librement leurs prix ainsi que leurs décisions d'extension ou de réduction de services. Celle-ci est alors limitée aux revendeurs de services téléphoniques terrestres de base. En 1983[307] et en 1984[308], elle étend l'exemption à l'ensemble opérateurs non-dominants et accuse ainsi l'assymétrie de régulation subie par le titulaire historique du monopole, d'une part, ses nouveaux concurrents, d'autre part. En 1985[309], elle rend l'exemption obligatoire. En d'autres termes, les opérateurs non-dominants doivent s'abstenir, à cette date, de lui soumettre leurs prix pour approbation. En 1992[310], désavouée par les juges fédéraux[311], la FCC n'abandonne pas complètement sa politique de dérégulation des tarifs, elle revient simplement à un profil plus bas en retenant l'exemption facultative. Toujours résistante, en 1993[312], elle donne aux opérateurs non-dominants le choix entre le dépôt de tarifs fixes ou celui de fourchette de tarifs.

La règle instituée par la FCC au profit d'une catégorie d'opérateurs et consistant, ou bien, à leur laisser le choix (exemption facultative), ou bien, à leur interdire de déposer leur prix (exemption obligatoire) auprès d'elle revient à atténuer sérieusement puis à annuler un élément essentiel de la régulation du téléphone organisée par le législateur de 1934. La question est, dès lors, soulevée de savoir si la FCC peut légalement procéder à un tel amendement[313]. Surgit ainsi le problème de l'interprétation de la section 203 (b 2) et singulièrement de l'étendue du pouvoir de modification. Finalement, les tribunaux contrecarrent la FCC dans cet aspect de sa politique dérégulationniste en ne lui reconnaissant qu'un pouvoir de modification fort limité. Aussi bien la cour d'appel du District de Columbia[314] que la Cour Suprême[315] pratiquent une lecture minimaliste de la section 203 (b 2) pour dire que la FCC ne peut procéder qu'à des modifications mineures. L'institution d'une exemption facultative[316] et a fortiori impérative dans une matière aussi essentielle à la régulation que celle du contrôle des prix revient à bouleverser l'équilibre établi par le législateur. La FCC a par conséquent commis un excès de pouvoir. Seul le Congrès, concluent les juges, peut décider une telle abstention[317].

De l'imposition de l'interconnexion au recours à la dérégulation des prix, la FCC est loin d'avoir joué un rôle négligeable dans l'avènement de la concurrence en matière de télécommunications. Elle a abandonné une politique régulationniste au profit d'une approche dérégulationniste. Elle a privé ATT des attentions protectrices dont la compagnie s'était jusque-là gavée pour la propulser sur le terrain inhospitalier de la concurrence. La chronologie des faits indique d'ailleurs qu'elle ne s'est pas contentée de prendre le train en marche. Sa décision *Computer Inquiry II* que G. Robinson, membre de la FCC de 1974 à 1976[318], qualifie de capitale[319], date de 1980 et a, par conséquent, précédé l'entreprise de démantèlement du monopole du juge Greene. Sans aller jusqu'à embrasser entièrement les vues exprimées[320] par G. Robinson selon lequel le crédit doit essentiellement revenir à la FCC et non au MFJ s'agissant de la situation de concurrence partielle observable en 1988, force est cependant de constater que la FCC n'est pas restée inactive dans la promotion de la concurrence avant l'intervention du législateur en 1996. Elle y a incontestablement contribué et on aurait une vision erronée des choses si on passait sous silence son action préalable pour retenir exclusivement la promotion d'origine juridictionnelle.

Mais davantage que la détermination exacte de la part respective du juge et de la Commission dans la dérégulation, c'est le départ entre le changement de politique régulatrice de la FCC et l'identité du cadre législatif, entre 1934 et 1996, qui mérite d'attirer l'attention. D'abord, il constitue une indication que la FCC est à part entière auteur de politique de régulation. Reste à déterminer le fondement d'une réorientation politique qui intervient sans invitation législative spécifique.

Alors que l'économie du *Communications Act* reste globalement la même pendant cette période, la FCC n'en pratique pas moins deux politiques diamétralement opposées. Sauf le cas du câble dérégulé en 1984 puis soumis de nouveau à la régulation en 1992, le *Satellite Act* de 1962 et l'organisation du régime juridique des télécommunications non-filaires en 1993, le législateur n'a pas touché à sa copie initiale pendant six décennies. Pour ce qui a trait au téléphone et plus généralement aux télécommunications, le modèle du *common carrier* ou de l'opérateur de transport public est resté inchangé. Le titre 2 qui lui est consacré distille la philosophie de régulation typique de l'existence d'un monopole naturel. Il confie à la FCC les pouvoirs habituels de l'autorité régulatrice d'un *public utility* ou service public. Il s'agit de fournir au régulateur les moyens de juguler les tentations prédatrices du titulaire du monopole et d'assurer l'universalité des prestations. La mission de la FCC consiste à exercer une étroite tutelle qui, de l'autorisation des phases du développement des services à l'approbation des prix, contraint l'opérateur privilégié à la sagesse économique. Certes, le texte de 1934 ne mentionne nullement l'existence d'un tel titulaire. Celui-ci n'en existe pas moins à l'époque de la rédaction du texte qui est précisément ciselé au regard de cette réalité. Bref, entre les lignes du titre 2 il y a un choix de politique régulatrice qui s'énonce en une une équation : qui dit monopole dit régulation par une commission.

Comment, dès lors, expliquer qu'au cours de la décennie 70, la FCC puisse inaugurer une politique dérégulationniste? Est-ce-à-dire que le changement de cap vaut violation de la délégation consentie par le législateur? La FCC est-elle autorisée à faire preuve d'une telle plasticité de politique? Si la réponse est positive, quel en est le fondement? On peut repérer un fondement particulier dans le pouvoir de modification ponctuel reconnu par la section 203 (b 2) ou dans le pouvoir d'exemption du titre 2 dévolu par la section 332 (c) à propos des télécommunications non-filaires. Le fondement général peut être fourni par le pouvoir d'abstention régulatoire en matière de télécommunications introduit par la section 10 de la loi de 1996 ainsi que par la notion protéiforme et bien commode d'intérêt public inscrite dans son acte de naissance.

&2 : Les politiques de régulation depuis 1996

Les conséquences de la loi à l'égard de la FCC sont loin de correspondre à l'irréparable dépouillement. Sans nier les pertes de la FCC, on ne peut manquer d'observer que c'est plus à une réorientation de sa mission que la Commission est invitée qu'à un effacement. Elle conserve ou acquiert des moyens de mener une politique régulatoire soit dans l'exercice de son pouvoir réglementaire d'application soit dans l'exercice de son pouvoir de décision opérationnelle.

A) Le pouvoir réglementaire d'application

S'agissant d'un texte voué à promouvoir la concurrence et la dérégulation, le pouvoir réglementaire d'application dévolu à la FCC s'analyse comme un pouvoir réglementaire de promotion de la concurrence et de la dérégulation. Le choix de libéralisation opéré par le législateur le conduit à abandonner la théorie du monopole naturel. Il s'ensuit que la FCC reçoit pour mission de promouvoir la concurrence et non plus de protéger un monopole. Assurément, la FCC ne s'en trouve pas dépouillée de son rôle de régulation, celui-ci subit seulement une réorientation. A long terme, son intervention, singulièrement sous la forme réglementaire, est appelée à décroître. Neanmoins, dans l'immédiat, et peut-être à moyen terme, elle doit déployer toute ses capacités normatives pour édicter des chapelets[321] de règlements indispensables à la concrétisation du changement de philosophie législative[322].

L'illustration de la reconnaissance d'une pareille compétence est fournie à de multiples occasions. Ainsi à propos du câble, la loi introduit la catégorie de l'*Open Video System ou OVS* qui correspond à un service de câble exploité de façon ouverte par une compagnie de téléphone[323] et désigne la FCC comme auteur de la réglementation qui lui est applicable et donne à celle-ci autorité pour résoudre les conflits nées de la mise en oeuvre de ladite règlementation.

La FCC est pareillement chargée d'adopter les règles garantissant aux consommateurs le choix parmi divers fournisseurs dans l'acquisition d'équipement de réception des programmes câblés[324]; d'accorder des dérogations provisoires pour faciliter l'introduction de nouvelles techniques de réception. Dans le même ordre d'idées, la FCC est habilitée à exercer un pouvoir réglementaire minimal[325] s'agissant des règles de compatibilité technique entre téléviseurs, magnétoscopes et décodeurs.

En ce qui concerne les télécommunications, la libéralisation des communications locales s'organise autour d'une série de mesures dont la mise en oeuvre laisse un rôle stratégique à la FCC aussi bien par le jeu de l'adoption de la réglementation d'application que par l'exercice d'un pouvoir discrétionnaire quant à l'opportunité d'entrée dans un secteur donné du marché de tel ou tel opérateur.

Sur les compagnies assurant les communications locales (*Local Exchange Carriers* ou *LECs*) et anciennement bénéficiaires du monopole, pèsent trois obligations. Tout d'abord, une obligation d'interconnexion qui s'applique à toutes les compagnies de télécommunications confondues signifie, en l'occurrence, que les LECs doivent laisser les compagnies désireuses d'assurer des communications accéder à leurs réseaux. Ensuite, une obligation de revente de services à des prix de gros à ceux qui cherchent à s'installer sur le marché. Enfin, une obligation de décomposition des réseaux en des éléments rachetables par des compétiteurs potentiels. Dans les trois cas, il revient à la FCC d'adopter des règles d'application[326]. Ce faisant, elle exerce un pouvoir d'interprétation crucial[327] dont le résultat, compte tenu des enjeux, est loin de faire l'unanimité des différentes catégories d'acteurs concernés. Le règlement d'application du 8 Août 1996 relatif à l'interconnexion[328], contesté devant le juge dès sa publication, en témoigne[329]. Dans ce travail d'éclaircissement et de mise en oeuvre de la volonté législative, la FCC intervient, selon ses propres termes[330], en "parténariat" avec les Etats. Conformément à la primauté établie par la loi de 1996 au profit de la FCC, celle-ci pose le dénominateur commun qui assurera l'unité d'application sur l'ensemble du territoire tandis que les Etats sont habilités à adopter des mesures complémentaires. Et même quand les Etats semblent détenir une compétence propre, la FCC n'hésite pas à leur donner des indications d'exercice. Ainsi de la médiation qui revient aux commissions des Etats quant aux contestations relatives aux prix [331] à pratiquer dans les opérations d'interconnexion : la FCC détaille dans son règlement les méthodes de calcul des prix qui, dans son jugement, en garantissent la justesse et le caractère raisonnable prescrit par la loi[332].

A l'ensemble des compagnies assurant les communications locales, outre l'interconnexion, incombent quatre autres obligations. Il s'agit, en premier lieu, de l'obligation de portabilité du numéro; en second lieu, de l'obligation de parité dans la gestion du numéro d'accès aux réseaux; en troisième lieu, de l'obligation d'accès aux infrastructures; en quatrième lieu, de l'obligation de compensation réciproque du transport et de la terminaison des uns et des autres. Là encore on constate l'omniprésence de la FCC. Elle doit indiquer quand, compte tenu des données techniques, l'obligation de portabilité est pleine et entière[333]. Elle doit désigner l'organe qui, en toute impartialité, administre les numéros[334]. Elle doit adopter les règlements d'application de l'obligation de parité[335]. Elle gère les questions liées à l'occupation du domaine public[336]. Elle réglemente les conditions de mise en oeuvre de l'obligation de compensation[337].

La loi de 1996 prévoient deux procédures d'accomplissement de leurs obligations par les compagnies de télécommunications. Ou bien elles soumettent à approbation à la commission de régulation de l'Etat une déclaration contenant les modalités qu'elles entendent employer pour répondre à leurs obligations, cette déclaration servant à l'établissement des contrats ponctuels. Ou bien elles soumettent à approbation à la même commission chacun des accords qu'elles négocient avec leurs concurrents. Dans l'un et l'autre cas, la commission de l'Etat doit fonder son approbation sur les directives données par le législateur et par la FCC. Ce qui, encore une fois, indique comme la FCC est au coeur des mécanismes de promotion de la concurrence.

B) Le pouvoir de décision opérationnelle

En ce qui concerne le câble, la loi prévoit des restrictions[338] aux possibilités de participations croisées entre entreprises de téléphone et exploitants du câble pour éviter la constitution de concentrations anticoncurrentielles et reconnaît à la FCC le pouvoir d'octroyer des dérogations[339] auxdites restrictions. Par-là la FCC supervise toujours, quoique de façon moins qoutidienne, la structure du marché.

Pour ce qui a trait aux télécommunications, outre l'adoption de la réglementation servant de référence aux obligations imposées par les sections 251 et 252, la FCC est appelée à jouer un rôle très opérationnel dans l'avènement de la concurrence, dans trois domaines au moins. En ce qui concerne en premier lieu le niveau local, la loi de 1996 lève les restrictions d'activités que le MFJ avait imposées aux BOCs. Désormais celles-ci ne sont plus confinées aux communications locales, elles peuvent offrir des communications de longue distance. Du moins cette extension d'activité est-elle conditionnée. Les BOCs doivent, en effet, obtenir une autorisation auprès de la Commission[340] qui vérifie entre autre que la compagnie demanderesse remplit la liste des critères de concurrence posés par le législateur[341]. Concrètement, la FCC, au terme d'analyses économiques conduites au cas par cas, détient le levier d'ouverture du marché de la longue distance aux compagnies de télécommunications locales jusque-là bénéficiaires d'un monopole. Dans l'examen des candidatures la FCC s'est jusqu'à maintenant montrée très stricte et a refusé d'accorder l'autorisation[342].

Le rôle central dévolu à la FCC dans l'organisation et la mise en oeuvre du service universel lequel se situe au coeur de l'équilibre entre le credo de la concurrence et la protection du consommateur doit être apprécié de la même façon. Maîtresse de la définition évolutive du contenu du service universel, elle en arrête la liste des contributeurs ainsi que les organes gestionnaires. Ce faisant, elle mène tout à la fois une politique économique qui dévoile sa force d'impact avec, par exemple, l'exonération des fournisseurs de services en ligne de la redevance et une politique sociale visant à empêcher la formation d'une société duelle de l'information.

Les deux autres cas d'intervention-clé de la FCC ne correspondent pas tant à une compétence expressement remise par le législateur de 1996 qu'à l'utilisation, dans une perspective nouvelle de promotion de la concurrence, de compétences reconnues depuis 1934. Il s'agit, d'une part, du contrôle des fusions[343] et, d'autre part, de l'octroi ou de l'autorisation de transfert de licences d'exploitation[344]. Dans un cas, la FCC effectue un tri entre les bonnes et les mauvaises fusions[345], dans l'autre, elle écarte d'office de la vente aux enchères des fréquences certains concurrents qu'elles juge d'ores et déjà privilégiés dans l'état actuel du marché[346].

Par dessus tout, la conjugaison, d'une part, de l'obligation d'abstention régulatrice (section 10) et de l'obligation de révision bi-annuelle (section 11) introduite par le législateur de 1996 au titre de la réforme régulatoire et, d'autre part, du pouvoir réglementaire général inscrit dans le texte de création fournit de précieux outils de pilotage à l'autorité régulatrice. Grâce à eux, la FCC est susceptible, en fonction de son évaluation circonstanciée des avantages et inconvénients d'un retrait ou d'un investissement, de faire varier ses politiques. Il n'est pas sûr par conséquent que la loi de 1996 ait définitivement lier les mains de la FCC. Désormais, celle-ci détient expressément les moyens de modulation indispensables au délégataire de politiques publiques. Analyste quotidienne de l'intérêt public, elle peut y déceler matière à réfréner ou assouvir un prurit régulateur.

NOTES

1 POSNER (R) : "Natural Monopoly and its Regulation" 21 *Stanford Law Review*, 1969, p. 548-643. Ici p. 548.

2 PHILLIPS (C) : "*The Regulation of Public Utilities. Theorie and Practice*", Public Utilities Reports Inc., Arlington, 3ème édition 1993, 999 p. Ici p. 89-91.

3 Publié en 1670.

4 Publié en 1713.

5 Boulangers, aubergistes, tailleurs, chirurgiens, brasseurs, voitures de location, minotiers, exploitants de bac, forgerons.

6 PHILLIPS (C), Op. Cit p. 91-93.

7 *Nebbia v. New York*, 291 US 502 (1934).

8 House of Representatives Conference Report NO 1918, 73ème Congrès, 2ème session.

9 47 CFR section 21. 2.

10 *National Utility Commissioners v. FCC*, 525 F. 2d 630 (DC Cir., 1976) ou *NARUC I* et *NARUC v. FCC*, 533 F 2d 601 (DC Cir. 1976) ou *NARUC II*.

11 *FCC v. Midwest Video Corp.*, 440 US 689 (1979).

12 Section 3 (10), à propos de l'audiovisuel hertzien.

13 47 USC & 541 (c), à propos du câble.

14 NICHOLS (P) : "Redefining 'Common Carrier' : The FCC's Attempt at Deregulation by Definition", *Duke Law Journal*, 1987 p. 501-520.

15 Motor Carrier Act de 1935, ch. 3, 96 Stat. 2418; 49 USC sections 301, 327.

16 La loi de 1921 exempte les fusions dans l'industrie téléphonique et télégraphique de la législation anti-trust et dote l'ICC d'un pouvoir d'approbation à cet égard.

17 45 CONG. REC 5534 (1910) : le Sénateur Underwood

compare le monopole de l'industrie téléphonique et télégraphique à celui des chemins de fer; 78 CONG. Rec. 8822 (1934) : le Sénateur Dill précise la taille du monopole en matière téléphonique. LOEB (H) : "The Communications Act Policy Toward Competition : A Failure to Communicate", *Duke Law Journal,* 1987, p. ; NICHOLS (P) Op Cit, Ici p. 514.

18 Les opérateurs indépendants d'ATT sont mentionnés dans les débats. NICHOLS (P) Op Cit, Ici p. 512, 517, 518.

19 Policy and Rules Concerning Rates for Competitive Common Carrier Services and Facilities Authorizations, First Report, 85 F.C.C. 2d 1 (1980).

20 V. Développements relatifs aux politiques de régulation

21 Seuls les opérateurs de réseaux publics de communications mobiles (*Commercial Mobile Radio Service,* CMRS) tombent sous le régime du common carrier. Ceux gérant des réseaux privés (*Private Mobile Radio Service,* PMRS) en sont exclus.

22 Le législateur laisse à la FCC le soin de qualifier le fournisseur de services satellitaires fixes ou mobiles.

23 V. Développements relatifs aux compétences de la FCC.

24 PHILLIP (C), Op. Cit p. 118-119.

25 A l'origine l'obligation est inscrite dans la section 201, selon laquelle sa mise en oeuvre dépend d'une demande de la part de la FCC. Le *Telecommunications Act* de 1996 dans la nouvelle section 251 l'impose à tous les telecommunications carriers sans faire de la demande de la FCC une condition de son effectivité.

26 Pour l'heure, l'introduction de la concurrence dans le marché local reste cependant purement virtuel.

27 Par delà le service téléphonique, la distribution de l'eau, de l'électricité et du gaz est concernée.

28 Commission fédérale ou Commission d'Etat.

29 La section 221 (a) qui reconnaissait un tel pouvoir a été abrogé en 1996. La FCC n'en a pas fait un usage systématique surtout quand elle s'est elle-même convertie à la déréguàltion. Elle a, en particulier, refusé d'y recourir pour épargner à la compagnie ATT l'action contentieuse menée contre celle-ci par la division antitrust du ministère de la justice en 1974.

30 Trois séries d'obligations sont à considérer. La première s'applique aux *telecommunications carriers* : d'une part les obligation de *common carrier* et l'obligation d'interconnexion. La deuxième s'applique aux compagnies locales existantes ou nouvelles : obligations de vente à des conditions raisonnables, de portabilité du numéro, de parité dans les services d'acheminement d'appels, d'offrir un droit de passage aux concurrents, de compensation réciproque dans le transport et la terminaison des appels. La troisième s'applique aux compagnies locales existantes : obligations de négocier en bonne foi les accords d'interconnexion, d'interconnexion, de revente de services, de segmentation du réseau, d'information des changements dans l'acheminement des appels, de localisation conjointe d'équipement.

31 GABEL (R) : "The Early Competitive Era in Telephone Communication, 1893-1920", 34 *Law and Contemporary Problems*, 1969, p. 340. Ici p. 356.

32 Le raisonnement sous-jacent étant que les consommateurs doivent être les bénéficiaires ultimes de la concurrence porteuse de baisse des prix.

33 V. Développements relatifs aux compétences.

34 C'est un exemple de changement des modalités d'exercice des pouvoirs initiaux.

35 CHEN (J) : "The Legal Process and Political Economy of Telecommunications Reform", 97*Columbia Law Review*, 1997, p. 835-873. Ici p. 839, 842. Sous l'empire de l'ICC les *common carriers* du téléphone et du télégraphe étaient donc

libres de fixer leur prix, leur marge de profit, et le niveau de leurs prestations.

36 Le contrôle des prix existe également dans l'administration exécutive. Ainsi le ministère de l'agriculture fixe le prix de certains produits (lait) ou fixe certains quotas(fruits, légumes).

37 V. Développements relatifs aux politiques de régulation.

38 Le délai était de 12 mois avant la loi de 1996.

39 MUELLER (M) : Telecommunications Access in the Age of Electronic Commerce : Toward a Third Generation of Universal Service Policy", 49 *Federal Communications Law Journal* , 1997 p. 655-673; "'Universal Service and the New Telecommunications Act: Mythology Made Law", 40 *Communications of the ACM,* 1997, n. 3, p. 39-47; "*Universal Service : Competition, Interconnection, and Monopoly in the Making of American Telephone System*", 1996, MIT Press; "*Universal Service as an Appropriability Problem : A New Framework for Analysis*" in BROCK (G) : "*Toward a Competitive Telecommunications Industry: Selected Papers from the 1994 Telecommunications Policy Research Conference*", 1995, Lawrence Erlbaum Associates, p. 225-234; " *Six Myths of Telephone Penetration : Universal Service from the Botton Up*", 1995, Rutger University of Communications; "Universal Service in Telephone History: A Reconstruction" 18 *Telecommunications Policy,* 1993 p. 352; "*The Telephone War: Interconnection, Competition, and Monopoly in the Making of Universal Telephone Service, 1894-1920*" Ph. D. 1989 University of Pennsylvania; Voir également SAWHNEY (H) : "Universal Service : Prosaic Motive and Great Ideals" *Journal of Broadcasting and Electronic Media,* 1994 p. 375-395.

40 Entre 1918 et 1919, l'industrie téléphonique passe sous contrôle du Ministre des Postes qui milite pour l'avènement d'un système national unique du téléphone.

41 CUSTOS (D) : "Le Service Universel des Télécommunications Américain, d'Hier à Demain", *Juris-PTT,* 1998, n.51, p 3-25 et*Droit de l'Informatique et des*

Télécommunications, 1998, n. 3 et 4. Concrètement cet aspect de la réforme de 1996 est devenu effectif le 1er Janvier 1998.

42 KRATTENMAKER (T) : "The Telecommunications Act of 1996" 49 *Federal Communications Law Journal*, 1996, p. 1-49. Ici p. 21 Trois définitions sont retenues avant 1996 : référence au prix moyen d'une ligne téléphonique, référence aux prix des communications non-commerciales, référence aux tarifs modiques à pratiquer à l'égard des personnes défavorisées.

43 Elle dépasse le service de téléphone d'antan.

44 Report and Order in the Matter of Federal-State Joint Board on Universal Service, CC Docket N. 96-45, FCC 97-157, 12 FCC Rcd 8776.

45 La transmission vocale à grande vitesse, la téléphonie non-filaire.

46 Installation et entretien.

47 La catégorie se subdivise : "*Internet access providers*" ou "*Internet service providers*" qui permettent à l'utilisateur d'accéder au réseau; "*application providers*" qui fournissent les programmes aux internautes; "*content providers*" qui alimentent les sites; "*backbone providers*" qui servent d'épine dorsale au réseau en assurant l'acheminement entre *access providers* ou entre *backbone providers*.

48 Celles assurant à la fois des transmissions nationales et internationales de longue distance sont soumises à l'obligation de contribuer.

49 Il s'agit d'offrir des prestations composant le service universel et de rendre publique la disponibilité de telles prestations (contenu et prix).

50 La FCC admet qu'exceptionnellement une entreprise puisse être déclarée éligible par une commission d'Etat alors qu'elle ne serait pas encore en mesure d'assurer la totalité des prestations du service universel. Il s'agit de l'octroi d'une dérogation provisoire en attendant que ladite

entreprise augmente sa capacité au point de respecter le principe d'offre de la totalité des prestations composant le service universel.

51 La FCC leur recommande ainsi de ne pas établir des circonscriptions trop larges afin de ne pas décourager l'entrée des nouveaux opérateurs par la charge des investissements associés à l'étendue de la zone à desservir.

52 La prudence est significative par rapport à la question des coûts de l'interconnexion pour lesquels sa conception de sa compétence a prêté à contestation.

53 Jusqu'aux années 80, le mécanisme est entièrement implicite. Il consiste en diverses péréquations au profit des communications non-commerciales, locales et rurales. L'imposition de charges d'accès au réseau local acquittées par les compagnies des communications de longue distance par la FCC, en 1983, tout en maintenant le caractère implicite de cette péréquation officialise son existence. La compétence de la FCC se concentrait sur les charges d'accès, les Etats étant compétents pour les autres formes de péréquation. Avant 1983, l'emprise de la FCC était plus grande puisqu'elle agissait (les communications de longue distance) en collaboration avec les Etats (prix des communications à l'intérieur des Etats) et avec ATT alors titulaire d'un monopole.

54 Le fonds du service universel créé en 1978 pour l'assistance financière aux entreprises desservant les régions rurales et d'accès difficile, le "*Lifeline Assistance Plan*", à partir de 1984, pour l'aide au paiement mensuel de la ligne, le "*Link Up Program*" apparu en 1987 pour l'aide à l'établissement de la ligne téléphonique, le "*Telecommunications Relay Service*", à partir de 1990 pour l'aide aux malentendants et malparlants.

55 L'USAC se substitue à la NECA pour la gestion du service universel tandis que cette dernière continue de gérer les redevances d'accès. L'USAC est alors gestionnaire provisoire du service universel général tandis que la SLC et la

HCC sont gestionnaires permanents du service universel particulier.

56 Le choix de l'opérateur qui exécute le service universel spécial est effectué dans le cadre d'une procédure d'appel d'offres électronique. Les besoins des établissements bénéficiaires sont publiés sur un serveur spécialement désigné à cet effet et le contrat est attribué à l'offre la plus basse.

57 Le GAO allègue que la FCC aurait excédé sa compétence en enjoignant à la NECA de créer lesdits organismes. Certains parlementaires estiment que la FCC accorde une importance excessive au mécanisme de financement du service universel particulier au détriment du service universel général.

58 Third Report and Order in CC Docket N. 97-21, Fourth Order on Reconsideration in CC Docket N. 97-21 et Eight Order on Reconsideration in CC Docket N. 96-45.

59 La fusion doit être réalisée le 1er Janvier 1999.

60 Report in Response to Senate Bill 1768 and Conference Report on H. R. 3579, 8 Mai 1988, FCC 98-85.

61 GRIBOFF (H) : "Comment, New Freedom for ATT in the Competitive Long Distance Market", 44 *Federal Communications Law Journal* , 1992, 435-471. Ici p. 441. SCHOENWALD (S) : "Regulating Competition in the Interexchange Telecommunications Market : The Dominant/Non-dominant Carrier Approach and the Evolution of Forbearance" 49 *Federal Communications Law Journal* , 1997, p. 367. Ici p. 413-414.

62 Concrètement trois divisions de la FCC sont concernées : l'"*Accounting and Audits Division*", qui gère le Système de Comptabilité Uniforme des *Common Carriers* établi par la Commission (*Commission Uniform System of Accounts for Communications Common Carriers*) la "*Competitive Pricing Division*", à qui revient le contrôle des prix, l'"*Enforcement Division*" , chargée des plaintes.

63 GREENBERG (M) : "The Communications Act : The Need for Tariff Reform", 9 *Administrative Law Journal of the American University*, 1995, 847. Ici p. 890.

64 *MCI Telecommunications Corp. v. FCC*, 765 F 2d 1186 (DC Cir. 1985); *ATT v. FCC*, 978 F 2d 727, (DC Cir. 1992); *MCI Telecommunications Corp, v. ATT*, 512 US 218 , 114 S. Ct. 2223 (1994).

65 Ni la Cour Suprême, ni la cour d'appel ne précisent ce que les modifications mineures sont susceptibles de recouvrir. GRIBOFF, Op. Cit.; SCHOENWALD (S), Op. Cit.

66 Second Report and Order, FCC 94-31, 9 FCC Rcd 1411, (1994).

67 Le règlement d'application a été adopté le 31 Janvier 1997 : CC Docket N. 96-187. La FCC prévoit que l'assouplissement de la procédure de dépôt prendra en particulier la forme électronique.

68 Section 10 du *Communications Act*. V. Développements relatifs aux sources. Il s'agit d'une généralisation de la modification de la section 332 applicable à la téléphonie non-filaire.

69 Policy and Rules Concerning the Interstate, Interexchange Marketplace and Implementation of Section 254 g of the Communications Act of 1934, CC Docket N. 96-61, Second Report and Order, FCC 96-434.

70 MCI Telecom Corp. v. FCC N.96-1459 (DC Cir. 1997)

71 La FCC a modifié le règlement initial le 15 Août 1997 : transformation de l'abstention obligatoire en abstention facultative. Mais elle en a elle-même suspendu l'application en attendant que la cour d'appel se prononce sur sa légalité. Concrètement lesdits opérateurs non-dominants sont présentement soumis à l'obligation de l'enregistrement des tarifs.

72 Pour le reste, les BOCs demeurent des opérateurs dominants jusqu'à ce que la concurrence devienne effective à l'échelle locale.

73 Services internationaux et services d'assistance téléphonique. De même, cette catégorie n'a-t-elle plus à offrir le choix de l'opérateur de longue distance au consommateur de téléphones publics. 23 juin 1998

74 La question du dépôt des tarifs est révélatrice à cet effet. La contestation du règlement du 31 Octobre 1996 portant abstention obligatoire de la procédure à l'égard des opérateurs non-dominants a été motivée par la crainte chez certains opérateurs de ne plus pouvoir prétexter de ce que le niveau de prix pratiqué est imposé par la FCC au titre du contrôle des prix.

75Juridiquement, il suit la procédure du *formal rulemaking*. Entre 1935 et 1965, la FCC n'organise pas un seule audition en ce qui concerne la structure des prix des communications nationales de longue distance. Des auditions sont pratiquées pour des problèmes spécifiques seulement. PHILIPPS (C). Op. Cit., p.199.

76 Final Report of the Telephone rate and Research Department, FCC, 1938.

77 Environ 300 par an. Idem.

78 La baisse (de 24 %) des prix des communications de longue distance a été ainsi acquise entre 1940 et 1967. Idem.

79 LANDIS (J) : "*The administrative Process*", Yale University Press, 1966, p. 23-24.

80 Soit que les critères de l'exemption soient de fait applicables à toutes les entreprises, soit que l'exemption soit elle-même générale.

81 Sections 4, 9, 11 et 21 du *Radio Act*; Section 303 du *Communications Act*.

82 A rapprocher de la distinction opérée par le Conseil Constitutionnel entre liberté de la presse, insusceptible d'autorisation préalable, et liberté de la communication audiovisuelle, susceptible d'autorisation préalable, en raison du caractère fini de spectre hertzien. Décisions du 27

Juillet 1982, Dc 82-14, Rec., 48 et des 10-11 Octobre 1984, Dc 84-181, Rec., 78.

83 La durée de l'autorisation a varié : 3 ans à l'origine; en 1981, 7 ans pour les stations radiophoniques et 5 ans pour les stations télévisées; depuis 1996, 8 ans pour les deux cas.

84 Cf Section 301 du *Communications Act* de 1934. En conséquence, la section 310 interdit le transfert de licence non-autorisé par la FCC.

85 Section 303, *Communications Act.*

86 MINOW (N) et LAMAY ("C) : "*Abandoned in the Wasteland : Children, Television and the First Amendment*" New York, Hill & Wang 1995, 237 p. Ici p. 67 et s.; WAGNER (M) : "A Review of Telecommunications and Policy by Thomas Krattenmaker", 3 *Communications Law Conspectus*, 1995, 151-155. Ici p.153 et note 11.

87 HAZLETT (T) : "The Rationality of US Regulation of the Broadcast Spectrum", 33 *The Journal of Law and Economics*, 1990, p. 133-175. Ici p. 149-152, 163.

88 Le contrat de concession de service public comporte une part de clauses réglementaires.

89 La radio-télévision publique ou non-commerciale constitue un système alternatif aux réseaux de radio-télévision commerciale. Elle ne doit pas être confondue avec les radios gouvernementales gérées par l'administration fédérale (*United States Information Agency*) et qui relèvent de l'objectif militaire (ARFTS ou radio des forces armées) ou politique (la Voix de l'Amérique, *Radio Liberty* et *Radio Free Europe* ou le réseau télévisuel *Worldnet*). Le Congrès intervient en 1962 avec L'"*Educational Facilities Television Act*" qui promeut la mise en place d'un réseau de radio et de télévision publiques. Il légifère de nouveau en 1967 à travers la mise en place de la *Corporation of Public Broadcasting*, société privée composée de 9 membres, nommés, selon un équilibre partisan, par le Président.

90 *NBC v. United States,* 319 US 190 (1943), *Red Lion Broadcasting v. FCC* 395 US 367 (1969).

91 Appliquée à la communication audiovisuelle de masse, l'expression d'intérêt public est employée pour la première fois par le Ministre du Commerce, Hoover, à la Troisième Conférence de l'audiovisuel, en 1924.

92 *FCC v. Pottsville Broadcasting Co.,* 309 US 134, (1940).

93 NBC v. United States, 319 US 190, (1943). L'arrêt est la première décision juridictionnelle portant sur la constitutionnalité du Communications Act de 1934. Concrètement, l'absence de mention des networks dans le texte de 1934 n'interdit pas à la FCC d'établir des règles limitatives concernant leur développement.

94 CBS, Inc. v. FCC, 453, 394-95, (1981). L'expression est significative de l'attitude de déférence de la part d'une instance de contrôle suprême.

95 L'expression figure abondemment dans la literrature juridique américaine, à côté de synomymes tels que: "obligations d'intérêt public", "responsabilités de service public ou d'intérêt public".

96 *NBC* (1943) et *Red Lion Broadcasting v. FCC,* 395 US 367 (1969).

97 La section 310 (a) interdit l'attribution d'une fréquence à un gouvernement étranger ou à un étranger; la section 310 (b) limite les participations étrangères au capital. La règle vaut pour les communications non-filaires.

98 Critères principaux : le meilleur service au public et la diversité maximale du contrôle des media. Critères secondaires intégration entre la propriété et la gestion, c'est-à-dire le fait que l'investisseur et le professionnel de la communication soit confondus; la qualité locale du propriétaire; son expérience passée; le programme proposé; efficacité de l'usage de la fréquence. L'arrêt de la Cour d'appel de *Washington DC, Betchel, v. FCC,* 10 F. 3d 875 (DC Cir. 1993) rejette le critère de l'intégration. Deux autres arrêts 1992, v.

FCC 958 F. 2d 382 (DC Cir. 1992) déclarent illégal celui de l'action affirmative appliqué au profit des femmes (*Lamprecht* 1992) et des minorités (*Lutheran* 1998)

99 *Omnibus Budget Reconciliation Act* de 1993. Pub. L. 103-66, 107 Stat. 397 (1993), la compétence de la FCC expire le 30 Septembre 1998 et doit être exercée de façon à garantir l'égalité des chances des petites et moyennes entreprises, des compagnies rurales de téléphonie, de celles contrôlees par des minorités ou des femmes; *Balanced Budget Act* de 1997. Pub. L. 105-33, 111 Stat. 251 (1997). En matière audio-visuelle, sont par exemple concernés, les services de radiophonie numérique par satellite, les services vidéo interactifs, la télévision directe par satellite.

100 La sélection comparative tendait à se faire sur des distinctions minimes qui ne laissaient pas transparaître le souci d'intérêt public.

101 Les auteurs de la loi de 1993 en ont fait un motif officiel : le produit des enchères est reversé au Trésor Public. *Omnibus Budget Reconciliation Act* de 1993. Pub. L. 103-66, 107 Stat. 397 (1993). A la date du 30 Septembre 1997, l'*Office of Inspector General* constate que 4300 licences d'exploitation ont été ainsi attribuées pour 23 milliards de dollars. *Rapport Semi-annuel de l'Office of Inspector General* publié en Février 1998 (période du 1er Avril 1997 au 30 Septembre 1997).

102 Le procédé de la carte-réponse est appliqué en cas d'absence de demande concurrente. Le candidat au renouvellement doit remplir une carte qui, outre des spécifications relatives à son identité, contient des cases à cocher et relatives à l'observation des obligations de dépôt de documents, à la participation des étrangers au capital, aux actions devant les tribunaux ou les agences lancées contre le candidat, à la tenue d'un dossier d'information à la disposition du public. Ce procédé tend à l'automatisme du renouvellement en ce qu'il équivaut à l'enregistrement d'une déclaration de conformité d'exercice.

103 Une audition est organisée qui a pour objet unique ledit titulaire.

104 Dans son règlement d'application de la loi de 1996 relatif au renouvellement, la FCC déclare au moins à titre provisoire maintenir sa doctrine d'attribution malgré le passage aux deux étapes d'examen. In the Matter of Implementation of Section a and 204 c of the Telecommunications Act of 1996 (broadcast License renewal Procedurres, , FCC 96-172, 12 Avril 1996.

105 *NBC* (1943). p. 215.

106 Il y a en réalité deux autorisations: celle relative à la construction d'une station (section 319) est censée précéder celle relative à l'exploitation d'une fréquence (section 309).

107 La nationalité américaine est la condition la plus claire établie par le législateur. Pour le reste il s'en remet à la discrétion de la FCC.

108 Parmi les restrictions techniques : la puissance de l'emetteur, la hauteur de l'antenne, les normes de l'enseigne, la localisation, la fréquence.

109 Le demandeur doit apporter la preuve de sa capacité financière à construire et gérer une station de radio ou de télévision.

110 Section 73.658(g) des rules de la FCC. Les *networks* sont les suivants : NBC, CBS, ABC, Fox television networks, UPN, WB television networks.

111 *Red Lion* p. 389-390.

112 KRASNOW (E) et GOODMAN (J) : "The 'Public Interest' Standard" : The Search for the Holy Grail", 50 *Federal Communications Law Journal*, 1998, p. 605-635. Ici p. 627.

113 *NBC* (1943); *Red Lion* (1969). Dans l'affaire *Red Lion* la Cour valide la règle du droit de réponse en matière audiovisuelle alors qu'en 1974, dans l'affaire *Tornillo,* elle l'invalide en matière de communication écrite. CUSTOS (D)

: "Liberté d'expression des adultes et protection des mineurs sur le réseau Internet selon la Cour Suprême des Etats-Unis. Reno v. ACLU, 26 Juin 1997", *RDP* 1997, N. 6, p. 1637-1664.

114 Les développements relatifs aux politiques régulatoires en fourniront le détail.

115 Droit d'accès aux plateaux télévisés,"*equal time rule*" et "*lowest unit charge rule*"

116 Selon une précision introduite par le Congrès en 1959 et contredisant une interprétation antérieure apliquée par la FCC, les apparitions dans les émissions d'information ne sont pas concernées. La station ne peut censurer aucune annonce politique. La règle ne comporte aucun droit à la gratuité pour un candidat désargenté : il ne peut prétendre à un temps égal à celui de ses adversaires qu'autant qu'il en a les moyens. La règle ne résoud en rien le problème du coût de l'élection et de la surface financière nécessaire au succès électoral.

117 La règle est adoptée en 1971. Cf. *Federal Election Campaign Act* de 1971, Pub. L. 92-225, 7 Février 1972. Les 16 et 17 juillet 1990 la FCC conduit un audit surprise auprès de 30 stations de radio et de télévision. Elle constate que 80% des stations de télévision et 40% des stations de radio ne respectent pas la règle du taux le plus bas et qu'elles appliquent des taux plus éléyés ou parfois des taux plus élevés que ceux appliqués aux annonceurs commerciaux.

118 Le non-respect est susceptible d'entraîner la révocation de l'autorisation. Cf. *Federal Election Campaign Act* de 1971, Pub. L. 92-225, 7 Février 1972.

119 *CBS v. FCC*, 453 US 367 (1981).

120 Reprise de la décision *Red Lion*.

121 La *Fairness doctrine* est présentée dans les développements relatifs aux politiques de régulation. JUNG (D) : "*The FCC, the Broadcast Industry, and the Fairness Doctrine , 1981-1987*" University Press of America, 1996, 188 pages. Ici

p. 9 et 11; MINOW (N) et LAMAY ("C) : "*Abandoned in the Wasteland : Children, Television and the First Amendment*" New York, Hill & Wang 1995, 237 p. Ici p. 98 + note n. 78.

122 *CBS v. Democratic National Communications*, 412 US 94 (1973).

123 La première tentative d'adoption d'un tel texte date de 1983 mais achoppe sur la vague dérégulationniste. En 1988, Ronald Reagan lui oppose avec succès son veto, tandis qu'en 1990 celui de Georges Bush est surmonté.

124 Le plafond légal est de 10,5 minutes par heures pendant le week-end et de 12 minutes pendant la semaine.

125 *Children's Television Act* de 1988, Pul. L. N. 100-459.

126 *Public Telecommunications Act* de 1992, Pub. L. 102-356, section 16 (a), 106 Stat. 949 (1992).

127 Concrètement, de tels programmes ne peuvent être programmés qu'entre 22 heures et 6 heures. En 1988, le Congrès avait tenté d'imposer une interdiction de 24 heures des programmes indécents. La cour d'appel de Washington DC a déclaré la disposition inconstitutionnelle en 1988.

128 V. Développements relatifs aux politiques de régulation.

129 V. Développements relatifs aux politiques de régulation.

130 V. Développements relatifs aux politiques de régulation.

131 En 1996 les professionnels regroupés au sein du "*Distilled Spirits Council*" ont décidé de lever l'interdiction qu'ils s'étaient jusque-là auto-imposée. Le Congrès est l'auteur de l'interdiction frappant la publicité en faveur de la consommation du tabac.

132 Il s'agit d'un exemple récent de ce que la FCC a partie liée avec l'audiovisuel hertzien, une illustration du thème de la capture.

133 L'activité audiovisuelle est l'activité principale, tandis qu'à titre accessoire peuvent être proposés telles que la transmission de données, les services teléphoniques, la réalisation de services vidéo ...

134 Alors même que, du point de vue technique, en permettant une exploitation plus intensive du spectre le numérique réduit l'impact de la rareté.

135 La période de transition de l'analogique au numérique devrait se terminer le 31 décembre 2006 (cette date peut être repoussée). En 1999, l'accès à la télévision numérique devrait être possible pour la plupart des américains. En 2002, la couverture nationale par le numérique devrait être réalisée. Le 31 Décembre 2006 la télévision analogique devrait disparaître.

136 Report and Order 80-603, 90 FCC 2d, 698 (1982)

137 La FCC a adopté, le 19 Novembre 1998, les règles relatives aux obligations d'intérêt public portant sur la programmation incombant aux opérateurs de télévision directepar satellite. Selon le législateur, ces dernières doivent comporter au minimum le droit d'accès, l'*equal time* et *le lowest unit charge*.

138 Le législateur pose le principe de l'obligation (comparable à celle imposée aux câblo-opérateurs) de location de canaux à des chaînes de télévision non-commerciale.

139 Le droit d'accès, l'*equal time* et *le lowest unit charge* sont applicables. Report and Order, 12 FCC, Rcd 5754 (7 Mars 1997)

140 On a signalé plus haut que, de son propre chef, la FCC a décidé, en Novembre 1997, d'étendre sa révision à la totalité des règles existantes toutes branches confondues.

141 MINOW (N) et LAMAY ("C) : "*Abandoned in the Wasteland : Children, Television and the First Amendment*" New York, Hill & Wang 1995, 237 p.

142 Idem p. 58-104

143 HUNDT (R) : "The Public's Airwaves : What does the Public Interest Require of Television Broadcaters?", 45 *Duke Law Journal,* 1996, 1089-1129. Ici p. 1194.

144 KROTOSZYNSKI (R) : " The Inevitable Wasteland : Why the Public Trustee Model Broadcast Television Regulation Must Fail", 95 *Michigan Law Review*, 1997, p.2101-2134.

145 Corrélativement, les auteurs de cette critique désignent la télévision non-commerciale comme le véritable de la défense de l'intérêt public.

146 ADAMS (G) : "*The Iron Triangle*", 1981.

147 Ainsi, la télévision de faible puissance émettrice ou *Low-Power Television.*

148 Ainsi la capacité de la bande AM limitée à 331 stations en 1926, passe à 764 en 1939 pour atteindre 4000 en 1983. MUELLER (M) : "*Scarcity in Radio Communication*" p. 65-72, in DIAMOND (E) : "*Telecommunications in Crisis*", Cato Institute, 1983, p.111. Ici p. 69-70.

149 Il permet d'utiliser des fréquences de plus en plus élevées.

150 KRATTENMAKER (T) et POWE (L) : "*Regulating Broadcast Programming*", 1994. Ici p. 204-219; POWE (L) : "*American Broadcasting and the First Amendment*", 1987, p. 200-209; SPITZER (M) : " The Constitutionality of licensing broadcasters ", 64 *New York University Law Review*, 900, 1989. Ici p. 1007-1020.

151 Infra, développements consacrés à la convergence.

152 Syracuse Peace Council , FCC (1987).

153 Veto de R. Reagan contre la validation législative de la Fairness doctrine et contre une version antérieure du *Children's Television Act*; Veto de G. Bush contre la version finalement promulguée de cette loi.

154 *FCC v. League of Women Voters of California,* 468 US

364 (1984)

155 *Turner Broadcasting System Inc. et al. v. FCC,* WL 141375 US, 1997 et *Reno v ACLU,* 117 S. Ct 2329 (1997). Il est judicieux de noter la division profonde des membres de la Cour dans les deux décisions .

156 Le Juge Douglas, dans *CBS Inc. v Democratic National Committee,* 412 US 94 (1973); le Juge Thomas auquels se sont associés le président de la Cour Rehnquist et le juge Scalia dans, *Denver Area Educ. Telecomm. Consortium v. FCC,* 116 S. Ct. 2374 (1996).

157 C'est le cas des anciens présidents Minow et Hundt (président sortant) et de l'actuel président, du moins en ce qui concerne la programmation.

158 Le *Communications Act* de 1934 (section 3 (10) rejette la qualité de *common carrier* pour les exploitants de l'audio-visuel.

159 LOGAN (C) : "Getting beyond scarcity : A New Paradigm for Assessing the Constitutionality of Broadcast Regulation", 85 *California Law Review,* 1997 p. 1687-1147. Le juge Stevens, s'exprimant dans les décisions *Denver* (1996) et *Reno* (1997), semble pouvoir être rattaché à une telle argumentation.

160 LOGAN, Op. Cit.

161 LOGAN, Op. Cit.

162 Dans le système actuel, les obligations de service public sont en principe maintenues, ce qui crée une tension supplémentaire.

163 L'idée figure dans la proposition de loi Van Deerlin en 1978; elle est reprise plus récemment : KROTOSZYNSKI (R), Op. Cit. p. 2134-2135.

164 KROTOSZYNSKI (R), Op. Cit p. 2134-2135.

165 Cité par MINOW, Op. Cit. p. 102.

166 FOWLER (M) et BRENNER (D) : "A Marketplace

Approach to Broadcast Regulation", 60 *Texas Law Review*, 1982, p. 209-210. Notre traduction.

167 Terrain accidenté ou situé en dehors de l'aire de diffusion des stations de télévision hertziennes existantes.

168 Le nombre des canaux exploitables par un opérateur à partir d'un seul réseau s'est démultiplié avec le passage du câble co-axial à la fibre optique ainsi que les gains de la numérisation.

169 Le terme est employé dans un sens large (pour l'expression anglaise, *franchise*) et correspond à l'opération d'autorisation d'entrée sur le marché.

170 Frontier Brodcating Co. v. Collier, Memorandum Opinion and Order, 24 FCC 251, 16 R.R. 1005 (1958).

171 Inquiry into the Impact of Community Antenna Systems, TV Translators, TV "Satellite" States and TV "Repeaters" on the Ordely Development of Television Broadcasting, Report and Order, 26 FCC 403, 18 RR 1573 (1959).

172 Pour ce qu'elle représente quant à l'idéal du *public trustee*. On trouve là un exemple de ce que la FCC a partie liée avec l'audiovisuel hertzien, une illustration du thème de la capture.

173 *United States v. Southwestern Cable Co.*, 392 US 157 (1968). Pour la Cour, la compétence se justifie en vue de la préservation de la télévision hertzienne locale et de sa disponibilité sur l'ensemble du territoire national.

174 L'utilisation des transmetteurs à micro-ondes associée au câble a permis la diffusion et la réception de programmes produits dans d'autres circonscriptions et cantonnés jusque-là à celles-ci par les antennes de réception hertzienne traditionnelle. Le câblo-opérateur en dépassant les limites de l'aire de diffusion de la station de télévision locale se positionnait comme un dangereux concurrent pour l'exploitant de télévision hertzienne.

175 On distingue trois catégories de prestations sur un réseau câblé : le service de base ou "*basic service*" qui comporte la rediffusion de stations selon les *must carry rules* ainsi que d'autres prestations choisies par l'opérateur; la deuxième catégorie, le "*cable programming service*" comprend des programmes exclus des deux autres catégories ; la troisième catégorie, le "*per-channel per-program service*" correspond au service à la carte. Le service à la carte n'a jamais fait l'objet de contrôle des prix.

176 Notamment le certificat de conformité est remplacé par une procédure d'enregistrement, les standards fédéraux de la concession sont éliminés, mais les *must carry rules* sont conservées.

177 Le contrôle des prix est conditionné par le constat d'une absence de concurrence à partir de critères posés par la FCC.

178 Mais la FCC conserve sa compétence en matière d'enregistrement, de must carry et non duplication rules.

179 La libéralisation des prix du câble de base et des redevances municipales affecte directement le pouvoir local.

180 Les concessions exclusives ne sont cependant pas interdites.

181 La loi est adoptée malgré l'opposition d'un veto présidentiel.

182 Depuis la loi de 1996, seule l'autorité concédante détient le pouvoir de porter plainte.

183 La compétence de la FCC englobe l'ensemble de la réglementation de l'état par delà celle de l'autorité concédante proprement dite (section 636).

184 Massachussetts et Virginie de l'Ouest.

185 A Hawaï, c'est le *Departement of Regulatory Agencies* qui en est responsable.

186 La section 621 distingue expressément le câblo-opérateur du *common carrier*.

187 Il effectue, comme l'exploitant de l'onde hertzienne, un choix quant au contenu des programmes alors que le *common carrier* transmet un message sans pouvoir le modifier. Frontier Brodcasting Co. v. Collier, Memorandum Opinion and Order, 24 FCC 251, 16 R.R. 1005 (1958).

188 En 1958, la FCC explique que le câblo-opérateur n'est pas un *public trustee* parce qu'il n'utilise pas l'espace hertzien et n'a pas à obtenir une licence d'exploitation de fréquence auprès d'elle. Frontier Brodcating Co. v. Collier, Memorandum Opinion and Order, 24 FCC 251, 16 R.R. 1005 (1958). L'affirmation est devenue à la fois vraie et fausse maintenant puisque d'une part, le régime général ne s'applique qu'au câblo-opérateur filaire, et que, d'autre part, le câblo-opérateur non-filaire a recours aux fréquences attribuées par la FCC.

189 La FCC publie la déclaration d'enregistrement dont le dépôt habilite son auteur à commencer immédiatement son exploitation

190 Elles touchent principalement les compagnies locales du téléphone bridée dans leurs acquisitions de parts dans le marché du câble.

191L'opérateur doit avoir été le seul à être soumis à contrôle pour son service de base dans son aire de diffusion, au 31 Décembre 1994.

192 La disponibilité de l'opérateur face aux demandes d'information et réclamations, les règles relatives à l'installation et à l'interruption du service, à la facturation et au changment des tarifs.

193 Les sections 614 et 615 créent des obligations légales. Le droit d'exercer la discrétion éditoriale (infra) prévu aux sections 611 et 612 vise soit (section 611) la diffusion de programmes de télévision non commerciale imposée par le concédant, soit (section 612) la diffusion volontaire et rému-

nérée. La FCC prépare des règlements étendant l'obligation de rediffusion aux programmes de la Télévision de Haute Définition.

194 *Turner Broadcasting System Inc. et al. v. FCC*, 512 US 622 (1994), 114 S. Ct. 2445, (1994) ou *Turner I*; *Turner Broadcasting System Inc. et al. v. FCC*, 31 Mars 1997, WL 141375 US (1997), 114 S. Ct. 2445, (1997) ou *Turner II*.

195 Droit d'accès, *equal opportunity* et *lowest unit charge*.

196 La *Fairness doctrine* y était également applicable.

197 La loi pénale prévoit des peines d'amende et d'emprisonnement pour l'audiovisuel dans son ensemble.

198 Les dispositions relatives à la classification des émissions en fonction de leur degré de violence et de leur teneur sexuelle et à l'installation d'une puce électronique sont applicables ainsi que la réglementation de la FCC relatives à l'indécence.

199 Section 640.

200 Section 641.

201 Sections 611 (e) et 612 (c) (2). Dans l'affaire *Denver*, le 28 Juin 1996, la Cour Suprême a déclaré inconstitutionnelle une telle disposition en ce qui concerne les stations de la télévision non-commerciale, constitutionnelle en ce qui concerne les stations de la télévision commerciale; *Denver Area Educational Telecommunications Consortium, Inc. v. FCC* 116 S. Ct. 2374 (1996).

202 *Turner Broadcasting System Inc. et al. v. FCC*, 512 US 622 (1994), 114 S. Ct. 2445, (1994).

203 CUSTOS (D) : "Liberté d'expression des adultes et protection des mineurs sur le réseau Internet selon la Cour Suprême des Etats-Unis. Reno v. ACLU, 26 Juin 1997", *RDP* ,1997, N. 6, p. 1637-1664.

204 La solution retenue par le texte litigieux doit être moins contraignante que d'autres solutions alternatives

d'efficacité équivalente.

205 MMDS ou *Multichannel Multipoint Distribution Service;* la réception suppose l'installation d'une antenne spéciale au domicile de l'abonné.

206 L'OVS (section 653) remplace le *Video Dial Tone* que la FCC avait cherché à organiser selon le régime du common carrier.

207 Câblo-opérateurs filaires ou non filaires, SMATV, DBS, les producteurs de programmes vidéo. Le SMATV ou *Satellite Master Antenna Television* fait appel à l'installation d'une antenne parabolique de forte puissance sur le toit d'un immeuble d'habitation capable de desservir l'ensemble des habitants de celui-ci ainsi que d'un réseau filaire. DBS ou *Direct Broadcast Television* est la télévision par satellite.

208 Il y a exemption de la nécessité d'une concession et du contrôle des prix. Mais la redevance est maintenue.

209 PRICE (M) et DUFFY(J) : "Technological Change and Doctrinal Persistence : Telecommunications Reform in Congress and the Court", 97 *Columbia Law Review*, 1997, p. 976-1015

210 Selon les sections 621 et 651, le câblo-opérateur qui se livre à des activités de télécommunications est soumis au titre 6 pour ses activités vidéo et au titre 2 (technique filaire) et 3 (technique radio) pour ses activités de télécommunications. De même le *common carrier* qui cumule les deux types d'activités sera respectivement soumis aux titre 6 d'une part, et 2 ou 3 d'autre part.

211 La restitution qui n'est pas d'une fidélité parfaite est appelée à s'améliorer.

212 *Electronic mail.*

213 Dans le cadre des *"Internet Relay Chats"*, les caractères tapés par un internautes sont lus simultanément par ses correspondants.

214 Il s'agit des *newsgroups* : les messages des membres-participants sont collectés par le serveur qui les met à la disposition de tous les membres qui les lisent quand ils veulent, ce qui laisse entendre que l'émetteur ne définit pas les points de terminaison.

215 KRASNOW (E) et GOODMAN (J) : "The 'Public Interest' Standard : The Search for the Holy Grail", 50 *Federal Communications Law Journal*, 1998, p. 605-635.

216 La décision du juge, connue sous le nom de *"Modified Final Judgment"* ou *"MFJ"* donne six mois à la FCC pour présenter un plan de réorganisation soumis à approbation ministérielle et juridictionnelle. Le démantèlement est entériné en 1983 et entre en vigueur le 1er Janvier 1984.

217 C'est-à-dire la possession de 7 radio AM, 7 radio FM et 7 stations de télévision par une même entité.

218 La Cour Suprême valide cette disposition : *FCC v. National Citizens Commission for Broadcasting*, 436 US 775 (1978).

219 Anti-Trafficking in Broadcast Licenses. Hearing before the Subcommittee on Telecommunications and Finance of the Committee of Energy and Commerce, House of Representatives, *100ème Congres, 1ère session*, H.R. 1187, 17 Juin 1987.

220 RAY (W): *"The Ups and Downs of Radio-TV Regulation"*, Iowa State University Press, 1990, 193 p. Ici p. 165-168.

221 Report, Order and Statement in the Matter of Policy Regarding Character Qualifications in Broadcast Licensing, 102 FCC 2d 1179, (1985).

222 RAY (W), Op. Cit. p. 171.

223 La nouvelle législation a provoqué une tendance à la fusion. Ainsi depuis Juin 1997 les groupes Infinity Broadcasting Corp. et Westinghouse Electric Corp./CBS Radio ont fusionné pour former le premier groupe radio

devant le groupe Chancello/Evergreen/Viacom.

224 Les règles de la FCC autorisaient la possession de 4 stations au plus par un même propriétaire dans un marché de grande taille, et un maximum de 3 stations pour un petit marché. Selon la loi de 1996, 8 stations au plus sont autorisées par propriétaire pour un marché local de 45 ou plus stations, 7 pour un marché de 30 à 40 stations, 6 pour un marché de 15 à 29 stations, 5 pour un marché de 14 ou moins stations.

225 Le 12 Mars 1998 a entamé une enquête à cet égard.

226 Statement of Policy on Minority Ownership of Broadcasting, 68 FCC 2d 979, (1978). A proprement parler l'action en faveur de la diversité raciale est, à l'origine, menée contre son gré par la FCC (alors dominée par des commissaires nommés par Richard Nixon), après un arrêt de la cour d'Appel la forçant à prendre en compte l'appartenance raciale des demandeurs : *TV9 , Inc. v. FCC* 495 F. 2d 929 (D.C. Cir. 1973). Ce n'est qu'à partir de 1977-78 que la FCC subissant l'influence de Jimmy Carter se convertira à l'action positive; Cf Rapport de la Minority Ownership Taskforce de la FCC, "Minority Ownership in Broadcasting", 1978. L'arrêt *Bakke* condamnant les quotas est adopté en Juin 1978 : 438 US 265 (1978). En 1978, le *Review Board* de la Commission étend la politique d'action positive aux femmes en ce qui concerne l'attribution des licences d'exploitation mais la Commission elle-même refuse de leur appliquer le *distress sale* ainsi que le *tax certificate.* En 1981, le Congrès modifie le *Communications Act* (section 309 (i) (3) (A)) pour autoriser la FCC à recourir au tirage au sort tout en lui prescrivant d'accorder des préférences aux candidats porteurs de diversité et à ceux issus des minorités. Les commissaires nommés par George Bush appliquent l'action positive aux femmes. En 1995, le Congrès supprime l'avantage fiscal associé à la vente d'une station au représentant d'une minorité: *Self-Employed Health Insurance Act,* Pub L N. 104-7, *104ème Congrès, 1ère session,* 11 Avril 1995.

227 BRENNER (D) : "Ownership and Content

Regulation in Merging and Emerging Media", 45 *De Paul Law Review*, 1996, p. 1009-1034. Ici p. 1023-1024. Entre 1978 et 1995, 42 ventes de licence de ce type seulement ont été approuvées par la FCC : LEWYN (M) : The Case for Color-Blind Distress Sale", 19 *Hastings Communications and Entertainement Law Journal*, 1996 p. 31-56. Ici p. 38. Au 30 Juin 1994 : seuls 2,9% des stations de radio et de télévision sont contrôlés par des minorités, idem, p. 35.

228 Le principe veut que le transfert d'une licence révoquée soit interdit.

229 Egalement applicable au câble.

230 La dérogation à la limitation de la couverture radiophonique ou télévisuelle qui existait au profit des minorités disparaît.

231 Le programme de l'égalité des chances est applicable aussi bien à l'audiovisuel hertzien qu'au câble.

232 Déclaration du président de la FCC, William Kennard, le 14 Avril 1998.

233 *Metro Broadcasting, Inc. v FCC*, 497 US 547, 110 S. Ct. 2997, 111 L. Ed. 2d 445 (1990). La Cour Suprême valide expressément l'attribution préférentielle de licence et la *distress sale.*

234 *Adarand Constructors Inc. v Pena*, 515, US 200, 115 S. Ct. 2097, 132 L. 2d 158 (1995). Les faits de l'affaire ne touchent pas à la communication. Mais la constitutionnalité de la politique d'action positive est désormais douteuse.

235 *Steele v. FCC*, 770 F. 2d 1192 (DC Cir.1985), *Lampretch v FCC*, 958 F 2d 382 (DC Cir. 1992) et *Lutheran Church-Missouri Synod v FCC*, N. 97-116, (Dc Cir. 14 Avril 1998). La décision du 14 Avril 1998 a été adoptée par un panel de 3 juges. La FCC a demandé à cette juridiction de réexaminer la question en formation plénière. Elle a essuyé un refus.

236 Competitive Bidding Fifth Report and Order, 9 FCC Rcd. 5532 (1994), Competitive Bidding Sixth Report and

Order, 78 Rad. Reg. 2d (1995). BUSH (A) et MARTIN (M) : "The FCC's Minority Ownership Policies from Broadcasting to PCS", 48 *Federal Communications Law Journal*, 1996, p. 423-445.

237 Op. Cit. p. 433.

238 The Public Service Responsability of Broadcast Licensees (1946), in KAHN (F) : "Documents of American Broadcasting", 1984, p. 148-164. L'auteur du *Blue Book* était un ancien agent de la BBC, Charles Siepman. L'impact réel du *Blue Book* doit être relativisé : il fut voué aux gémonies par les exploitants criant à la censure, il ne reçut pas de soutien particulier de la part du Congrès (alors que des critiques parlementaires acerbes avaient été adressées à la FCC accusée de ne pas défendre l'intérêt public en matière de programmation), il fut négligé par la FCC elle-même dont la procédure de renouvellement des licences garda son caractère automatique: MINOW (N) et LAMAY ("C) : "*Abandoned in the Wasteland : Children, Television and the First Amendment*" New York, Hill & Wang 1995, 237 p. Ici p. 92-94; EMERY (W) :"*Broadcasting and Governement : Responsabilities and Regulations*", 1971, Michigan State University, 561 p. Ici p. 398-400.

239 In re Application of Great Lakes Broadcasting Company, 3, FRC, Rapport Annuel, 32 1929.

240 Report and Statement of Policy Res : Commission en banc Programming Inquiry, 44 FCC 2303, 1960.

241 Décision des 10-11 octobre 1984, Dc 84-181, Rec., 78.

242 Editorializing by Broadcast Licensees, Report and Order, 13 FCC 1246 (1949).

243 L'affaire de référence est l'affaire *Mayflower*. La *Mayflower Broadcasting Company* avait dans des éditoriaux pris position en faveur de certains candidats et avait présenté ses analyses sur des sujets controversés. Critiquée par la Commission, la station devait valoir son renouvellement à la promesse de ne plus diffuser d'éditoriaux. La cour avait

validé la décision de la FCC. *Mayflower Broadcasting Corporation v FCC*, 8 FCC 333 (1940).

244 Report and Order on Editorializing by Broadcast Licensees, 13 FCC 1246, (1949).

245 Great Lakes Broadcasting Company Statement, 3, FRC, Rapport Annuel, 32 1929.

246 La possibilité de répondre doit être notifiée une semaine au plus tard après la mise en cause. Les attaques proférées dans le cadre d'émissions d'information sont exclues du champ d'application de la règle.

247 *Red Lion Broadcasting Co. v FCC*, 395 US 367, (1969). Concrètement, la règle déclarée constitutionnelle ouvrait un temps de parole radiophonique égal à celui de son contradicteur à l'auteur d'un ouvrage critiqué sur les ondes, dans le cadre de la couverture d'un sujet d'intérêt public. La jurisprudence *Red Lion* a été confirmée en 1990 dans l'arrêt *Metro Broadcasting, Inc. v FCC*, 497 US 547, 110 S. Ct. 2997, 111 L. Ed. 2d 445 (1990).

248 Seules les stations commerciales sont autorisées à diffuser des éditoriaux. Il n'y a donc pas de droit de réponse sur les chaînes non-commerciales ou publiques. *Columbia BS v Democratic National Committee*, 412 US 94 (1973).

249 Report and Statement of Policy Re : Commission en Banc Programming Inquiry, 44 FCC 2303 (1960).

250 Children's Television Report and Policy Statement, 50 FCC 2d 1, (1974).

251 Le plafond issu de cette autorégulation est de 9,5 minutes par heures pendant le week-end et de 12 minutes pendant la semaine.

252 Selon la FCC, la prise en compte de la totalité de la production audiovisuelle (télévision hertzienne commerciale et non commerciale et câble) dément le prétendu échec du marché dans la programmation éducatives. Children's Television Programming and Advertising Practices, Report

and Order, MM Docket N. 19142, 96 FCC 2d 634 (1984). La suppression des obligations relatives à la programmation est validée par la Cour d'appel du District de Washington, *Action for Children's Television v. FCC* 756 F. 2d 899 (D.C. Cir. 1985); En revanche, la Cour demande à la FCC de fournir la justification de celle touchant à la publicité, *Action for Children's Television v. FCC* 821F. 2d 741 (D.C. Cir. 1987)

253 47 CFR S 73.671. Children's Report and Order, 6 FCCR 2111, (1991).

254 Revision of Programing Policies for Television Broadcast Stations, MM Docket N. 93-48, (1996).

255 La liste des conditions s'énonce comme suit : la régularité de la diffusion, le caractère hebdomadaire, la durée minimale (30 minutes), la programmation entre 7h et 22h, et le contenu répondant de manière significative aux besoins d'éducation et d'information des enfants.

256 L'ancien président de la FCC, Reed Hundt, a milité entre 1996 et 1997 pour l'organisation d'une campagne électorale gratuite sur les chaînes de la télévision commerciale. Son successeur, William Kennard embrasse la même idée.

257 La FCC précise que les critères sont ceux de l'auditeur ou du télespectateur moyen national et non ceux propres à chaque communauté. Infinity Broadcasting Corp. of Pennsyvania, 3 FCC Rcd 930 (1987).

258 Pacifica Foundation 438 US 726 (1978).

259 L'obscénité est frappée d'une interdiction absolue par la loi : 18 USCA & 1464.

260 Décision du 21 Décembre 1988.

261 Décision du 19 Janvier 1993.

262 *Action for Children's Television v. FCC*, 58 F. 3d 654 (DC Cir. 1995).

263 Deregulation Report and Order MM Docket N. 83-670, 1984. Si la FCC n'a jamais formellement posé un mini-

mum d'émissions autres que celles de divertissement ni un maximum de pourcentage de publicité à respecter, elle a pu cependant avant la dérégulation tirer des conséquences de la quantification. En effet le *Mass Media Bureau* était tenu de renvoyer à la Commission tous les dossiers de renouvellement pour lesquels certaines quantifications quant à la programmation n'étaient pas respectées. YOUNG (H) : "The Deregulation of Commercial Television", 13 "*Fordham Urban Law Journal*", p. 373-394. Ici notes 5 et48.

264 *Ascertainment rule.*

265 Sauf le cas des programmes destinés aux enfants et la nécessité d'identifier les annonceurs (sect. 317).

266 Idem.

267 HILLIARD (R) : "*The Federal Communications Commission*", Focal Press, 1991, 111 p., Ici p. 31.

268 Inquiry into section 73.1910 of the Commission's Rules and Regulations Concerning the General Fairness Obligations of Broadcast Licensees, 102 FCC 2d 1451 (1985).

269 Telecommunications Research and Action Center v. FCC, 801 F. 2d 501 (dc Cir.) (1986). La section 312 (a) (4) mentionne, cependant, l'obligation pour les exploitants d'accorder l'opportunité d'une discussion contradictoire des sujets d'importance générale.

270 Alternatives to the Fairness Doctrine Report, 2 FCC Rcd, 5295.

271 Syracuse Peace Council, 2 FCCR 5043 N.2 (1987). Dans la décision *Syracuse Peace Council v.FCC*, 867 F. 2d, 654, (D. C. Cir. 1989) la cour d'appel de Washington DC approuve la suppression sans cependant se prononcer sur la constitutionnalité de la *Fairness doctrine*.

272 3 FCC Rcd 2035 (1988).

273 Notice of Proposed Rulemaking, Gen Docket 83-484, RM-3739, 48 Fed. Reg. 28295 (1983).

274 Public Notice, DA 96-2159.

275 La FCC se prononce alors sur une demande de suppression déposée le 25 Août 1987!

276 Executive Order N. 13038, 62 Fed Reg. 12065 (1997). Il existe un problème sous-jacent : La FCC est-elle compétente pour organiser une campagne électorale gratuite à la télévision?

277 *MCI telecommunications Corp. v. FCC*, 561 F. 2d 365 (D.C. Cir. 1977) (*Execunet I*); *MCI telecommunications Corp. v. FCC*, 580 F.2d 590 (D.C. Cir. 1977) (*Execunet II*). La cour d'appel fédérale du District de Columbia a dû intervenir pour que la FCC autorise en 1975 MCI à étendre ses activités et en 1978 à se connecter sur les lignes d'ATT.

278 C'est-à-dire les communications urbaines et commerciales.

279 MCI contre l'argument en soutenant qu'elle n'entend pas concurrencer ATT dans le service au grand public, mais seulement offrir des réseaux téléphoniques internes aux sociétés.

280 La section précise que la Commission intervient "*après audition, et dans la mesure où elle estime l'interconnexion nécessaire ou souhaitable au regard de l'intérêt public*". Notre traduction.

281 Allocation of Microwave Frequencies Above 890McHz, Report and Order, 27 F.C.C. 359 (1959).

282 *Microwave Communications Inc.* (*MCI*) dépose sa demande d'autorisation en 1963. Celle-ci n' est honorée qu'en 1969. La compagnie commence à opérer en 1972. MCI, 18 FCC 2d 953 (1969).

283 Use of the Carterfone Device, Decision, 13 F.C.C. 2d 430 (1968). Dès 1956, la Cour d'appel du District de Columbia avait déjà autorisé l'installation par l'abonné de gadgets de convenance : *Hush a phone Corp. v. United States*, 238 F. 2d 266 (D.C. Ci. 1956). En 1980, la distinction est

acquise entre la production d'équipement soumise à la concurrence et l'offre de service téléphonique proprement dite soumise à la régulation : Second Computer inquiry, Final Decision, 77 F.C.C. 2d 384 (1980).

284 Specialized Common Carrier Service, First Report and Order, 29 F.C.C. 2d 870 (1971)

285 Domestic Communications Satellite Facilities, Second Report and Order in the Domsat Proceeding, 35 F.C.C. 2d 844.

286 La *Communications Satellite Corporation* ou COMSAT est une entreprise publique (*Public Corporation*) qui a pour mission de mettre en oeuvre la politique nationale en matière de satellite. Elle est créée par le *Communications Satellite Act* de 1962. Son capital est entièrement privé. Elle a la forme d'une société commerciale. Mais 3 des membres de son Conseil d'administration sont désignés par le Président. Elle est titulaire d'un monopole en matière de technologie satellitaire. Elle est soumise à un contrôle très poussé de la part de la FCC. GOLBERG (H) : "*International Telecommunication Regulation*" in ROBINSON (G) : "*Communications for Tomorrow. Policy Perspectives for the 1980s*" Praeger Publisher, 1978, p. 157-187.

287 Second Computer Inquiry 77 FCC 2d 384 (1980).

288 En réalité, la distinction entre traitement des données et télécommunications est abandonnée au profit d'une nouvelle distinction entre services de base et services avancés qui inclut en particulier les services en ligne.

289 Amendment of Section 64.702 of the Commission's rules and regulations, Phase 1 Report and Order, 104 F.C.C. 2d 958, 1064 (1986) (Third Computer Inquiry).

290 Expanded Interconnection with Local Telephone Co. Facilities, second Report and Order and third Notice of Proposed Rulemaking, 8 F.C. C. Rcd. 7374, 7402 (1993)

291 C'est, par exemple, sous son mandat que la *Fairness Doctrine*, à rapprocher de l'objectif constitutionnel du plura-

lisme, a été abolie en 1987. FLANNERY (G) : "*Commissioners of the FCC. 1927-1994*", University Press of America, 1994, 226 p. Ici p. 197-199.

292 Nommé par Ronald Reagan, il prend ses fonctions en 1983 comme commissaire. Il accède à la présidence seulement en 1987. Op. Cit. p. 202-204.

293 Alfred SIKES, préside la FCC de 1989 à 1993 après avoir été désigné par le Président Bush. A la fois professionnel de l'audiovisuel et de la politique, il s'illustre, pendant son mandat, non seulement pour ses vues en faveur de la libéralisation des télecommunications, mais aussi pour sa fermeté dans l'infliction de sanctions aux stations de radio et de télévision contrevenant aux règles relatives au contenu des programmes et aux compagnies de téléphone pour pratique de prix élevés injustifiés. Op. Cit p. 208-210.

294 GELLER (H) :"*Changing Technologies and the Role of the FCC in the United States*" in JUSSAWALLA "*Global Telecommunications Policies. The Challenge of Change*" Greewood Press, 1993. 271 p. Ici p. 11-21. Le Ministère de la Justice qui avait négocié le *Consent Decree* souhaite dans un second temps (1987) la levée des restrictions : ROBINSON (G) : " The Titanic remembered : ATT and the Changing World of Telecommunications", 5 *Yale J. on Reg*. 517-545. Ici p.534

295 Op. Cit p. 221-222. Reed Hundt, entré en fonctions le 29 Novembre 1993 devait remplir son mandat jusqu'au 30 Juin 1998. Il a finalement souhaité écourter celui-ci. Il a créé un site sur le réseau Internet pour la FCC.

296 C'est-à-dire l'existence de techniques alternatives pour le service téléphonique.

297 V. Développements relatifs aux types de régulation.

298 Policy and Rules Concerning Rates for Competitive Common Carrier Services and Facilities Authorizations, First Report, 85 F.C.C. 2d 1 (1980)

299 "*Dominant Carriers*"

300 *"Non-dominant Carriers"*

301 *"Power market"*, c'est-à-dire ou bien la capacité d'imposer des prix anormalement élévés au regard du coût du service en vue de profits exorbitants ou bien la capacité de pratiquer des prix anormalement bas en vue d'empêcher l'entrée de compétiteurs sur le marché. Cf. First Report préc.

302 Lequel se caractérise par un nombre réduit de documents de nature économique à présenter lors du dépôt des prix auprès de la FCC, par des imprimés à remplir moins détaillés, par des conditions de délai simplifiées (14 jours au lieu de 90 jours) pour le dépôt, par une présomption de régularité des tarifs soumis.

303 Le 23 Octobre 1995 la FCC procède à une reclassification à l'égard d'ATT : la compagnie est depuis opérateur non-dominant au titre des communications nationales. La reclassification est étendue aux communications internationales en Mai 1996

304 Second Report and Order, 91 F.C.C. 59 (1982). Les opérateurs non-dominants non-bénéficiaires de l'exemption continuent de bénéficier de l'allègement procédural.

305 Section 203 du *Communications Act.*

306 Section 214 du *Communications Act.*

307 Fourth Report and Order, 95 F.C.C. 2d 554 (1983).

308 Fifth Report and Order, 98 F.C.C. 2d 1191 (1984).

309 Sixth Report and Order, 99 F.C.C. 2d 1020 (1985). La mesure commence à s'appliquer six mois après l'adoption du réglement.

310 Tariff Filing Requirement for Interstate Common Carriers, Report and Order, 7 FCC Rcd. 8072 (1992). Le règlement est adopté le 5 novembre 1992 soit huit jours avant l'arrêt *ATT v. FCC,* 978 F. 2d 727, (D.C. Cir. 1992). Il est publié le 25 Novembre 1992.

311 Voir paragraphe suivant.

312 In re Tariff-filing Requirements for Non-dominant Common Carriers, Range Tariff Order, 8 F.C.C.R. 6752, &&1-5 (1993).

313 Le 9 Août 1989, ATT porte la question devant la FCC à propos de l'abstention facultative en alléguant une violation de la section 203 par MCI qui a mis en oeuvre la faculté de ne pas soumettre ses prix. La FCC rejette la plainte en 1992. ATT se tourne alors vers Cour d'appel du District de Columbia.

314 Le lendemain de la publication du Sixth Order (exemption obligatoire) MCI attaque la validité du règlement devant la Cour d'appel du District de Columbia : *MCI v. FCC*, 765 F 2d 1186, D.C. Cir. 1985) . ATT porte le Fourth Order (exemption facultative) devant la même juridiction en lui demandant des dommages et intérêts : *ATT v. FCC*, 978 F. 2d 727, (D.C. Cir. 1992) . Le Range Tariff Order est traité dans: *Southwestern Bell Corp. v. FCC*, 43 F. 3d 1515 (D.C. Cir. 1995). Les trois règlements sont invalidés.

315 *MCI v. ATT*, 512 US 218, 114 S. Ct. 2223 (1994) : invalidation du Tariff Filing Requirement de 1992.

316 La Cour Suprême refuse d'octroyer un *writ of certiorari* en ce qui concerne l'exemption facultative dans l'affaire *ATT v. FCC* 113 S. Ct. 3020 (1993). Elle l'accorde plus tard dans l'affaire *MCI v. ATT*, 114 S. Ct. 223 (1994). Elle ne s'est pas formellement prononcée sur l'exemption obligatoire même si on peut déduire qu'elle y serait également opposée.

317 C'est l'objet, à titre particulier (compagnies locales de télécommunications), de la section 204 (a 3 nouveau) et de la section 10 telles qu'elles sont issues de la rédaction de 1996. C'était également l'objet, de la modification de la section 332 en 1993 à propos de la téléphonie non-filaire. V. Développements relatifs aux compétences et aux types de régulation.

318 Nommé par R. Nixon, le 10 juillet 1974, il démissionne le 30 juin 1976 et retourne à la vie universitaire. Il

s'est particulièrement illustrée par son opposition à la *Fairness doctrine* et aux restrictions de participation croisées entre presse écrite et audiovisuel. FLANNERY (G) : Op. Cit p. 169-171.

319 ROBINSON (G) : Op. Cit p. 521.

320 Idem p. 536, 530.

321 80 Procédures de règlement avaient été annoncées par Reed Hundt immédiatement après le vote de la loi de 1996. Entre Février 1996 à Juin 1997, on décompte déjà 162 règlements d'application.

322 CHEVALLIER (J) : "Les enjeux de la déréglementation", *RDP*, 1987, p. 281 et s.

323 Il est dit ouvert dans la mesure où la majorité des canaux disponibles est accessible à des programmeurs indépendants sur une base non discriminatoire.

324 L'objectif poursuivi par le législateur consiste à mettre fin au monopole de fait du câblo-opérateur dans la fourniture des équipements tels que les décodeurs actuels et futurs instruments de navigation interactive. Sect 3 *Telecommunications. Act,* 47 U.S.C. Sect. 549.

325 L'intervention de la FCC dans l'esprit du législateur doit être minimale dans la mesure où la procédure de normalisation devrait de préférence émerger du marché lui-même. Sect 3 Telec. Act, 47 U.S.C. Sect. 544 (a).

326 Il s'agit de mettre en oeuvre les section 251 et 252 du *Telecommunications Act.*

327 Exemples : Que signifie "le point techniquement accessible " (*technically feasible point*) auquel l'interconnexion doit être réalisée? La FCC définit l'interconnexion comme renvoyant "uniquement au lien physique entre deux réseaux en vue l'offre de services de télécommunications; Elle dénombre 5 points techniquement accessibles. Quels éléments d'un réseau sont séparables et susceptibles de rachat? Elle en dénombre 6 au moins. L'obligation d'inter-

connexion s'applique-t-elle aux compagnies de communication mobile? Elle répond positivement, leur donnant ainsi qualité de *common carrier*.

328 First Report and Order in the Matter of Implementation of the Local Competition Provisions in the *Telecommunications Act* of 1996.

329 Le règlement qui constitue le premier règlement d'application en faveur de la promotion directe de la concurrence exige des companies locales qu'elles offrent des prix de gros inférieurs de 17 à 25% aux prix de détail aux compagnies de longue distance pour la location de lignes. Il forme avec celui relatif aux frais d'accès aux réseaux, et celui portant sur le service universel, parus le 8 Mai 1997 le tryptique fondamental réglementant la concurrence dans les télécommunications libérées.

330 Cf Order préc.

331 Section 252 du *Telecommunications Act*.

332 L'entrée en vigueur du règlement du 8 Août 1996 fixée au 28 Septembre 1996 n'a pas pu partiellement être respectée. En effet, le règlement a été immédiatement porté devant la Cour d'appel du 8ème circuit qui a suspendu deux de ses dispositions. Il s'agit précisément de celles qui touchent au mode de calcul de prix justes et raisonnables. *Iowa Utilities Board v. FCC*, N. 96-3321 (8th Cir. 16 Oct 1996). La Cour fédérale a finalement estimé que la FCC a dépassé ses compétences en la matière: *Iowa Utilities Board v. FCC*, 120 F. 3d (8th Cir. 18 Juillet 1997) La Cour suprême a octroyé un *writ of certiorari* et a jugé pour l'essentiel le règlement de la FCC conforme à la loi de 1996, le 25 Janvier 1999 ATT v. Iowa Utilities Board N. 97-826.

333 Pour l'heure, le législateur n'en fait qu'une obligation partielle. La commission infra-fédérale peut également décider d'une telle extension. La FCC a fait le choix d'une mise en place progressive. La première phase d'observation de l'obligation a commencé le 1er Octobre 1997. Report and Order, 14 Août 1997 CC Docket N. 95-116

334 Sur proposition du *North American Numbering Council* (NANC) elle a attribué la gestion des bases de données contenant les numéros à deux entreprises privées, Lockeed Martin IMS et Perot Systems Inc.

335 Les états peuvent adopter des règles plus sévères à condition de ne pas entraver l'application de la loi de 1996.

336 Quoique les Etats gardent la maîtrise de la régulation en la matière.

337 Les Etats peuvent adopter une règlementation à condition qu'elle soit conforme à la loi de 1996.

338 Impossibilité pour une entreprise de téléphone de diriger ou d'acquérir plus de 10% du capital d'un câblo-opérateur situé dans la même zone géographique qu'elle; impossibilité pour les deux entreprises de constituer une *joint venture* en vue de la production de programmes vidéo.

339 Elles peuvent être fondées sur des raisons économiques (surmonter le marasme économique dans une zone donnée) ou sur des motifs d'ordre public et doivent être décidées avec l'accord de l'autorité concédante.

340 Section 271 du *Telecommunications Act*. Dans le cadre du texte de 1996, la section 271 est censée avoir un effet incitatif sur les BOCs dans l'observation des obligations des sections 251 et 252.

341 La loi de 1996 parle de *Competitive checklist*.

342 Ameritech's a ainsi essuyé un refus d'autorisation en Août 1997 s'agissant du marché de longue distance de l'Etat du Michigan. SBC et Bell South ont connu la même infortune. Le 31 dec 1997, le juge Joe Kendall d'une cour de district fédérale a prononcé l'inconstitutionnlalité les sections 271 à 275 du *Communications Act* (ainsi que le règlement d'application de la FCC) les assimilant à un "*bill of attainder*", c'est-à-dire à une condamnation sans respect des droits de la défense; *SBC Communications, Inc. v. FCC and the United States*, 981 F. Supp. 996 (31 Décembre 1997). Pourtant, le 15 Mai 1998, la cour d'appel de Washington DC

valide la section 474 qui restreint l'activité des compagnies locales en matière de publication électronique; *Bell South Corp. v. FCC*, n. 97-1113 (DC Cir. 1998). De même, le 22 Décembre 1998, reconnaît-elle la constitutionnalité de la section 271 qui pose les conditions l'entrée des compagnies locales sur le marché de la longue distance ; *Bell South Corp. v. FCC*, n. 98-1019 (DC Cic. 1998).

343 Section 214.

344 Section 303 et 310.

345 Les bonnes étant celles pour lesquelles, au terme d'une analyse proportionnelle, les conséquences favorables à la concurence l'emportent sur les effets anti-concurrentiels; les mauvaises, etant celles pour lesquelles les effets anticoncurrentiels prévalent. HUNT (R) : Testimony on "*The 1996 Telecommunications Act : An Anti-trust Perspective*", before the Subcommittee on Antitrust, Business Rights and Competition Committee on the Judiciary U.S. Senate, 17 Septembre 1997.

346 Ainsi, s'agissant des "*Local Multipoint Distribution Services*" qui distribuent aussi bien la voix, l'écrit que des programmes vidéo, les compagnies locales de télécommunications et les opérateurs du câble existants ont-ils été écartés de la vente aux enchères des fréquences. HUNDT, Op. Cit.

CONCLUSION

A l'heure des autouroutes de l'information marquée par un credo officiel de dérégulation, l'ubiquité de la FCC est, en définitive, frappante. La Commission n'a pas été supprimée et ne semble pas sur le point de l'être. Il n'y a pas eu remplacement d'une régulation centrée sur une agence par une régulation fondée sur le droit de la concurrence distillé par les cours de *Common law*. La FCC demeure la bénéficiaire d'une généreuse délégation qui, réorientée en 1996, la désigne comme actrice principale de la régulation des communications alors même que le réseau Internet est placé, par le Congrès, hors portée régulatrice. Désormais promotrice de la concurrence, elle n'en reste pas moins, une fois créé le nouveau théâtre d'intervention des opérateurs, en charge de quatre missions-clé : la garantie du service universel, la protection et l'information des consommateurs, la sanction des activités anti-concurrentielles, la gestion du spectre[1]. Pour ce faire, elle ne se trouve pas à proprement parler dépouillée de son pouvoir normatif. Elle est simplement invitée à déployer celui-ci à bon escient. L'invitation n'interdit pas l'adoption de la réglementation indispensable à l'instauration et au maintien d'un cadre concurrentiel, indiquant au passage l'irréductibilité de certaines règles sur l'activité économique soit-disant livrée aux forces du marché. Le législateur de 1996 entend insuffler à la FCC un nouvel esprit réglementaire marqué au sceau de l'utilité. Il s'agit pour la Commission, d'une part, de passer au crible tous les deux ans ses propres normes et de procéder au toilettage nécessaire, et, d'autre part, de s'abstenir d'appliquer les règles aussi bien législatives qu'administratives qui se révéleraient inutiles au regard de l'objectif de la concurrence. La capacité réglementaire de la FCC se trouve ainsi rationalisée. Le succès de la déréglementation des communications tient ainsi en la pratique de ce doigté réglementaire.

La soumission des autorités régulatrices des Etats aux décisions d'abstention réglementaire de la FCC est une précaution supplémentaire prise par le Congrès dans la loi du 8 février 1996 pour parvenir à ses fins. La primauté du droit fédéral doit par conséquent garantir que les initiatives intempestives des instances infra-fédérales ne puissent compromettre les choix dérégulationnistes du centre. Elle fait écho à d'autres traits de hiérarchisation entre le niveau fédéral et le niveau fédéré qui, en donnant à la FCC le pouvoir d'écarter la réglementation contraire des Etats ou celui d'encadrer l'action de ces derniers, sont autant d'illustrations de l'emprise d'une administration économique fédérale au moment même où l'Etat central prétend opérer une déprise par rapport à la société civile. L'emprise sur les structures administratives périphériques se traduisant sur l'activité économique locale suggère la relativité de la volonté de déréglementation.

Celle-ci d'ailleurs s'accomode, pour l'essentiel, de la rédaction initiale du *Communications Act* en ce qui concerne les régimes juridiques respectifs du téléphone et de la radiotélévision. Le texte rend théoriquement toujours possible des pratiques proches du campagnonnage gestionnaire qui avait caractérisé les relations de la compagnie ATT et de la FCC. De même n'enraye t-il pas la possibilité d'imposer des obligations de service public aux exploitants de l'audiovisuel. Seule la réorientation en faveur de la concurrence opérée par le *Telecommunications Act* de 1996 force à une relecture de ses articles et à un relâchement des contrôles. L'institutionnalisation du service universel en 1996 symbolise, néanmoins, l'existence d'éléments permanents dans la régulation et les limites de la volonté de renouvellement.

La persistance du double visage de la FCC partagée entre la régulation des *common carriers* et celle des *public trustees* , alors même que l'ère du multimédia se caractérise par la convergence des techniques de communication, soulève un problème d'adaptation des types de régulation. A cet égard, on ne peut manquer de s'interroger sur la viabilité de la dichotomie des méthodes régulatoires pratiquées par la Commission et on est contraint de se demander si l'idée de régime mixte réservé aux câblo-opérateurs ne devrait pas servir de modèle à une unification des régimes juridiques. La FCC, quant à elle, a d'ores et déjà annoncé une restructuration de la régulation à partir d'une base fonctionelle pour le siècle à venir.

Il n'en demeure pas moins vrai que le maintien de la différenciation des régimes peut être interprété, sous un angle politique, comme une stratégie corporatiste de conservation des avantages acquis attachés à chacun de ces derniers. La référence à un traitement juridique différencié est alors une ressource qui, dans le cadre de la confrontation d'adversaires sur le marché, permet de soutirer des droits et obligations spécifiques à la FCC. Dès lors, l'évolution de la Commission, de sa qualité originelle de régulatrice dualiste vers une nature unifiée au diapason de la convergence des techniques, semble être freinée dans la mesure où la disparition de la distinction des conditions juridiques des régulés est synonyme de perte de ressort d'instrumentalisation de la FCC. Précisément, les rapports avec les opérateurs continuent de se caractériser par les tentatives de capture de l'autorité régulatrice à cette différence près que les catégories de geôliers potentiels se sont multipliées et qu'il serait encore plus difficile pour l'une d'entre elles de se prévaloir d'une quelconque exclusivité d'influence. Les efforts d'accaparement non moins agressifs et constants dont témoignent aussi bien le Congrès que le Président à l'égard de la FCC ajoutent une dimension politique à cette dimension socioprofessionnelle d'interaction avec l'environnement. Au total, de nombreux facteurs rendent propice l'instrumentalisation de l'autorité régulatrice : l'association des destinataires à l'adoption des actes de la FCC aussi bien à travers la soumission de commentaires dans le cadre de la procédure du *notice and comment* qu'à travers la pratique de la négociation, le caractère organisé de la défense des intérêts par des groupes spécialement désignés à cet effet, le noeud des relations socio-professionnelles des spécialistes de la communication, le rôle de la télévision dans la campagne électorale, les répercussions des relations clientélistes qu'entretiennent les membres du Congrès et les opérateurs régulés.

C'est dans ce contexte de sollicitations foisonnantes que la FCC développe des politiques publiques de communication, succombant à certains intérêts, prenant ses distances avec d'autres, et qu'elle occupe sa place au sein d'un polycentrisme d'agences qui disputent quotidiennement le pouvoir à l'exécutif et au législatif. A travers la FCC, l'administration économique fédérale des Etats-Unis, née au tournant du siècle passé, se révèle bien vivace à la veille du nouveau millénaire.

L'analyse comparée de la FCC, d'une part, et du CSA et de l'ART, d'autre part, permet de mettre à jour les origines différentes des agences régulatrices indépendantes américaines et des autorités administratives indépendantes françaises. Autant dans l'histoire politico-administrative des Etats-Unis, les agences symbolisent le développement de l'Etat, autant dans l'histoire politico-administrative française, les AAI symbolisent le recul de l'Etat. Autant la naissance de la FCC est synonyme d'acte de régulation pour un Etat établissant alors les piliers de ses tâches économiques, autant celle du CSA et de l'ART est synonyme de dérégulation pour un Etat cherchant à renouveler ses méthodes d'action. La FCC se présente, sans ambages, comme une forme d'intervention de l'Etat tandis que la perception du CSA et l'ART comme des formes occultes d'intervention de l'Etat est beaucoup moins nette et moins spontanée.

Cet éclaircissement sur les conditions respectives d'apparition des deux catégories de structure comporte plusieurs mérites. En premier lieu, il suscite une prudence générale dans l'approche comparative des agences américaines et des autorités françaises. A cet égard, la différence de signification du concept de régulation aux Etats-Unis et en France doit être soulignée. La double acception américaine, régulation-fonction et régulation-acte juridique qui fait de la *regulation* tout à la fois de l'interventionnisme économique et de la réglementation tranche avec l'acception française selon laquelle, une fois saisie la qualité transversale de la fonction régulatrice au regard de la tripartition classique des pouvoirs, l'avènement d'un type inédit d'acte juridique, empreint de consensualisme, est mis en exergue[1]. En deuxième lieu, il ouvre une lignée d'études centrées sur l'interventionnisme. Il invite, notamment, à réfléchir sur l'existence des notions et des politiques de *universal service* et de *public utility* dans un contexte de privatisation des organes de gestion, à une évaluation de la situation du *common carrier* ou du *public trustee* par rapport à celle de gestionnaire français de service public, personne publique ou personne privée, à une appréciation du rôle de la FCC pas seulement au regard de celui du CSA et de l'ART mais aussi au regard du ministère chargé des communications.

En effet, la réalité de ses tâches fait de la FCC à la fois l'équivalent du CSA, de l'ART et du ministère chargé des communications. Notamment, le pouvoir réglementaire de la FCC et sa capacité à définir et conduire des politiques publiques empruntent aux trois entités réunies. La FCC s'inscrit dans un univers institutionnel bâti sur l'équilibre des freins et contrepouvoirs alors que le modèle français, arc-bouté sur la centralisation du pouvoir réglementaire, est tenté de n'offrir qu'un rôle de pièce rapportée au CSA et à l'ART. Cependant, saisie sous un angle généralement occulté, la situation de la FCC est susceptible d'être rapprochée de celle du CSA et de l'ART ouvertement contraintes au partage des responsabilités. En effet, la concurrence du Congrès, du Président (NTIA, DOJ), de la FTC, des commissions des Etats, des instances d'autorégulation contribue à dessiner une carte de relative décentralisation du pouvoir de régulation des communications aux Etats-Unis. La FCC, autorité régulatrice centrale, n'est pas l'unique régulatrice du secteur.

L'unification, certes limitée, de la régulation des communications que traduit l'existence de la FCC attire l'attention sur la division française de la régulation des communications. Celle-ci pose la question de savoir si, au regard de la convergence des techniques, une coopération ne doit pas être organisée entre le CSA et l'ART, à défaut de leur fusion. L'exemplarité de la FCC s'observe à d'autres égards. La perte de pertinence de l'argument de la rareté des fréquences qui affecte progressivement le fondement de la régulation de l'audiovisuel et singulièrement la validité des obligations de service public imposée aux *public trustees* est de portée générale. Concrètement, elle pointe du doigt la viabilité de la construction du Conseil Constitutionnel visant à distinguer la liberté de la communication audiovisuelle de la liberté de la communication écrite et à entériner l'autorisation préalable ainsi que l'imposition de règles de programmation en ce qui concerne l'exercice de la première. Le constat n'est pas nécessairement fatal de ce côté-ci de l'Atlantique. Le projet démocratique et culturel du législateur français qui perce derrière les règles de respect du pluralisme et des quota de films français et européens a valeur d'objectif constitutionnel propre à fonder une organisation de la liberté d'expression sous l'égide du CSA. Comparativement, la nature foncièrement commerciale de la conception américaine de l'activité audiovisuelle fait peser des menaces plus sérieuses sur le principe de l'intervention de la FCC.

L'étude de la FCC est également susceptible d'apporter des éclairages sur l'organisation de la régulation des communications au niveau européen. Les implications, quant à l'emprise de la construction communautaire dans les Etats-membres, de l'institution d'une agence européenne de régulation des communications ou de deux agences européennes de régulation de l'audiovisuel et des télécommunications ne sauraient échapper. Celle-ci marquerait une grande date dans le développement de l'administration économique de l'Union européenne en lui fournissant un pilier de taille. Il s'agirait pour l'Union européenne, plutôt habituée à pratiquer la médiatisation de son action à travers les administrations nationales, de procéder, dans un secteur-clé de l'économie, à un déploiement administratif direct qui s'inscrirait dans le cadre d'un phénomène à l'oeuvre depuis la décennie 1990. Cette autorité ou ces autorités européennes des communications viendraient s'ajouter aux agences européennes de statuts divers récemment créées et qui, rapprochées de l'histoire des institutions américaines, semblent annoncer l'ossature d'une administration européenne privilégiant l'action des agences. A côté de la Commission européenne, dotée d'une compétence générale de régulation, apparaîtraient des agences européennes de régulation sectorielle ravalant les agences nationales, et singulièrement le CSA et l'ART, au rang de commissions d'Etats fédérés. Les industries de réseaux, saisies qui plus est dans leur dimension transeuropéenne, constituent un terrain privilégié pour l'affermissement d'une administration économique communautaire. L'étude de la FCC, qui dévoile également ici sa pertinence théorique et pratique, en dit évidemment long sur l'impact, en termes de centralisation fédérale, de l'émergence de pareilles instances, quand bien même l'heure est à la déréglementation. L'importation du concept de service universel par la Commission européenne qui l'a ensuite réexporté vers les Etats-membres n'est ni pure coincidence ni dépourvue de conséquence. La perspective suggérée est au coeur des controverses qui traversent la construction communautaire depuis ses origines.

NOTES

1 Il s'agit des quatre missions que la FCC considère telles pour le 21ème siècle. Cf. "A New FCC for the 21 st Century" Rapport 1999.

2 AUTIN (J-L) : "Du Juge Administratif aux Autorités Administratives Indépendantes: un autre Mode de Régulation", *RDP*, 1988, n. 5 p. 1213 et s.; *"Reflexions sur l'Usage de la Régulation en Droit Public"*, p. 43-55 in MIAILLE (M) : *"La Régulation entre Droit et Politique"*, L'Harmattan, 1995, 272p. Ici p. 53-55. CHEVALLIER (J) : "Régulation et Polycentrisme dans l'Administration Française", *Revue Administrative*, 1998, n. 301, p. 43-53. OST (F) : *"Le Rôle du Droit : de la Vérité Révélée à la Réalité Négociée"* in *"Les Administrations qui Changent*, PUF, 1996, p. 73 et s. TIMSIT (G) : " Les Deux Corps du Droit. Essai sur la Notion de Régulation", *RFAP* , 1996, n. 78, p. 375-394.

BIBLIOGRAPHIE

Il s'agit d'une sélection des références effectivement consultées.

OUVRAGES

OUVRAGES AMERICAINS

AMERICAN BAR ASSOCIATION : *"Law and the Economy, Federal Regulation : Roads to Reform"*, 1979.

BERNSTEIN (M) : *"Regulating Business by Independent Commission"*, Princeton University Press, 1955 et 1966, 299 p.

BROCK (G) : *"Telecommunications Policy for the Information Age : from Monopoly to Competition"*, 1994, 317 p.

BROCK (G) : *"Toward a Competitive Telecommunications Industry: Selected Papers from the 1994 Telecommunications Policy Research Conference"*, Lawrence Erlbaum Associates, 1995.

BUCK (S) : *"The Granger Mouvement "*, Harvard University Press, 1913.

COLE (B) et OETTINGER (M) : *"Reluctant Regulators. The FCC and the Broadcast Audience"*, Addison-Wesley Publishing Company, 1978.

DAVIS (K) et PIERCE (R) : *"Administrative Law Treatise"*, Little Brown and Company Vol 1, 3ème édition, 1994.

DICEY (A.V): *"Law of the Constitution"*, 1885.

ELY (J) : *"Democracy and Distrust"*, 1980.

EMERY (W) :"*Broadcasting and Governement : Responsabilities and Regulations*", Michigan State University, 1971, 561 p.

FLANNERY (G) : "*Commissioners of the FCC. 1927-1994*", University Press of America, 1994, 226 p.

FREEDMAN (J) : "*Crisis and Legitimacy: the Administrative Process and American Governement*", 1978.

FREUND et allii : "*The Growth of American Administrative Law*", Thomas Law Book Company 1923.

FRITSCHLER (A) : "*The Changing Face of Government Regulation*" in BALL (H) : "*Federal Administrative Agencies*", Prentice-hall Inc., New Jersey, 1984, p. 38-51.

W. GELLHORN : " *Federal Administrative Proceedings*", Baltimore, The John Hopkins Press, 1941.

GELLER (H) :"*Changing Technologies and the Role of the FCC in the United States*" in JUSSAWALLA "*Global Telecommunications Policies. The Challenge of Change*" Greewood Press, 1993. 271 p.

GOLBERG (H) : "*International Telecommunication Regulation*" in ROBINSON (G) : "*Communications for Tomorrow. Policy Perspectives for the 1980s*" Praeger Publisher, 1978, p. 157-187.

GOODNOW (F) : "*The Principles of the Administrative Law of the United States*", G. P. Putmam's Sons, 1905. 480 p.

GOULDEN (J) : "*The Superlawyers : The Small and Powerfull World of the Great Washington Law Firm*", New York, Weybright and Talley, 1972.

HILLIARD (R) : "*The Federal Communications Commission*", Focal Press, 1991, 111 p.

JUNG (D) : "*The FCC, the Broadcast Industry, and the Fairness Doctrine , 1981-1987*" University Press of America, 1996, 188 p.

HAMBURG (M) : "*Communications Law and Pratice*" Law Journal Seminars Press, 1995, 1 volume.

HORWITZ (M) : *"The Transformation of American Law, 1870-1960"* Oxford University Press, 1992.

HUBER (P) : *"Law and Disorder in Cyberspace : Abolish the FCC and Let Common Law Rule the Telecoms"* Oxford University Press, 1997, 265 p.

KAHN (F) : *"Documents of American Broadcasting"*, 1984.

KELLOG, THORNE et HUBER : *"Federal Communications Law"*, 1992.

KERWIN (C) : *"Rulemaking. How Government Agencies Write Law and Make Policy"*, Congressional Quaterly Inc., New York, 1994, 321 p.

KOHLMEIER (L) :*"The Regulators. Watchdog Agencies and the Public Interest"*, 1969, Harper and Row, 331 p.

KOLKO (G) : *"Railroads and Regulation, 1887-1916"*, 1965.

KRASNOW (E), LONGLEY (L), TERRY (H) : *"The Politics of Broadcast Regulation"*, 3ème édition, St Martin Press, 1982, 299 p.

KRATTENMAKER (T) : *"Telecommunications Law and Policy"* Carolina Academic Press, 1994, 623 p.

KRATTENMAKER (T) et POWE (L) : *"Regulating Broadcast Programming"*, MIT Press, 1994, 369 p.

KURTZ(J) : *"State Public Service Commissions"* in FREUND et allii : *"The Growth of American Administrative Law"*, Thomas Law Book Company 1923, p. 136-174.

LANDIS (J) : *"The Administrative Process"*,Yale University Press, 1938 et 1966.

LIVELY (D) : *"Modern Communications Law"*, Praeger, New York 1991.

LOWI (T) : *"The End of Liberalism : The Second Republic of the United States"*, 1969, p. 93.

Mac MAHON (R) : *"Federal Regulation of the Radio and Television Broadcast Industry in the United States, 1917-*

1959", Thèse soutenue en 1959, Arno Press, 1979, 340 p.

Mac NEIL (R) : *"The People Machine : The Influence of Television on American Politics"*, New York, Harper et Row, 1968.

MEIER (K.J.) : *"Regulation_ Politics, Bureaucracy and Economics"*, NY, St Martin's Press, 1985.

MINOW (N) : *"Equal Time"*, New York: Athaneum, 1964,

MINOW (N) et LAMAY ("C) : *"Abandoned in the Wasteland : Children, Television and the First Amendment"*, New York, Hill & Wang 1995, 237 p.

MITNICK 9B) : *"The Political Economy of Regulation"*, Columbia University Press, 1980.

MUELLER (M) : *"Scarcity in Radio Communication"* p. 65-72, in DIAMOND (E) : *"Telecommunications in Crisis"*, Cato Institute, 1983.

MUELLER (M) : *"The Telephone War: Interconnection, Competition, and Monopoly in the Making of Universal Telephone Service, 1894-1920"*, Ph. D., University of Pennsylvania, 1989.

MUELLER (M) :*"Universal Service as an Appropriability Problem : A New Framework for Analysis"* in BROCK (G) : *"Toward a Competitive Telecommunications Industry: Selected Papers from the 1994 Telecommunications Policy Research Conference"*, Lawrence Erlbaum Associates, 1995, p. 225-234.

MUELLER (M) : *" Six Myths of Telephone Penetration : Universal Service from the Botton Up"*, Rutger University of Communications, 1995.

MUELLER (M) : *"Universal Service : Competition, Interconnection, and Monopoly in the Making of American Telephone System"*, MIT Press, 1996.

NOAM (E) : *"The Federal-State Friction Built into the 1934 Act and Options for rReform"* in TESKE (P) : *"American*

Regulatory Federalism and Telecommunications Infrastructure", Lawrence Erlbaum Associates, New Jersey, 1995.

PHILLIPS (C) : *"The Regulation of Public Utilities. Theorie and Practice"*, Public Utilities Reports Inc., Arlington, 3ème édition 1993, 999 p.

POWE (L) : *"American Broadcasting and the First Amendment"*, 1987.

PRITZKER (D) et DALTON (D) : *"Negotiated Rulemaking Sourcebook"*, Administrative Conference of the United States,Washington, 1990, 1996.

PROGRESS and FREEDOM FOUNDATION :*"The Telecom Revolution, An American Opportunity"*, Mai 1995.

RAY (W): : *"The Ups and Downs of Radio-TV Regulation"*, Iowa State University Press, 1990, 193 p.

RICHARDS (M-B) : *"Creating a FCC for the Information Age"*. Report of the Special Counsel to the Commission on Reinventing Government, Février 1995.

ROBINSON (G) : *"Communications for Tomorrow. Policy Perspectives for the 1980s"* Praeger Publisher, 1978.

SKOWRONEK (S) : *"Building a New American State The Expansion of National Administrative Capacities,1877-1920"*, Cambrigde University Press, 1982.

STRAUSS (P) : *"Introduction to Administrative Justice in the United States"*, Carolina Academic Press, 1989, 293, p.

STRAUSS (P), RAKOFF (T), SCHOTLAND (R), FARINA (C) : *"Administrative Law, Cases and Comments"*, University Casebook Series, The Foundation Press, 1995, 1463 p.

SCHWARTZ (B) : *"The Professor and the Commissions"*, New York : A. Knopf, 1959. 275 p.

SCHWARTZ (B) : *"The Economic Regulation of Business and Industry. A Legislative History of US Regulatory Agencies"*, Chelsea House Publishers, Vol. 4, 1973.

SCHWARTZ (B) "*Adminisrative Law*", Little, Brown and Company, 1976 et 1991.

SCHWARTZ (B) et WADE (H) : "*Legal Control of Governement : Administrative Law in Britain and the United States*", 1972.

WELBORN (D), LYON (W), THOMAS (L) : "*Implementation and Effects of the Federal Government in the Sunshine Act*", 1984.

WEST (W) : "*Administrative Rulemaking. Politics and Processes*", Greenwood Press, 1985, 321 p.

OUVRAGES FRANCAIS

AUTIN (J-L) :"*Reflexions sur l'Usage de la Régulation en Droit Public*", p. 43-55 in MIAILLE (M) : "*La Régulation entre Droit et Politique*", L'Harmattan, 1995, 272 p.

BRAIBANT (G) : "*Institutions Administratives Comparées. Les Contrôles*", FNSP (Service de Polycopie), 1985-1986, 450 p.

DEYSINE (A) : "*La Justice aux Etats-Unis*", PUF, Que sais-je, 1998, 126 p.

MIAILLE (M) : "*La Régulation entre Droit et Politique*", L'Harmattan, 1995, 272 p.

OST (F) : "*Le Rôle du Droit : de la Vérité Révélée à la Réalité Négociée*" in "*Les Administrations qui Changent*, PUF, 1996, p. 73 et s.

BELLON (B) : "*L'interventionnisme libéral. La politique industrielle de l'Etat fédéral américain*", Economica, 1986.

FARNSWORTH (A) : "*Introduction au Système Juridique des Etats-Unis*", LGDJ, 1986, 235 p.

LASSALE (J-P), préface à JULIAN (P) : "*Les Commissions Admnistratives Indépendantes des Etats-Unis, I, La Commission de l'Aviation Civile*", Institut de Droit Comparé de Lyon, 1965.

LASSALE (J-P) : *"La Démocratie Américaine. Anatomie d'un Marché Politique"*, Armand Colin, 1991, 374 p.

LOWI (T) : *"La Deuxième République des Etats-Unis. La fin du libéralisme"* PUF, 1987, édition française, 444 p.

ROSSINELLI (M) : "La liberté de la radio-télévision en droit comparé", Publisud, 1991, 230 p.

ROUBAN (L) : " La Politique de Déréglementation aux Etats-Unis", in IFSA : *"Les Déréglementations. Etude Comparative"*, Economica, 1988, 387 p.

SAUSSOIS (J-M) : *"A propos du Démantèlement d'ATT : la Gestion Politique d'un Secteur Industriel "* in TOINET (M-F) : *"L'Etat en Amérique"*, Presses de la FNSP, 1989, 337 p.

SCOFFONI (G) : *"Le Droit à l'Information Administrative aux Etats-Unis"*, Ecomomica, 1992, 379 p.

TOINET (M-F) : *"Le Système Politique des Etats-Unis"*, PUF, Thémis, 1987, 629 p.

TOINET (M-F) : *"L'Etat en Amérique"*, Presses de la FNSP, 1989, 337 p.

TUNC (A) : *"Les Etats-Unis"*, LGDJ, 1959.

VEDEL (T) : *"Fédéralisme et Communications aux Etats-Unis : Déréglementation et Centralisation"*, 299-303 p., in TOINET (M-F) : *"L'Etat en Amérique"*, Presses de la FNSP, 1989, 337 p.

PERIODIQUES

PERIODIQUES AMERICAINS

ARANSON (P), GELLHORN (E), ROBINSON (G) : "A Theory of Legislative Delegation", 1 *Cornell Law Review*, 1982, p. 7 et s.

ADELMAN (R) : "The First Amendment and the Metaphor

of Free Trade" 38 *Arizona Law Review*, 1996, p. 1126-1174.

BAZELON (D) " FCC and Regulation of Telecommunications Press", *Duke Law Journal*, 1975, p. 213 et s.

BERGMAN (J) : "Constitutional Substantial-Evidence Review? Lessons From the Supreme Court's Turner Broadcasting Decisions", 97 *Columbia Law Review*, 1997, p. 1162-1181.

BRADLEY (C) : "Do You Feel the Sunshine? Government in the Sunshine Act: Its Objectives, Goals, and Effect on the FCC and You", 49 *Federal Communications Law Journal*, 1997, p. 474 et s

BRENNER (D) : "Ownership and Content Regulation in Merging and Emerging Media", 45 *De Paul Law Review*, 1996, p. 1009-1034.

BROTMAN (S) : "Communications Policy-Making at the FCC : Past Practices, Future Direction", 7 *Cardozo Art and Entertainment Law Journal*, 1988, p. 55-113.

BRUFF, (H) : "Legislative Formality, Administrative Rationality", 63 *Texas Law Review*, 1984, p. 207 et s.

BRUFF (H) : "Presidential Management of Agency Rulemaking", 57 *George Washington Law Review*, 1989, p. 533 et s.

BUSH (A) et MARTIN (M) : "The FCC's Minority Ownership Policies from Broadcasting to PCS", 48 *Federal Communications Law Journal*, 1996, p. 423-445.

CATE (F) : "The National Information Infrastructure : Policymaking and Policymakers", 6 *Stanford Law and Policy Review*, 1994, p. 43-55.

CHEN (J) : "The Legal Process and Political Economy of Telecommunications Reform", 97 *Columbia Law Review*, 1997, p. 835-873.

COASE (R) : "The FCC" *The Journal of Law and economics*", 1959, p. 1-40.

COLE (R) : "Administrative Agencies and Judicial Powers" 44 *American Bar Association Journal,* 1958, p. 954 et s.

DEVINS (N) : "Congress, The FCC, and the Search for the Public Trustee", 56, *Law and Contemporary Problems,* 1993, p. 145-188.

DEVINS (N) : "Political Will and the Unitary Executive : What makes an Independent Agency Independent?". 15 *Cardozo Law Review,* 1993, p. 273-312.

DOLLARHIDE (M) : "Surrogate Rulemaking : Problems and Possibilities under the Administrative Procedure Act", 61 *Southern California Law Review,* p. 1017-1053

FOWLER (M) et BRENNER (D) : "A Marketplace Approach to Broadcast Regulation", 60 *Texas Law Review,* 1982, p. 209-210.

FOWLER (M) : "The FCC 1981-1987:What the Chairman Said", 10 *Hastings Communications and Enternainement Law Journal,* p. 409 et s.

FUNK (W) : "When Smoke Gets in Your Eyes : Regulatory Negotiation and the Public Interest-EPA's Woodstove Standards", 18 *Environmental Law,* 1987, p. 55.

FUNK (W) : "Bargaining toward the New Millenium : Regulatory Negotiation and the Subversion of the Public Interest", 46 *Duke Law Journal,* 1997, p. 1351 et s.

GRAHAM (J) et KRAMER (V) : "Appointments to the Regulatory Agencies : the FCC and the FTC, 1949-1974", 94ème *Congrès,* 2ème session, 1976.

GELLER (H) : "Reflections on Current Telecom Constitutional and Policy Issues", 17 *Hastings Communications and Entertainement Law Journal,* 1995.

GELLHORN (E) et ROBINSON (G) :"Rulemaking "Due Process" : An Inconclusive Dialogue", 48 *The University of Chicago Law Review,* 1981.

GIFFORD (D) : "Federal Administrative Law Judges : The

Relevance of Past Choices to Future Directions:, 49 *Administrative Law Review*, 1998, p. 1-60.

GREENBERG (M) : "The Communications Act : The Need for Tariff Reform", 9 *Administrative Law Journal of the American University*, 1995, p. 847 et s.

GRIBOFF (H) : "Comment, New Freedom for ATT in the Competitive Long Distance Market", 44 *Federal Communications Law Journal* , 1992, p.435-471.

HARTER (P) : "Negotiating Regulations : A Cure for the Malaise", 71 *Georgetown Law Journal*, 1982, Vol. 1, p. 17 et s..

HARTER (P) :" First Judicial Review of Reg Neg a Disappointment", 22 *Administrative and Regulatory Law News*, 1996, p. 1-13.

HAZLETT (T) : "The Rationality of US Regulation of the Broadcast Spectrum", 33 *The Journal of Law and Economics*, 1990, p. 133-175.

HUNDT (R) : "The Public's Airwaves : What does the Public Interest Require of Television Broadcaters?", 45 *Duke Law Journal*, 1996, 1089-1129.

JAFFE (L) : "The Illusion of the Ideal Administration", 86 *Harvard Law Review*, 1973, p. 1183-1199.

KENNARD (B) : Intervention lors du colloque " Proceedings of the Sixth Annual Robert C. Byrd Conference on the Administrative Process", 10 *Administrative Law Journal of the American University*, 1996, p. 251 et s.

KRATTENMAKER (T) : "The Telecommunications Act of 1996" 49 *Federal Communications Law Journal*, 1996, p. 1-49.

KRASNOW (E) et GOODMAN (J) : "The 'Public Interest' Standard : The Search for the Holy Grail", 50 *Federal Communications Law Journal*, 1998, p. 605-635.

KRASNOW (E) : "FCC Regulation and other Oxymorons : Seven Axioms to Grind", 5 *Communications and Enternainment Law Journal,* 1983, p. 759.

KROTOSZYNSKI (R) : " The Inevitable Wasteland : Why the Public Trustee Model Broadcast Television Regulation Must Fail", 95 *Michigan Law Review,* 1997, p. 2101-2134.

LABANSKI (R) : "May it Rest in Peace : Public Interest and Public Access in the Post-Fairness Doctrine Era", 11 *Communications and Entertainment Law Journal,* 1989, p. 219 et s.

LEVIN (R) : "Scope of Review Doctrine Restated : An Administrative Law Section Report", 38 *Administrative Law Review,* 1989, p. 239 et s.

LEVIN (R) : "The Anatomy of Chevron : Step two Reconsidered", 72 *Chicago-Kent Law Review,* 1997, p. 1253-1297.

LEWYN (M) : The Case for Color-Blind Distress Sale", 19 *Hastings Communications and Entertainement Law Journal,* 1996 p. 31-56.

LOGAN (C) : "Getting beyond scarcity : A New Paradigm for Assessing the Constitutionality of Broadcast Regulation", 85 *California Law Review,* 1997 p. 1687-1147.

LOEVINGER (L) : "The Administrative Agency as a Paragigm of Government. A Survey of the administrative Process", 40 *Indiana Law Journal,* 1965, p. 1 et s.

LOEVINGER (L) : "Review of Williams L. Cary : 'Politics and the Regulatory Agencies' ", 68 *Columbia Law Review,* 1968, p. 382 et s.

Mac GARITY (T) : "Some thoughts on 'Deossifying' the Rulemaking Process", 41 *Duke Law Journal,* 1992. p. 1385-1462.

Mac GIVERN (J) : "U.S. International Telecommunications and Information Policy : Congress Considers

Reorganizing Policymaking" 115 *Law and Policy of International Business*, 1983, p. 1297-1332.

Mc GOWAN : "Congress, Court and Control of Delegation Power", 77 *Columbia Law Review*, 1977, p. 1119 et s.

MASHAW (J) : "Prodelegation " Why Administrators Should Make Political Decisions", 1 *Journal of Law and Economics and Organization*, 1985, p. 81 et s

MILLER (G) : "Independent Agencies", *Supreme Court Review*, 1986, p. 41 et s.

MORENO (A) : "Presidential Coordination of the Independent Regulatory Process", 8 *Administrative Law Journal of the American University*, 1994, p. 461-514.

MUELLER (M) : "Universal Service and the New Telecommunications Act : Mythologie Made Law", *Communications at the ACM*, 1997, Vol. 40, n.3, p. 39-47.

MUELLER (M) : "Universal Service in Telephone History: A Reconstruction" 18 *Telecommunications Policy*, 1993 p. 352 et s.

MUELLER (M) : " Telecommunications Access in the Age of Electronic Commerce : Toward a Third Generation of Universal Service", 49 *Federal Communications Law Journal*, 1997, p. 665-673.

NADEL (M) : "U.S. Communications Policymaking : Who and Where", 13 *Hastings Commnications and Entertainment Law Journal*, 1991, p. 273 et s.

NICHOLS (P) : "Redefining 'Common Carrier' : The FCC's Attempt at Deregulation by Definition", *Duke Law Journal*, 1987 p. 501-520.

PATRICK (D) in Panel discussion, "Broadcast Deregulation : The Reagan Years and Beyond", 40 *Administrative Law Review*, 1988, p. 345 et s.

PIERCE (R) : "Chevron and its aftermath : Judicial Review of Agency Interpretations of Statutory Provisions: 41

Vanderbilt Law Review, 1988, p. 301 et s.

POSNER (R) : "Natural Monopoly and its Regulation" 21 *Stanford Law Review*, 1969, p. 548-643.

PRICE (M) et DUFFY(J) : "Technological Change and Doctrinal Persistence : Telecommunications Reform in Congress and the Court", 97 *Columbia Law Review*, 1997, p. 976-1015.

READ (W) et WEINER (R) : "FCC Reform : Governing Requires a New Standard", 49 *Federal Communications Law Journal*, 1997, p. 289-325.

ROBINSON (G) : "The FCC : An essay on Regulatory Watchdogs", 64 *Virginia Law Review*, 1978, p. 169-262.

ROBINSON (G) : " The Titanic remembered : ATT and the Changing World of Telecommunications", 5 *Yale Journal on Regulation*, 517-545.

ROBINSON (G) : "The FCC in the year 2000", 37 *Federal Communications Law Journal*, 1985, p. 155-170.

ROSARIO (P) et KOHLER (M) : "The Telecommunications Act of 1996 : a State Perspective", 29 *Connecticut Law Review*, 1996, p. 331-351.

ROOT (E) : "*Presidential Address*" 41 *American Bar Association Report*, 1916, p. 356 et s.

SAWHNEY (H) : "Universal Service : Prosaic Motive and Great Ideals" *Journal of Broadcasting and Electronic Media*, 1994 p. 375-395.

SCHOENBROD (D) : "Separation of Powers and the Powers that Be : The Constitutional Purpose of the Delegation Doctrine", 36 *American University Law Review*, 1987, p. 355 et s.

SCHOENWALD (S) : "Regulating Competition in the Interexchange Telecommunications Market : The Dominant/Non-dominant Carrier Approach and the Evolution of Forbearance" 49 *Federal Communications*

Law Journal , 1997, p. 367 et s.

SCHWARTZ (B) : "An Administrative Law 'Might Have Been' _ Chief Justice Burger's Bowsher v. Synar Draft", 42 *Administrative Law Review*, 1990, p. 221 et s.

SCHWARTZ (B) : " A Decade of Administrative Law : 1987-1996" 32 *Tulsa Law Journal*, 1997, p. 493-581.

SEMER (S) : "Pluralism on the Bench : Understanding Denver Educational Telecommunications Consortium v. FCC", 97 *Columbia Law Review*, p. 1182-1201.

SHANE (P) : "Independent Policymaking and Presidential Power : A Constitutional Analysis", 57 *George Washington Law Review*, 1989, p. 596 et s.

SHIPAN (C) : "Interest groups, Judicial Review, and the Origin of Broadcast" 49 *Administrative Law Review*, 1997, p. 549-584.

SOOSHAN (H), KRASNOW (E): "New Checks and Balances Affect FCC Policymaking", *Legal Times*, 8 Avril 1985, p. 12.

SHOOSHAN (H) : "A Modest Proposal for Restructuring the FCC", 50 *Federal Communications Law Journal*, 1998, p. 637-658.

SPITZER (M) : " The Constitutionality of Licensing Broadcasters ", 64 *New York University Law Review*, 1989, p 900 et s.

STEVENS (T) : " Regulation and Licensing of Low-Earth-Orbit satellites", 10 *Santa Clara Computer and High Technology Law Journal*, 1994, p. 401 et s.

STEWART (R) : "Beyond Delegation Doctrine", 36 *American University Law Review*, 1987, p. 323 et s.

STIGLER (G) : "The Theorie of Economic Regulation", 2 *Bell Journal of Economics and Management Science, 1971*, p. 3-21.

STRAUSS (P) : "The Place of Agencies in Government :

Separation of Powers and the Fourth Branch", 84 *Columbia Law Review*, 1984 p. 573-669.

STRAUSS (P) : "One Hundred Fifty Cases Per Year : Some Implications of the Supreme Court's Limited Resources for Judicial Review of Agency Action", 87 *Columbia Law Review* ,1987, p. 1093 et s.

STRAUSS (P) : "Formal and Functional Approaches to Separation of Powers Questions_ A Foolish Inconsistency?", *Cornell Law Review*, 1987 p. 488 et s.

STRAUSS (P) et SUNSTEIN (C) : "The Role of the President and OMB in Informal Rulemaking" 38 *Administrative Law Review*, 1986, p. 181 et s.

SUNSTEIN (C) : "Constitutionalism after the New Deal", 101 *Harvard Law Review*, 1987, p. 421 et s.

VERKHUIL (P) : "The Purposes and Limits of Independent Agencies", *Duke Law Journal*, 1988, p. 257-279.

WAGNER (M) : "A Review of Telecommunications and Policy by Thomas Krattenmaker", 3 *Communications Law Conspectus*, 1995, p. 151-155.

WERHAN (K) : "Delegalizing Administrative Law", *University of Illinois Law Review*, 1996, p. 423-466.

WEINBERG (J) : "Broadcasting and the Administrative Process in Japan and the United States, 39 *Buffalo Law Review*, 1991, p. 615 et s.

WEIDENBAUM (M) : "Regulatory Process Reform", *Regulation*, 1997, p. 20-26.

WENDEL (D) : "Negotiated Rulemaking : An Analysis of the Administrative Issues and Concerns Associated with Congressional Attempts to Codify a Negotiated Rulemaking Statute", 4 *Administrative Law Review*, 1990, p. 227-274.

WILEY (R) : "Political Influence at the FCC", *Duke Law Review*, 1988, p. 280-285.

WILEY (R) et MISENER(P) : "Whethet Goest NTIA? The fate of a Federal Telecommunications Agency", 48 *Federal Communications Law Journal*, 1996, p. 219-246.

WILSON ( ) : "The Study of Administration", 2 *Political Science Quartely*, 1887 p. 197 et s., réédité in 56, *Political Science Quaterly*, 1941, p. 481 et s.

YOUNG (H) : "The Deregulation of Commercial Television", 13 "*Fordham Urban Law Journal*", p. 373-394.

PERIODIQUES FRANCAIS

AUTIN (J-L) : "Du Juge Administratif aux Autorités Administratives Indépendantes: un autre Mode de Régulation", *RDP*, 1988, n. 5 p. 1213 et s.

BERMANN (G) : "Le Droit Administratif Américain et le Droit Administratif Français", *Etudes et Documents du Conseil d'Etat*, n. 42, 1990, p. 169-177.

BERNIER (L) et Mac LEMORE (L) : "'Reinventing Government'. Une Réforme de l'Etat à la Mode Américaine", *Sciences de la Société*, n. 43, février 1998, p. 111-130.

CHEVALLIER (J) : "Les enjeux de la déréglementation", *RDP*, 1987, p. 281 et s.

CHEVALLIER (J) : "Régulation et Polycentrisme dans l'Administration Française", *Revue Administrative*, 1998, n. 301, p. 43-53.

CUSTOS (D) : " Liberté d'Expression des Adultes et Protection des Mineurs sur le Réseau Internet selon la Cour Suprême des Etats-Unis. Reno v. ACLU, 26 Juin 1997", *RDP* 1997, n. 6. p. 1637-1644.

CUSTOS (D) : "Le Service Universel des Télécommunications Américain, d'Hier à Demain", *Juris PTT*, 1998, n. 52, p. 3-25 et*Droit de l'Informatique et des Télécommunications* , 1998, n. 3 et 4.

HOLMES (P) et Mac GOWAN (F) : "La Réforme des Services Publics au Royaume Uni. Privatisation, Réglementation et Libéralisation", *Sciences de la Société*, n. 43, février 1998, p. 92- 109.

OSAKWE (C) : "Analyse des Avantages et des Inconvénients d'une Administration 'Au Grand Jour' : l'Expérience Américaine", *Revue Internationale de droit Comparé*, 1983, Vol 5, N. Spécial, p. 9-38.

TIMSIT (G) : " Les Deux Corps du Droit. Essai sur la Notion de Régulation", *RFAP* , 1996, n. 78, p. 375-394.

Organigramme de la FCC

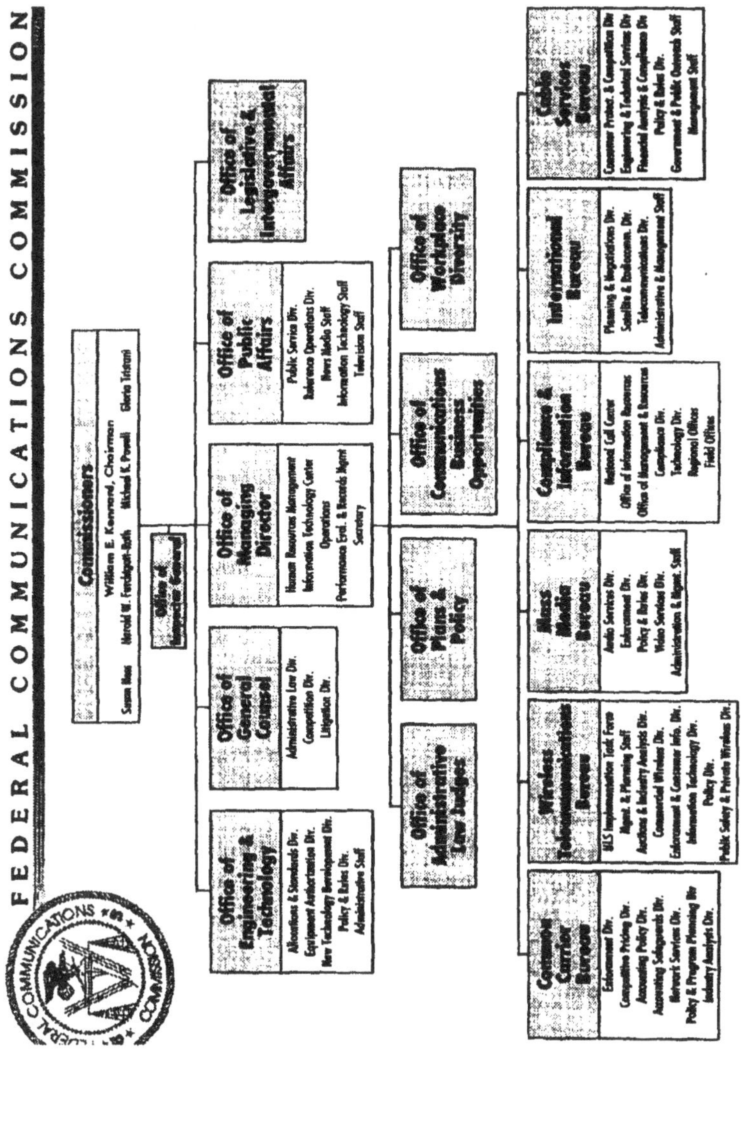

Table des matières

Chapitre 1 : Les leçons de l'histoire

Section 1 : L'héritage de l'"*Interstate Commerce Commisssion*"

&1 : L'apport de l'arrêt Munn
&2 : La création de la catégorie des agences ou commissions indépendantes de régulation

Section 2 : L'avènement de la régulation de la communication

&1 : La régulation séparée
&2 : La régulation unifiée : la naissance de la "*Federal Communications Commission*"

Section 3 : La justification de la régulation

&1 : Les raisons générales de création des agences ou commissions

A) L'expertise des commissions face au Congrès
B) L'expertise des commissions face aux juridictions

&2 : Les raisons propres au domaine de la communication

A) La référence à des critères d'ordre technique et économique
B) Les implications d'une telle référence

Chapitre 2 : Le contexte institutionnel et juridique de la FCC

Section 1 : Les caractéristiques institutionnelles de la FCC

&1 : La FCC face aux autres agences

A) La FCC, agence indépendante distincte des agences exécutives
B) La FCC, agence de régulation économique distincte des agences de régulation sociale
C) La FCC, une des grandes agences

&2 : L'organisation de la FCC

A) La composition de la FCC
B) La structure de la FCC

1) Les "*offices*" de gestion générale
2) Les "*bureaus*" régulateurs de secteurs

&3 : Le fonctionnement de la FCC

A) Le budget de la FCC
B) L'équipement et le personnel de la FCC

Section 2 : Les sources générales du droit administratif applicable à la FCC

&1 : Les sources constitutionnelles

A) La séparation des pouvoirs
B) La délégation du pouvoir législatif
C) Les droits fondamentaux
D) La structure fédérale

&2 : Les sources jurisprudentielles

&3 : Les sources législatives

A) L'"*Administrative Procedure Act*" de 1946

1) Les formes de l'action administrative
2) Les procédures de l'action administrative

B) Les compléments de l'"*APA*"

1) La transparence administrative
2) La réglementation et l'adjudication négociées
3) La souplesse de la régulation

&4 : Les sources administratives

1) La question de l'applicabilité
2) La réalité

Section 2 : Les sources spécifiques du droit administratif applicable à la FCC

&1 : Les sources législatives

A) Le "*Communications Act*" de 1934

1) La présentation générale du "*Communications Act*" de 1934
2) Le contenu du "*Communicatons Act*" de 1934

B) Les modifications du "*Communications Act*" de 1934

1) Les modifications antérieures au "*Telecommunications Act de 1996*"
2) Le "*Telecommunications Act de 1996*"

a) L'obligation d'abstention d'application
b) L'obligation de révision bi-annuelle
c) La réduction des tâches de la FCC

&2 : Les sources administratives

A) La présentation descriptive
B) L'illustration du contenu

Chapitre 3 : L'étendue de la compétence et de l'indépendance de la FCC

Section 1 : La FCC, autorité régulatrice centrale de la communication

&1 : Le contenu de la compétence

A) L'objet de la compétence

1) Une définition extensive

a) Le texte
b) L'exploitation du texte

2) Le cas du réseau Internet

a) Les textes

1. Le Communications Act
2. Le Telecommunications Act

b) La FCC

1. La position de la FCC (avant et après 1996)
2. L'appréciation de la position

B) Les moyens de la compétence

1) Les pouvoirs formels

a) Le pouvoir quasi-normatif
b) Le pouvoir normatif
c) Le pouvoir d'enquête
d) Le pouvoir de sanction

2) Les pouvoirs informels

a) Le pouvoir quasi-normatif
b) Le pouvoir normatif
c) Le pouvoir de sanction

&2 : Les limites de la compétence

A) Les autres régulateurs nationaux

1) Les autres régulateurs fédéraux

a) Le Président
b) Le Congrès
c) La FTC

2) Les régulateurs des Etats

a) La gestion quotidienne
b) La politique de régulation

B) Les régulateurs internationaux

1) Au niveau mondial
2) Au niveau régional
C) L'autorégulation

&3 : Le contrôle juridictionnel de l'exercice de la compétence

A) Le principe du contrôle de régularité
B) Les traits du contrôle

Section 2 : La FCC, agence à l'indépendance malmenée

&1 : L'influence des autorités politiques

A) La FCC et le Président
B) La FCC et le Congrès

&2 : L'influence des entreprises régulées

A) Les moyens de l'influence
B) Le renfort du Congrès

Chapitre 4 : L'activité régulatrice de la FCC

Section 1 : Les types de régulation

&1 : Le modèle du "*common carrier*"

A) La notion de *common carrier*

1) Les origines de la notion
2) La définition du *common carrier*

B) Les traits de la régulation

1) Les éléments de la régulation

a) Le contrôle d'accès au marché
b) L'évaluation du patrimoine
c) Le contrôle des prix
d) La garantie du service universel

1. La définition du service universel

a. Le cadre législatif de l'intervention de la FCC
b. L'intervention de la FCC

2. La gestion du service universel

a. Le cadre législatif de l'intervention de la FCC
b. L'intervention de la FCC

2) Les effets de la régulation

a) En ce qui concerne la gestion respective de la FCC

et de l'opérateur
b) En ce qui concerne la relation entre l'autorité régulatrice et l'opérateur régulé

&2 : Le modèle du "*public trustee*"

A) Le régime juridique

1) Le mécanisme
2) Les conséquences

a) Les critères d'attribution des licences
b) La régulation du marché
c) La régulation de la programmation

B) La pertinence du modèle

1) La critique du modèle

a) Le manquement aux obligations d'intérêt public
b) La contestation de l'argument de la rareté

2) Les modèles alternatifs

a) Le maintien des obligations de service public
b) La suppression des obligations de service public

&3 : La viabilité de la dichotomie des régimes régulatoires

A) Les types mixtes de régulation

1) Le régime juridique général du câble

a) Le partage de compétences entre la FCC et les autorités infrafédérales
b) Le contenu de la régulation

2) Les régimes particuliers du câble

a) Le câblo-opérateur non-filaire
b) L'*Open Video System*

B) La convergence

1) Le problème général
2) Le cas particulier du réseau Internet

Section 2 : Les politiques de régulation

&1 : Les politiques de régulation avant 1996

A) La politique de régulation de l'audiovisuel

1) La régulation du marché
2) La régulation de la programmation

B) La politique de régulation des télécommunications

1) Le recours à l'obligation d'interconnexion
2) Le recours à la dérégulation des prix

&2 : Les politiques de régulation depuis 1996

A) Le pouvoir réglementaire d'application
B) Le pouvoir de décision opérationnelle

Collection Logiques Juridiques
dirigée par Gérard MARCOU

LASCOMBE M., *Droit constitutionnel de la Ve république*, Cinquième édition revue et mise à jour, 1997.
LAVIEILLE Jean-Marc, *Droit international du désarmement et de la maîtrise des armements*, 1997.
GAXIE Daniel, *Enjeux et contradictions de l'administration territoriale, Luttes d'institutions*, 1997.
MARCOU Gérard, RANGEON François, THIEBAULT Jean-Louis (dir.), *La coopération contractuelle et le gouvernement des villes*, 1997.
DREYFUS Jean-David, *Contribution à une théorie générale des contrats entre personnes publiques*, 1997.
GAMDJI Mohamadou, *La sécurité du chèque*, 1997.
BRIAL Fabien, *Décentralisation territoriale et coopération internationale : le cas de l'Outre-mer français*, 1997.
HERZOG EVANS Martine, *La gestion du comportement du détenu. Essai de droit pénitentiaire*, 1998.
CISSE Abdoullah, *Musulmans, pouvoir et société*, 1998.
CLAVIER Jean-Pierre, *Les catégories de la propriété intellectuelle à l'épreuve des créations génétiques*, 1998.
JACQUOT Henri, MARCOU Gérard, *L'urbanisme transfrontalier droit et pratique*, 1998.
FABRE-GUILLEMANT Raphaële, *Les réformes administratives en France et en Grande-Bretagne : centres de responsabilité et agences d'exécution*, 1998.
ROUXEL Jean-Yves, *Le Saint-Siège sur lascène internationale*, 1998.
ORFILA Gérard, *La Nouvelle-Calédonie et le droit*, 1998.
MOQUET-ANGER Marie-Laure, *De l'hôpital à l'établissement public de santé*, 1998.
BEN LETAIF Mustapha, *L'Etat et les entreprises publiques en Tunisie*, 1998.
GROS Manuel, *Droit administratif*, 1998.
TEISSIER-ENSMINGER Anne, *Autos, panneaux, signaux*, 1998.
LE BRAZIDEC Gwénaël, *René Capitant, Carl Schmitt : crise et réforme du parlementarisme*, 1998.
PROUTIÈRE-MAULION Gwénaèle, *La politique communautaire de réduction de l'effort de pêche des Etats membres*, 1998.

Collection Logiques Juridiques
dirigée par Gérard MARCOU

NIORT J.-F, VANNIER G. (sous la direction de), *Michel Villey et le droit naturel en question*, 1994.
COUTURIER I., *La diversification en agriculture*, 1994.
BOUDAHRAIN A., *Eléments de droit public marocain*, 1994.
RAYNAL M., *Justice traditionnelle - Justice moderne. Le juge, le devin, le sorcier*, 1994.
DUBOURG-LAVROFF S., PANTELIS A., *Les décisions essentielles du Conseil institutionnel*, 1994.
VOLMERANGE X., *Le fédéralisme allemand et l'intégration européenne*, 1994.
BONGRAIN M., *L'assistant de service social et l'enfant maltraité*, 1994.
PROUDHON P.-J., *Théorie de l'impôt. Texte commenté et présenté par Thierry Lambert*, 1995.
DESURVIRE D., *Le timeshare ou la multipropriété échangée*, 1995.
LAVENUE J.-J., *Dictionnaire de la vie politique et du droit constitutionnel américain*, 1995
MARCOU G (sous la direction de), *Ouvrage collectif, Mutations du droit de l'administration en Europe*, 1995.
MIAILLE M. , *La régulation entre droit et politique*, 1995.
SOUBIRAN-PAILLET F., POTTIER M;-L., *De l'usage professionnel à la loi*, 1996.
ETEKA V., *La Charte Africaine des Droits de l'Homme et des Peuples. Etude comparative*, 1996.
BERGERON G, *Tout était dans Montesquieu, une relecture de L'Esprit des lois*, 1996.
STRUILLOU J.-F., *Protection de la propriété privée immobilière et prérogatives de puissance publique*, 1996.
DUTRIEUX D. et HENON J.-O., *Les bibliothèques juridiques parisiennes - Guide pratique*, 1996.
VALDMAN E., *Pour une réforme de la Cour d'Assises*, 1996.
RABAULT H., *L'interptrétation des normes, l'objectivité de la méthode herméneutique*, 1997.
DEL CONT C., *Propriété économique, dépendance et responsabilité*, 1997.
LOPEZ C., *Les pouvoirs d'investigation de l'administration fiscale en France et au Canada*, 1997.

Collection Logiques Juridiques
dirigée par Gérard MARCOU

Collectif, *Les droits de l'Homme : universalité et renouveau, 1789-1989*, 1990.
BOUTET Alain , *L'Etat de Droit*, 1991.
SIMON J.-P., *L'esprit des règles*, 1991.
ASSOCIATION INTERNATIONALE DES JURISTES DEMOCRATES, *Les Droits de l'Homme : universalité et renouveau, 1789-1989*, 1990.
BOUTET D., *Vers l'Etat de Droit*, 1991.
SIMON J.P., *L'Esprit des règles : réseaux et réglementations aux Etats-Unis*, 1991.
ROBERT P., *Les politiques de prévention de la délinquance à l'aune de la recherche*, 1991.
ROBERT P. (sous la direction de), *Entre l'ordre et la liberté, la détention provisoire, deux siècles de débats*, 1992.
LASCOMBE M., *Droit constitutionnel de la Vème République*, 1992.
HAMON F., ROUSSEAU D., (sous la direction de), *Les institutions en question*, 1992.
LOMBARD F., *Les jurés. Justice représentative et représentations de la justice*, 1993.
BROVELLI G., NOGUES H., *La tutelle au majeur protégé, La loi de 68 et sa mise en œuvre*, 1994.